Annuaire des engagements internationaux ayant fait l'objet d'une loi d'autorisation sous la Ve République

Logiques Juridiques

Fondée par Gérard Marcou

Dirigée par Jean-Claude Némery et Thomas Perroud

Le droit n'est pas seulement un savoir, il est d'abord un ensemble de rapports et pratiques que l'on rencontre dans presque toutes les formes de sociétés. C'est pourquoi il a toujours donné lieu à la fois à une littérature de juristes professionnels, produisant le savoir juridique, et à une littérature sur le droit, produite par des philosophes, des sociologues ou des économistes notamment.

Parce que le domaine du droit s'étend sans cesse et rend de plus en plus souvent nécessaire le recours au savoir juridique spécialisé, même dans des matières où il n'avait jadis qu'une importance secondaire, les ouvrages juridiques à caractère professionnel ou pédagogique dominent l'édition, et ils tendent à réduire la recherche en droit à sa seule dimension positive. À l'inverse de cette tendance, la collection « Logiques juridiques » des éditions L'Harmattan est ouverte à toutes les approches du droit. Tout en publiant aussi des ouvrages à vocation professionnelle ou pédagogique, elle se fixe avant tout pour but de contribuer à la publication et à la diffusion des recherches en droit, ainsi qu'au dialogue scientifique sur le droit. Comme son nom l'indique, elle se veut plurielle.

Dernières parutions

Sotirios LYTRAS, *Le phénomène disciplinaire dans le droit public héllenique contemporain,* 2019.

Claire AGUILON, *Justice constitutionnelle et subsidiarité. L'apport de l'expérience canadienne pour la construction européenne*, 2018.

Jackeline Patricia CESPEDES ARTEAGA, *La contribution de la CJUE dans la construction du droit de la Communauté andine*, 2018.

Michaël MARTINEZ, *Le train de vie en droit privé*, 2018.

Hafedh BOUAZIZ, *La conversion des actes juridiques,* 2018.

Gabriel ECKERT et Jean-Philippe KOVAR, *La régulation économique et financière face aux défis de l'information,* 2018.

Adil MOUSSEBBIH, *Le contentieux électoral dans la jurisprudence du Conseil constitutionnel marocain, Étude comparative*, 2018.

CLUB MARC BLOCH, *Citoyen !*, 2018.

Lamine TIRERA, *L'État stratège*, 2018.

Léa CASTELLON, *La place de la victime dans le procès pénal,* 2018.

Soror BAHBOUHI, *Le conflit d'intérêts du banquier*, 2018.

Tenile MASCOLO GIL, *Les droits de l'homme dans le Mercosur,* 2018.

Mohammed BERRAOU, *La responsabilité des acteurs de la gestion publique devant la Cour des comptes. Le modèle marocain*, 2017.

Didier Jamot

Annuaire des engagements internationaux ayant fait l'objet d'une loi d'autorisation sous la Ve République

L'Harmattan

5-7, rue de l'Ecole-Polytechnique, 75005 Paris

http://www.editions-harmattan.fr

ISBN : 978-2-343-16237-9
EAN : 9782343162379

TABLE DES ABRÉVIATIONS

A.I.E.A.	Agence internationale de l'énergie atomique
A.I.J.C.	Annuaire international de la Justice constitutionnelle
A.F.D.I.	Annuaire français de droit international
A.F.R.I.	Annuaire français des relations internationales
A.N.	Assemblée nationale
C.	Constitution du 4 octobre 1958
C.E.	Conseil d'État
C.E.E.A.	Communauté européenne de l'énergie atomique
C.E.C.A.	Communauté européenne du charbon et de l'acier
C.E.D.H.	Cour européenne des droits de l'Homme
C.E.E.	Communauté européenne économique
C.J.C.E.	Cour de justice des Communautés européennes
C.J.U.E.	Cour de justice de l'Union européenne
Cons. const.	Conseil constitutionnel
Cass.	Cour de cassation
D.O.M.	Département d'Outre-Mer
F.E.S.F.	Fonds européen de stabilité financière
F.M.I.	Fonds monétaire international
G.A.T.T.	*General Agreement on tariffs and trade*
I.F.R.I.	Institut des relations internationales et stratégiques
I.R.I.S.	Institut français des relations internationales
J.O.R.F.	Journal officiel de la République française
Leb.	Recueil Lebon
L.G.D.J.	Librairie générale de droit et de jurisprudence
L.P.A.	Les Petites Affiches
O.C.D.E.	Organisation de coopération et de développement
O.I.T.	Organisation internationale du travail
O.M.C.	Organisation mondiale du commerce
O.M.S.	Organisation mondiale de la santé
O.N.G.	Organisation non gouvernementale
O.N.U.	Organisation des Nations unies
O.S.C.E.	Organisation sur la sécurité et la coopération en Europe
O.T.A.N.	Organisation du traité de l'Atlantique nord
P.A.C.	Politique agricole commune
P.I.B.	Produit intérieur brut
P.U.F.	Presses universitaires de France
R.A.N.	Règlement de l'Assemblée nationale

R.C.A.D.I.	Recueil des cours de l'Académie de droit international de La Haye
R.D.A.	République démocratique d'Allemagne
R.D.L.F.	Revue des droits et libertés fondamentaux
R.D.P.	Revue de droit public
R.D.P.S.P.	Revue du droit public et de la science politique
R.F.A.	République fédérale d'Allemagne
R.F.D.A.	Revue française de droit administratif
R.F.D.C.	Revue française de droit constitutionnel
R.G.D.I.P.	Revue générale de droit international public
R.M.C.U.E.	Revue du Marché commun et de l'Union européenne
R.S.	Règlement du Sénat
S.G.A.E.	Secrétariat général des Affaires étrangères
S.G.G.	Secrétariat général du Gouvernement
T.C.E.	Traité instituant la Communauté européenne
T.E.C.E.	Traité établissant une Constitution pour l'Europe
T.F.U.E.	Traité sur le fonctionnement de l'Union européenne
T.O.M.	Territoire d'Outre-Mer
T.U.E.	Traité sur l'Union européenne
U.E.	Union européenne
U.N.E.S.C.O.	*United Nations educationnal, scientific and cultural organisation*
U.R.S.S.	Union des Républiques Socialistes Soviétiques

SOMMAIRE

PRÉSENTATION

Depuis la plus haute Antiquité, la vie des peuples est rythmée par la conclusion d'engagements internationaux. Ces derniers ont longtemps constitué, après la guerre, le moyen naturel de résolution des conflits. L'histoire des relations internationales est ainsi parsemée de traités de paix comme ceux de Westphalie de 1648 ou celui de Versailles de 1919. Ces engagements internationaux ont aussi participé à la création d'États tels que les États pontificaux avec le traité de Quierzy de 743 et la Confédération suisse avec le pacte fédéral de 1291. De même, ils ont permis la délimitation de nouvelles frontières comme le traité de Verdun de 843 ou de zones d'influence comme les traités de Rome et Carthage du VIe au IIIe siècle avant Jésus-Christ, mais ont aussi assuré le développement des rapports commerciaux tels que le traité byzantino-vénitien de 1082 ou le traité de Saïgon de 1874 entre la France et le Viêt Nam.

Les engagements internationaux dont le champ recouvre désormais l'ensemble des enjeux transnationaux et des activités humaines, constituent un outil majeur de régulation de la vie internationale. Traditionnellement, ils sont définis comme des contrats écrits et conclus entre plusieurs États, ou entre une organisation internationale et un ou plusieurs États. Leur conclusion est régie par le droit international et en particulier par la convention de Vienne de 1969. Ces engagements internationaux peuvent prendre de multiples appellations : traités, conventions, accords, accords-cadres, chartes, protocoles, avenants et amendements. Pour autant, celles-ci n'impliquent aucune hiérarchie juridique entre les instruments internationaux. Ces appellations n'ont donc aucune conséquence sur leur valeur normative qui reste identique.

Une fois négociés et signés au niveau international, les engagements internationaux vont alors être intégrés dans l'ordre juridique interne de chacun des États signataires en fonction du processus prévu par leur Constitution et leurs normes internes. En France, l'engagement international devra parcourir un circuit normatif de deux à trois ans en moyenne. D'abord, il sera transmis au ministère des Affaires étrangères qui déterminera si cet engagement relève de la voie législative ou de la voie décrétale, autrement dit, s'il est nécessaire que le Parlement adopte ou non une loi pour que le pouvoir exécutif soit autorisé à ratifier ou à approuver cet engagement international. Ensuite, les services du ministère des Affaires étrangères établiront le cas échéant un projet de loi et une étude d'impact de l'engagement. Ces documents seront alors remis au Secrétariat général du Gouvernement (S.G.G.) qui effectuera son contrôle. Puis, le texte sera transmis pour examen au Conseil d'État qui se réunira en assemblée générale pour les traités les plus importants. Enfin, le projet de loi sera alors présenté en Conseil des ministres. A cette phase administrative dont la durée s'établit à une trentaine de mois, lui succédera alors la phase législative beaucoup plus rapide puisqu'elle est d'ordinaire de douze mois et en cas d'urgence de quatre mois seulement. La loi autorisant la ratification ou l'approbation de l'engagement international adoptée et publiée au *Journal Officiel de la République française* (*J.O.R.F.*), le Président de la République pourra alors par un décret, soit ratifier cet engagement s'il l'avait lui-même auparavant signé, soit l'approuver si celui-ci avait été signé par un membre du Gouvernement. Ce décret portant ratification ou approbation sera lui-même publié au *J.O.R.F.*

Depuis l'avènement de la Vème République en 1958, plus de six mille engagements internationaux ont été conclus, signés et ratifiés ou approuvés par la France. Parmi ceux-ci, près de deux mille ont fait l'objet d'une loi autorisant leur ratification ou leur approbation. Il s'agit des traités dont la portée est la plus importante puisqu'ils entrent dans le domaine de l'article 53 de la Constitution qui sera étudié par la suite.

Un annuaire recensant l'ensemble de ces deux mille engagements internationaux était donc nécessaire. Il n'existe en effet aucun ouvrage les regroupant tous et les sites *Internet* ne permettent pas d'établir directement une liste complète de ces engagements. Ainsi le site *journal-officiel.gouv.fr* n'offre un accès dit authentifié que jusqu'en 1990. Au-delà, certaines lois ne sont pas ou mal énoncées dans la version électronique impliquant au chercheur de vérifier systématiquement la version papier. Quant au site *diplomatie.gouv.fr*, s'il s'avère pratique pour rechercher un traité en particulier et obtenir toute information le concernant (signature, adoption, dénonciation), son moteur de recherche ne permet pas, d'une part de distinguer les conventions ayant fait l'objet d'une loi d'autorisation des autres conventions, et d'autre part d'établir une liste complète de l'ensemble des engagements de la France. Enfin, les sites *assemblee-nationale.fr* et *senat.fr* fournissent bien des listes des conventions internationales ayant été adoptées par le Parlement, mais ces dernières ne remontent pas au-delà des années 1980 et sont, de fait, incomplètes.

Ainsi nous avons entrepris dans un premier temps et en s'appuyant sur la version papier du *Journal Officiel* de 1958 à 1990, puis sur la version numérique de 1990 à 2018, une recherche systématique de l'ensemble des lois autorisant la ratification ou l'approbation des engagements internationaux conclus par la France depuis le début de la Vème République. Une fois cette liste établie, nous l'avons complétée suite à d'autres recherches. En effet, il arrive de temps à autre qu'un engagement international ne fasse pas l'objet d'une loi spécifique et que son autorisation de ratification ou d'approbation soit insérée dans une loi ordinaire plus globale, voire dans une loi de finances comme cela a pu être le cas en particulier dans les années 1960[1]. Enfin, il convient de souligner qu'une seule loi autorise parfois la ratification ou l'approbation de plusieurs conventions internationales. Cela reste relativement rare puisque nous n'en avons recensé qu'une dizaine[2].

Dans un second temps, nous avons établi plusieurs index permettant de retrouver l'ensemble des deux mille engagements internationaux ratifiés par la France. A la fin de cet ouvrage, le lecteur trouvera donc des index thématiques pour les engagements multilatéraux signés par la France et par les Communautés européennes ou l'Union européenne, et des index avec une classification par pays pour les engagements bilatéraux signés par la France et par les Communautés européennes ou l'Union européenne[3].

Finalement, de manière plus précise et afin de permettre au lecteur de mieux appréhender quelles sont ces deux mille conventions internationales dont il est question dans cet ouvrage, nous reviendrons dans cette présentation sur les critères permettant leur identification (I), puis nous établirons un bilan de ces soixante années de pratique (II), et, enfin nous reviendrons sur le rôle des juges constitutionnel, administratif et judiciaire dans le contentieux impliquant ces engagements internationaux (III).

SECTION I. IDENTIFICATION DES DIFFÉRENTS ENGAGEMENTS INTERNATIONAUX

L'ensemble des engagements internationaux présents dans cet ouvrage sont ceux dont la ratification ou l'approbation a nécessité l'adoption d'une loi pouvant être aussi bien une loi ordinaire, qu'une loi de finances ou encore une loi référendaire. Pour autant, la classification entre les engagements internationaux relevant d'une loi et ceux n'en relevant pas n'est pas si simple et il convient d'en présenter les critères permettant de l'établir.

La Constitution du 4 octobre 1958 prévoit la question des conventions internationales au sein de son Titre VI « Des traités et accords internationaux » (articles 52, 53, 53-1, 53-2, 54 et 55), de son Titre XIV « De la francophonie et des accords d'association » (articles 87 et 88), mais aussi dans le Titre II « Le Président de la République » (articles 5, 11) et dans le Titre XV « Des Communautés européennes et de l'Union européenne » (article 88-5).

Ce ne sont donc pas moins de dix articles sur les quatre-vingt-neuf de la Constitution de 1958 qui sont en rapport avec les engagements internationaux de la France. Parmi ceux-ci, trois seulement (articles 11, 53 et

[1] Le Conseil constitutionnel censure désormais cette pratique : voir *infra*.
[2] Exemples : Loi n° 75-1176 du 19 décembre 1975 et Loi n° 82-351 du 20 avril 1982.
[3] Comme cela sera expliqué par la suite, les accords des Communautés européennes et de l'Union européenne nécessitent le cas échéant une ratification des États membres.

88-5) concernent les modes d'adoption des lois autorisant la ratification ou l'approbation des engagements internationaux. Deux solutions sont alors possibles : soit la voie parlementaire (A), soit la voie référendaire (B).

§ 1. Les engagements internationaux adoptés par voie parlementaire

La voie parlementaire constitue la procédure d'adoption quasi-exclusive des lois autorisant la ratification ou l'approbation des conventions internationales. Cette voie est aussi la plus efficace puisque les parlementaires ont toujours fini par voter l'adoption de telles lois, malgré parfois quelques obstructions au processus législatif pour faire part de leur mécontentement au pouvoir exécutif.

Le législateur est appelé à se prononcer sur deux catégories d'engagements internationaux : la première étant celle des conventions internationales négociées par la France (A), la seconde étant celle regroupant une partie des conventions internationales négociées par les Communautés européennes et l'Union européenne (B).

A) Les engagements internationaux négociés par la France

Ces engagements internationaux peuvent être aussi bien multilatéraux que bilatéraux, mais tous sont négociés par la France que ce soit par le Président de la République lui-même ou que ce soit par les membres du Gouvernement et par les agents diplomatiques français.

S'inspirant de l'article 8 de la loi constitutionnelle du 16 juillet 1875, le constituant de 1958 a défini dans l'article 53 de la Constitution de la Vème République les domaines dans lesquels un engagement international doit nécessairement faire l'objet d'une loi d'autorisation de ratification ou d'approbation.

L'article 53 de la Constitution dispose ainsi que : « *Les traités de paix, les traités de commerce, les traités ou les accords relatifs à l'organisation internationale, ceux qui engagent les finances de l'État, ceux qui modifient des dispositions de nature législative, ceux qui sont relatifs à l'état des personnes, ceux qui comportent cession, échange ou adjonction de territoire, ne peuvent être ratifiés ou approuvés qu'en vertu d'une loi* ».

En pratique, le nombre d'engagements internationaux dans chacun de ces domaines s'avère très variable et la jurisprudence du Conseil constitutionnel est venue préciser le cas échéant le contour de certains de ces domaines.

1. Les traités de paix

Traditionnellement, la doctrine n'identifie que deux traités dans cette catégorie : le premier étant le traité du 22 janvier 1963 relatif à la coopération franco-allemande dit de réconciliation franco-allemande ou encore traité de l'Elysée, le second étant le traité du 12 septembre 1990 portant règlement définitif concernant l'Allemagne.

Pour la résolution du conflit algérien, les accords d'Evian du 18 mars 1962 ne peuvent rentrer dans cette catégorie pour la simple raison qu'à cette date, l'Algérie n'est pas encore un État indépendant. Juridiquement, ces accords ont seulement été conclus entre le Gouvernement français et un groupement privé, le Front de Libération National (F.L.N.).

2. Les traités de commerce

Les traités de commerce ont longtemps été considérés comme un moyen majeur de la politique économique française. Toutefois, au fil des décennies, les transferts de souveraineté de plus en plus importants au profit des Communautés européennes, puis de l'Union européenne ont fait des traités de commerce une catégorie sur le déclin[4].

La France n'a ratifié ou approuvé depuis 1958 qu'une quarantaine de ces engagements internationaux. Parmi eux, on retrouve l'accord général sur le commerce des services de 1994 instituant l'Organisation mondiale du commerce (O.M.C.).

3. Les traités ou accords relatifs à l'organisation internationale

Cette catégorie d'engagements internationaux est particulièrement importante. En effet, la France a adhéré depuis 1958 à près de 130 organisations internationales, soit autant de traités ou accords devant faire l'objet d'une loi de ratification ou d'approbation.

Par ailleurs, à chaque adhésion d'un nouvel État à une organisation internationale importante, il est nécessaire que tous les États membres donnent leur accord, ce qui donne lieu à un nouvel engagement international. Il en a été ainsi à chaque élargissement de la Communauté économique européenne (C.E.E.), de l'Union européenne (U.E.) et de l'Organisation du traité de l'Atlantique Nord (O.T.A.N.).

De même, le changement de statuts peut aussi, mais pas nécessairement, donner lieu à un nouvel engagement international entrant dans le champ de l'article 53 de la Constitution. Il en a été ainsi par exemple pour les changements de statuts de l'Organisation européenne pour la recherche nucléaire (C.E.R.N.) et de l'Organisation mondiale de la santé (O.M.S.).

4. Les traités ou accords engageant les finances de l'État

Les engagements internationaux multilatéraux ou bilatéraux entrant dans cette catégorie s'avèrent sur le plan quantitatif être particulièrement nombreux.

---

[4] Voir *infra* pp. 14-15.

Concernant les engagements multilatéraux, il s'agit généralement d'accords offrant aux organisations internationales de nouveaux crédits ou une augmentation des crédits existants. Ainsi, la circulaire du 30 mai 1997 relative à l'élaboration et à la conclusion des accords internationaux précise que « *les accords édictant une obligation financière directe ou certaine sont considérés comme engageant les finances de l'État* »[5]. Cela implique donc que ces accords doivent faire l'objet d'une loi d'autorisation du Parlement en vertu de l'article 53 de la Constitution. Toutefois, les jurisprudences du Conseil d'État et du Conseil constitutionnel sont parfois venues apporter des limites[6].

Concernant les engagements internationaux bilatéraux, la France a conclu avec la plupart des États de nombreuses conventions fiscales visant à éviter la double imposition des revenus. Ces conventions fiscales constituent la proportion la plus importante des engagements internationaux bilatéraux[7].

Il convient enfin de souligner que certaines participations financières de la France à des organisations internationales telles que le Fonds monétaire international (F.M.I.)[8], l'Organisation des Nations Unies pour l'éducation, la science et la culture (U.N.E.S.C.O.)[9] ou encore l'Agence de coopération culturelle et technique[10] n'ont jamais fait l'objet d'une loi d'approbation via l'article 53, mais d'une loi de finances ou d'une loi de finances rectificative via l'article 47 de la Constitution. Désormais, et fort justement, le Conseil constitutionnel a décidé de sanctionner cette pratique peu orthodoxe[11].

5. Les traités ou accords modifiant des dispositions législatives

Cette catégorie d'engagements internationaux renvoie au découpage établi dans la Constitution de la Vème République entre l'article 34 définissant le domaine de la loi et l'article 37 définissant celui du règlement. C'est ainsi que de très nombreux engagements internationaux vont échapper aux mains du législateur pour se retrouver dans celles du pouvoir exécutif et ne feront l'objet que de décrets.

De plus, pour contourner le Parlement, le pouvoir exécutif n'hésitait à recourir à la voie décrétale alors même que le traité ou l'accord relevait de la voie législative. Le Gouvernement faisait valoir que seuls les engagements

---

5 Circulaire du 30 mai 1997 relative à l'élaboration et à la conclusion des accords internationaux, *J.O.R.F.*, 31 mai 1997, p. 8419.

6 JAMOT (D.), *Le Parlement et les relations internationales*, Université Aix-Marseille, thèse de doctorat, 2012, pp. 62-63.

7 Voir *infra* p. 34.

8 Exemples : Loi de finances rectificative n° 59-958 du 31 juillet 1959 (article 1er) et loi de finances rectificative n° 62-643 du 7 juin 1962.

9 Loi de finances n° 60-1384 du 23 décembre 1960 (article 76), loi de finances rectificative n° 72-1147 du 23 décembre 1972 (article 19) et loi de finances rectificative n° 75-1242 du 27 décembre 1975 (articles 10, 11 et 22).

10 Loi de finances rectificative n° 78-1240 du 29 décembre 1978 (article 14).

11 Voir *infra* p. 46.

internationaux venant modifier une disposition législative existante devaient faire l'objet d'une loi d'autorisation. Cette position restrictive a été censurée par le Conseil constitutionnel dans une décision du 19 juin 1970 considérant que toute convention internationale touchant au domaine de la loi relevait de l'article 53 de la Constitution[12]. De même, le Conseil d'État a repris cette jurisprudence[13] en précisant que toute convention internationale relevant de l'article 34 de la Constitution et modifiant un engagement international existant, devra être soumise au Parlement[14], même si l'engagement international initial n'a fait l'objet d'aucune autorisation de ratification ou d'approbation du législateur[15].

6. Les traités ou accords relatifs à l'état des personnes

Cette catégorie concerne l'ensemble des engagements internationaux relatif aux matières du droit civil, aux questions d'exequatur et bien-sûr aux droits fondamentaux.

Ainsi, la convention européenne de sauvegarde des droits de l'homme et ses protocoles additionnels ont fait l'objet de lois autorisant leur ratification. A ce titre, le protocole n° 6 visant l'interdiction de la peine de mort a fait l'objet d'importants débats parlementaires et a soulevé de vives tensions entre le Sénat et l'Assemblée nationale, cette dernière l'ayant finalement adopté en quatrième lecture, après échec de la commission mixte paritaire[16].

De même, la convention européenne d'extradition et la convention européenne sur la reconnaissance et l'exécution des décisions en matière de garde des enfants et de rétablissement de la garde des enfants ont aussi fait l'objet de telles lois d'autorisation de ratification.

7. Les traités ou accords comportant cession, échange ou adjonction de territoire

En 1958, les territoires d'outre-mer ont eu la liberté d'accepter ou de refuser la nouvelle Constitution, le refus entraînant alors l'indépendance. Seule la Guinée choisit de refuser. Les autres territoires ayant accepté, avaient alors la possibilité de modifier « *leur statut dans un délai de quatre mois après la promulgation de la Constitution, pour devenir soit départements d'outre-mer soit État-membre de la nouvelle Communauté, avec dans ce dernier cas, la possibilité d'accéder à l'indépendance (art. 76*

[12] Cons. const., 19 juin 1970, n° 70-39 DC, *Traité signé à Luxembourg le 22 avril 1970.*

[13] ZOLLER (E.), op. cit., p. 206, et, Section des finances, 14 mai 1996, n° 359175, E.D.C.E., 1996, p. 320.

[14] Assemblée générale, 21 octobre 1999, n° 363920, E.C.E., 2000, p. 88.

[15] Assemblée générale, 25 mai 2000, n° 364851, E.C.E., 2000, p. 88.

[16] Loi n° 85-1485 du 31 décembre 1985 autorisant la ratification du protocole n° 6 de la Convention de sauvegarde des droits de l'Homme et des libertés fondamentales concernant l'abolition de la peine de mort, *J.O.R.F.*, 2 janvier 1986, p. 16.

C.) »[17]. Les territoires africains et malgaches sont ainsi devenus des États membres de la Communauté et ont rapidement fait part de leurs intentions d'accéder à l'indépendance. Le secrétaire d'État aux relations avec les États de la communauté a alors négocié et signé avec chacun des États de la Communauté des accords permettant les transferts de compétences ayant suivi la reconnaissance de leur indépendance.

Ces accords ont fait l'objet de six lois d'autorisation adoptées par le biais de la voie parlementaire : une loi du 17 juin 1960 relative à l'indépendance du Mali, du Sénégal et du Soudan ; puis trois lois du 28 juillet 1960 relatives à l'indépendance de la République Centre africaine, du Congo et du Tchad, à l'indépendance du Gabon, à l'indépendance de la Côte-d'Ivoire, du Dahomey, du Niger et de la Mauritanie ; ensuite une loi du 16 novembre 1960 relative à l'indépendance de la Mauritanie ; une loi du 3 juillet 1975 relative à l'indépendance des îles Comores ; et enfin une loi du 20 juin 1977 relative à l'indépendance du territoire français des Afars et des Issas (Djibouti). Et, c'est à l'occasion de l'indépendance des îles Comores en 1975 que la question a été posée de savoir si l'expression « *cession, échange ou adjonction de territoire* » de l'article 53 de la Constitution impliquait ou non la possibilité de la sécession d'un territoire de la République. Le Conseil constitutionnel a répondu favorablement[18].

Quant à l'île de Mayotte et la Nouvelle-Calédonie, leurs populations ont refusé l'indépendance à l'occasion des référendums de 1967, du 8 février 1976 et du 13 septembre 1987. Désormais, Mayotte est devenue en 2011 un département français et le droit à l'autodétermination de la Nouvelle-Calédonie ne relève plus désormais de l'article 53, mais des articles 76 et 77 de la Constitution.

Enfin, il convient de souligner que le Conseil constitutionnel a indiqué que « *la Constitution de 1958 a distingué le peuple français des peuples des territoires d'outre-mer* » et que seuls ces derniers possèdent le droit à l'autodétermination. Ainsi, la sécession d'un département d'outre-mer nécessiterait le vote d'une loi en vertu de l'article 53 de la Constitution[19].

B) Les engagements internationaux des Communautés européennes et de l'Union européenne

Depuis le début de la construction européenne, tous les principaux traités (traité de Rome, traité sur l'Union européenne dit traité de Maastricht et traité de Lisbonne) ont offert la possibilité aux Communautés européennes, puis à l'Union européenne de négocier des accords internationaux non

---

[17] FAVOREU (L.), GAÏA (P.), GHEVONTIAN (R.), MESTRE (J.-L.), PFERSMANN (O.), ROUX (A.) et SCOFFONI (G.), *Droit constitutionnel*, Dalloz (14e éd.), 2011, p. 468.

[18] Cons. const., 30 décembre 1975, n° 75-59 DC, *Loi relative aux conséquences de l'autodétermination des îles Comores* ; décision commentée par FAVOREU (L.), Chronique de la jurisprudence du Conseil constitutionnel, *R.D.P.*, 1976, p. 557.

[19] Cons. const., 4 mai 2000, n° 2000-428 DC, *Consultation de la population de Mayotte*.

seulement avec des États tiers ou désormais des pays tiers aux Communautés et à l'Union, mais aussi avec des organisations internationales[20].

C'est ainsi qu'ont été conclues plus de 6000 conventions internationales en 60 ans[21]. Pour autant, peu nombreuses[22] ont été celles ayant nécessité une loi autorisant leur ratification ou leur approbation par les parlements nationaux dont le Parlement français. Cet important différentiel s'explique en particulier par le très vaste domaine de compétence externe et par la répartition des compétences exclusives et des compétences partagées des Communautés européennes et désormais de l'Union européenne. Ces engagements internationaux portent le nom d'accords mixtes (1). Par ailleurs, tous les traités fondateurs des Communautés européennes et de l'Union européenne ont aussi fait l'objet de lois autorisant leur ratification, adoptées par le biais de la voie parlementaire (2), tout comme les accords d'adhésion des nouveaux États aux Communautés et à l'Union (3).

1. Les accords mixtes

Si l'Union européenne doit agir dans les limites de ses compétences[23], celles-ci demeurent particulièrement vastes notamment en matière d'accords internationaux. Mais une fois compétente, il convient de déterminer si sa compétence est exclusive ou partagée afin de savoir si les États membres dont la France devront ratifier l'accord. Il s'agira alors d'un accord mixte.

La possibilité qu'a l'Union européenne de conclure des conventions internationales relève de sa compétence externe prévue désormais à l'article 216 du traité sur le fonctionnement de l'Union européenne (T.F.U.E.). Un accord international pourra être conclu :

– lorsque les traités le prévoient ;

– lorsque la conclusion d'un accord est :

– soit nécessaire pour réaliser, dans le cadre des politiques de l'Union, l'un des objectifs de l'Union[24] ;

– soit prévue dans un acte juridique contraignant l'Union ;

– soit est susceptible d'affecter des règles communes ou d'en altérer la portée.

D'emblée, la rédaction dans des termes très généraux de l'article 216 T.F.U.E. permet de percevoir l'importance du champ d'action extérieur de l'Union puisque cette dernière peut conclure des conventions internationales aussi bien lorsque les traités fondateurs le prévoient explicitement, il s'agit là

[20] Articles 24 et 27 T.U.E. et article 216 T.F.U.E.

[21] RAPOPORT (C.), « Typologie des accords externes de l'Union européenne », *R.D.P.*, 2016, n° 6, p. 1695.

[22] A peine une centaine depuis 1958.

[23] Article 5 § 2 du T.U.E.

[24] L'article 21 du traité sur l'Union européenne indique les différents objectifs de l'Union européenne concernant son action extérieure comme par exemple l'objectif général d'affirmation de l'Union.

de la compétence extérieure explicite, que lorsque les traités fondateurs ne le prévoient pas explicitement, il s'agit alors de la compétence extérieure implicite ayant été consacrée auparavant dans l'arrêt *A.E.T.R.* de la Cour de Justice des Communautés européennes le 31 mars 1971.

Ces compétences externes de l'Union européenne qu'elles soient explicites ou implicites, ont vu leur domaine s'étendre ou du moins se préciser au fil des traités européens et de la jurisprudence de la Cour de Justice[25]. Les accords commerciaux pouvant être conclus par les Communautés puis par l'Union en sont une parfaite illustration. D'une compétence peu étendue dans le domaine commercial sous l'empire de l'ancien article 113 C.E., l'Union a acquis une véritable autonomie au fur et à mesure des traités européens et en particulier avec le traité de Lisbonne dans lequel l'article 207 T.F.U.E. définit très largement la notion de politique commerciale. De même, l'importante jurisprudence s'explique par le fait que les enjeux internationaux sont toujours des questions épineuses pour les États membres, mais aussi par les récurrentes luttes intestines au sein de l'Union entre le Conseil, la Commission et le Parlement. Par ailleurs, la Cour de Justice peut être saisie à la fois avant l'ouverture des négociations, avant la conclusion de l'accord et sur la validité de la décision de conclusion.

Dès lors que la convention internationale relève de la compétence externe de l'Union européenne, il convient de déterminer si la compétence est exclusive ou partagée[26]. Dans la première hypothèse, l'Union garde le contrôle total sur la procédure et les États membres n'ont pas à intervenir. Dans la seconde hypothèse, l'Union se retrouve face à un accord mixte qui nécessitera une coopération entre elle et les États membres tout au long du processus de négociation, de conclusion et de ratification[27].

Ce sont ces accords mixtes qui devront faire l'objet d'une loi de ratification au sein de chaque État membre. Plus précisément, ce ne sont que les dispositions au sein de l'accord relevant de la compétence des États membres qui devront être ratifiées par ceux-ci[28]. Autrement dit, la partie de l'accord relevant uniquement de la compétence exclusive de l'Union est susceptible d'entrer directement en vigueur à compter de son adoption par l'Union européenne et s'impose à tous les États membres qu'ils aient ou non adopté une loi relative à cet accord. En pratique, avant de ratifier l'accord, l'Union laisse un certain temps aux États membres pour qu'ils accomplissent

---

[25] NEFRAMI (E.), « La compétence de l'Union européenne pour conclure un accord international », *R.D.P.*, 2016, n° 6, pp. 1639-1678.

[26] Cela ne pose guère de difficultés en cas de compétence externe explicite, mais devient plus complexe dès lors que de la compétence externe invoquée est implicite. Voir à ce propos : NEFRAMI (E.), op. cit., pp. 1651-1678.

[27] JACQUE (J.-P.), « La négociation de l'accord international », *R.D.P.*, 2006, n° 6, pp. 1660-1661.

[28] Voir sur ce point l'avis 2/15 de la C.J.U.E du 16 mai 2017 relatif à l'accord de libre échange avec Singapour.

leurs propres formalités internes de ratification, mais la patience européenne possède ses limites, en particulier quand un seul État membre fait blocage, comme cela fut le cas pour l'accord d'association avec l'Ukraine où le peuple néerlandais s'était prononcé défavorablement par référendum. Parfois encore, la patience de l'Union s'est avérée inexistante comme dans le cadre de l'accord économique et commercial global (C.E.T.A.) dit traité de libre-échange entre l'Union européenne et le Canada qui relève pour sa quasi-totalité de la compétence exclusive de l'Union[29].

Face à ces blocages causés par les réticences des parlements nationaux en matière d'accords commerciaux, mais aussi afin de mettre un terme à la pratique du passage en force de l'Union européenne, le Président de la Commission européenne M. Jean-Claude Junker fait part de sa volonté d'instaurer une nouvelle procédure lors de son discours sur l'état de l'Union du 13 septembre 2017 devant le Parlement européen. Il souhaite ainsi voir s'accélérer le processus de ratification des accords commerciaux et améliorer la transparence du processus de négociation tant à l'égard des parlements nationaux que de la société civile[30]. De même, le Parlement européen adopte le 26 octobre 2017 une résolution en ce sens à l'occasion de l'ouverture des négociations en vue d'accords commerciaux avec l'Australie et la Nouvelle-Zélande[31]. Finalement, le Conseil des affaires étrangères lors de sa session du 22 mai 2018 adopte une « nouvelle approche pour la négociation et la conclusion des accords commerciaux de l'Union européenne »[32].

Désormais, tout accord commercial relevant de la compétence de l'Union européenne sera fractionné en deux accords, le premier comportera l'ensemble des dispositions (les plus nombreuses) ne nécessitant pas de ratification par les États membres, le second celles (beaucoup moins nombreuses) nécessitant de l'être. Cette astuce permet ainsi de débloquer la situation : un État membre ne pourra plus bloquer l'ensemble d'un accord commercial, mais surtout l'Union européenne n'aura plus besoin de passer en force, comme elle l'a fait pour l'accord d'association avec l'Ukraine et pour le C.E.T.A. puisque ce fractionnement de l'accord en deux permettra que la quasi-totalité des dispositions entrent en vigueur sans avoir besoin d'obtenir la ratification des parlements nationaux. Il s'agit donc là d'un revers sérieux pour ces derniers. *A contrario*, la « nouvelle approche » adoptée par le Conseil le 22 mai 2018 souhaite une meilleure information des parlements nationaux et de la société civile dès le début du processus de

[29] Cet accord a été conclu le 18 octobre 2013, ratifié par l'Union européenne le 15 février 2017. Il est entré en vigueur le 21 septembre 2017, alors que seulement 5 États membres sur 28 l'ont signé.

[30] Discours sur l'état de l'Union 2017, p. 3.

[31] Résolution du Parlement européen du 26 octobre 2017 contenant la recommandation du Parlement européen au Conseil sur la proposition de mandat de négociation en matière commerciale avec la Nouvelle-Zélande (2017/2193 (INI)).

[32] Conseil de l'Union européenne : document n° 8622/18 et communiqué de presse du 22 mai 2018 n° 266/18.

préparation des négociations des accords commerciaux. Finalement les parlements nationaux qui étaient dotés d'un véritable pouvoir de blocage, ne possèdent plus qu'un pouvoir d'information et cela à condition que la Commission accepte de bien vouloir jouer le jeu.

Concrètement, cette nouvelle procédure qui ne s'appliquera pas pour les futures négociations avec l'Australie et la Nouvelle-Zélande, mais qui devrait être employée pour celles avec le Japon et Singapour, ne risque-t-elle pas de porter atteinte à la capacité de négociation de l'Union européenne ? En effet, alors que dans l'ancienne procédure les États tiers à l'Union savaient que le traité serait ratifié par tous les États membres dans sa totalité tôt ou tard, il s'avère que dans la procédure de la nouvelle approche, les États tiers n'ont pour que seule certitude la ratification rapide par l'Union du premier accord portant sur le libre-échange, le second accord qui portant généralement sur les investissements pouvant ne jamais l'être. Ainsi les États tiers seront plus exigeants avec l'Union sur la partie strictement commerciale ce qui affaiblira ses capacités de négociation.

2. Les traités fondateurs

La voie parlementaire a été utilisée quasi systématiquement pour parvenir à l'adoption des lois autorisant la ratification des traités fondateurs des communautés européennes et de l'Union européenne que ce soit pour l'Acte Unique européen, le traité d'Amsterdam, le traité de Nice ou encore le traité de Lisbonne. Notons aussi que sous la IVème République, le traité C.E.C.A. et le traité de Rome ont aussi fait l'objet de lois autorisant leurs ratifications adoptées par la voie parlementaire puisque *de facto* la Constitution de 1946 ne prévoyait pas la possibilité du recours au référendum. Seuls deux traités ont fait l'objet d'un référendum : le traité sur l'Union européenne, dit traité de Maastricht, et le traité établissant une Constitution pour l'Europe. Le premier a été adopté de justesse et l'adoption du second a été refusée à une large majorité de Français[33].

La voie parlementaire, le fait majoritaire aidant, est donc celle du succès. Pour autant, l'adoption de ces lois d'autorisation ne s'est pas faite sans difficulté. C'est ainsi qu'en novembre 1986, les débats parlementaires concernant l'Acte Unique européen ont été particulièrement tendus tant à l'Assemblée nationale qu'au Sénat, assemblées de même couleur politique puisque détenues toutes deux par les gaullistes[34]. Paradoxalement, les lois autorisant la ratification du traité d'Amsterdam en 1999 et du traité de Nice en 2001 ont été adoptées à une large majorité alors que l'Assemblée nationale était détenue par une majorité à gauche et le Sénat par une majorité à droite. Il faut dire que le parti gaulliste s'était converti entre-temps à une

---

[33] Voir *infra*.

[34] Débats A.N., 1ère et 2ème séances du 20 novembre 1986, Acte Unique européen, *J.O.R.F.*, 21 novembre 1986, pp. 6602-6683 et Débats Sénat, séance du 10 décembre 1986, Acte Unique européen, *J.O.R.F.*, 11 décembre 1986, pp. 5956-5995

vision plus fédérale de la construction européenne. Quant au traité de Lisbonne, il fut ratifié en un temps record. Trois mois seulement se sont écoulés entre la signature du traité le 13 décembre 2007 et sa ratification le 13 février 2008, sachant qu'une révision de la Constitution a été aussi nécessaire. Cette célérité imposée et les conditions du débat parlementaire (en fin de soirée...) ont été vivement critiquées, en particulier par le président de la Commission des Affaires étrangères de l'Assemblée nationale M. Axel Poniatowski[35].

Enfin, les accords ou décisions modifiant les traités fondateurs ont tous fait sans exception l'objet de lois d'autorisation adoptées par la voie parlementaire comme par exemple le traité portant création d'une Commission unique aux trois communautés en 1965 ou la décision relative à l'élection des représentants de l'Assemblée des communautés européennes au suffrage universel direct en 1977.

3. Les accords d'adhésion

Ce sont les accords permettant à des pays non membres des Communauté ou de l'Union européenne d'y adhérer. Dix ont été ratifiés jusqu'à présent : trois accords d'adhésion à la C.E.E.A., trois à la C.E.E. et quatre à l'U.E. En dehors de l'accord d'adhésion de 1972 (Danemark, Irlande, Norvège et Royaume-Uni), ces accords ont tous été adoptés grâce à la voie parlementaire et parfois dans des conditions indignes d'une grande démocratie. C'est ainsi que le débat relatif à l'adoption du traité permettant l'adhésion à l'Union européenne de quinze États alors qu'elle n'en possédait que douze, s'est déroulé « *la nuit et en catimini* »[36] à l'Assemblée nationale et en fin de journée au Sénat.

Si la voie parlementaire est quasi systématiquement celle employée, la Constitution de 1958 offre aussi la possibilité de recourir au référendum pour permettre la ratification ou l'approbation des conventions internationales.

§ 2. Les engagements internationaux adoptés par voie référendaire

Le Général de Gaulle considérait nécessaire que le Président de République puisse avoir la possibilité de consulter directement le peuple français sur les lois qui engageraient le destin de la France. C'est ainsi que la Constitution du 4 octobre 1958 fut dotée de deux articles permettant au chef de l'exécutif de recourir au référendum. Mais seul l'un d'eux, l'article 11, autorise le Président de la République à soumettre au référendum tout projet de loi tendant à autoriser la ratification d'un traité.

---

[35] Compte rendu de la commission des Affaires étrangères de l'Assemblée nationale n° 39, 6 février 2008.

[36] Compte rendu de la commission des Affaires étrangères n° 39, 6 février 2008, propos tenus par M. Hervé de Charrette, rapporteur du projet de loi.

Plus récemment, les révisions constitutionnelles de 2005 et de 2008 sont venues créer de nouvelles voies permettant aux Français de se prononcer par référendum sur un projet de loi ou même sur une proposition de loi ayant pour objet la ratification d'un traité.

En pratique, seule la voie référendaire de l'article 11 alinéa 1er de la Constitution a été mise en œuvre (A), les autres dispositions récentes prévues aux articles 88-5 et 11 alinéa 3 et suivants n'ont jamais été utilisées à ce jour (B).

A) La procédure référendaire utilisée

La Constitution de 1958 procure au Président de la République des pouvoirs propres, précisés à l'article 19 de la Constitution, lui laissant la possibilité d'agir sans contreseing gouvernemental. Parmi ceux-ci, figure notamment en application de l'article 11 alinéa 1er, celui de pouvoir soumettre au référendum tout projet de loi « *tendant à autoriser la ratification d'un traité qui, sans être contraire à la Constitution, aurait des incidences sur le fonctionnement des institutions* ».

Alors que la voie parlementaire a été utilisée pour autoriser la ratification ou l'adoption de près de deux mille engagements internationaux, la voie référendaire reste le parent pauvre de la vie démocratique française puisque seulement cinq accords ont fait l'objet d'un référendum et à chaque fois sur la base de l'article 11 alinéa 1er de la Constitution.

Le premier référendum ayant permis la ratification d'un engagement international de la France a été initié par le Général de Gaulle. Ce fut dans l'intention de résoudre définitivement le conflit algérien qu'il demanda le 8 janvier 1961 au peuple français d'accepter l'autodétermination des populations algériennes en application de l'article 11 alinéa 1er de la Constitution[37]. Il s'agit bien là d'un engagement international, même s'il n'en porte pas le nom. La raison tient ce que l'article 11 dans sa version rédactionnelle en vigueur en 1961 ne prévoyait de référendum que pour des « *projets de loi portant sur l'organisation des pouvoirs publics, comportant approbation d'un accord de la Communauté ou tendant à autoriser la ratification d'un traité* ». Ainsi, c'est bien la dernière hypothèse, à savoir la ratification d'un traité, qui est visée. Cette dernière n'interviendra finalement que le 3 juillet 1962 par une déclaration du Général de Gaulle effectuée à la suite de l'acceptation par les Algériens de leur indépendance lors du référendum du 1er juillet 1962. Par ailleurs, comme le prévoit l'article 53 de la Constitution, la question de la sécession d'un territoire s'inscrit nécessairement dans le domaine des traités devant faire l'objet d'une loi

---

[37] Cette loi référendaire figure comme la loi n° 61-44 du 14 janvier 1961 au *J.O.* du 15 janvier 1961.

autorisant leur ratification, comme le confirmera aussi par la suite le Conseil constitutionnel[38].

Le deuxième référendum ayant permis la ratification d'un engagement international a eu lieu le 23 avril 1972 et concernait le traité d'élargissement de la Communauté économique européenne (C.E.E.) au Danemark, à l'Irlande, à la Norvège et au Royaume-Uni. L'enjeu de ce référendum portait essentiellement sur la question de l'adhésion des Britanniques puisque le Général de Gaulle l'avait refusée à plusieurs reprises voyant le Royaume-Uni comme le cheval de Troie des États-Unis d'Amérique dans les affaires européennes. *A contrario*, le Président de la République Georges Pompidou pensait qu'en jouant la carte britannique jamais la Communauté européenne ne s'orienterait vers la voie du fédéralisme et que l'aspect confédéral serait donc sauvegardé[39]. Le peuple français suivit l'avis de Georges Pompidou et vota favorablement.

Par la suite, aucun traité d'adhésion de pays à la C.E.E. ou à l'Union européenne n'a fait l'objet d'une loi référendaire. A chaque fois, la voie parlementaire a été privilégiée assurant grâce au fait majoritaire l'adoption systématique du projet de loi. Pourtant, penser qu'il s'agissait là d'un plus grand respect de la part du pouvoir exécutif de la démocratie parlementaire serait sur ce point une erreur puisque si à chaque nouvel élargissement de l'Union européenne le Parlement français a bien donné son accord, l'adoption de la loi d'autorisation de ratification s'est effectuée dans des conditions très humiliantes pour la représentation nationale. C'est ainsi que le traité d'élargissement de l'Union européenne à quinze nouveaux États, alors que l'Union n'en comportait que dix, a été débattu « *la nuit et en catimini* »[40] aussi bien à l'Assemblée nationale qu'au Sénat.

Un troisième référendum décidé par le Président de la République François Mitterrand eut lieu le 6 novembre 1988. Son objet était d'entériner les accords de Matignon du 26 juin 1988 visant la mise en place de l'autodétermination de la Nouvelle-Calédonie pour 1998. Mais arrivé à échéance, l'accord de Nouméa du 5 juin 1998 repoussa de vingt ans l'échéance. Les dispositions de cet accord retranscrites au sein même de la Constitution par la loi constitutionnelle du 20 juillet 1998 ont pour conséquence que le droit à l'autodétermination de la Nouvelle-Calédonie ne relève plus de l'article 53, mais des articles 76 et 77 de la Constitution. Le peuple calédonien sera appelé à choisir sa destinée lors d'un référendum prévu le 4 novembre 2018.

Le quatrième référendum relatif à la ratification d'un traité européen s'est déroulé en 1992. Un grand pas concernant la construction européenne venait

---

[38] Cons. const., 30 décembre 1975, n° 75-59 DC, *Autodétermination des îles des Comores*, cons. 53.

[39] LOMBART (L.), *Le Président de la République française sur la scène internationale*, éd. Presses Universitaires d'Aix-Marseille, 2008, p. 443.

[40] Compte rendu de la commission des Affaires étrangères n° 39, 6 février 2008, propos tenus par M. Hervé de Charette. Celui-ci était en 2003 rapporteur du projet de loi.

d'être franchi avec la signature du traité sur l'Union européenne, dit traité de Maastricht, le 7 février 1992. Compte tenu de l'importance de ce traité eu égard aux nombreux transferts de souveraineté, le Président de la République François Mitterrand choisit d'avoir recours à la voie référendaire. Le peuple français très divisé sur la question vota finalement oui le 20 septembre 1992 à l'autorisation de ratification du traité, mais avec une très courte majorité. Dès lors, le pouvoir exécutif prit conscience que le peuple français n'est pas particulièrement enclin à voter aveuglément à l'instar des parlementaires les traités européens. Et c'est ainsi que la voie de la représentation nationale sera choisie pour le traité d'Amsterdam, le traité de Nice et le traité de Lisbonne.

Pourtant un cinquième référendum sera organisé le 29 mai 2005 sur le traité établissant une Constitution de l'Europe (T.E.C.E.). Le Président de la République M. Jacques Chirac souhaitait respecter la tradition instaurée par ses prédécesseurs consistant à demander au peuple français de se prononcer pour tout traité européen majeur. Par ailleurs, lors de la signature du T.E.C.E., les sondages indiquaient que les Français étaient très majoritairement favorables à sa ratification. Pourtant, l'opinion allait se renverser peu à peu lors des débats parlementaires relatifs à la révision de la Constitution qui avait été rendue nécessaire à cause des nouveaux transferts de souveraineté prévus par ce même traité. Le non de la France signa l'acte de mort du T.E.C.E., mais aussi très probablement celui du recours à la voie référendaire pour la ratification des traités européens. C'est ainsi que le Président de la République M. Nicolas Sarkozy refusa la voie référendaire aussi bien pour le traité de Lisbonne, qui n'était en réalité qu'un *remake* du T.E.C.E., que pour le traité établissant le mécanisme européen de stabilité. De même, il est hautement improbable que le Président M. Emmanuel Macron ait recours au référendum pour obtenir l'autorisation de ratifier un traité européen, compte tenu de l'hostilité grandissante des Français à l'égard de l'Union européenne.

Paradoxalement les possibilités de recourir à un référendum se sont multipliées au gré des révisions de la Constitution intervenues depuis une quinzaine d'années.

B) Les procédures référendaires jamais utilisées

La Constitution du 4 octobre 1958 ne prévoyait dans sa rédaction originelle qu'une seule voie référendaire en vue de permettre l'autorisation de ratification ou d'approbation d'un engagement international. Les révisions constitutionnelles ont créé deux nouvelles possibilités.

La première procédure référendaire est celle issue de la révision du 1er mars 2005 et figure à l'article 88-5 de la Constitution. Elle trouve son origine dans la volonté du Président de la République M. Jacques Chirac qui souhaitait rassurer le peuple Français afin de le rallier à son opinion pour le référendum portant sur le T.E.C.E. Les Français craignaient en effet que la Turquie puisse adhérer à l'Union européenne sans leur accord. En gage de bonne foi, M. Jacques Chirac souhaita l'organisation obligatoire d'un référendum pour toute nouvelle adhésion d'un État à l'Union européenne. Et c'est ainsi que la révision constitutionnelle du 1er mars 2005 a inséré l'article 88-5 dans la Constitution prévoyant que « *Tout projet de loi autorisant la ratification d'un traité relatif à l'adhésion d'un État à l'Union européenne et aux Communautés européennes est soumis au référendum par le Président de la République* ». L'article 4 de la loi de révision constitutionnelle réduit toutefois la portée de cet article puisque seules sont concernées les adhésions faisant « *suite à une conférence intergouvernementale dont la convocation a été décidée par le Conseil européen avant le 1er juillet 2004* »[41]. Autrement formulé, la date butoir du 1er juillet 2004 permettait d'exclure du processus de l'article 88-5 de la Constitution, la Bulgarie, la Roumanie et la Croatie. Les traités d'adhésion de ces trois pays ont ainsi fait l'objet de lois d'autorisation adoptées par le Parlement[42].

Pour autant, ce recours obligatoire à la voie référendaire en cas de nouvelle adhésion d'un État à l'Union européenne a été vivement critiqué par la doctrine[43]. Puis, en 2007, le Comité de réflexion et de proposition sur la modernisation et le rééquilibrage des institutions de la Vème République proposa une nouvelle formulation de l'article 88-5 de la Constitution laissant au Président de la République le choix entre la voie référendaire et la voie parlementaire[44]. Cette solution fut alors retenue lors de la révision constitutionnelle du 23 juillet 2008. Ainsi, la nouvelle rédaction de l'article 88-5 de la Constitution laisse à penser que la voie référendaire en cas d'élargissement de l'Union européenne ne sera probablement jamais utilisée puisque le pouvoir exécutif ne se risquera pas à un échec pouvant bloquer la construction européenne.

La seconde procédure référendaire est issue de la révision du 23 juillet 2008 qui est venue modifier l'article 11 de la Constitution en lui ajoutant de nouveaux alinéas. Ce nouveau dispositif s'est vu attribuer le nom de référendum d'initiative populaire. L'ambition était de permettre à une fraction du corps électoral et des parlementaires de proposer un texte de loi que le Président de la République pourrait soumettre en vue de son adoption au référendum, les matières concernées étant les mêmes que celles prévues à

---

[41] Loi constitutionnelle n° 2005-204 du 1er mars 2005, *J.O.R.F.*, 2 mars 2005, p. 3696.

[42] Loi n° 2006-1254 du 13 octobre 2006 autorisant la ratification du traité relatif à l'adhésion de la République de Bulgarie et de la Roumanie à l'Union européenne, *J.O.R.F.*, 14 octobre 2006, p. 15258.
Loi n° 2013-99 du 28 janvier 2013 autorisant la ratification du traité relatif à l'adhésion de la République de Croatie à l'Union européenne, *J.O.R.F.*, 29 janvier 2013, p. 1721.

[43] VERPEAUX (M.), « L'article 33. Comment faciliter l'entrée de certains États dans l'Union européenne », *L.P.A.*, 14 mai 2008, n° 97, p. 97 ; BURGORGUE-LARSEN (L.), « Les articles 33 et 35 », *L.P.A.*, 14 mai 2008, n° 97, p. 98 et CHALTIEL (F.), « L'article 88-5, une nouvelle illustration de la souveraineté nationale », *L.P.A.*, 19 décembre 2008, n° 254, p. 134.

[44] Comité de réflexion et de proposition sur la modernisation et le rééquilibrage des institutions de la Vème République présidé par M. Edouard Balladur, *Une Ve République plus démocratique*, éd. Fayard, 2008, voir proposition n° 50.

l'alinéa 1er de l'article 11 de la Constitution. Ainsi, une convention internationale pourrait théoriquement faire l'objet d'un tel référendum.

Pourtant le recours à ce dispositif constitutionnel semble totalement improbable et qui plus est en vue de l'autorisation de traités internationaux. En premier lieu, il convient de rappeler le peu d'enthousiasme que ce nouvel instrument constitutionnel a suscité au sein de la classe politique puisque la loi organique nécessaire à son application a été adoptée plus de cinq ans après la révision constitutionnelle de 2008. En second lieu, la mise en œuvre de ce référendum d'initiative populaire s'avère particulièrement complexe, longue et remplie d'embûches, réduisant à néant toute tentative.

Les seuils de 4,5 millions d'électeurs et de 185 parlementaires[45] semblent difficilement atteignables et écartent la possibilité que les groupes minoritaires au sein du Parlement puissent en être à l'initiative. Ainsi la sénatrice Mme Hélène Lipietz souligne avec humour que « *les rares parlementaires qui rassembleront ces 4,5 millions de signatures mériteront de voir leur statue exposée dans notre hémicycle ou au musée Grévin !* »[46]. Par ailleurs, il suffit seulement que les assemblées examinent le texte pour qu'aucun référendum n'ait lieu. Ainsi, le sénateur M. Jean-Pierre Michel s'étonne de cette situation : « *Le Président de la République est dépossédé de la possibilité d'organiser un référendum sur une initiative parlementaire. Curieuse procédure !* »[47]. Enfin, les délais devant être pris en compte semblent particulièrement longs pour ne pas dire irréels puisque près de deux années seraient nécessaires pour que la procédure puisse aboutir. En troisième lieu, les engagements internationaux et plus généralement la politique étrangère relèvent du domaine réservé du Président de la République et il semble inimaginable que ce dernier puisse accepter de perdre la main en la matière.

Ces référendums prévus aux articles 88-5 et 11 alinéa 3 de la Constitution ne sont finalement que des miroirs aux alouettes offrant l'illusion au peuple français qu'il peut être consulté. Au regard des pratiques référendaires étrangères mais aussi de la pratique gaulliste, la France actuelle offre ainsi le spectacle d'une démocratique unijambiste n'ayant que pour seul appui la démocratie représentative, par peur du populisme, faisant ainsi fi de l'histoire institutionnelle qui montre que les plus grandes démocraties ont toutes une pratique régulière du référendum national ou local. En somme, après le sursaut gaulliste, la France a sombré dans une certaine léthargie démocratique engendrant ainsi une profonde crise de confiance.

---

[45] L'article 11 alinéa 3 précise que le texte doit être soutenu par un cinquième des membres du Parlement et un dixième des électeurs inscrits sur les listes électorales, soit 185 parlementaires et 4,5 millions d'électeurs.

[46] Débats Sénat, séance du 28 février 2013, Application de l'article 11 de la Constitution, *J.O.R.F.*, 1er mars 2013, p. 1594.

[47] Débats Sénat, séance du 12 juin 2013, Application de l'article 11 de la Constitution, *J.O.R.F.*, 13 juin 2013, p. 5787.

Pour autant, la quantité d'engagements internationaux ayant fait l'objet d'une loi d'autorisation n'a cessé de croître depuis soixante ans. Un bilan s'avère donc nécessaire.

Section II. État des lieux après soixante années de pratique

Depuis l'avènement de la Vème République en 1958, les parlementaires ont voté près de deux mille lois autorisant la ratification ou l'approbation d'engagements internationaux. Un état des lieux s'avère donc nécessaire afin d'établir différentes statistiques (1), de dégager les principales thématiques (2), mais aussi d'appréhender la réalité de la pratique parlementaire (3).

§ 1. Statistiques

La quantité d'engagements internationaux ratifiés ou approuvés par la France appelle l'établissement de statistiques quantitatives (A), typologiques (B) et géographiques (C) afin de mieux appréhender leur diversité et d'offrir un regard original sur la géopolitique française.

A) Aspects quantitatifs

Près de 2000 lois autorisant la ratification ou l'approbation d'engagements internationaux ont été adoptées sous la Vème République, soit 34,5 % du nombre total de lois adoptées. L'apport de normes externes au droit interne est donc considérable d'autant que cette étude ne prend en compte, ni les règlements européens, ni les directives européennes. A elle seule, cette photographie démontre l'implication de la France dans la vie internationale.

Plus précisément, le nombre de lois d'autorisation de ratification ou d'approbation d'engagements internationaux n'a cessé de croître pendant cinquante ans pour se stabiliser désormais. De seulement 8 % en 1959, le pourcentage de ces lois s'éleva à 32 % en 1979 et dépassa la barre des 40 % de 1997 à 2012, pour ensuite retomber à 38 % durant le quinquennat du Président M. François Hollande. Par ailleurs, en 1997, 2002, 2007 et 2009, plus de 50 % des lois adoptées par le Parlement étaient des lois autorisant la ratification ou l'approbation d'engagements internationaux. Ce sont donc sous les présidences de M. Jacques Chirac et M. Nicolas Sarkozy que le plus grand nombre de conventions internationales auront été ratifiées ou approuvées.

Année	Nombre des lois autorisant la ratification ou l'approbation d'engagements internationaux	Nombre total des lois	Pourcentage de lois autorisant la ratification ou l'approbation d'engagements internationaux par rapport au nombre total des lois
1958	0	0	-
1959	4	50	8,0 %
1960	20	89	22,5 %
1961	19	98	19,4 %
1962	13	54	24,0 %
1963	20	94	21,2 %
1964	21	118	17,8 %
1965	14	74	18,9 %
1966	29	132	39,0 %
1967	19	85	22,3 %
1968	10	64	11,8 %
1969	27	75	36,0 %
1970	25	110	22,7 %
1971	23	102	22,5 %
1972	30	134	22,4 %
1973	17	81	20,9 %
1974	20	64	31,2 %
1975	49	152	32,2 %
1976	26	104	25,0 %
1977	63	158	39,9 %
1978	31	83	37,3 %
1979	30	93	32,2 %
1980	37	86	43,0 %
1981	25	57	43,8 %
1982	37	110	33,6 %
1983	35	113	30,9 %
1984	36	114	31,6 %
1985	49	125	39,2 %
1986	13	71	18,3 %
1987	29	91	31,8 %
1988	31	75	41,3 %
1989	24	84	28,6 %
1990	40	113	35,4 %
1991	31	102	30,4 %
1992	25	98	25,5 %
1993	24	89	26,9 %
1994	66	134	49,2 %

1995	22	65	33,8 %
1996	36	114	31,6 %
1997	39	69	56,5 %
1998	39	88	43,3 %
1999	58	117	49,6 %
2000	37	87	42,5 %
2001	30	78	38,4 %
2002	45	88	51,1 %
2003	59	122	48,3 %
2004	44	95	46,3 %
2005	55	113	48,6 %
2006	36	90	40,0 %
2007	59	114	51,7 %
2008	42	102	41,2 %
2009	44	85	51,7 %
2010	51	125	40,8 %
2011	51	122	41,8 %
2012	38	92	41,3 %
2013	30	95	31,6 %
2014	33	99	33,3 %
2015	49	105	46,6 %
2016	44	111	39,6 %
2017	23	64	35,9 %
Total	1976	5716	34,5 %

Décennie	Nombre de lois autorisant la ratification ou l'approbation d'engagements internationaux	Pourcentage de lois autorisant la ratification ou l'approbation d'engagements internationaux par rapport au nombre total des lois
1958 - 1967	159	21,6 %
1968 - 1977	290	27,7 %
1978 - 1987	322	34,1 %
1988 - 1997	338	35,8 %
1998 - 2007	462	46,6 %
2008 - 2017	405	40,5 %

Mandat présidentiel	Nombre de lois autorisant la ratification ou l'approbation d'engagements internationaux	Pourcentage de lois autorisant la ratification ou l'approbation d'engagements internationaux par rapport au nombre total des lois
De Gaulle (1958 – 1965)	111	19,3 %
De Gaulle (1965 – 1969)	63	20,8 %
Pompidou (1969 – 1974)	117	24,3 %
Giscard d'Estaing (1974 – 1981)	261	34,7 %
Mitterrand (1981 – 1988)	227	32,4 %
Mitterrand (1988 – 1995)	236	34,1 %
Chirac (1995 – 2002)	283	44,0 %
Chirac (2002 – 2007)	236	46,3 %
Sarkozy (2007 – 2012)	240	44,8 %
Hollande (2012 – 2017)	189	38,6 %

B) Aspects typologiques

Les engagements internationaux adoptés par la France peuvent faire l'objet d'un classement typologique en trois catégories : la première en fonction du nombre de signataires (engagement bilatéral ou engagement multilatéral), la seconde en fonction de l'appellation même de l'engagement international (traité, convention, accord, etc.) et la troisième en fonction de l'auteur qui sera amené à le ratifier ou à l'approuver.

La première de ces catégories est celle retenue par le Journal Officiel et qui a été reprise dans l'annuaire de cet ouvrage. Elle offre une vue d'ensemble très pertinente en permettant de distinguer quatre types engagements internationaux : ceux multilatéraux signés par la France, ceux bilatéraux signés par la France, ceux multilatéraux signés par les Communautés et l'Union européenne et ceux bilatéraux signés par les Communautés et l'Union européenne avec des pays tiers.

Statistiquement, les lois d'autorisation des engagements bilatéraux signés par la France restent les plus nombreuses puisqu'elles sont 1123 et représentent 57 %, tandis que celles relatives aux engagements multilatéraux signés par la France sont au nombre 658, soit 33 %, celles relatives aux conventions multilatérales des Communautés et à l'Union européenne sont au nombre de 103 soit 5 % et celles relatives aux conventions bilatérales des Communautés et à l'Union européenne sont au nombre de 99 soit également 5 % environ.

La seconde de ces catégories permet de distinguer les engagements internationaux en fonction de leur dénomination exacte : traités, conventions, accords, accords-cadres, chartes, pactes, protocoles, avenants et amendements. Cette dénomination n'emporte pas de conséquence juridique quant à la valeur de l'instrument international que ce soit en droit international ou en droit interne. Un traité ou un simple avenant reste toujours un engagement international ayant vocation à s'appliquer dès sa ratification ou approbation et sa publication en droit interne.

Sur le plan statistique et depuis 1958, on peut établir que 40 % des lois d'autorisation ont concerné des accords, 34 % des conventions, 12 % des protocoles, 6 % des avenants, 5 % des traités, 2 % des amendements, 1 % des accords-cadres, 0,1 % des chartes et 0,1 % des pactes.

Par ailleurs, il convient de rappeler qu'au sein d'une même loi plusieurs engagements internationaux de même nature (par exemple plusieurs conventions) ou non (par exemple une convention et un avenant) peuvent faire l'objet d'une autorisation de ratification ou d'approbation. Cette pratique transformant le Parlement en simple chambre d'enregistrement a été maintes fois critiquée. Beaucoup moins usitée qu'au début de la Vème République, elle demeure toujours présente et trouve sa justification dans des raisons pratiques puisqu'elle vise à désengorger le ministère des Affaires étrangères de son stock d'engagements internationaux non encore ratifiés ou approuvés.

Plus surprenant, le Parlement s'est trouvé confronté en 2015 à un nouveau type d'accord[48] : l'accord sous forme d'échange de notes verbales ! Un simple échange verbal ayant été retranscrit dans une note française le 13 janvier 2011 et dans une note monégasque le 10 mars 2011 a pu faire l'objet d'un accord international. Il s'agissait cependant là de « *stipulations traditionnelles en matière de création d'un bureau à contrôles nationaux juxtaposés* »[49] visant concrètement à regrouper les services des douanes des deux pays sur un même site.

La troisième catégorie permet de distinguer les engagements internationaux en fonction de l'auteur les ayant négociés et signés. Ainsi, 28 % (soit 560 sur 1976 engagements) sont des lois autorisant la ratification et donc concernant des instruments internationaux ayant été négociés et signés par le Président de la République. Charles De Gaulle en a signé 69, Georges Pompidou 48, M. Valéry Giscard d'Estaing 58, François Mitterrand 113, M. Jacques Chirac 150, M. Nicolas Sarkozy 52, M. François Hollande 70 et M. Emmanuel Macron 10 jusqu'à présent (4 octobre 2018). *A contrario*, 72 % sont des lois autorisant l'approbation d'engagements internationaux ce qui signifie que ces derniers ont été négociés et signés par les ministres compétents.

---

[48] Loi n° 2015-824 du 7 juillet 2015 autorisant l'approbation de l'accord sous forme d'échange de notes verbales entre le Gouvernement de la République française et le Gouvernement de la Principauté de Monaco relatif à la création d'un bureau à contrôles nationaux juxtaposés à Porta, *J.O.R.F.*, 8 juillet 2015, p. 11458.

[49] GUERRIAU (J.), « La création d'un bureau à contrôles nationaux juxtaposés à Porta », rapport d'information n° 160 au nom de la commission des Affaires étrangères, de la Défense et des Forces armées, *Sénat*, 10 décembre 2014, p. 33.

C) Aspects géographiques

Les engagements internationaux bilatéraux entre la France et des États tiers permettent de déceler les préoccupations géopolitiques ou du moins politiques du pouvoir exécutif français. Il apparaît en effet que la géopolitique internationale de la France a varié d'un mandat présidentiel à l'autre, même s'il existe bien sûr des constantes en la matière.

En premier lieu, tous les exécutifs de la Vème République ont bien sûr donné une place importante aux États périphériques de la France. Plus de 220 engagements bilatéraux ont été conclus avec ceux-ci : Allemagne (24), Andorre (13), Belgique (19), Espagne (34), Italie (28), Luxembourg (15), Royaume-Uni (28) et Suisse (37). De manière plus générale, des conventions bilatérales ont systématiquement été conclues avec l'ensemble des pays européens et ceux du Maghreb, mais aussi avec les États-Unis et à partir de 1967 avec l'Union des Républiques socialistes soviétiques (U.R.S.S.) puis la Russie. La présence de régimes dictatoriaux n'a pas été toujours sans effet puisque la France n'a ratifié de convention bilatérale, ni avec le Portugal lors du régime d'António Salazar, ni avec la Grèce lors de la dictature des Colonels, ni avec les États d'Europe de l'Est pendant la guerre froide. Toutefois, le Général de Gaulle a permis l'approbation de plusieurs engagements bilatéraux conclus avec l'Espagne alors sous le régime franquiste.

En second lieu, il convient d'observer l'existence d'une certaine discontinuité dans la politique étrangère menée par les différents Présidents de la République. Ainsi, la majorité des accords bilatéraux ayant été ratifiés ou approuvés concernaient des États européens et ceux d'Afrique francophone lors des mandats du Général de Gaulle (1958-1969). Le Président Georges Pompidou (1969-1974) engage une légère inflexion avec la conclusion d'accords bilatéraux avec les États du Proche et Moyen-Orient. Le Président M. Valéry Giscard d'Estaing (1974-1981) se tournera quant à lui vers les États d'Amérique latine et d'Asie. Il multipliera aussi les engagements bilatéraux avec de nombreux États africains renforçant ainsi la présence de la France en Afrique[50]. Quant au Président François Mitterrand (1981-1995), il centra principalement son action sur les États européens et africains, mais aussi sur les États de la péninsule arabique. Notons d'ailleurs que ce n'est qu'en 1994, une fois l'Apartheid terminé, que la France ratifia sa première convention bilatérale avec l'Afrique du Sud. Sous la Présidence de M. Jacques Chirac (1995-2007), il apparaît que la France a ratifié de nombreux accords bilatéraux avec la plupart des États d'Amérique latine, mais aussi avec de nombreux pays asiatiques et africains. Cette présidence a été celle produisant le plus d'accords bilatéraux depuis 1958. Quant au Président de la République M. Nicolas Sarkozy (2007-2012), il oriente nettement sa diplomatie vers le Proche-Orient et l'Orient. Il sera le seul Président à ne pas avoir ratifié d'accords bilatéraux avec la Russie. Enfin, la

[50] Il s'agit là de nombreux accords d'assistance technique et militaire.

présidence de M. François Hollande (2012-2017) semble être marquée par un véritable recul du nombre d'accords bilatéraux avec les États africains, la plupart des engagements ratifiés et approuvés concernant les États européens, sud et nord-américains et orientaux.

Représentation cartographique des États ayant conclu des accords bilatéraux avec la France

1958-1965

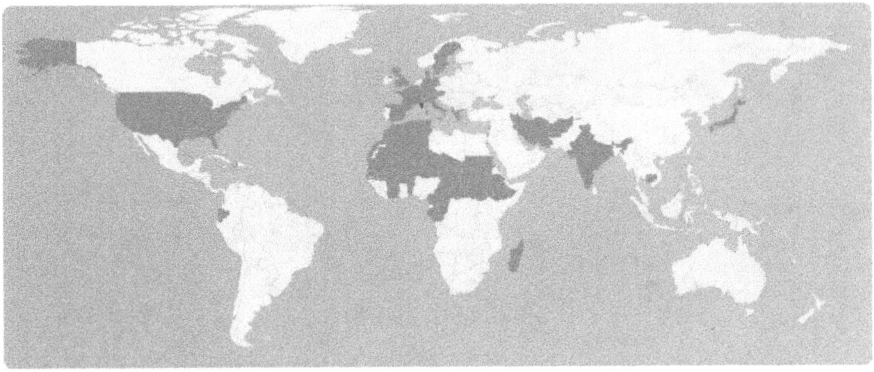

1965-1969

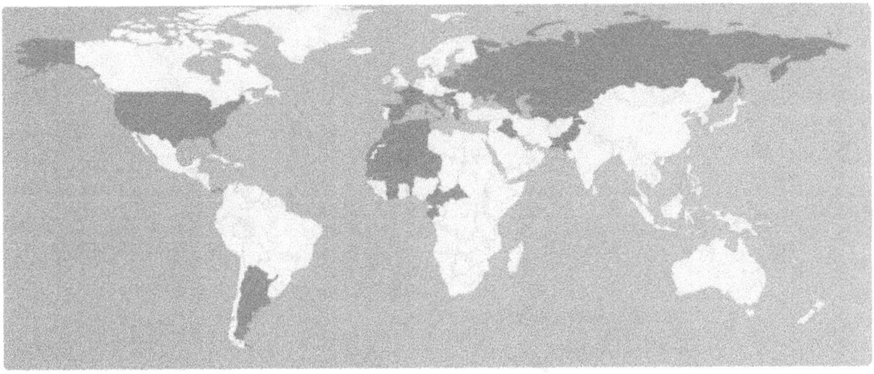

1969-1974

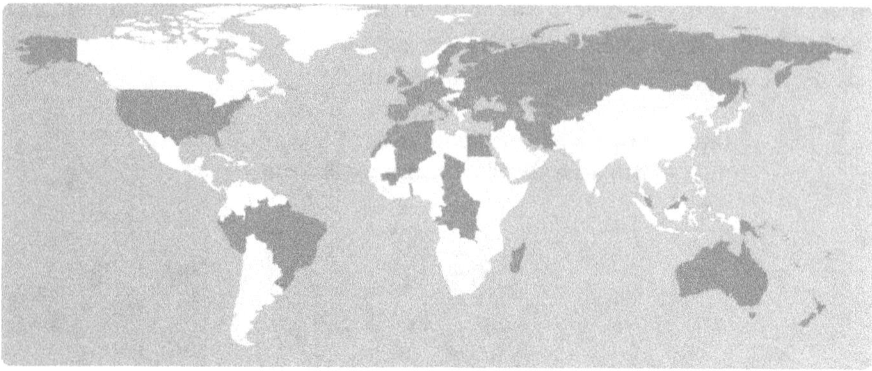

1974-1981

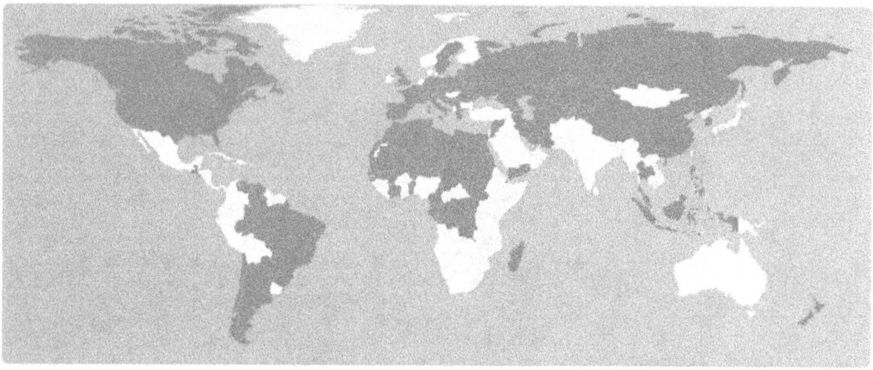

1981-1988

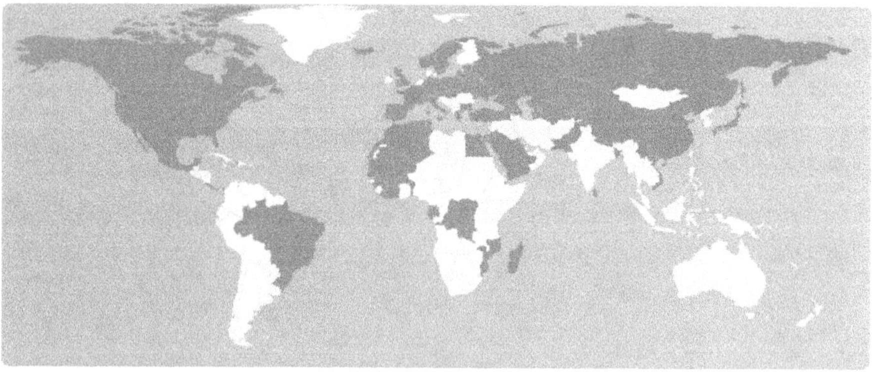

1988-1995

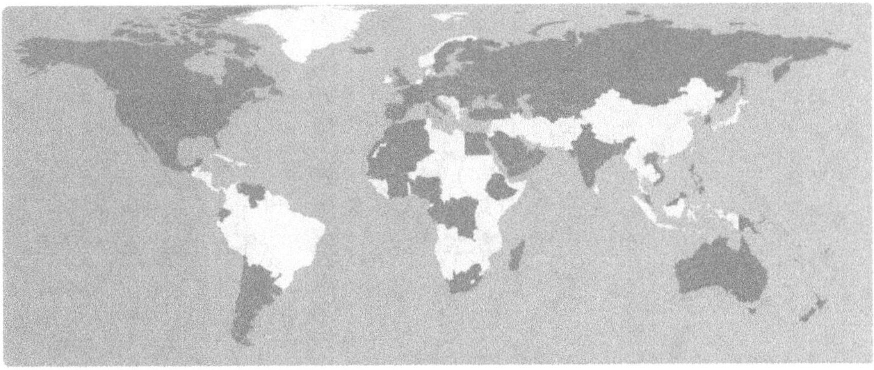

1995-2002

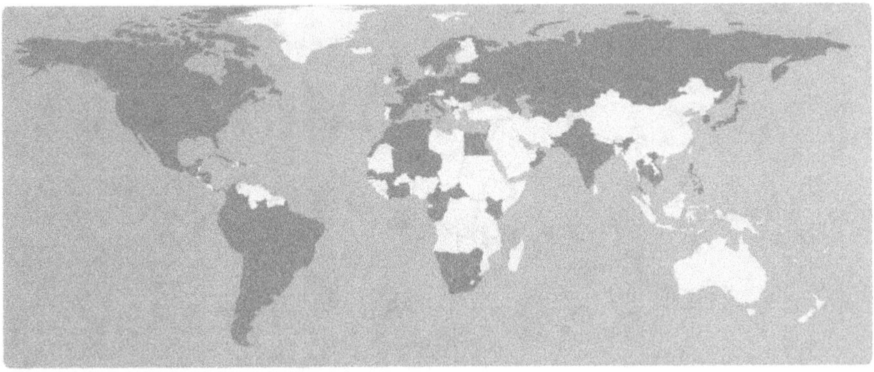

2002-2007

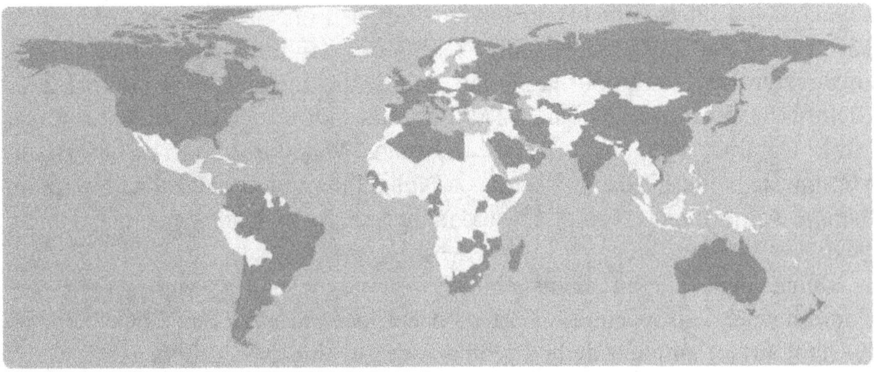

2007-2012

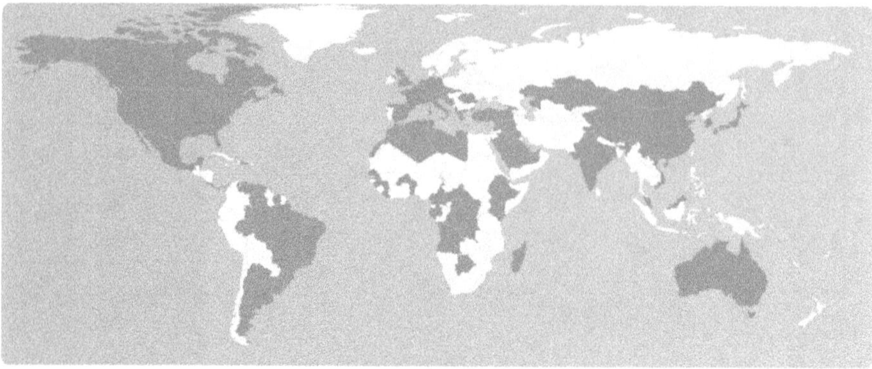

2012-2017

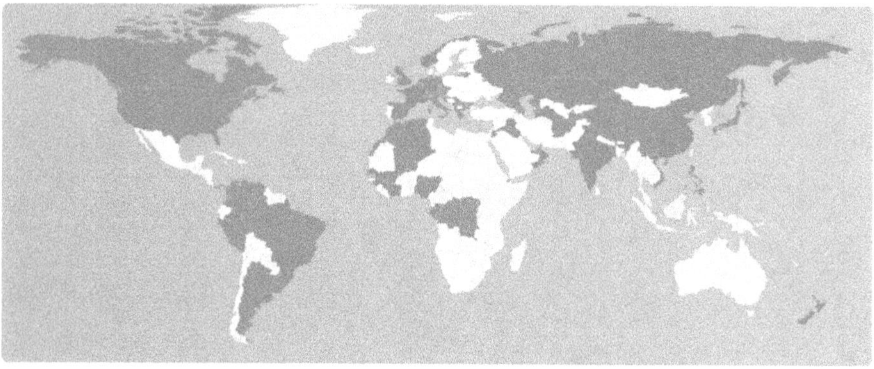

En troisième lieu, il s'avère que la France a désormais conclu des engagements internationaux ayant fait l'objet d'une loi d'autorisation avec 167 États. Par conséquent, 30 États n'ont toujours pas signé de tels engagements. Il s'agit pour la plupart, soit de dictatures, soit de micro-États : Biélorussie, Birmanie, Bhoutan, Burkina, Burundi, Corée du Nord, Erythrée, Fidji, Gambie, Guyana, Kiribati, Lesotho, Malawi, Maldives, Marshall, Micronésie, Niue, Palaos, Papouasie-Nouvelle-Guinée, Rwanda, Salomon, Samoa, Sierra Leone, Somalie, Soudan du Sud, Swaziland, Tanzanie, Tonga, Tuvalu et Vatican.

Quant aux engagements bilatéraux négociés et signés par les Communautés européennes et l'Union européenne avec des États tiers, ils révèlent aussi l'ampleur de la diplomatie des institutions européennes.

États ayant conclu des accords avec les Communautés européennes ou l'U.E. qui ont nécessité une loi d'autorisation de la France

(1958 – 2018)

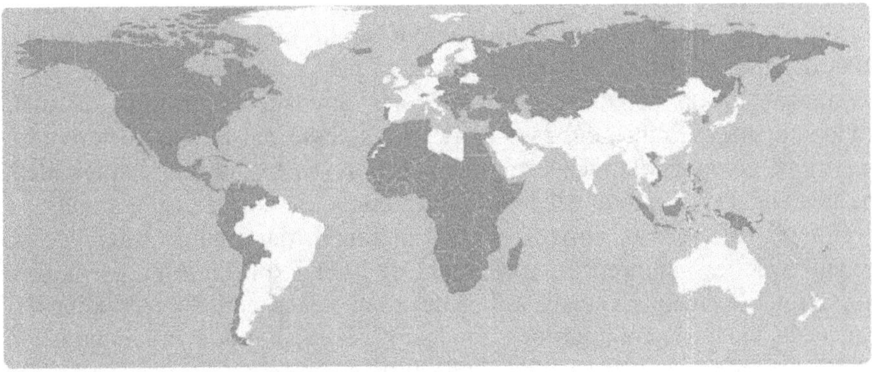

Les Communautés et l'Union européenne ont ainsi conclu avec 136 États une centaine d'accords bilatéraux internationaux nécessitant le vote d'une loi d'autorisation du Parlement français. Parmi les grands absents figurent la plupart des pays asiatiques (Chine, Japon et Inde), l'Australie, la Nouvelle-Zélande, les principaux États d'Amérique du Sud (Argentine et Brésil), de nombreux États du Moyen-Orient et de la péninsule arabique. Une accélération corrélative à l'extension de compétence de l'Union est à souligner puisque 25 % des accords ont été ratifiés entre 1958 et 1992, et 75 % l'ont été entre 1993 et 2018.

Après un état des lieux effectué à l'aide de ces nombreuses statistiques, il convient maintenant de mettre en perspective les thématiques des engagements internationaux ratifiés et approuvés.

§ 2. Les thématiques

A l'instar des activités humaines et de leur évolution, les domaines sur lesquels portent les engagements internationaux sont extrêmement variés. Leurs thématiques restent néanmoins relativement distinctes selon qu'il s'agit d'engagements multilatéraux ou bilatéraux, les premiers concernent pour l'essentiel des défis pouvant être relevés à l'échelle planétaire ou régionale (A) tandis que les seconds restent plus pragmatiques et visent à améliorer les rapports entre la France et ses partenaires (B).

A) Les thématiques des engagements multilatéraux

Au fil des nouveaux enjeux de la vie internationale, les États ont souhaité créer les moyens juridiques et institutionnels pour y faire face. La France, actrice incontournable du multilatéralisme, a ainsi conclu, signé et ratifié 658 engagements multilatéraux depuis 1958.

Les thématiques de ces instruments internationaux ont connu une véritable évolution, même s'il existe quelques thématiques constantes. Parmi ces dernières figurent les conventions relatives aux activités maritimes et à la protection des océans. D'ailleurs pour mieux percevoir l'ampleur des enjeux en cause, il suffit de rappeler que 90 % du transport commercial de marchandises dans le monde s'effectue par voie maritime. Le point culminant fut la convention de Montego Bay sur le droit de la mer. Evidemment, la France qui est l'un des pays possédant le plus vaste espace maritime, notamment grâce à ses archipels polynésiens, ratifie régulièrement de tels engagements. Par ailleurs, la thématique du commerce des matières premières (blé, cacao, cuivre) est très présente, tout comme celle liée au travail avec les nombreuses conventions de l'O.I.T. Enfin, la France adhère aussi régulièrement depuis 1958 à de nombreuses entités internationales (agences, banques, commissions, fonds, offices, organisations, unions, etc.). Désormais, elle est membre de près de 130 de ces entités internationales, ce qui a nécessité plus de 200 lois autorisant l'adhésion de la France aux conventions créant ces entités et aux conventions venant modifier les statuts de celles-ci.

A côté de ces thématiques relativement constantes depuis une soixantaine d'années, d'autres ont connu une véritable évolution suivant ainsi le cours des préoccupations de l'humanité et des révolutions scientifiques. Ainsi, jusqu'à la fin des années 1980, de nombreux engagements multilatéraux visaient le développement et la réglementation des moyens de communication qu'ils soient terrestres, maritimes ou aériens, ainsi que les échanges commerciaux et en particulier le commerce des biens. Par ailleurs, dès les années 1970 et suite à la décolonisation, les nouveaux peuples indépendants ne parvenant pas à s'autosuffire et à se développer suffisamment, la communauté internationale décida de leur prêter main-forte. C'est ainsi qu'une multitude d'engagements internationaux relatifs à l'aide alimentaire et à l'aide au développement ont vu le jour. Les années 1970 ont aussi connu l'avènement des premières conventions internationales visant à la protection de l'environnement.

A partir des années 1980, une certaine rupture s'opère. Il ne s'agit plus seulement de développer et d'étendre les activités mercantiles humaines, mais aussi de protéger plus intensément les droits fondamentaux des êtres humains. De nombreux engagements multilatéraux ont été conclus, signés et ratifiés en ce sens par la France. Par ailleurs, sur le plan environnemental, la question de la pollution atmosphérique a fait l'objet pour la première fois d'une convention en 1987. La communauté internationale souhaitait ainsi mieux protéger la nature et l'ensemble des êtres vivants.

Les années 1990 ont aussi connu un changement de paradigme important en consonance avec l'évolution de la vie internationale. De nouvelles thématiques vont apparaître comme celle du changement climatique et celle de la question des migrations en 1994. Plusieurs engagements internationaux porteront aussi sur le nucléaire (sûreté nucléaire et interdiction complète des essais nucléaires). Le développement de la mondialisation ne concernera plus seulement les biens, mais aussi les services (1996).

Enfin, depuis les années 2000, la communauté internationale a souhaité se donner les moyens pour que les criminels de guerre soient jugés. La France favorable à cette évolution a ainsi ratifié les engagements internationaux relatifs à la création de la Cour pénale internationale (2000), à celle du Tribunal pénal international pour la Yougoslavie (2002) et à celle du Tribunal pénal international pour le Rwanda (2004). Sur le plan de la protection de l'environnement, la France va multiplier à partir de 2003 la ratification ou l'approbation de conventions en la matière. En 2011, la première convention portant sur les énergies renouvelables et plus précisément sur la création d'une Agence internationale pour les énergies renouvelables a été ratifiée. Mais ces vingt dernières années sont aussi marquées par la question du terrorisme puisque pas moins de six engagements internationaux portant sur cette question ont fait l'objet d'une loi d'autorisation de ratification ou d'approbation. Observons d'ailleurs qu'en 2013 a été ratifiée une convention relative à la répression des actes de terrorisme nucléaire.

Quant aux Communautés européennes et l'Union européenne, leurs engagements multilatéraux ont avant tout visé à l'extension et à l'approfondissement de la construction européenne. Ainsi, sont concernés tous les traités fondateurs (Acte unique, traités de Maastricht, d'Amsterdam, de Nice, et de Lisbonne), les traités relatifs aux frontières (traité de Schengen) et à la liberté de circulation des personnes, des marchandises et des capitaux, mais aussi les traités portant sur la fiscalité, les finances publiques, les questions bancaires et la zone Euro (Mécanisme européen de stabilité). Les institutions européennes ont aussi conclu de nombreux accords en matière judiciaire, notamment quant à la compétence de la Cour de Justice. Nous observerons enfin depuis ces vingt dernières années le développement des accords relatifs au domaine de la Défense et à la protection de l'environnement notamment visant à lutter contre la pollution atmosphérique.

Ces engagements multilatéraux se révèlent être des marqueurs des défis que la communauté internationale, l'Union européenne et la France ont décidé de relever. *A contrario*, les engagements bilatéraux de la France portent sur des thématiques constantes et relevant plus des enjeux du quotidien.

B) Les thématiques des engagements bilatéraux

Les deux tiers des engagements internationaux signés par la France ayant fait l'objet d'une loi d'autorisation de ratification ou d'approbation sont des engagements bilatéraux. Les thématiques de ces derniers s'avèrent relativement identiques au fil du temps et concernent une multitude de domaines dont les principaux portent sur la fiscalité, la coopération civile et militaire, l'encouragement et la protection des investissements, la sécurité sociale et l'entraide judiciaire.

Principaux thèmes sur lesquels portent les engagements bilatéraux	**Rapport au nombre total d'engagements bilatéraux**
Conventions fiscales	25,8 %
Coopération (civile et militaire)	17,6 % (14,1 % et 3,5 %)
Frontières (délimitation, infrastructures, transport)	8,4 %
Encouragement et protection des investissements	8,6 %
Sécurité sociale	6,2 %
Entraide judiciaire	4,5 %
Circulation des personnes et flux migratoire	2,7 %
Extradition	3,1 %
Amitié	1,7 %
Service militaire des doubles nationaux	1,0 %
Activités spatiales	0,5 %

Il est cependant possible d'établir des distinctions entre les États signataires de ces conventions, celles-ci pouvant s'opérer en fonction du produit intérieur brut (P.I.B.), du degré de partenariat existant ou encore de la proximité géographique.

Tout d'abord, il s'avère qu'avec les États dont le P.I.B. est faible ou moyennement élevé, la France conclut principalement des accords d'amitié, des accords d'encouragement et de protection réciproques des investissements, des accords relatifs à la circulation des personnes, de nombreux accords de coopération civile et militaire. Plus précisément, les accords de coopération militaire ont été conclus pour la plupart avec des États africains francophones, des États du Moyen-Orient ou certains États européens anciennement communistes[51]. Seuls font exception à cette liste : l'Argentine, l'Australie, Singapour et le Venezuela. Quant aux accords de coopération civile, leur champ est particulièrement vaste puisqu'il peut concerner la culture, l'économie, la science. Il peut aussi s'agir de coopération technique, de coopération en matière d'information ou de sécurité civile intérieure.

Avec les États possédant un haut niveau de P.I.B., la France multiplie les conventions fiscales. Il s'agit de conventions ayant pour objectif d'éviter les doubles impositions et de prévenir l'évasion fiscale. Ainsi avec de tels pays, la grande majorité des engagements bilatéraux conclus par la France sont des

[51] Algérie, Bénin, Cameroun, Comores, Congo, Côte d'Ivoire, Croatie, Dahomey, Djibouti, Emirats arabes unis, Guinée, Guinée Equatoriale, Irak, Kazakhstan, Liban, Lituanie, Mali, Maroc, Mauritanie, Niger, Roumanie, Russie, Sénégal, Serbie, Slovaquie, Tchad, Togo et Zaïre.

conventions fiscales (75 % pour la Suède et Oman, 66 % pour l'Arabie saoudite et la Norvège, 60 % pour le Japon et le Royaume-Uni, 50 % pour l'Autriche, 45 % pour les Pays-Bas et Singapour, 40 % pour les États-Unis). Notons que si on exclut les accords relatifs aux questions frontalières, le pourcentage du nombre de conventions fiscales augmente fortement (de 33 % à 60 % pour le Luxembourg ; de 26 % à 43 % pour l'Espagne ; de 26 % à 41 % pour la Belgique ; de 21 % à 40 % pour la Suisse).

Ensuite, le degré de partenariat de la France avec un État se caractérise bien sûr en fonction du nombre d'engagements bilatéraux conclus, mais aussi en fonction du type d'accords. En effet, avec de nouveaux partenaires, la France a généralement recours à des accords d'amitié, de simple coopération, puis d'encouragement et de protection réciproques des investissements. Des accords fiscaux peuvent aussi être conclus. Puis lorsque le partenariat se renforce, la coopération et l'entraide judiciaire prennent de l'importance, des accords de sécurité sociale sont conclus et les conventions fiscales portent sur des domaines plus étendus.

Enfin, le degré de proximité géographique correspond relativement au nombre d'engagements bilatéraux conclus par la France. Ainsi près de 22 % de ceux-ci l'ont été avec les pays frontaliers (Belgique, Luxembourg, Allemagne, Suisse, Monaco, Italie, Andorre, Espagne, Royaume-Uni). Si nous prenons en compte l'ensemble des États européens (au sens géographique du terme), alors 38 % des engagements bilatéraux ratifiés ou approuvés par la France l'ont été avec ces États. Et si l'on rajoute les pays du Maghreb, le pourcentage s'élève à 44 %. En sens inverse, les engagements conclus avec les États du continent sud-américain ne représentent que 8 % de la totalité des conventions bilatérales. Pour les États frontaliers de la France, une part importante des engagements internationaux concerne des enjeux frontaliers tels que les infrastructures frontalières, les délimitations des frontières, les cours d'eau frontaliers ou encore les transports routier et ferroviaire transfrontaliers.

A ce bilan des thématiques des engagements internationaux s'ajoute celui du traitement par les parlementaires de ces normes spécifiques.

§ 3. Une revalorisation du travail parlementaire

Le régime de la Vème République prévoit clairement que la politique étrangère relève du pouvoir exécutif. La pratique institutionnelle est venue quant à elle renforcer cette tendance donnant au Président de la République et au Gouvernement les coudées franches. Dès lors, le Parlement resta longtemps cantonné dans le rôle peu reluisant de chambre d'enregistrement. Soixante années de pratique montrent un Parlement souvent malmené (A). Pour autant, au fil des décennies, il apparaît que les députés et les sénateurs ont tiré parti au mieux d'un système institutionnel qui leur était *a priori* peu favorable (B).

A) Un Parlement souvent malmené

Face aux projets de loi autorisant la ratification ou l'approbation d'engagements internationaux, les parlementaires se retrouvent fréquemment devant le fait accompli et doivent régulièrement adopter en urgence le texte déposé par le Gouvernement.

Ainsi comme le montrent les deux tableaux ci-après, l'ensemble des lois d'autorisation est adopté en seulement une dizaine de jours chaque année et ce fréquemment sans le moindre débat en séance publique que ce soit à l'Assemblée nationale ou au Sénat puisque la procédure d'examen simplifiée et la procédure accélérée sont la norme habituelle. Autrement dit, près de 40 % des lois annuelles sont votées en 10 jours et sans débat public. Certes, il est compréhensible qu'une convention sur la préservation des pétrels n'a pas à donner lieu à un débat de plusieurs jours dans l'hémicycle, mais il est stupéfiant de constater avec quelle légèreté le Gouvernement procède en la matière.

Pire est encore le constat si l'on considère le nombre de lois autorisant la ratification ou l'approbation d'engagements internationaux adoptées dans une seule journée. Comme le montrent parfaitement les tableaux de la page 38, il est fréquent qu'une dizaine de lois d'autorisation soient adoptées le même jour. Les assemblées parlementaires ne sont plus des chambres d'enregistrement, mais de véritables usines ! Ainsi, et plus précisément :

– le mercredi 5 juillet 1972, ont été adoptées par le Parlement 14 lois d'autorisation ;

– le mardi 27 décembre 1977, ont été adoptées par le Parlement 17 lois d'autorisation ;

– le mercredi 4 juillet 1984, ont été adoptées par le Parlement 20 lois d'autorisation ;

– le mercredi 1er décembre 1999, ont été adoptées par le Parlement 24 lois d'autorisation ;

– le vendredi 23 juillet 2010, ont été adoptées par le Parlement 14 lois d'autorisation.

Année	*Nombre de jours lors desquels ont été adoptées des lois d'autorisation*
1958	0
1959	4
1960	10
1961	10
1962	8
1963	7
1964	12
1965	7
1966	9
1967	6
1968	8
1969	9
1970	12
1971	11
1972	8
1973	7
1974	6
1975	11
1976	9
1977	14
1978	14
1979	9
1980	12
1981	6
1982	9
1983	11
1984	7
1985	13
1986	5
1987	10
1988	5

Année	*Nombre de jours lors desquels ont été adoptées des lois d'autorisation*
1989	9
1990	13
1991	10
1992	5
1993	9
1994	16
1995	8
1996	13
1997	11
1998	9
1999	10
2000	11
2001	8
2002	6
2003	16
2004	12
2005	9
2006	7
2007	13
2008	12
2009	13
2010	9
2011	14
2012	13
2013	13
2014	13
2015	23
2016	16
2017	10

Année	*Nombre maximum de lois d'autorisation adoptées en un seul jour*
1958	0
1959	1
1960	5
1961	5
1962	3
1963	8
1964	3
1965	4
1966	6
1967	9
1968	2
1969	5
1970	4
1971	8
1972	14
1973	4
1974	8
1975	12
1976	7
1977	17
1978	5
1979	9
1980	12
1981	12
1982	12
1983	7
1984	20
1985	15
1986	7
1987	11
1988	15

Année	*Nombre maximum de lois d'autorisation adoptées en un seul jour*
1989	9
1990	10
1991	11
1992	15
1993	6
1994	13
1995	7
1996	6
1997	6
1998	8
1999	24
2000	9
2001	14
2002	16
2003	10
2004	13
2005	10
2006	8
2007	14
2008	7
2009	7
2010	14
2011	9
2012	9
2013	5
2014	4
2015	5
2016	8
2017	5

De plus, la répartition dans le calendrier parlementaire est souvent discutable. Jusqu'à la fin des années 1980, le vote des lois d'autorisation s'effectuait essentiellement sur deux périodes : juin-juillet et novembre-décembre. Puis, à partir des années 1990, le flot d'engagements internationaux augmentant et la volonté de revaloriser les activités des assemblées parlementaires ont permis une amélioration dans la répartition annuelle des séances. Néanmoins, comment peut-on considérer comme sérieux l'adoption à la va-vite de lois d'autorisation un 25 décembre comme cela s'est produit en 2017 ? Certes, l'amateurisme de la nouvelle et surtout inexpérimentée majorité parlementaire y est sans doute pour beaucoup, mais cela démontre avant tout qu'un traitement correct des engagements internationaux est loin d'être acquis.

Face à cette situation, les parlementaires ont essayé de rationaliser le processus législatif.

B) Un Parlement acteur de sa propre revalorisation

Pleinement conscients d'être régulièrement malmenés par le pouvoir exécutif, les députés et les sénateurs ont régulièrement critiqué les conditions dans lesquelles leur étaient soumis les projets de loi autorisant la ratification ou l'approbation. Ces critiques souvent constructives sont présentes aussi bien lors de débats en commission ou dans l'hémicycle qu'au travers de certains rapports parlementaires où des pistes de réflexion et des propositions ont été formulées[52].

En premier lieu, il convient de rappeler que l'essentiel du processus amenant à la ratification ou l'approbation d'un engagement international échappe totalement aux parlementaires et ainsi seul le pouvoir exécutif est compétent pour négocier, déterminer la nature juridique de l'engagement, émettre des réserves ou des déclarations interprétatives. De même, la dénonciation d'une convention internationale appartient uniquement au pouvoir exécutif.

Néanmoins, les députés et les sénateurs frustrés d'être mis devant le fait accompli et d'être considérés comme bien souvent de simples godillots, ont essayé avec plus ou moins de succès de faire valoir leurs opinions et d'être force de proposition.

Ainsi, la commission des Affaires étrangères de l'Assemblée nationale a décidé d'ajourner plusieurs projets de loi d'autorisation afin de manifester son mécontentement, comme cela a eu lieu par exemple en 2001 pour l'accord entre la Communauté européenne et la Confédération suisse sur la libre circulation des personnes, en 2004 pour l'engagement relatif aux statuts du système européen des banques centrales et de la Banque centrale européenne, ou encore en 2003 pour une convention fiscale avec la Libye. Pour cette dernière, les parlementaires n'acceptèrent d'adopter son projet de loi d'autorisation qu'en 2007 suite à la libération des infirmières bulgares et du médecin palestinien détenus par le dictateur Mouammar Kadhafi[53].

---

[52] BALLADUR (É.), « L'Assemblée nationale et la politique étrangère de la France », rapport d'information n° 3769 au nom de la commission des Affaires étrangères, *Assemblée nationale*, 7 mars 2007, et, RAFFARIN (J.-P.), « Redonner tout son sens à l'examen parlementaire des traités », rapport d'information n° 204 au nom de la commission des Affaires étrangères, de la Défense et des Forces armées, *Sénat*, 18 décembre 2014.

[53] JAMOT (D.), *op. cit.*, pp. 79-80.

Parfois, les sénateurs ont même rejeté certains projets de loi d'autorisation, comme en 1985, concernant le projet de loi autorisant la ratification du protocole relatif à l'abolition de la peine de mort ou encore comme en 2011 concernant la convention fiscale conclue avec le Panama. Dans ces deux exemples, les projets de loi furent finalement adoptés, après réunion de la commission mixte paritaire, en dernière lecture devant l'Assemblée nationale.

Ensuite, des parlementaires ont aussi au cours des années 1960 amendé certains engagements internationaux[54]. Toutefois, à l'occasion d'une proposition de résolution tendant à compléter le Règlement de l'Assemblée nationale, le Conseil constitutionnel a considéré qu'il est impossible « *d'assortir de réserves, de conditions ou de déclarations interprétatives l'autorisation de ratifier un traité ou d'approuver un accord international non soumis à ratification* »[55]. Autrement dit, les parlementaires ne peuvent amender l'engagement international lui-même, mais peuvent toutefois amender le projet de loi. Ainsi, par exemple en 2004, le projet de loi autorisant la ratification de diverses conventions O.I.T. a fait l'objet d'un amendement qui autorisait le pouvoir exécutif à ratifier une autre convention internationale (convention n° 164) relative à la santé et aux soins médicaux des gens de mer[56]. Par ailleurs, plusieurs projets de loi ordinaire ont fait l'objet d'amendements visant à l'autorisation ou à la ratification de conventions internationales, amendements adoptés avec plus ou moins de succès[57].

Enfin, il arrive que les parlementaires déposent de temps à autre des propositions de loi visant à autoriser la ratification ou l'approbation d'engagements internationaux. Ce fut le cas en 2006 où un sénateur déposa une proposition de loi autorisant l'approbation de l'accord sur l'application de l'article 65 de la convention sur la délivrance des brevets européens. Mais celle-ci est devenue caduque. De même, en 2013, trois sénateurs avaient déposé une proposition de loi autorisant l'approbation de l'accord relatif à la juridiction du brevet[58]. Cette proposition n'a jamais été adoptée, mais a été reprise sous forme d'amendement à un projet de loi relatif à l'enseignement supérieur et à la recherche[59]. Mais cet amendement n'a pas été discuté. Finalement, cet accord international a fini par faire l'objet d'un projet de loi

---

[54] MAUS (D.), « L'Assemblée nationale et les lois autorisant les ratifications des traités », *R.D.P.*, 1978, n° 4, p. 1079.

[55] Cons. const., 9 avril 2003, n° 2003-470 DC, *Résolution modifiant le Règlement de l'Assemblée nationale*, cons. 18.

[56] Loi n° 2004-146 du 16 février 2004 autorisant la ratification des conventions de l'Organisation internationale du travail n° 163 concernant le bien-être des gens de mer [...], *J.O.R.F.*, 17 février 2004, p. 3167.

[57] DRAGO (G.), « Le Parlement et les traités internationaux », dans *Constitutions et pouvoirs : Mélanges en l'honneur de Jean Gicquel*, éd. Montchrestien, 2008, pp. 168-173.

[58] RAOUL (D.), SUTOUR (S.) et YOUNG (R.), Proposition de loi n° 610 autorisant l'approbation de l'accord relatif à une juridiction unifiée du brevet, *Sénat*, 23 mai 2013.

[59] RAFFARIN (J.-P.), *op. cit.*, p. 17.

et a été adopté en 2014, le Gouvernement refusant de laisser l'initiative aux parlementaires[60].

En second lieu, le Gouvernement, les députés et les sénateurs ont aussi favorisé une intégration plus cohérente et plus rapide des normes internationales en droit interne. En effet, le circuit normatif aboutissant à la ratification ou l'approbation d'un engagement international a souvent été particulièrement lent, certaines lois d'approbation intervenant bien des années après leur signature. Ainsi, il n'était pas rare dans les années 1970 que des engagements internationaux soient ratifiés plus de dix ans après leur signature, voire d'un quart de siècle après. A titre d'exemples, la France avait signé en 1949 la convention d'adhésion à la Commission interaméricaine du thon tropical qui n'a été approuvée qu'en 1975 ; de même, la convention européenne de sauvegarde des droits de l'homme et des libertés fondamentales a été signée en 1950 et ratifiée en 1974[61].

Cette situation pose problème puisqu'au niveau international la France est engagée, alors qu'en droit interne l'accord ne peut s'appliquer puisqu'il n'est pas encore ratifié ou approuvé faute d'une loi. La France se trouve alors décrédibilisée sur la scène internationale. Afin d'accélérer le processus, des efforts ont alors été effectués par l'ensemble des acteurs institutionnels, en particulier par le Sénat via sa procédure d'examen simplifié prévue à l'article 47 decies de son Règlement intérieur. Par ailleurs, dans un but d'efficacité, le Gouvernement dépose la moitié des projets de loi d'autorisation à l'Assemblée nationale et l'autre moitié au Sénat, la première chambre parlementaire saisie effectuant l'essentiel du travail qui aboutit à un rapport d'information très complet simplifiant par conséquent le travail de la seconde chambre saisie. Néanmoins, il est regrettable que le choix par le Gouvernement de l'assemblée saisie en première lecture « *relève plus d'un choix empirique, voire de l'aléa* »[62]. Ce manque de visibilité quant à la programmation nuit évidemment au travail parlementaire. De même, il conviendrait que les assemblées parlementaires fassent aussi preuve d'une meilleure coordination entre elles ce qui leur permettrait de mieux anticiper leur travail lorsqu'elles sont saisies de conventions complexes ou sensibles.

Finalement, si des améliorations sont encore à fournir, cet effort de rationalisation du processus législatif a permis au fil des années de réduire le stock des engagements internationaux signés, mais non ratifiés ou approuvés. Désormais, celui-ci s'établit à une quarantaine de conventions et le délai entre la signature et la ratification s'est considérablement réduit

---

[60] Loi n° 2014-199 du 24 février 2014 autorisant la ratification de l'accord relatif à une juridiction unifiée du brevet, *J.O.R.F.*, 25 février 2014, p. 3249.

[61] C'est sous la présidence de Georges Pompidou qu'a été adopté le projet de loi autorisant la ratification de la convention européenne de sauvegarde des droits de l'homme (le 31 décembre 1973). Mais le décret de ratification de cette convention ne sera signé que le 3 mai 1974 par le Président du Sénat Alain Poher exerçant alors à titre provisoire les fonctions du Président de la République.

[62] RAFFARIN (J.-P.), *op. cit.*, p. 13.

puisqu'il est de deux à trois années en cas de procédure normale et de six mois à un an en cas de procédure accélérée[63].

Quoi qu'il en soit, les engagements internationaux signés par la France peuvent potentiellement être portés, soit avant même d'être ratifiés ou approuvés devant le juge constitutionnel, soit une fois ratifiés ou approuvés devant le juge administratif ou le juge judiciaire.

SECTION III. LES ENGAGEMENTS INTERNATIONAUX DEVANT LE JUGE

Tous les engagements internationaux de la France ayant fait l'objet d'une loi de ratification ou d'approbation peuvent potentiellement faire l'objet d'un contrôle de constitutionnalité consistant à vérifier la conformité des clauses de l'engagement international aux règles, aux principes et valeurs de la Constitution. Cet engagement ne pourra remettre en cause les conditions essentielles d'exercice de la souveraineté nationale (1). Par ailleurs, le juge administratif et le juge judiciaire ont compétence pour effectuer le contrôle de conventionalité, c'est-à-dire qu'ils pourront vérifier que toute loi votée par le Parlement est conforme à tel ou tel engagement international régulièrement ratifié ou approuvé par la France (2). Enfin, ils exercent désormais un contrôle portant sur les conditions d'entrée en vigueur des engagements internationaux (3).

§ 1. Le contrôle de constitutionnalité

Le fondement du contrôle de constitutionnalité des engagements internationaux découle de l'article 54 de la Constitution qui pose le principe de la supériorité de la Constitution sur ces mêmes engagements. C'est ce respect de la hiérarchie des normes qui incombe ici au Conseil constitutionnel.

Historiquement, le juge judiciaire et le juge administratif ont toujours refusé, depuis l'arrêt *Paulin* de 1833 pour le premier[64] et l'arrêt *Arrighi* de 1936 pour le second[65], d'opérer un contrôle de constitutionnalité des conventions internationales. Celui-ci dont la finalité étant de prévenir un conflit de normes est attribué explicitement par l'article 54 de la Constitution de la Vème République au Conseil constitutionnel, attribution qu'il exerça pour la première fois en 1970 dans sa décision *Traités européens*[66]. Par la suite, en 1975 lors de sa décision *Interruption volontaire de grossesse (I.V.G.)*, le Conseil constitutionnel se considéra aussi compétent pour exercer

---

[63] *Ibid*, p. 18.

[64] Cass. Crim., 11 mai 1833, S. 1833, 1, p. 357.

[65] C.E., Sect., 6 novembre 1936, Sieur Arrighi.

[66] Cons. const., 19 juin 1970, n° 70-39 DC, *Les compétences budgétaires du Parlement européen.*

un tel contrôle lorsqu'il est saisi dans le cadre de l'article 61 de la Constitution, précisant qu'il appartient à lui seul de l'exercer[67].

Ainsi le contrôle de constitutionnalité des engagements internationaux peut s'exercer à deux occasions, l'un ayant lieu avant l'adoption de la loi d'autorisation de ratification ou d'approbation dudit engagement et ce en application de l'article 54 de la Constitution (A), l'autre après l'adoption de la loi et en application de l'article 61 de la Constitution (B).

A) Le contrôle effectué avant l'adoption de la loi d'autorisation de ratification ou d'approbation

L'article 54 de la Constitution de 1958 permet au Conseil constitutionnel, dès lors qu'il est saisi, de réaliser un contrôle de constitutionnalité de tout engagement international devant faire l'objet d'une loi de ratification ou d'approbation, autrement dit de toutes conventions internationales n'ayant pas été encore adoptées par le Parlement et dont le Gouvernement a considéré qu'elles relèvent du domaine de l'article 53 de la Constitution. Par conséquent, celles qui n'en relèvent pas selon le Gouvernement, c'est-à-dire celles qui font l'objet de simples décrets pour entrer en vigueur, échappent à tout contrôle de constitutionnalité, car le Conseil d'État et la Cour de cassation refusent d'exercer sur elles tout contrôle de constitutionnalité[68]. Or, ces conventions sont de très loin les plus nombreuses.

Par ailleurs, dans sa version originelle, les autorités pouvant saisir le Conseil constitutionnel n'étaient seulement que quatre : le Président de la République, le Premier ministre, le Président de l'Assemblée nationale et le Président du Sénat. Mais contrairement à l'article 61 de la Constitution dont la révision a permis dès 1974 l'extension des autorités de saisine à soixante députés ou soixante sénateurs, l'article 54 ne connaîtra semblable révision constitutionnelle qu'en 1992[69].

C'est ainsi que depuis 1958, le Conseil constitutionnel n'a été saisi dans ce cadre que quatorze fois : huit par le Président de la République[70], une par

---

[67] Cons. const., 15 janvier 1975, n° 74-54 DC, *Loi relative à l'interruption volontaire de la grossesse*.

[68] C.E., 3 mars 1961, *André et Société des tissages « Nicolas Gaimant » : Lebon*, p. 154 ; C.E., Ass., 9 juillet 2010, *Fédération nationale de la libre pensée et autres* ; et Cass. Ass. Plén., 11 mars 1953, *Gambino c/ Arcens : Bull. civ. n° 1*.

[69] Loi constitutionnelle n° 92-554 du 25 juin 1992 ajoutant à la Constitution un titre : « Des Communautés européennes et de l'Union européenne », *J.O.R.F.*, 26 juin 1992, p. 8406.

[70] Cons. const., 29 et 30 décembre 1976, n° 76-71 DC, *Election au suffrage universel du Parlement européen*.

Cons. const., 22 mai 1985, n° 85-188 DC, *Protocole de la convention européenne des droits de l'Homme relatif à l'abolition de la peine de mort*.

Cons. const., 9 avril 1992, n° 92-308 DC, *Traité sur l'Union européenne*.

Cons. const., 15 juin 1999, n° 99-412 DC, *Charte européenne des langues régionales ou minoritaires*.

Cons. const., 19 novembre 2004, n° 2004-505 DC, *Traité établissant une Constitution pour l'Europe*.

le Premier ministre[71], deux conjointement par le Président de la République et par le Premier ministre lors de la dernière cohabitation[72] et enfin trois par les parlementaires[73]. Ces saisines ont concerné la quasi-totalité des traités relatifs à la construction européenne et à son fonctionnement, la Convention européenne des droits de l'homme et ses protocoles, la Cour pénale internationale, la Charte européenne des langues régionales et minoritaires et récemment l'accord économique et commercial global entre le Canada et l'Union européenne (traité C.E.T.A.). Il s'agit donc là de traités majeurs ayant été pour plusieurs d'entre eux à l'origine de transferts de souveraineté et qui ont donc nécessité préalablement à leur adoption une révision constitutionnelle[74]. Ainsi il s'avère que la saisine du Conseil constitutionnel dans le cadre de l'article 54 constitue régulièrement un préalable à une révision de la Constitution, le Conseil précisant dans sa décision les incompatibilités existantes entre l'engagement international étudié et le bloc de constitutionnalité.

Mais ce contrôle prend aussi en considération les conventions internationales déjà en vigueur dans l'ordre juridique interne pour exclure de son contrôle les stipulations de ces mêmes conventions qui figurent dans le nouveau traité qui lui serait soumis, et cela, quand bien même ces stipulations n'auraient auparavant jamais fait l'objet d'un contrôle de constitutionnalité. En effet, le Conseil constitutionnel s'y refuse en faisant référence à l'alinéa 14 du Préambule de la Constitution de 1946 qui impose le respect des règles du droit international public, dont la règle *pacta sunt servanda* (les conventions doivent être respectées) figurant à l'article 26 de la convention de Vienne de 1969. Le Conseil constitutionnel précise à ce propos que « *tout traité en vigueur lie les parties et doit être exécuté de bonne foi* »[75]. Par ailleurs, le Conseil constitutionnel peut aussi prendre en considération les conventions internationales déjà en vigueur dans l'ordre

---

Cons. const., 13 octobre 2005, n° 2005-524/525 DC, *Abolition de la peine de mort.*

Cons. const., 20 décembre 2007, n° 2007-560 DC, *Traité de Lisbonne.*

Cons. const., 9 août 2012, n° 2012-653 DC, *Traité sur la stabilité, la coordination et la gouvernance au sein de l'Union économique et monétaire.*

[71] Cons. const., 19 juin 1970, n° 70-39 DC, *Les compétences budgétaires du Parlement européen.*

[72] Cons. const., 31 décembre 1997, n° 97-394 DC, *Traité d'Amsterdam.*

Cons. const., 22 janvier 1999, n° 9-408 DC, *Traité portant sur le statut de la Cour pénale internationale.*

[73] Cons. const., 2 septembre 1992, n° 92-312 DC, *Traité sur l'Union européenne.*

Cons. const., 28 septembre 2006, n° 2006-541 DC, *Accord sur l'application de l'article 65 de la convention sur la délivrance de brevets européens (Accord de Londres).*

Cons. const., 31 juillet 2017, n° 2017-749 DC, *Accord économique et commercial global entre le Canada, d'une part, et l'Union européenne, d'autre part (Accord C.E.T.A.).*

[74] Il s'agit du traité de Maastricht, du traité sur la reconnaissance de la Cour pénale internationale, du traité d'Amsterdam, du mandat d'arrêt européen, du T.E.C.E., du protocole à la convention européenne des droits de l'Homme abolissant la peine de mort, et enfin, du traité de Lisbonne.

[75] Cons. const., 9 avril 1992, n° 92-308 DC, *Traité sur l'Union européenne*, cons. 7.

juridique interne pour apprécier « *la portée du traité soumis à son examen* »[76], dès lors que ce traité modifie ou complète ces conventions internationales.

Quoi qu'il en soit, que le Conseil constitutionnel ait été saisi ou non avant l'adoption de la loi de ratification ou d'autorisation de l'engagement international, il peut l'être aussi une fois cette loi adoptée.

B) Le contrôle effectué après l'adoption de la loi d'autorisation de ratification ou d'approbation

Depuis 1958, l'article 61 de la Constitution de la Vème République prévoit qu'une fois adoptées et avant leur promulgation, les lois peuvent être déférées devant le Conseil constitutionnel en vue de contrôler leur constitutionnalité.

A l'origine, la saisine n'était ouverte qu'au Président de la République, au Premier ministre et aux présidents de l'Assemblée nationale et du Sénat. Cette situation explique notamment pourquoi aucune saisine en application de l'article 61 à l'égard d'une convention internationale n'avait eu lieu puisque ces mêmes autorités pouvaient saisir le Conseil directement avant l'examen de la loi d'autorisation en recourant à l'article 54 de la Constitution. Mais la révision constitutionnelle de 1974 a ouvert la saisine aux parlementaires : soixante députés ou soixante sénateurs. Dès lors, ces acteurs institutionnels ont souhaité mettre en œuvre leur nouvelle prérogative.

Mais il subsistait un doute sur le terme générique « les lois » employé à l'alinéa 2 de l'article 61 de la Constitution. S'agissait-il de toutes les lois, y compris celles portant autorisation de ratification ou d'approbation des engagements internationaux ? Il faudra attendre l'année 1976 pour que le Conseil constitutionnel accepte d'exercer son contrôle de constitutionnalité sur de telles lois d'autorisation[77].

Toutefois, selon que le mode d'adoption de la loi est la voie parlementaire ou la voie référendaire, le Conseil constitutionnel se déclarera compétent ou non pour exercer son contrôle. Et c'est ainsi qu'en septembre 1992, suite à l'adoption de la loi autorisant la ratification du traité sur l'Union européenne (dit traité de Maastricht) par référendum que soixante députés saisirent le Conseil. Ce dernier qui s'était déclaré incompétent en 1962 pour contrôler une loi référendaire portant révision de la Constitution[78], va de même se déclarer incompétent en 1992 pour contrôler une loi

---

[76] *Ibid.*, cons. 8.

[77] Cons. const., 30 décembre 1976, n° 76-71 DC, *Décision du Conseil des Communautés européennes relative à l'élection de l'Assemblée des Communautés au suffrage universel direct.*

[78] Cons. const., 6 novembre 1962, n° 62-20 DC, *Election du Président de la République au suffrage universel direct.*

référendaire portant autorisation de ratification d'un traité[79]. Ainsi seules, les lois d'autorisation adoptées par la voie parlementaire peuvent être déférées devant le Conseil en application de l'alinéa 2 de l'article 61 de la Constitution.

Là encore, malgré l'ouverture de la saisine à soixante députés ou soixante sénateurs en 1974, seules dix conventions internationales ont fait l'objet d'un contrôle de constitutionalité, dont huit les vingt premières années (1974-1994)[80], et seulement deux les vingt-deux années suivantes (1995-2017)[81]. Cette chute des saisines parlementaires peut en partie s'expliquer par l'ouverture aux députés et aux sénateurs de la saisine du Conseil constitutionnel via l'article 54 de la Constitution en 1992 puisque depuis cette date trois conventions ont fait l'objet d'une telle saisine.

Toutefois, dans le cadre de la procédure de l'article 61 alinéa 2 de la Constitution, la moitié des saisines effectuées ont porté sur des engagements internationaux bilatéraux. Par ailleurs, deux saisines ont abouti à une décision de non-conformité du Conseil qui a donc censuré lesdits engagements.

La première censure a porté sur l'accord signé à Bucarest le 1er février 2007 entre le Gouvernement de la République française et le Gouvernement de la Roumanie relatif à une coopération en vue de la protection des mineurs roumains isolés sur le territoire de la République française et à leur retour dans leur pays d'origine ainsi qu'à la lutte contre les réseaux d'exploitation

---

[79] Cons. const., 23 septembre 1992, n° 92-313 DC, *Loi autorisant la ratification du traité sur l'Union européenne.*

[80] Cons. const., 30 décembre 1975, n° 75-59 DC, *Loi relative aux conséquences de l'autodétermination des îles des Comores*

Cons. const., 17 juillet 1980, n° 80-116 DC, *Loi autorisant la ratification de la convention franco-allemande additionnelle à la Convention européenne d'entraide judiciaire en matière pénale du 20 avril 1959.*

Cons. const., 2 juin 1987, n° 87-226 DC, *Loi organisant la consultation des populations intéressées de la Nouvelle-Calédonie et dépendances prévue par l'alinéa premier de l'article 1er de la loi n° 86-844 du 17 juillet 1986 relative à la Nouvelle-Calédonie.*

Cons. const., 17 janvier 1989, n° 88-247 DC, *Loi autorisant la ratification de la convention internationale du travail n° 159 (concernant la réadaptation professionnelle et l'emploi des personnes handicapées).*

Cons. const., 25 juillet 1991, n° 91-294 DC, *Loi autorisant l'approbation de la convention d'application de l'accord de Schengen du 14 juin 1985.*

Cons. const., 23 septembre 1992, n° 92-313 DC, *Loi autorisant la ratification du traité sur l'Union européenne.*

Cons. const., 30 juin 1993, n° 93-318 DC, *Loi autorisant l'approbation d'un accord conclu entre le Gouvernement de la République française et le Gouvernement de la République populaire de Mongolie sur l'encouragement et la protection réciproques des investissements.*

Cons. const., 30 juin 1993, n° 93-319 DC, *Loi autorisant la ratification de la convention internationale n° 139 concernant la prévention et le contrôle des risques professionnels causés par les substances et agents cancérogènes, adoptée à Genève le 24 juin 1974.*

[81] Cons. const., 4 novembre 2010, n° 2010-614 DC, *Loi autorisant l'approbation de l'accord entre la France et la Roumanie relatif à une coopération en vue de la protection des mineurs roumains isolés sur le territoire français.*

Cons. const., 29 décembre 2016, n° 2016-743 DC, *Loi de finances rectificative pour 2016.*

concernant les mineurs[82]. Constatant que lorsque la mesure de raccompagnement du mineur était prise par le Parquet, aucune voie de recours ne permettait de la contester, le Conseil a considéré que cette stipulation de l'accord méconnaissait le droit du mineur ou de toute personne intéressée à exercer un recours juridictionnel effectif garanti par l'article 16 de la Déclaration des droits de l'homme et du citoyen de 1789.

La seconde censure a porté sur l'avenant modifiant la convention du 14 janvier 1971 entre la France et le Portugal tendant à éviter les doubles impositions et à établir des règles d'assistance administrative réciproque en matière d'impôts sur le revenu, signé à Lisbonne le 25 août 2016[83]. Le législateur avait décidé ne de pas recourir à un texte de loi spécifique pour autoriser l'approbation de cet avenant fiscal, mais de l'insérer à l'article 147 du projet de loi de finances rectificative pour 2016. Dans leur saisine, les sénateurs ont soutenu que « *ces dispositions méconnaissent l'article 53 de la Constitution, au motif qu'elles ne peuvent trouver leur place que dans une loi spécifique, prise sur le fondement du premier alinéa de cet article. En outre, ces dispositions seraient, en tout état de cause, étrangères au domaine des lois de finances* »[84]. Le Conseil constitutionnel se référant au domaine de l'article 47 de la Constitution relatif aux lois de finances et la loi organique du 1er août 2001 qui en détermine le contenu, constate que les stipulations de l'avenant en question « *ne constituent ni des dispositions relatives aux ressources de l'État qui affectent l'équilibre budgétaire, ni des dispositions relatives à l'assiette, au taux et aux modalités de recouvrement d'impositions de toute nature qui n'affectent pas l'équilibre budgétaire* »[85]. Le Conseil constitutionnel censure alors totalement l'article 147 du projet de loi de finances rectificative pour 2016 et par conséquent l'avenant fiscal franco-portugais.

Enfin, la révision constitutionnelle du 23 juillet 2008 est venue créer un nouveau mode de contrôle : la question prioritaire de constitutionnalité (Q.P.C.). Cette dernière prévue par l'article 61-1 de la Constitution nécessita pour son application une loi organique qui fut adoptée le 10 décembre 2009 et entra en vigueur le 1er mars 2010. Ce nouveau mécanisme est une procédure préjudicielle prioritaire. Elle offre ainsi la possibilité pour tout requérant devant le juge judiciaire ou administratif d'interroger le juge constitutionnel, après différents filtres, sur la constitutionnalité d'une disposition législative. Il s'agit donc là d'un contrôle de constitutionnalité par voie d'exception.

Le problème s'est donc posé de savoir si une loi autorisant la ratification ou l'approbation d'un engagement international pouvait faire l'objet d'une

---

[82] Cons. const., 4 novembre 2010, n° 2010-614 DC, *Loi autorisant l'approbation de l'accord entre la France et la Roumanie relatif à une coopération en vue de la protection des mineurs roumains isolés sur le territoire français.*

[83] Cons. const., 29 décembre 2016, n° 2016-743 DC, *Loi de finances rectificative pour 2016.*

[84] *Ibid*, cons. 31.

[85] *Ibid*, cons. 32 et 33.

Q.P.C. et cela d'autant plus que la quasi-totalité de ces engagements n'ont jamais fait l'objet d'un contrôle de constitutionnalité. Rappelons d'ailleurs que sur le plan quantitatif, de telles lois d'autorisation représentent plus d'un tiers des lois adoptées depuis 1958. Le champ d'action était donc potentiellement très important en particulier sur le plan fiscal puisque, d'une part, la France a ratifié des centaines de conventions fiscales et, d'autre part, le contentieux fiscal est l'un des plus développé en France.

C'est à l'occasion de l'affaire *Rujovic*[86], l'une des toutes premières où le Conseil d'État fut saisi dans le cadre de la procédure de la Q.P.C., que la jurisprudence fut fixée : une loi autorisant la ratification ou l'approbation d'un engagement international, qui n'a d'autre objet que de permettre une telle ratification ou approbation, ne peut faire l'objet d'une Q.P.C. Le Conseil d'État ne fait en réalité qu'appliquer l'alinéa 14 du Préambule de la Constitution de 1946 qui impose le respect des règles du droit international public, dont la règle *pacta sunt servanda* (les conventions doivent être respectées) figurant à l'article 26 de la convention de Vienne de 1969. Autrement dit, un engagement international régulièrement introduit en droit interne ne peut plus faire l'objet d'un contrôle de constitutionnalité.

Par ailleurs, le Conseil d'État précisa aussi par la suite que les dispositions législatives approuvant une convention internationale ne peuvent pas non plus faire l'objet d'une Q.P.C.[87].

Quant à l'impossibilité, dans le cadre des procédures juridictionnelles classiques, pour le juge judiciaire et le juge administratif d'effectuer un contrôle de constitutionnalité, celle-ci est acquise depuis très longtemps déjà[88]. Pourtant, s'ils ont toujours refusé d'effectuer tout contrôle de constitutionnalité, ils exercent désormais un véritable contrôle de conventionalité.

§ 2. Le contrôle de conventionnalité

Le contrôle de conventionnalité consistant pour le juge à vérifier la conformité d'une norme (loi, règlement, acte administratif) à un engagement international a connu bien des évolutions. Très rapidement la question s'est posée de savoir quel juge était compétent (A) et par la suite quelle était l'étendue de ce contrôle (B).

A) Les juges administratif et judiciaire : juges du contrôle de conventionnalité

Dans la conception révolutionnaire inspirée de Jean-Jacques Rousseau, le peuple étant désormais souverain, la loi conçue et adoptée par ses

---

[86] C.E., 14 mai 2010, *Rujovic*, n° 312305.
[87] C.E., 15 juillet 2010, *Compagnie agricole de la Crau*, n° 322419.
[88] Cass. Crim., 11 mai 1833, S. 1833, 1, p. 357.
C.E., Sect., 6 novembre 1936, *Sieur Arrighi*.

représentants se voyait parer de toutes les vertus et qualités et ne pouvait faire l'objet du moindre contrôle. Elle était infaillible. C'était le temps de la loi souveraine.

Les régimes politiques se succédant, le regard sur la loi a connu une évolution. Les requérants n'hésitaient plus à contester une loi au regard d'un traité. Pourtant, tant la Cour de cassation[89] en 1931 que le Conseil d'État[90] en 1949 et 1968 refusaient obstinément d'exercer tout contrôle de conventionnalité des lois, dès lors que la loi était postérieure au traité. Par ailleurs, ni la Constitution de la IIIème République, ni celle de la IVème République n'offraient les conditions favorables à un tel contrôle.

Ce n'est que sur la base la Constitution de la Vème République qu'une véritable évolution a pu se produire. L'article 55 de cette même Constitution prévoit clairement le principe de primauté des engagements internationaux sur la loi, disposant en effet que « *Les traités ou accords régulièrement ratifiés ou approuvés ont, dès leur publication, une autorité supérieure à celle des lois, sous réserve, pour chaque accord ou traité, de son application par l'autre partie* ». Certes, le Conseil d'État[91] continue en 1968 de résister encore, mais le juge constitutionnel va donner le la.

En 1975, le Conseil constitutionnel est saisi par soixante députés contestant la compatibilité de la loi relative à l'interruption volontaire de grossesse au regard de l'article 2 de la Convention européenne des droits de l'homme sur le droit à la vie. Dans une décision unanimement considérée comme décisive par la doctrine, le Conseil constitutionnel rappelle que tout engagement international a une autorité supérieure à celle des lois et juge que le contrôle de conventionnalité ne relève pas de sa compétence, justifiant que « *une loi contraire à un traité ne serait pas, pour autant contraire à la Constitution* »[92]. *De facto*, cette mission incombe donc au juge judiciaire et au juge administratif.

La Cour de cassation va alors s'engouffrer dans la brèche quelques mois plus tard en considérant que toute loi postérieure à une convention internationale régulièrement ratifiée et publiée en droit interne, doit lui être conforme. Dans le cas contraire, elle refuse l'application des dispositions de la loi contestée[93]. De même, saisi en 1988 de la compatibilité d'une loi au protocole n°1 de la Convention européenne des droits de l'homme, le Conseil constitutionnel en tant que juge électoral effectua lui aussi un tel contrôle de conventionnalité[94]. Finalement, en 1989, le Conseil d'État

---

[89] Cass. Civ. 22 décembre 1931, voir conclusions Matter.

[90] C.E., 23 décembre 1949, *Société Cominfi* et C.E., 1er mars 1968, Syndicat général des fabricants de semoule de France.

[91] C.E., 1er mars 1968, *Syndicat général des fabricants de semoules de France.*

[92] Cons. const., 15 janvier 1975, n° 74-54 DC, *Loi relative à l'interruption volontaire de la grossesse.*

[93] Cass. Ch. Mixte, 24 mai 1975, *Administration des douanes et Sté des cafés Jacques Vabre.*

[94] Cons. const., 21 octobre 1988, n° 88-1082 AN, *Val d'Oise (5ème circ.).*

emboîta le pas de la Cour de cassation et de celui Conseil à l'occasion de l'arrêt Nicolo[95].

En 2010, le Conseil constitutionnel précise que la question prioritaire de constitutionnalité (Q.P.C.) prévue l'article 61-1 de la Constitution ne lui permet d'exercer qu'un contrôle de constitutionnalité, le contrôle de la compatibilité de lois avec les engagements internationaux ou européens de la France incombe aux juridictions administrative et judiciaire[96]. Le Conseil refuse donc d'exercer tout contrôle de conventionnalité aussi bien dans le cadre de la procédure de l'article 61 alinéa 2 de la Constitution que dans celle de l'article 61-1 de la Constitution.

Dès lors, l'étendue du contrôle de conventionnalité a été précisée par le juge judiciaire et le juge administratif.

B) L'étendue du contrôle de conventionnalité

Les juges administratif et judiciaire sont venus préciser au fil de leur jurisprudence l'étendue qu'ils entendaient attribuer à leur contrôle de conventionnalité.

En premier lieu, la question s'est posée de savoir si la coutume internationale ou les principes généraux du droit international pouvaient servir de base pour un contrôle de conventionnalité. Le Conseil d'État s'y est opposé considérant que ces derniers ne relèvent pas de l'article 55 de la Constitution comme le sont les engagements internationaux introduits régulièrement en droit interne[97].

En deuxième lieu, les juges administratif et judiciaire ont été confrontés à la question de l'interprétation des conventions internationales. A l'origine, tant la Cour de cassation que le Conseil d'État refusaient d'interpréter les engagements internationaux considérant que cette interprétation relevait d'un acte de gouvernement. Ainsi, s'ils se trouvaient confrontés à des stipulations obscures d'un traité, les juges interrogeaient le ministre des Affaires étrangères. Autrement dit, ils effectuaient un recours préjudiciel pour connaître quelle interprétation ils devaient donner à l'engagement international. Toutefois, le Conseil d'État en 1990 et la Cour de Cassation en 1995 se sont estimés compétents pour interpréter eux-mêmes les stipulations des conventions internationales[98]. Par ailleurs, il convient de préciser qu'il existe des règles spécifiques relatives au droit de l'Union européenne. En effet, les juges administratif et judiciaire confrontés à des difficultés d'interprétation des traités européens et du droit dérivé de l'Union européenne peuvent ou doivent saisir la Cour de Justice de l'Union

---

[95] C.E., Ass., 20 octobre 1989, *Nicolo*.

[96] Cons. const., 12 mai 2010, n° 2010-605 DC, *Loi relative à l'ouverture à la concurrence et à la régulation du secteur des jeux d'argent et de hasard en ligne*, cons. 11.

[97] C.E., Ass., 6 juin 1997, *Aquarone*, et, C.E., 28 juillet 2000, *Paulin*.

[98] C.E., Ass., 29 juin 1990, *G.I.S.T.I.*, et, Cass. civ. 1ère, 19 décembre 1995, *Banque africaine de développement*.

européenne selon les hypothèses prévues à l'article 267 du traité sur le fonctionnement de l'Union européenne (T.F.U.E.).

En troisième lieu, le Conseil d'État a jugé qu'un engagement international pouvait avoir un effet direct en droit interne dès lors qu'il n'a pas pour objectif de régir les relations entre États et qu'il ne requiert pas l'intervention d'un acte complémentaire pour produire des effets de droit[99].

En quatrième lieu, le juge administratif a dans le cadre des traités européens étendu la base de son contrôle de conventionnalité à certains actes pris en application de ces mêmes traités, c'est-à-dire les règlements et les directives. Ainsi le Conseil d'État fait prévaloir tout règlement communautaire ou européen sur la loi française[100] et il écarte toute disposition législative contraire à une directive communautaire ou européenne[101] ainsi que tout acte réglementaire français contraire aux objectifs d'une directive communautaire ou européenne, dès lors que le délai de transposition de la directive est expiré[102].

Enfin, si dans un premier temps, le juge administratif n'admettait la responsabilité de l'État que pour des actes réglementaires pris pour l'application de lois contraires à des engagements internationaux[103], et, dans un second temps, a étendu la responsabilité de l'État aux actes individuels faisant application de telles lois[104], il considère désormais que la responsabilité de l'État est engagée en cas de violation d'un traité par une loi[105]. Quant à la cour de cassation, elle accepte désormais de contrôler par voie d'exception l'irrégularité d'un acte administratif violant un engagement international[106].

A ce contrôle de conventionnalité désormais de plus en plus poussé, est venu s'adjoindre un contrôle portant sur les conditions d'entrée en vigueur des engagements internationaux.

§ 3. Le contrôle des conditions d'entrée en vigueur des engagements internationaux

L'article 55 de la Constitution dispose que « *Les traités ou accords régulièrement ratifiés ou approuvés ont, dès leur publication, une autorité supérieure à celle des lois, sous réserve, pour chaque accord ou traité, de son application par l'autre partie* ». Il prévoit ainsi trois conditions pour que

[99] C.E., Ass., 11 avril 2012, *G.I.S.T.I. et F.A.P.I.L.*

[100] C.E., 24 septembre 1990, *Boisdet*.

[101] C.E., Ass., 28 février 1992, *SA Rothmans International France et SA Philip Morris France*.

[102] C.E., Ass., 3 février 1989, *Compagnie Alitalia*.

[103] C.E., Ass., 28 février 1992, *Société Arizona Tobacco Products*.

[104] C.E., Ass., 30 octobre 1996, *Société Jacques Dangeville*.

[105] C.E., 8 février 2007, *Gardedieu*.

[106] Cass. 1ère civ., 3 avril 2001, Bull. civ. I, n° 97.

l'engagement international puisse entrer en vigueur dans l'ordre juridique interne et obtenir par là même une valeur supérieure aux lois.

A) Le contrôle de la régularité

La première condition est que l'engagement ait été régulièrement ratifié ou approuvé, c'est-à-dire qu'il ait fait, soit l'objet d'une loi s'il relève des matières prévues à l'article 53 de la Constitution, soit l'objet d'un décret dans le cas contraire. En pratique, c'est le service juridique du ministère des Affaires étrangères qui tranchera et décidera s'il convient de recourir à la voie législative ou décrétale. Pour autant, des problèmes d'aiguillage peuvent se produire, soit eu égard à la complexité même de certaines stipulations de la convention internationale, soit à cause de la volonté du Gouvernement d'esquiver le Parlement pour des raisons politiques ou de rapidité. Quoi qu'il en soit, un il s'avère que des engagements internationaux n'ont pas été régulièrement ratifiés ou approuvés et les justiciables à l'occasion de contentieux administratifs ou judiciaires ont ainsi fait valoir cet argument.

Initialement le Conseil d'État s'était opposé à un tel contrôle considérant que les actes se rattachant à la conduite des relations internationales, dits actes de gouvernement, ne pouvaient faire l'objet d'un contrôle de sa part, à l'inverse des actes détachables des relations internationales[107]. Puis, il a accepté de vérifier l'existence de la ratification, mais a refusé de contrôler la régularité d'une telle ratification[108]. Quant à la Cour de cassation, elle a d'abord refusé un tel contrôle de régularité[109], puis l'a accepté en 1954[110] et enfin à partir de 1977 l'a de nouveau refusé[111].

Cette jurisprudence allait alors connaître un revirement important. En effet, elle laissait la porte ouverte à un vide juridique puisque la régularité d'engagements internationaux échappait non seulement aux juges administratif et judiciaire, mais aussi au juge constitutionnel car les conventions internationales faisant l'objet d'un décret ne pouvaient voir la régularité de leur ratification ou approbation contrôlée, ni par le juge constitutionnel puisqu'il ne peut contrôler que les lois, ni par les juges administratif et judiciaire qui s'y refusaient.

Finalement, ce n'est qu'en 1999 que le Conseil d'État se reconnaît compétent pour effectuer le contrôle de la régularité de la ratification ou de l'approbation des engagements internationaux[112], acceptant d'être saisi aussi

---

[107] C.E., 5 février 1926, *Dame Caraco*, et, C.E., 29 mai 1981, *M. Rekhou.*

[108] C.E., 18 avril 1951, *Élections de Nolay*, et, C.E. Ass., 16 novembre 1956, *Villa.*

[109] Cass Ass. pl., 11 mars 1953, *Gambino c/ Arcens.*

[110] Cass. 1ère Civ., 6 juillet 1954, *Procureur général c/ Syndic des copropriétaires de la société Déhodencq.*

[111] Cass. 1ère Civ., 25 janvier 1977, *Reyol c/ Office de la jeunesse de l'arrondissement d'Emmendingen.*

[112] C.E. Ass., 18 décembre 1998, *SARL parc d'activité de Blotzheim et SCI Haselaecker.*

bien par voie d'action contre le décret de publication que par voie d'exception à l'occasion d'un litige mettant en cause l'application dudit engagement[113]. Il refuse néanmoins qu'il puisse d'agir d'un moyen d'ordre public[114]. Quant à la Cour de cassation, elle accepte aussi depuis 2001 de contrôler la régularité d'un décret ratifiant ou approuvant un engagement international[115].

B) Le contrôle de la publication

La deuxième condition d'applicabilité d'un engagement international en droit interne porte sur sa publication. Ainsi, une fois l'engagement ratifié ou approuvé, il doit faire l'objet d'une publication au *Journal Officiel de la République française* en application de l'article 55 de la Constitution et de l'article 3 du décret n° 53-192 du 14 mars 1953. Par ailleurs, le Conseil d'État s'est reconnu compétent pour constater l'existence formelle de la publication d'une convention internationale au *Journal Officiel*[116]. De même, la Cour de cassation a accepté aussi de résoudre la question de la publication des engagements internationaux. Ainsi, elle a pu considérer qu'un acte administratif individuel pris en application d'une convention signée, mais pas encore publiée, était valable rétroactivement suite à la publication ultérieure de cette même convention[117]. Par conséquent, si le juge judiciaire exige conformément à l'article 55 de la Constitution de 1958 que l'engagement international soit publié, il admet que la date de la publication de cet engagement confère un caractère rétroactif aux actes ayant été pris en application de ce même engagement et dans la période comprise entre la signature et la publication, période qui en pratique est généralement de plusieurs années.

C) Le contrôle de la réciprocité

La troisième condition prévue à l'article 55 de la Constitution est celle de la réciprocité. Pour s'appliquer en droit interne, tout engagement international doit donc être appliqué par la ou les autres parties. Lorsqu'une juridiction administrative ou judiciaire était saisie par un requérant de la question du respect de la condition de réciprocité, elle se considérait incompétente, sursoyait à statuer et interrogeait le ministre des Affaires étrangères par le biais d'une question préjudicielle. Le juge s'estimait alors lié par l'avis du ministre. Cette pratique d'origine jurisprudentielle avait été consacrée en 1972 par la Cour de cassation[118] et en 1981 par le Conseil

---

[113] *Ibidem*, et, C.E. Ass. 5 mars 2003, *Aggoun*.
[114] C.E., 27 avril 2001, *Mehyaoui*.
[115] Cass. 1ère civ., 29 mai 2001, *Agence de sécurité de la navigation aérienne en Afrique*,
[116] C.E., 30 octobre 1964, *Société Prosagor*.
[117] Cass. 1ère civ., 15 mai 1984, *Convention franco-vietnamienne*.
[118] Cass. crim., 29 juin 1972, *Males*.

d'État.[119] De même, ce dernier adopta la même position en 1999 dans l'affaire Chevrol-Benkeddach[120]. Mais la Cour européenne des droits de l'homme condamna alors la France pour cette pratique[121] et le Conseil d'État accepta, quelques années plus tard, de se considérer compétent pour exercer lui-même le contrôle de la condition de réciprocité[122]. En pratique, le juge pourra tout de même recueillir l'avis du ministre des Affaires étrangères, sans pour autant être lié par celui-ci. Le requérant pourra par ailleurs répondre aux arguments présentés par le ministre. Quant au juge judiciaire, il se montra ici beaucoup plus avant-gardiste puisqu'il a consacré une telle solution dès 1994[123].

Le respect de cette condition de réciprocité est soumis à plusieurs limites. La première tient au fait qu'il n'est pas d'ordre public pour le juge administratif et pour la Chambre civile de la Cour de cassation, mais est d'ordre public pour la Chambre criminelle de la Cour de cassation. La seconde limite tient à ce que tous les engagements internationaux ne sont pas concernés de la même façon. Ainsi échappent à cette condition l'ensemble du droit européen et l'ensemble des engagements relatifs aux droits fondamentaux. Ces hypothèses sont parfaitement compréhensibles puisqu'il s'agit là de ne pas bloquer la construction européenne et de mieux protéger les droits fondamentaux des individus.

* * *

Voici soixante ans que le régime de la Vème République a été instauré. L'une des ambitions du Général de Gaulle était de redonner à la France un rôle majeur sur la scène internationale. La diplomatie et à travers elle la conclusion d'engagements internationaux constituent l'un des moyens essentiels permettant d'y parvenir. En effet, lors de la négociation des traités et accords, la France a alors la possibilité de défendre ses intérêts et de diffuser ses valeurs que ce soit notamment en matière culturelle, humanitaire, scientifique, fiscale ou encore militaire. La France adhère ainsi à plus de cent trente organisations internationales et a conclu des accords avec cent soixante-sept États. Cette diplomatie très dynamique a permis en soixante ans la ratification de près de deux mille engagements internationaux ayant fait l'objet d'une loi d'autorisation. En ce sens, la France a parfaitement su s'affirmer et demeure un acteur incontournable des relations internationales.

A ce phénomène d'affirmation de la France s'associe paradoxalement un phénomène de dissolution de sa souveraineté. En effet, à chaque engagement international conclu, la France voit ses capacités d'agir se restreindre

---

[119] C.E., 29 mai 1981, *M. Rekhou.*
[120] C.E., Ass., 9 avril 1999, *Mme Chevrol-Benkeddach.*
[121] C.E.D.H., 13 février 2003, *Chevrol.*
[122] C.E., 9 juillet 2010, *Mme Cheriet-Benseguir.*
[123] Cass. 1ère civ., 23 mars 1994.

puisqu'en vertu des jurisprudences Jacques Vabres et Nicolo une loi même postérieure à un traité ne peut lui être contraire. La compétence du législateur est ainsi liée par ces deux milliers de conventions internationales. De plus, les traités européens sont allés beaucoup plus loin puisqu'ils ont opéré d'importants transferts de souveraineté notamment en matière judiciaire, agricole et commerciale. Certes, la France conserve toujours la possibilité de dénoncer tout traité, chose aisée en cas d'un accord bilatéral, mais beaucoup plus difficile et risquée dans l'hypothèse d'un accord multilatéral comme cela est le cas pour le Royaume-Uni dans le cadre du Brexit. Les Britanniques doivent en effet renégocier seuls, et donc nécessairement dans des conditions moins avantageuses, la plupart des accords que l'Union européenne avait conclus au nom de tous ses États membres.

Pour autant, la question de l'applicabilité des engagements internationaux reste toujours d'actualité. S'il est évident que certains d'entre eux comme la convention de Montego Bay sur le droit de la mer, la convention européenne de sauvegarde des droits de l'homme, les traités européens possèdent une portée effective indéniable, il n'en est pas de même pour bien des conventions internationales qui ne s'avèrent au final que des formulations de vœux pieux. Il en va d'ailleurs aussi pour bien des organisations internationales dont les actions se résument parfois à brasser du vent. Les expériences européennes et onusiennes nous montrent à ce titre tant les écueils à éviter que les solutions à adopter. Une faille importante tient à l'absence de normes susceptibles de sanctions en cas de leur non-respect. Par ailleurs, la multiplicité des États signataires n'augure généralement que cacophonie et impuissance. L'impasse dans laquelle se trouve aujourd'hui l'Union européenne n'a-t-elle pas notamment pour origine son élargissement en 2003 de douze à vingt-sept États membres ? L'effectivité d'un engagement international est bien souvent inversement proportionnelle au nombre d'États signataires. Ainsi, la force d'un accord bilatéral sera plus grande que celle d'un accord multilatéral conclu à l'échelle régionale et que celle d'un accord multilatéral conclu à l'échelle mondiale. Enfin, l'absence de partenaires d'envergure comme le sont les États-Unis d'Amérique, la Chine, la Russie ou l'Inde diminue *ipso facto* la portée tout accord multilatéral global et crée par ailleurs la possibilité d'un affaiblissement des États signataires se voyant contraints par des normes qui ne s'appliqueront pas à ces grandes puissances. *A contrario*, même en présence d'un partenaire important, comme la Chine, si des dispositions doivent être transposées en droit interne, le seront-elles aussi efficacement par le législateur chinois que par le législateur français ? Par ailleurs, le juge chinois sanctionnera-t-il autant son entreprise nationale qui violera les dispositions du traité que le juge français le fera pour son entreprise ? Une application rigoureuse d'une convention internationale ne risque-t-elle pas paradoxalement d'affaiblir la France vis-à-vis d'autres États signataires moins scrupuleux ?

Finalement, les deux mille engagements internationaux dont il est question dans cet ouvrage, c'est-à-dire ceux ayant fait l'objet d'une loi autorisant leur ratification ou leur approbation, ne sont en réalité que l'arbre qui cache la forêt puisqu'ils ne représentent à peine qu'un tiers de la totalité des engagements conclus par la France. Pour autant, nous espérons que cet ouvrage aura contribué à lever sur ce sujet une partie du voile.

LISTE DES ENGAGEMENTS INTERNATIONAUX DEPUIS 1958

Cette liste a été établie selon :

– une classification chronologique des lois ayant autorisé la ratification ou l'approbation des engagements internationaux, et

– en reprenant la distinction traditionnelle du *Journal Officiel de la République Française* entre les conventions multilatérales, les conventions bilatérales, les conventions des Communautés européennes et de l'Union européenne, et, les conventions des Communautés européennes et de l'Union européenne avec des États n'y appartenant pas.

Cette liste débute en 1959 puisque du 4 octobre au 31 décembre 1958 le Parlement n'a voté aucune loi autorisant la ratification ou l'approbation d'un engagement international.

ANNÉE 1959

Conventions multilatérales

Loi n° 59-958 du 31 juillet 1959 de finances rectificative pour 1959 (article 1er) autorisant le ministre des finances et des affaires économiques à donner la garantie de la France à l'Organisation des Nations unies pour l'éducation, la science et la culture (U.N.E.S.C.O) pour des emprunts d'un montant maximum de 3.304 millions de francs en vue de la construction de son siège permanent à Paris, *J.O.R.F.*, 6 août 1959, p. 7827.

Conventions bilatérales

Loi n° 59-855 du 15 juillet 1959 autorisant le Président de la République à ratifier la convention entre la France et la Belgique, signée à Bruxelles le 20 janvier 1959, tendant à éviter les doubles impositions et à régler certaines autres questions en matière d'impôts sur les successions et de droits d'enregistrement, *J.O.R.F.*, 16 juillet 1959, p. 7012.

Loi n° 59-1477 du 28 décembre 1959 donnant compétence au tribunal de grande instance de Sarreguemines pour connaître de certaines infractions de douane et de change, *J.O.R.F.*, 29 décembre 1959, p. 12475.

Loi n° 59-1558 du 31 décembre 1959 autorisant la ratification du traité franco-éthiopien et ses annexes, signé à Addis-Abeba le 12 novembre 1959, et fixant le nouveau régime de la compagnie du chemin de fer franco-éthiopien de Djibouti à Addis-Abeba, *J.O.R.F.*, 3 janvier 1960, p. 67.

ANNÉE 1960

Conventions multilatérales

Loi n° 60-683 du 18 juillet 1960 portant approbation des accords signés entre la République française, la Fédération du Mali et la République malgache et relatifs : 1° à la conciliation et à la cour d'arbitrage ; 2° aux droits fondamentaux des nations des États de la Communauté, *J.O.R.F.*, 19 juillet 1960, p. 6575.

Loi n° 60-754 du 28 juillet 1960 autorisant la ratification de la convention pour la répression de la traite des êtres humains et de l'exploitation de la prostitution d'autrui, adoptée par l'Assemblée générale des Nations-Unies, le 2 décembre 1949, *J.O.R.F.*, 30 juillet 1960, p. 7041.

Loi n° 60-1339 du 15 décembre 1960 autorisant le Président de la République à ratifier les amendements à la convention du 28 juillet 1946 créant l'Organisation mondiale de la santé (OMS), *J.O.R.F.*, 16 décembre 1960, p. 11267.

Loi n° 60-1352 du 17 décembre 1960 autorisant la ratification : 1° des actes signés à Lisbonne le 31 octobre 1958 en vue de modifier : la convention d'union de Paris du 20 mars 1883 relative à la protection internationale de la propriété industrielle, l'arrangement de Madrid du 14 avril 1891 concernant la répression des fausses indications de provenance ; 2° de l'arrangement signé à Lisbonne le 31 octobre 1958 concernant la protection des appellations d'origine et leur enregistrement international, *J.O.R.F.*, 18 décembre 1960, p. 11370.

Loi n° 60-1374 du 21 décembre 1960 autorisant : 1° l'approbation de l'accord instituant l'Association internationale de développement ; 2° la participation financière de la France à cette association, *J.O.R.F.*, 22 décembre 1960, p. 11562.

Loi n° 60-1384 du 23 décembre 1960 de finances pour 1961 (article 76) autorisant le ministre des finances et des affaires économiques à donner la garantie de la France à l'Organisation des Nations unies pour l'éducation, la science et la culture (U.N.E.S.C.O) pour des emprunts d'un montant maximal de 38.638.801,80 millions de francs en vue de la construction de son siège permanent à Paris, *J.O.R.F.*, 24 décembre 1960, p. 11630.

Conventions bilatérales

Loi n° 60-568 du 17 juin 1960 portant approbation des accords particuliers signés le 2 avril 1960 entre le Gouvernement de la République française et le Gouvernement de la République malgache, *J.O.R.F.*, 18 juin 1960, p. 5471.

Loi n° 60-569 du 17 juin 1960 portant approbation des accords particuliers signés le 4 avril 1960 entre le Gouvernement de la République française et les gouvernements de la République du Sénégal et de la

République soudanaise groupées au sein de la Fédération du Mali, *J.O.R.F.*, 18 juin 1960, p. 5471.

Loi n° 60-681 du 18 juillet 1960 portant approbation des accords particuliers (assistance technique, sécurité sociale, militaire, signalisation maritime, dépôt, consignation, enseignement) signés le 27 juin 1960 entre la République française et la République malgache, *J.O.R.F.*, 19 juillet 1960, p. 6575.

Loi n° 60-682 du 18 juillet 1960 portant approbation des accords particuliers (assistance technique, défense, sécurité sociale, signalisation maritime, dépôt, consignation, enseignement) signés le 22 juin 1960 entre la République française et la Fédération du Mali, *J.O.R.F.*, 19 juillet 1960, p. 6575.

Loi n° 60-733 du 28 juillet 1960 portant approbation des accords particuliers signés le 12 juillet 1960 entre le Gouvernement de la République française d'une part, et les gouvernements respectifs de la République Centrafricaine, de la République du Congo, de la République du Tchad, d'autre part, *J.O.R.F.*, 29 juillet 1960, p. 6992.

Loi n° 60-734 du 28 juillet 1960 portant approbation des accords particuliers signés le 15 juillet 1960 entre le Gouvernement de la République française et le Gouvernement de la République gabonaise (transfert de compétences, justice, coopération), *J.O.R.F.*, 29 juillet 1960, p. 6992.

Loi n° 60-735 du 28 juillet 1960 approbation des accords particuliers signés le 11 juillet 1960 entre le Gouvernement de la République française d'une part, et les gouvernements respectifs de la République de Côte-d'Ivoire, de la République du Dahomey, de la République du Niger, de la République de Haute-Volta (transferts de compétence), d'autre part, *J.O.R.F.*, 29 juillet 1960, p. 6992.

Loi n° 60-753 du 28 juillet 1960 autorisant la ratification de la convention d'établissement entre la France et les États-Unis d'Amérique signée le 25 novembre 1959, *J.O.R.F.*, 30 juillet 1960, p. 7040.

Loi n° 60-1199 du 16 novembre 1960 portant approbation de l'accord particulier signé le 19 octobre 1960 entre le Gouvernement de la République française, d'une part, et le Gouvernement de la République islamique de Mauritanie, d'autre part, *J.O.R.F.*, 17 novembre 1960, p. 10252.

Loi n° 60-1225 du 22 novembre 1960 portant approbation des accords particuliers conclus les 11, 13 et 15 août 1960 entre le Gouvernement de la République française, d'une part, et les gouvernements respectifs de la République Centrafricaine, de la République du Congo et de la République du Tchad, d'autre part, *J.O.R.F.*, 23 novembre 1960, p. 10427.

Loi n° 60-1226 du 22 novembre 1960 portant approbation des accords particuliers (politique étrangère, défense, matières premières, produits stratégiques, coopération économique, monétaire, financière, transport et enseignement supérieur) conclus le 17 août 1960 entre le Gouvernement de la République française d'une part, et le Gouvernement de la République gabonaise d'autre part, *J.O.R.F.*, 23 novembre 1960, p. 10427.

Loi n° 60-1338 du 15 décembre 1960 autorisant la ratification de l'accord de coopération économique et technique entre la France et l'Afghanistan, signé à Kaboul le 6 janvier 1959, *J.O.R.F.*, 16 décembre 1960, p. 11267.

Loi n° 60-1363 du 20 décembre 1960 autorisant le Président de la République à ratifier le traité de commerce signé à Quito le 20 mars 1959 entre la France et l'Equateur, *J.O.R.F.*, 21 décembre 1960, p. 11490.

Loi n° 60-1435 du 27 décembre 1960 autorisant la ratification du traité de coopération avec ses annexes et des traités portant respectivement convention judiciaire et convention consulaire conclus le 13 novembre 1960 entre la République française, d'une part, et la République du Cameroun, d'autre part, *J.O.R.F.*, 28 décembre 1960, p. 11908.

ANNÉE 1961

Convention multilatérale

Loi n° 61-692 du 3 juillet 1961 autorisant l'approbation de la convention relative à l'Organisation de coopération et de développement économiques, *J.O.R.F.*, 4 juillet 1961, p. 6052.

Conventions bilatérales

Loi n° 61-44 du 14 janvier 1961 concernant l'autodétermination des populations algériennes et l'organisation des pouvoirs publics en Algérie avant l'autodétermination, *J.O.R.F.*, 15 janvier 1961, pp. 578-579.

Loi n° 61-825 du 29 juillet 1961 de finances rectificative (article 10) autorisant le ministre des finances à modifier la limite prévue à l'article 5 de la loi n° 57-506 du 17 avril 1957 relative à la construction d'un tunnel routier sous le Mont-Blanc, en la portant à 50.000.000 NF, *J.O.R.F.*, 30 juillet 1961, p. 7027.

Loi n° 61-713 du 7 juillet 1961 autorisant la ratification de la convention du 21 juillet 1959 entre la République française et la République fédérale d'Allemagne, en vue d'éviter les doubles impositions, *J.O.R.F.*, 9 juillet 1961, p. 6259.

Loi n° 61-714 du 7 juillet 1961 autorisant la ratification de la convention signée à Vienne le 8 octobre 1959 et des lettres échangées le même jour entre le Gouvernement français et le Gouvernement autrichien, en vue d'éviter les doubles impositions et de prévoir une assistance réciproque dans le domaine des impôts sur le revenu et sur la fortune ainsi que des impôts sur les successions, *J.O.R.F.*, 9 juillet 1961, p. 6259.

Loi n° 61-745 du 21 juillet 1961 autorisant la ratification du traité de commerce signé à Port-au-Prince le 28 décembre 1959 entre la France et Haïti, *J.O.R.F.*, 22 juillet 1961, p. 6683.

Loi n° 61-767 du 26 juillet 1961 autorisant : 1° la ratification du traité de coopération conclu le 24 avril 1961 entre le Gouvernement de la République française et le Gouvernement de la République de la Haute-Volta ; 2° l'approbation des accords de coopération conclus à la même date entre le Gouvernement de la République française et le Gouvernement de la République de la Haute-Volta, *J.O.R.F.*, 27 juillet 1961, p. 6907.

Loi n° 61-768 du 26 juillet 1961 autorisant : 1° la ratification du traité de coopération conclu le 24 avril 1961 entre le Gouvernement de la République française et le Gouvernement de la République de Côte-d'Ivoire ; 2° l'approbation des accords de coopération conclus à la même date entre le Gouvernement de la République française et le Gouvernement de la République de Côte-d'Ivoire, *J.O.R.F.*, 27 juillet 1961, p. 6908.

Loi n° 61-769 du 26 juillet 1961 autorisant l'approbation de l'accord de défense conclu le 24 avril 1961 entre les gouvernements de la République française, de la République de Côte d'Ivoire, de la République du Dahomey et de la République du Niger, *J.O.R.F.*, 27 juillet 1961, p. 6908.

Loi n° 61-770 du 26 juillet 1961 autorisant : 1° la ratification du traité de coopération conclu le 24 avril 1961 entre le Gouvernement de la République française et le Gouvernement de la République du Niger ; 2° l'approbation des accords de coopération conclus à la même date entre le Gouvernement de la République française et le Gouvernement de la République du Niger, *J.O.R.F.*, 27 juillet 1961, p. 6908.

Loi n° 61-771 du 26 juillet 1961 autorisant : 1° la ratification du traité de coopération conclu le 24 avril 1961 entre le Gouvernement de la République française et le Gouvernement de la République du Dahomey ; 2° l'approbation des accords de coopération conclus à la même date entre le Gouvernement de la République française et le Gouvernement de la République du Dahomey, *J.O.R.F.*, 27 juillet 1961, p. 6909.

Loi n° 61-804 du 28 juillet 1961 autorisant l'approbation d'un échange de lettres relatif à la cession à la République fédérale d'Allemagne d'un immeuble du domaine (Hôtel Beauharnais 78 rue de Lille à Paris), *J.O.R.F.*, 29 juillet 1961, p. 6988.

Loi n° 61-848 du 2 août 1961 autorisant la ratification du traité de coopération conclu le 19 juin 1961 entre le Président de la République française et le Président de la République islamique de Mauritanie et l'approbation des accords de coopération conclus à la même date entre le Gouvernement de la République française et le Gouvernement de la République islamique de Mauritanie, *J.O.R.F.*, 4 août 1961, p. 7243.

Loi n° 61-1310 du 6 décembre 1961 autorisant la ratification de la convention entre la France et la Suisse relative à la situation, au regard des législations d'allocations familiales, de certains exploitants suisses de terres françaises, signée à Paris le 24 septembre 1958, *J.O.R.F.*, 7 décembre 1961, p. 11260.

Loi n° 61-1311 du 6 décembre 1961 autorisant l'approbation de l'accord relatif à l'extension des contingents tarifaires à l'ancienne zone nord du Maroc et à la province de Tanger, signé à Rabat le 21 juin 1961 entre le Gouvernement de la République française et le Gouvernement du Royaume du Maroc, *J.O.R.F.*, 7 décembre 1961, p. 11260.

Loi n° 61-1385 du 19 décembre 1961 autorisant l'approbation de la convention sur le service militaire des doubles nationaux conclue à Paris le 30 juin 1959 entre le Gouvernement de la République française et le Gouvernement de l'État d'Israël, *J.O.R.F.*, 20 décembre 1961, p. 11666.

Loi n° 61-1393 du 20 décembre 1961 de finances rectificative pour 1961 (article 7) prévoyant que les sommes allouées au titre du décret n° 61-971 du 29 août 1961 portant répartition de l'indemnité prévue en application de l'accord conclu le 15 juillet 1960 entre la République française et la République fédérale d'Allemagne, en faveur des ressortissants français ayant été l'objet de mesures de persécutions nationales-socialistes, sont insaisissables et incessibles, *J.O.R.F.*, 21 décembre 1961, p. 11699.

Convention des Communautés européennes

Loi n° 61-747 du 21 juillet 1961 autorisant l'approbation d'un accord douanier tarifaire conclu en application du traité instituant la Communauté économique européenne signée le 2 mars 1961, *J.O.R.F.*, 22 juillet 1961, p. 6684.

Conventions entre les Communautés européennes et des États n'y appartenant pas

Loi n° 61-1436 du 26 décembre 1961 autorisant la ratification de l'accord créant une association entre la Communauté économique européenne et la Grèce, signé le 9 juillet 1961, *J.O.R.F.*, 28 décembre 1961, p. 11995.

Loi n° 61-1437 du 26 décembre 1961 autorisant l'approbation de l'accord conclu le 9 juillet 1961 entre les membres de la Communauté économique européenne au sujet de l'application du protocole financier annexé à l'accord entre la Communauté économique européenne et la Grèce, *J.O.R.F.*, 28 décembre 1961, p. 11995.

ANNÉE 1962

Conventions multilatérales

Loi n° 62-631 du 5 juin 1962 autorisant l'approbation des conventions du 25 septembre 1956 relatives au fonctionnement collectif de certains services de navigation aérienne au Groenland et en Islande, *J.O.R.F.*, 6 juin 1962, p. 5411.

Loi n° 62-633 du 5 juin 1962 autorisant la ratification de la convention internationale des télécommunications, signée à Genève le 21 décembre 1959, *J.O.R.F.*, 6 juin 1962, p. 5411.

Loi de finances n° 62-643 du 7 juin 1962 rectificative pour 1962 relative à la participation de la France au Fonds monétaire international (F.M.I.), *J.O.R.F.*, 8 juin 1962, p. 5507

Loi n° 62-684 du 22 juin 1962 autorisant l'approbation du statut de la conférence de La Haye de droit international privé du 31 octobre 1951, *J.O.R.F.*, 23 juin 1962, p. 6066.

Loi n° 62-697 du 27 juin 1962 autorisant la ratification du protocole du 21 juin 1961 portant amendement à la convention relative à l'aviation civile internationale, *J.O.R.F.*, 28 juin 1962, p. 6234.

Loi n° 62-704 du 29 juin 1962 autorisant la ratification de : 1° la convention sur la loi applicable aux ventes à caractère international d'objets mobiliers corporels ; 2° la convention relative à la reconnaissance de la personnalité juridique des sociétés, associations et fondations étrangères ; 3° la convention sur la loi applicable aux obligations alimentaires envers les enfants, *J.O.R.F.*, 30 juin 1962, p. 6339.

Loi n° 62-1583 du 29 décembre 1962 autorisant l'adhésion de la France à la convention internationale pour faciliter l'importation des échantillons commerciaux et du matériel publicitaire en date du 7 novembre 1952, *J.O.R.F.*, 30 décembre 1962, p. 12819.

Conventions bilatérales

Loi n° 62-632 du 5 juin 1962 autorisant la ratification de la convention entre la République française et la République italienne sur l'aménagement hydro-électrique du Mont Cenis et prévoyant des dispositions pour l'application de l'article 6 de cette convention, *J.O.R.F.*, 6 juin 1962, p. 5411.

Loi n° 62-849 du 26 juillet 1962 autorisant l'approbation de la convention entre les gouvernements de la République française et de l'État espagnol concernant la construction du nouveau pont international Hendaye-Irun, signée le 30 mars 1962, *J.O.R.F.*, 27 juillet 1962, p. 7413.

Loi n° 62-850 du 26 juillet 1962 autorisant l'approbation de la convention entre les gouvernements de la République française et de l'État espagnol concernant la construction du tunnel transpyrénéen d'Aragnouet à

Bielsa et du protocole annexe à ladite convention signée le 30 mars 1962, *J.O.R.F.*, 27 juillet 1962, p. 7414.

Loi n° 62-862 du 28 juillet 1962 autorisant la ratification du traité de cession par la France à l'Inde des établissements français de Pondichéry, Karikal, Mahe et Yanaon, signé à New Delhi le 28 mai 1956, *J.O.R.F.*, 29 juillet 1962, p. 7484.

ANNÉE 1963

Conventions multilatérales

Loi n° 63-69 du 30 janvier 1963 autorisant la ratification de la convention internationale de coopération pour la sécurité de la navigation aérienne « Eurocontrol », signée à Bruxelles le 13 décembre 1960, *J.O.R.F.*, 31 janvier 1963, p. 1035.

Loi n° 63-222 du 5 mars 1963 autorisant l'approbation de l'accord de coopération monétaire conclu le 12 mai 1962 entre le Gouvernement de la République française, d'une part, et les gouvernements respectifs des républiques membres de l'Union monétaire Ouest-africaine, d'autre part, *J.O.R.F.*, 6 mars 1963, p. 2235.

Loi n° 63-809 du 6 août 1963 autorisant la ratification de la convention complémentaire à la convention de Varsovie pour l'unification de certaines règles relatives au transport aérien international effectué par une personne autre que le transporteur contractuel, signée à Guadalajara le 18 septembre 1961, *J.O.R.F.*, 8 août 1963, p. 7350.

Loi n° 63-811 du 6 août 1963 autorisant la ratification de la convention supplémentaire relative à l'abolition de l'esclavage, de la traite des esclaves et des institutions et pratiques analogues à l'esclavage, signée le 7 septembre 1956, *J.O.R.F.*, 8 août 1963, p. 7354.

Loi n° 63-1250 du 21 décembre 1963 autorisant la ratification de : 1° la convention instituant une Organisation européenne pour la mise au point et la construction de lanceurs d'engins spatiaux, signée à Londres le 29 mars 1962, et ses protocoles annexes ; 2° la convention instituant une Organisation européenne de recherches spatiales, signée à Paris le 14 juin 1962, et ses protocoles annexes, *J.O.R.F.*, 22 décembre 1963, p. 11454.

Loi n° 63-1292 du 21 décembre 1963 autorisant la convention portant création d'une Organisation européenne pour des recherches astronomiques dans l'hémisphère austral et de son protocole financier, signés à Paris le 5 octobre 1962, *J.O.R.F.*, 24 décembre 1963, p. 11595.

Loi n° 63-1350 du 30 décembre 1963 autorisant la ratification de la convention relative à la reconnaissance internationale des droits sur aéronefs, signée à Genève le 19 juin 1948, *J.O.R.F.*, 3 janvier 1964, p. 11595.

Conventions bilatérales

Loi n° 63-604 du 26 juin 1963 autorisant la ratification du traité du 22 janvier 1963 entre la République française et la République fédérale d'Allemagne sur la coopération franco-allemande, *J.O.R.F.*, 27 juin 1963, p. 5659.

Loi n° 63-812 du 6 août 1963 autorisant l'approbation de l'accord général de coopération technique, de l'accord de coopération culturelle, de l'accord de coopération en matière de justice, de l'accord de coopération en matière économique, monétaire et financière et de la convention consulaire conclus les 2 février 1962 et 9 mars 1962 entre le Gouvernement de la République française et le Gouvernement de la République du Mali, *J.O.R.F.*, 8 août 1963, p. 7354.

Loi n° 63-813 du 6 août 1963 autorisant la ratification de la convention signée le 24 juillet 1962 entre la France et le Liban, en vue d'éviter les doubles impositions et d'établir une assistance administrative réciproque en matière d'impôts sur les revenus et d'impôts sur les successions, *J.O.R.F.*, 8 août 1963, p. 7355.

Loi n° 63-816 du 6 août 1963 autorisant l'approbation de la convention et du protocole signés à Tananarive le 29 septembre 1962, entre la France et Madagascar, en vue d'éliminer les doubles impositions et d'établir une assistance mutuelle administrative en matière fiscale, *J.O.R.F.*, 8 août 1963, p. 7356.

Loi n° 63-817 du 6 août 1963 autorisant l'approbation de la convention entre la France et la Principauté de Monaco, signée à Paris le 18 mai 1963, complétée par un protocole, ainsi que l'échange de lettres se rapportant à cette convention, *J.O.R.F.*, 8 août 1963, p. 7356.

Loi n° 63-818 du 6 août 1963 : 1° autorisant la ratification de la convention signée entre la République française et la République fédérale d'Allemagne sur le règlement de divers problèmes frontaliers ; 2° transférant la propriété d'un immeuble, *J.O.R.F.*, 8 août 1963, p. 7356.

Loi n° 63-1177 du 28 novembre 1963 autorisant la ratification de la convention et du protocole additionnel entre la France et l'Espagne tendant à éviter les doubles impositions et à établir des règles d'assistance administrative réciproque en matière d'impôts sur le revenu et d'impôts sur les successions, signé à Madrid le 8 janvier 1963, *J.O.R.F.*,

Loi n° 63-1252 du 21 décembre 1963 autorisant l'approbation de l'accord de commerce entre la République française et le Japon et du protocole relatif aux relations commerciales entre la République française et le Japon, signés à Paris le 14 mai 1963, *J.O.R.F.*, 22 décembre 1963, p. 11455.

Loi n° 63-1253 du 21 décembre 1963 autorisant la ratification de divers accords et conventions signés le 10 juillet 1963 entre la République française et la République togolaise, *J.O.R.F.*, 22 décembre 1963, p. 11455.

Convention des Communautés européennes

Loi n° 63-1249 du 21 décembre 1963 autorisant la ratification de la convention portant révision du traité instituant la Communauté économique européenne en vue de rendre applicable aux Antilles néerlandaises le régime spécial d'association défini dans la quatrième partie de ce traité, signée le 13 novembre 1962, *J.O.R.F.*, 22 décembre 1963, p. 11453.

Conventions entre les Communautés européennes et des États n'y appartenant pas

Loi n° 63-1247 du 21 décembre 1963 autorisant la ratification de l'accord créant une association entre la Communauté économique européenne et la Turquie, signé à Ankara le 12 septembre 1963, *J.O.R.F.*, 22 décembre 1963, p. 11453.

Loi n° 63-1248 du 21 décembre 1963 autorisant la ratification de l'accord relatif au protocole financier annexé à l'accord créant une association entre la Communauté économique européenne et la Turquie, conclu le 12 septembre 1963, *J.O.R.F.*, 22 décembre 1963, p. 11453.

Loi n° 63-1251 du 21 décembre 1963 autorisant : 1° la ratification de la convention d'association entre la Communauté économique européenne et les États africains et malgache associés à cette Communauté, de l'accord relatif aux produits relevant de la Communauté européenne du charbon et de l'acier (CECA) et du protocole relatif aux importations de café vert dans les pays du Benelux ; 2° l'approbation de l'accord interne relatif au financement et à la gestion des aides de la Communauté, signés le 20 juillet 1963, *J.O.R.F.*, 22 décembre 1963, p. 11454.

ANNÉE 1964

Conventions multilatérales

Loi n° 64-322 du 16 avril 1964 autorisant l'approbation de la convention douanière relative aux facilités accordées pour l'importation des marchandises destinées à être présentées ou utilisées à une exposition, une foire, un congrès ou une manifestation similaire, *J.O.R.F.*, 17 avril 1964, p. 3450.

Loi n° 64-644 du 1er juillet 1964 autorisant la ratification du protocole du 15 septembre 1962 portant amendement à la convention du 7 décembre 1944 relative à l'aviation civile internationale, *J.O.R.F.*, 2 juillet 1964, p. 5763.

Loi n° 64-646 du 1er juillet 1964 autorisant la ratification de deux protocoles en date du 14 juin 1954 concernant des amendements à apporter aux articles 45, 48, 49 et 61 de la convention relative à l'aviation civile internationale, *J.O.R.F.*, 2 juillet 1964, p. 5764.

Loi n° 64-1224 du 11 décembre 1964 autorisant l'approbation de l'accord et des deux protocoles portant création du Centre international de hautes études agronomiques méditerranéennes signés le 21 mai 1962, par les représentants des Gouvernements de l'Espagne, de la République française, du Royaume de Grèce, de la République italienne, de la République portugaise, de la République de Turquie et de la République populaire fédérative de Yougoslavie, *J.O.R.F.*, 13 décembre 1964, p. 11091.

Loi n° 64-1274 du 23 décembre 1964 autorisant la ratification de la convention internationale pour l'unification de certaines règles de transport de passagers par mer, adoptée à Bruxelles, le 29 avril 1961, *J.O.R.F.*, 24 décembre 1964, p. 11502.

Loi n° 64-1327 du 26 décembre 1964 autorisant l'approbation de l'accord établissant un régime provisoire applicable à un système commercial mondial de télécommunications par satellites et de l'accord spécial, signés à Washington le 20 août 1964, *J.O.R.F.*, 29 décembre 1964, p. 11788.

Loi n° 64-1328 du 26 décembre 1964 autorisant l'approbation de la convention du Conseil de l'Europe sur la réduction des cas de pluralité de nationalités et sur les obligations militaires en cas de pluralité de nationalités, signée à Strasbourg, le 6 mai 1963, *J.O.R.F.*, 29 décembre 1964, p. 11788.

Conventions bilatérales

Loi n° 64-457 du 28 mai 1964 autorisation l'approbation de la convention entre Gouvernement de la République française et le Gouvernement espagnol, relative à l'aménagement du cours supérieur de la Garonne, *J.O.R.F.*, 29 mai 1964, p. 4571.

Loi n° 64-494 du 4 juin 1964 autorisation l'approbation de la convention entre la République française et le Royaume de Belgique relative au service militaire signée à Paris le 12 octobre 1962, *J.O.R.F.*, 5 juin 1964, p. 4795.

Loi n° 64-561 du 17 juin 1964 autorisant la ratification de l'avenant, signé à Paris le 1er juillet 1963, à la convention du 24 décembre 1936 entre la France et la Suède tendant à éviter les doubles impositions et à établir des règles d'assistance en matière d'impôts sur les successions, *J.O.R.F.*, 18 juin 1964, p. 5267.

Loi n° 64-562 du 17 juin 1964 autorisant l'approbation de la convention, signée à Paris le 21 juin 1963 entre la France et le Royaume-Uni de Grande-Bretagne et d'Irlande du Nord tendant à éviter les doubles impositions en matière d'impôts sur les successions, *J.O.R.F.*, 18 juin 1964, p. 5267.

Loi n° 64-700 du 10 juillet 1964 autorisant la ratification des conventions entre la République française et la Confédération suisse concernant, d'une part, une rectification de la frontière franco-suisse et, d'autre part, l'aménagement hydro-électrique d'Emosson, signées à Sion le 23 août 1963, *J.O.R.F.*, 11 juillet 1964, p. 6175.

Loi n° 64-708 du 10 juillet 1964 autorisant l'approbation de la convention, signée à Paris le 20 août 1963 entre la France et Israël, tendant à éviter les doubles impositions et à établir des règles d'assistance administrative réciproque en matière d'impôts sur le revenu, *J.O.R.F.*, 12 juillet 1964, p. 6209.

Loi n° 64-1065 du 21 octobre 1964 autorisant l'approbation de la convention d'aide mutuelle judiciaire, d'exequatur des jugements et d'extradition entre la France et le Gabon, signée à Libreville le 23 juillet 1963, *J.O.R.F.*, 22 octobre 1964, p. 9426.

Loi n° 64-1066 du 21 octobre 1964 autorisant l'approbation de l'accord de coopération en matière de justice, signé le 14 juin 1962, entre le Gouvernement de la République française et le Gouvernement de la République du Sénégal, *J.O.R.F.*, 22 octobre 1964, p. 9427.

Loi n° 64-1067 du 21 octobre 1964 autorisant l'approbation de l'accord de coopération en matière de justice, signé le 18 mai 1962, entre le Gouvernement de la République française et la République du Congo, *J.O.R.F.*, 22 octobre 1964, p. 9427.

Loi n° 64-1211 du 10 décembre 1964 autorisant la ratification de la convention de 1964 entre la France et le Danemark relative au service militaire des doubles nationaux, signée à Paris le 6 juin 1963, *J.O.R.F.*, 11 décembre 1964, p. 11034.

Loi n° 64-1223 du 11 décembre 1964 autorisant la ratification de la convention franco-espagnole relative à la pêche en Bidassoa et baie du Figuier, signée à Madrid le 14 juillet 1959, *J.O.R.F.*, 13 décembre 1964, p. 11091.

Loi n° 64-1232 du 14 décembre 1964 autorisant l'approbation de la convention consulaire et de son annexe, signées le 16 février 1963, entre le

Gouvernement de la République française et le Gouvernement de la République du Sénégal, *J.O.R.F.*, 15 décembre 1964, p. 11147.

Loi n° 64-1275 du 23 décembre 1964 autorisant la ratification de la convention, signée à Athènes le 21 août 1963 entre la France et la Grèce, tendant à éviter les doubles impositions et à établir des règles d'assistance administrative réciproque en matière d'impôts sur le revenu, *J.O.R.F.*, 24 décembre 1964, p. 11502.

Loi n° 64-1277 du 23 décembre 1964 autorisant la ratification du traité de commerce et de navigation entre la République française et la République populaire d'Albanie, signé à Tirana, le 14 décembre 1963, *J.O.R.F.*, 24 décembre 1964, p. 11503.

Loi n° 64-1324 du 26 décembre 1964 autorisant la ratification de la convention, signée à Bruxelles le 10 mars 1964 entre la France et la Belgique, tendant à éviter les doubles impositions et à établir des règles d'assistance administrative et juridique réciproque en matière d'impôts sur les revenus, *J.O.R.F.*, 29 décembre 1964, p. 11787.

ANNÉE 1965

Conventions multilatérales

Loi n° 65-492 du 29 juin 1965 autorisant la ratification des amendements aux articles 23, 27 et 61 de la Charte des Nations-Unies relatifs à la composition du Conseil de sécurité et à celle du Conseil économique et social, adoptés le 17 décembre 1963 par l'Assemblée générale des Nations-Unies, *J.O.R.F.*, 30 juin 1965, p. 5438.

Loi n° 65-493 du 29 juin 1965 autorisant l'approbation de l'accord de siège signé à Paris le 30 juin 1964 entre le Gouvernement de la République française et l'Organisation Européenne et Méditerranéenne pour la Protection des Plantes, *J.O.R.F.*, 30 juin 1965, p. 5438.

Loi n° 65-494 du 29 juin 1965 autorisant l'approbation de l'accord de siège signé à Paris le 1er septembre 1964 entre le Gouvernement de la République française et l'Organisation Internationale de Métrologie légale, *J.O.R.F.*, 30 juin 1965, p. 5438.

Loi n° 65-954 du 12 novembre 1965 autorisant la ratification : 1° de la convention sur la responsabilité civile dans le domaine de l'énergie nucléaire, signée à Paris le 29 juillet 1960, et de son protocole additionnel, signé à Paris le 28 janvier 1964 ; 2° de la convention complémentaire à la convention de Paris du 29 juin 1960, signée à Bruxelles le 31 janvier 1963, et de son protocole additionnel, signé à Paris le 28 janvier 1964, *J.O.R.F.*, 13 novembre 1965, p. 9995.

Loi n° 65-957 du 12 novembre 1965 autorisant l'approbation des amendements aux statuts de la Banque internationale pour la reconstruction et le développement et de la Société financière internationale, *J.O.R.F.*, 13 novembre 1965, p. 9998.

Conventions bilatérales

Loi n° 65-495 du 29 juin 1965 autorisant l'approbation de l'accord de coopération économique et financière entre la France et le Cambodge, signé à Paris le 4 juillet 1964, *J.O.R.F.*, 30 juin 1965, p. 5439.

Loi n° 65-512 du 1er juillet 1965 autorisant la ratification de la convention relative au concours en personnel apporté par la République française au fonctionnement des services publics de la République du Tchad conclue le 19 mai 1964 entre le Gouvernement de la République française et le Gouvernement de la République du Tchad et l'approbation des accords de coopération culturelle et d'assistance militaire technique conclus à la même date entre le Gouvernement de la République française et le Gouvernement de la République du Tchad, *J.O.R.F.*, 2 juillet 1965, p. 5541.

Loi n° 65-513 du 1er juillet 1965 autorisant l'approbation de la convention consulaire et de ses annexes, signée le 7 février 1964 entre le Gouvernement de la République française et le Gouvernement de la République islamique de Mauritanie, *J.O.R.F.*, 2 juillet 1965, p. 5541.

Loi n° 65-514 du 1er juillet 1965 autorisant l'approbation de l'accord portant rectification de la frontière franco-luxembourgeoise, *J.O.R.F.*, 2 juillet 1965, p. 5542.

Loi n° 65-544 du 8 juillet 1965 autorisant l'approbation de la convention sur les relations économiques et la protection des investissements, signée à Tunis le 9 août 1963 entre le Gouvernement de la République française et le Gouvernement de la République tunisienne, ainsi que de deux échanges de lettres s'y rapportant, *J.O.R.F.*, 9 juillet 1965, p. 5897.

Loi n° 65-545 du 8 juillet 1965 autorisant l'approbation de la convention, signée à Paris le 27 novembre 1964, entre le Gouvernement de la République française et le Gouvernement du Japon tendant à éviter les doubles impositions en matière d'impôts sur le revenu, *J.O.R.F.*, 9 juillet 1965, p. 5897.

Loi n° 65-942 du 9 novembre 1965 autorisant la ratification de la convention d'extradition signée le 24 juin 1964 entre la France et l'Iran, *J.O.R.F.*, 10 novembre 1965, p. 9939.

Loi n° 65-991 du 26 novembre 1965 autorisant la ratification de l'accord entre la France et l'Algérie concernant le règlement de questions touchant les hydrocarbures et le développement industriel de l'Algérie, *J.O.R.F.*, 27 novembre 1965, p. 10451.

Conventions des Communautés européennes

Loi n° 65-506 du 30 juin 1965 autorisant la ratification du traité instituant un Conseil unique et une Commission unique des Communautés européennes et du protocole sur les privilèges et immunités des Communautés européennes (Bruxelles – 8 avril 1965), *J.O.R.F.*, 1er juillet 1965, p. 5485.

ANNÉE 1966

Conventions multilatérales

Loi n° 66-293 du 12 mai 1966 autorisant l'approbation de l'accord de siège, signé à Paris le 20 janvier 1965, entre le Gouvernement de la République française et l'Office international de la vigne et du vin, *J.O.R.F.*, 13 mai 1966, p. 3851.

Loi n° 66-294 du 12 mai 1966 autorisant l'approbation de l'accord de siège, signé à Paris le 11 janvier 1965, entre le Gouvernement de la République française et le Bureau international des expositions, *J.O.R.F.*, 13 mai 1966, p. 3851.

Loi n° 66-480 du 6 juillet 1966 autorisant la ratification de la convention européenne sur l'arbitrage commercial international et l'approbation de l'arrangement relatif à l'application de la convention européenne sur l'arbitrage commercial international, *J.O.R.F.*, 7 juillet 1966, p. 5780.

Loi n° 66-831 du 10 novembre 1966 autorisant la ratification du protocole sur les privilèges et les immunités de l'Organisation européenne pour la mise au point et la construction de lanceurs d'engins spatiaux, complété par un protocole de signature, signé à Londres le 29 juin 1964, et du protocole sur les privilèges et les immunités de l'Organisation européenne de recherches spatiales, signé à Paris le 31 octobre 1963, *J.O.R.F.*, 13 novembre 1966, p. 9867.

Loi n° 66-832 du 10 novembre 1966 autorisant l'approbation de l'accord entre le Gouvernement de la République française et l'Organisation européenne pour la recherche nucléaire relatif au statut juridique de ladite Organisation sur le territoire français et de la convention entre le Gouvernement de la République française et le conseil fédéral de la Confédération suisse relative à l'extension en territoire français du domaine de l'Organisation européenne pour la recherche nucléaire, *J.O.R.F.*, 13 novembre 1966, p. 9867.

Loi n° 66-1014 du 28 décembre 1966 autorisant l'approbation de l'accord de siège signé à Paris le 19 avril 1966 entre le Gouvernement de la République française et l'Organisation interafricaine du café, *J.O.R.F.*, 29 décembre 1966, p. 11626.

Loi n° 66-1015 du 28 décembre 1966 autorisant l'approbation de l'accord de siège signé à Paris le 13 mai 1966 entre le Gouvernement de la République française et la Banque interaméricaine de développement, *J.O.R.F.*, 29 décembre 1966, p. 11627.

Loi n° 66-1016 du 28 décembre 1966 autorisant l'approbation de l'accord de siège signé à Paris le 5 juillet 1966 entre le Gouvernement de la République française et l'Institut international du froid, *J.O.R.F.*, 29 décembre 1966, p. 11627.

Loi n° 66-1040 du 30 décembre 1966 autorisant la ratification de la convention sur les conflits de lois en matière de forme des dispositions testamentaires, signée à La Haye le 9 octobre 1961, *J.O.R.F.*, 31 décembre 1966, p. 11751.

Loi n° 66-1041 du 30 décembre 1966 autorisant la ratification de la convention européenne d'entraide judiciaire en matière pénale, ouverte à la signature à Strasbourg le 20 avril 1959 et signée par la France le 28 avril 1961, *J.O.R.F.*, 31 décembre 1966, p. 11752.

Conventions bilatérales

Loi n° 66-295 du 12 mai 1966 autorisant l'approbation de la convention entre les gouvernements de la République française et de l'État espagnol concernant la destruction de deux ponts internationaux sur la Bidassoa, l'un entre Béhobie Behobia, l'autre aux environ de Biriatou, et du protocole concernant la construction du pont international sur la Bidassoa entre Béhobie et Behobia, *J.O.R.F.*, 13 mai 1966, p. 3851.

Loi n° 66-398 du 17 juin 1966 autorisant l'approbation de la convention fiscale entre le Gouvernement de la République française et le Gouvernement de la République du Niger, ensemble le protocole et l'échange de lettres joints, signés à Niamey le 1er juin 1965, *J.O.R.F.*, 18 juin 1966, p. 4916.

Loi n° 66-399 du 17 juin 1966 autorisant l'approbation de la convention signée à Paris le 10 juillet 1965, entre la France et le Cameroun, en vue d'éliminer les doubles impositions et d'établir une assistance mutuelle administrative en matière fiscale, *J.O.R.F.*, 18 juin 1966, p. 4917.

Loi n° 66-414 du 18 juin 1966 autorisant l'approbation de la convention générale de sécurité sociale et des trois protocoles annexes, signés le 22 juillet 1965, entre le Gouvernement de la République française et le Gouvernement de la République islamique de Mauritanie, *J.O.R.F.*, 24 juin 1966, p. 5203.

Loi n° 66-415 du 18 juin 1966 autorisant l'approbation de la convention générale de sécurité sociale et des trois protocoles annexes, signés le 17 décembre 1965, entre le Gouvernement de la République française et le Gouvernement de la République tunisienne, *J.O.R.F.*, 24 juin 1966, p. 5203.

Loi n° 66-416 du 18 juin 1966 autorisant l'approbation de la convention générale de sécurité sociale et des trois protocoles annexes, signés le 9 juillet 1965, entre le Gouvernement de la République française et le Gouvernement du royaume de Maroc, *J.O.R.F.*, 24 juin 1966, p. 5203.

Loi n° 66-418 du 18 juin1966 autorisant l'approbation de la convention générale de sécurité sociale et des trois protocoles annexes, signés le 11 mars 1965, entre le Gouvernement de la République française et le Gouvernement de la République du Mali, *J.O.R.F.*, 24 juin 1966, p. 5204.

Loi n° 66-494 du 9 juillet 1966 autorisant l'approbation de la convention de sécurité sociale et du protocole annexe, signés le 17 décembre 1965 entre le Gouvernement de la République française et le Gouvernement de l'État d'Israël, *J.O.R.F.*, 10 juillet 1966, p. 5901.

Loi n° 66-959 du 26 décembre 1966 autorisant l'approbation de la convention fiscale entre le Gouvernement de la République française et le Gouvernement de la République du Sénégal, ensemble le protocole et l'échange de lettres joints, signés à Dakar le 3 mai 1965, *J.O.R.F.*, 27 décembre 1966, p. 11428.

Loi n° 66-960 du 26 décembre 1966 autorisant l'approbation de l'accord entre le Gouvernement de la République française et le Gouvernement du Royaume de Grèce relatif au règlement de créances financières françaises, signé le 14 décembre 1965 à Paris, *J.O.R.F.*, 27 décembre 1966, p. 11428.

Loi n° 66-963 du 26 décembre 1966 autorisant l'approbation de la convention fiscale entre le Gouvernement de la République française et le Gouvernement de la République du Dahomey, ensemble le protocole et l'échange de lettres joints, signés à Cotonou le 21 octobre 1965, *J.O.R.F.*, 27 décembre 1966, p. 11429.

Loi n° 66-964 du 26 décembre 1966 autorisant l'approbation de la convention fiscale entre le Gouvernement de la République française et le Gouvernement de la République voltaïque, ensemble le protocole et l'échange de lettres joints, signés à Ouagadougou le 11 août 1965, *J.O.R.F.*, 27 décembre 1966, p. 11429.

Loi n° 66-966 du 26 décembre 1966 autorisant la ratification de l'avenant à la convention du 29 octobre 1958 entre la France et l'Italie, tendant à éviter les doubles impositions et à régler certaines autres questions en matière d'impôts directs sur les revenus et sur la fortune, ensemble le protocole joint, signés à Paris, le 6 décembre 1965, *J.O.R.F.*, 27 décembre 1966, p. 11430.

Loi n° 66-995 du 26 décembre 1966 autorisant la ratification de la convention entre la République française et la Confédération suisse en vue d'éviter les doubles impositions en matière d'impôts sur le revenu et sur la fortune, ensemble le protocole additionnel joint, signés à Paris le 9 septembre 1966, *J.O.R.F.*, 28 décembre 1966, p. 11556.

Loi n° 66-1043 du 30 décembre 1966 autorisant l'approbation de l'accord de coopération en matière de justice, signé le 18 janvier 1965 entre la France et la République centrafricaine, *J.O.R.F.*, 31 décembre 1966, p. 11753.

Loi n° 66-1045 du 30 décembre 1966 autorisant l'approbation de l'avenant à la convention générale de sécurité sociale entre le Gouvernement de la République française et le Gouvernement de la République socialiste fédérative de Yougoslavie du 5 janvier 1950, ensemble le protocole relatif aux soins de santé garantis aux étudiants et l'échange de lettres relatif aux allocations familiales, signés à Belgrade le 8 février 1966, *J.O.R.F.*, 31 décembre 1966, p. 11754.

Loi n° 66-1047 du 30 décembre 1966 autorisant l'approbation de l'accord entre le Gouvernement de la République française et le Conseil fédéral suisse concernant l'abornement et l'entretien de la frontière, signé à Paris le 10 mars 1965, *J.O.R.F.*, 31 décembre 1966, p. 11755.

ANNÉE 1967

Conventions multilatérales

Loi n° 67-416 du 24 mai 1967 autorisant l'approbation de l'accord signé le 28 avril 1966, entre le Gouvernement de la République française, le Gouvernement des Pays-Bas et le Gouvernement de la République populaire de Pologne relatif à la situation, en matière de sécurité sociale, des travailleurs salariés ou assimilés qui ont été occupés en France, aux Pays-Bas et en Pologne, *J.O.R.F.*, 25 mai 1967, p. 5147.

Loi n° 67-535 du 4 juillet 1967 autorisant la ratification d'un amendement à l'article 109, paragraphe 1, de la charte des Nations Unies relatif aux conditions dans lesquelles pourra être réunie une conférence générale des membres des Nations Unies aux fins d'une révision de la charte et adopté le 20 décembre 1965 par l'Assemblée générale des Nations Unies, *J.O.R.F.*, 6 juillet 1967, p. 6756.

Loi n° 67-536 du 4 juillet 1967 autorisant l'approbation de l'accord signé à Paris le 8 février 1967, entre le Gouvernement de la République française et la Conférence internationale des contrôles d'assurances des États africains, français et malgache, *J.O.R.F.*, 6 juillet 1967, p. 6756.

Loi n° 67-551 du 8 juillet 1967 autorisant la ratification de la convention pour le règlement des différends relatifs aux investissements entre États et ressortissants d'autres États, du 18 mars 1965, *J.O.R.F.*, 11 juillet 1967, p. 6931.

Loi n° 67-553 du 8 juillet 1967 autorisant l'approbation de la convention du Conseil de l'Europe sur la responsabilité des hôteliers quant aux objets apportés par les voyageurs, ouverte à la signature le 17 décembre 1962, *J.O.R.F.*, 11 juillet 1967, p. 6931.

Loi n° 67-1087 du 15 décembre 1967 autorisant la ratification du protocole du 22 juin 1964 prévu par l'article 8 (1) (« e ») (ii) de la convention portant création d'une Organisation européenne pour la mise au point et la construction de lanceurs d'engins spatiaux et relatif à l'utilisation des informations techniques pour des buts autres que ceux de la technologie spatiale, *J.O.R.F.*, 16 décembre 1967, p. 12243.

Loi n° 67-1088 du 15 décembre 1967 autorisant la ratification de la convention additionnelle à la convention internationale concernant le transport des voyageurs et des bagages par chemins de fer (C.I.V.) du 25 février 1961 relative à la responsabilité du chemin de fer pour la mort et les blessures des voyageurs, signée le 26 février 1966, *J.O.R.F.*, 17 décembre 1967, p. 12275.

Loi n° 67-1184 du 28 décembre 1967 autorisant la ratification de la convention internationale pour la protection des obtentions végétales du 2 décembre 1961, *J.O.R.F.*, 29 décembre 1967, p. 12864.

Loi n° 67-1206 du 29 décembre 1967 autorisant la ratification de l'accord européen pour la répression des émissions de radiodiffusion effectuées par des stations hors des territoires nationaux et relatif à cette répression, *J.O.R.F.*, 30 décembre 1967, p. 12980.

Conventions bilatérales

Loi n° 67-533 du 4 juillet 1967 autorisant la ratification de la convention consulaire, signée le 28 juillet 1966, entre la République française et la République populaire hongroise, *J.O.R.F.*, 6 juillet 1967, p. 6755.

Loi n° 67-534 du 4 juillet 1967 autorisant la ratification de la convention consulaire, du protocole et des deux échanges de lettres annexes, signés à Paris, le 18 juillet 1966, entre la France et les États-Unis d'Amérique, *J.O.R.F.*, 6 juillet 1967, p. 6756.

Loi n° 67-1178 du 28 décembre 1967 autorisant l'approbation de l'échange de lettres franco-panaméen du 10 janvier 1967, concernant diverses exemptions fiscales, *J.O.R.F.*, 29 décembre 1967, p. 12862.

Loi n° 67-1182 du 28 décembre 1967 autorisant l'approbation de l'échange de lettres franco-argentin du 3 octobre 1964 concernant diverses exemptions fiscales, *J.O.R.F.*, 29 décembre 1967, p. 12863.

Loi n° 67-1183 du 28 décembre 1967 autorisant l'approbation de l'échange de lettres franco-monégasque du 9 décembre 1966 relatif à la situation des actionnaires de sociétés monégasques domiciliés en France, *J.O.R.F.*, 29 décembre 1967, p. 12864.

Loi n° 67-1185 du 28 décembre 1967 autorisant la ratification de la convention entre la République française et les États-Unis d'Amérique en vue d'éviter les doubles impositions en matière d'impôts sur le revenu et sur la fortune, signée à Paris le 28 juillet 1967, *J.O.R.F.*, 29 décembre 1967, p. 12864.

Loi n° 67-1186 du 28 décembre 1967 autorisant l'approbation de la convention fiscale entre le Gouvernement de la République française et le Gouvernement de la République de Côte-d'Ivoire, ensemble le protocole et l'échange de lettres joints, signés à Abidjan le 6 avril 1966, *J.O.R.F.*, 29 décembre 1967, p. 12864.

Loi n° 67-1187 du 28 décembre 1967 autorisant la ratification de la convention entre la République française et la République du Pakistan tendant à éviter la double imposition et l'évasion fiscale en matière d'impôts sur le revenu, ensemble l'échange de lettres joint, signés à Paris le 22 juillet 1966, *J.O.R.F.*, 29 décembre 1967, p. 12865.

Loi n° 67-1188 du 28 décembre 1967 autorisant l'approbation de l'accord relatif aux questions douanières et fiscales soulevées par l'exploitation du tunnel routier sous le mont Blanc, *J.O.R.F.*, 29 décembre 1967, p. 12865.

Loi n° 67-1189 du 28 décembre 1967 autorisant l'approbation de l'accord conclu par échange de lettres entre le Gouvernement de la République française et le Gouvernement de l'Union des républiques socialistes soviétiques, relatif au régime fiscal des brevets, signé à Paris le 14 mars 1967, *J.O.R.F.*, 29 décembre 1967, p. 12865.

ANNÉE 1968

Conventions multilatérales

Loi n° 68-452 du 21 mai 1968 autorisant l'approbation de la convention européenne (Conseil de l'Europe) du 30 novembre 1964 concernant la surveillance des personnes condamnées ou libérées sous conditions, *J.O.R.F.*, 22 mai 1968, p. 5091.

Loi n° 68-550 du 18 juin 1968 autorisant l'approbation de la convention européenne (Conseil de l'Europe) du 30 novembre 1964 pour la répression des infractions routières, *J.O.R.F.*, 19 juin 1968, p. 5778.

Loi n° 68-1024 du 26 novembre 1968 autorisant l'approbation de l'accord de siège signé à Paris le 14 avril 1967 entre le Gouvernement de la République française et l'Organisation africaine et malgache du café, *J.O.R.F.*, 27 novembre 1968, p. 11132.

Loi n° 68-1124 du 17 décembre 1968 autorisant l'adhésion à la convention unique sur les stupéfiants de 1961, *J.O.R.F.*, 18 décembre 1968, p. 14835.

Conventions bilatérales

Loi n° 68-453 du 21 mai 1968 autorisant la ratification de la convention entre la République française et la République populaire de Pologne relative à la loi applicable, la compétence et l'exequatur dans le droit des personnes et de la famille, signée à Varsovie le 5 avril 1967, *J.O.R.F.*, 22 mai 1968, p. 5091.

Loi n° 68-1002 du 20 novembre 1968 portant ratification du décret n° 68-705 du 31 juillet 1968 modifiant le décret n° 66-296 du 11 mai 1966 qui a fixé le régime douanier applicable à certains produits originaires et en provenance de Tunisie, *J.O.R.F.*, 21 novembre 1968, p. 10907.

Loi n° 68-1036 du 27 novembre 1968 autorisant l'approbation de la convention entre le Gouvernement de la République française et le Gouvernement de la République de Saint-Marin, relative à l'aide mutuelle judiciaire, en matière civile, commerciale et pénale, et à l'exequatur des jugements, en matière civile et commerciale, signée le 25 mai 1967, *J.O.R.F.*, 28 novembre 1968, p. 11164.

Loi n° 68-1044 du 29 novembre 1968 autorisant l'approbation de l'accord commercial entre le Gouvernement de la République française et le Gouvernement de la République d'Irak, signé à Paris le 25 septembre 1967, *J.O.R.F.*, 30 novembre 1968, p. 11229.

Loi n° 68-1173 du 27 décembre 1968 autorisant l'approbation de la convention fiscale entre le Gouvernement de la République française et le Gouvernement de la République du Gabon, ensemble le protocole et l'échange de lettres joints, signés à Libreville le 21 avril 1966, *J.O.R.F.*, 29 décembre 1968, p. 12380.

Loi n° 68-1174 du 27 décembre 1968 autorisant l'approbation de la convention fiscale entre le Gouvernement de la République française et le Gouvernement de la République islamique de Mauritanie, ensemble le protocole et l'échange de lettres joints, signés à Nouakchott le 15 novembre 1967, *J.O.R.F.*, 29 décembre 1968, p. 12380.

ANNÉE 1969

Conventions multilatérales

Loi n° 69-427 du 12 mai 1969 autorisant l'approbation de l'accord de siège, signé à Paris le 14 mars 1967, entre le Gouvernement de la république française et l'Organisation mondiale de la santé relatif aux privilèges et immunités du Centre international de recherche sur le cancer, *J.O.R.F.*, 13 mai 1969, p. 4772.

Loi n° 69-966 du 24 octobre 1969 autorisant l'approbation de l'arrangement international sur les céréales de 1967, comprenant la convention relative au commerce du blé et la convention relative à l'aide alimentaire signées le 27 novembre 1967, *J.O.R.F.*, 25 octobre 1969, p. 10531.

Loi n° 69-994 du 6 novembre 1969 autorisant l'approbation de la convention du 7 septembre 1967 entre la Belgique, la République fédérale d'Allemagne, la France, l'Italie, le Luxembourg et les Pays-Bas pour l'assistance mutuelle entre les administrations douanières respectives, *J.O.R.F.*, 7 novembre 1969, p. 10917.

Loi n° 69-1039 du 20 novembre 1969 autorisant la ratification de la convention de Vienne sur les relations diplomatiques, en date du 18 avril 1961, et la ratification de la convention de Vienne sur les relations consulaires, en date du 24 avril 1963, *J.O.R.F.*, 21 novembre 1969, p. 11350.

Loi n° 69-1045 du 21 novembre 1969 autorisant l'approbation de la convention internationale du travail n° 105 concernant l'abolition du travail forcé, adoptée à Genève le 25 juin 1957, *J.O.R.F.*, 22 novembre 1969, p. 11372.

Loi n° 69-1064 du 28 novembre 1969 autorisant la ratification de la convention concernant la compétence judiciaire et l'exécution des décisions en matière civile et commerciale, ainsi que du protocole et de la déclaration joints, signés à Bruxelles le 27 septembre 1968, *J.O.R.F.*, 29 novembre 1969, p. 11643.

Loi n° 69-1066 du 28 novembre 1969 autorisant l'approbation des amendements à la convention pour l'établissement d'une Organisation européenne pour la recherche nucléaire (C.E.R.N.) signée à Paris le 1er juillet 1953 et au protocole financier annexé à cette convention, *J.O.R.F.*, 29 novembre 1969, p. 11643.

Loi n° 69-1134 du 20 décembre 1969 autorisant la ratification de la convention sur la reconnaissance mutuelle des sociétés et personnes morales, signée à Bruxelles le 29 février 1968, *J.O.R.F.*, 23 décembre 1969, p. 12436.

Loi n° 69-1171 du 26 décembre 1969 autorisant la ratification des amendements aux articles 24 et 25 de la constitution de l'Organisation mondiale de la santé, adoptés le 23 mai 1967, *J.O.R.F.*, 28 décembre 1969, p. 12670.

Loi n° 69-1172 du 26 décembre 1969 autorisant l'approbation de l'accord instituant la Conférence européenne de biologie moléculaire, signé à Genève le 13 février 1969, *J.O.R.F.*, 28 décembre 1969, p. 12671.

Conventions bilatérales

Loi n° 69-423 du 12 mai 1969 autorisant la ratification de la convention consulaire et de son annexe, signées le 8 décembre 1966, entre la République française et l'Union des Républiques socialistes soviétiques, *J.O.R.F.*, 13 mai 1969, p. 4771.

Loi n° 69-424 du 12 mai 1969 autorisant la ratification de la convention d'établissement et de navigation entre la France et l'Iran, signée à Téhéran le 24 mai 1964, *J.O.R.F.*, 13 mai 1969, p. 4771.

Loi n° 69-425 du 12 mai 1969 autorisant l'approbation de deux échanges de lettres du 28 septembre 1967 relatifs à une rectification du tracé de la frontière franco-italienne dans le secteur de Clavières et à la construction d'un bureau commun à contrôles nationaux juxtaposés, *J.O.R.F.*, 13 mai 1969, p. 4771.

Loi n° 69-426 du 12 mai 1969 autorisant l'approbation de la convention franco-italienne relative à l'alimentation en eau de la commune de Menton et du protocole annexe, signés à Paris le 28 septembre 1967, *J.O.R.F.*, 13 mai 1969, p. 4771.

Loi n° 69-965 du 24 octobre 1969 autorisant l'approbation de la convention fiscale entre le Gouvernement de la République française et le Gouvernement de la République du Congo, ensemble le protocole et l'échange de lettres joints, signés à Brazzaville le 13 novembre 1967, *J.O.R.F.*, 25 octobre 1969, p. 10531.

Loi n° 69-971 du 24 octobre 1969 autorisant la ratification de la convention entre la France et l'Irlande tendant à éviter les doubles impositions et à prévenir l'évasion fiscale en matière d'impôts sur le revenu, signée à Paris le 21 mars 1968, *J.O.R.F.*, 26 octobre 1969, p. 10563.

Loi n° 69-972 du 24 octobre 1969 autorisant l'approbation de la convention fiscale entre la France et le Royaume-Uni de Grande-Bretagne et d'Irlande du Nord tendant à éviter les doubles impositions et à prévenir l'évasion fiscale en matière d'impôts sur les revenus, signée à Londres le 22 mai 1968, *J.O.R.F.*, 26 octobre 1969, p. 10563.

Loi n°69-993 du 6 novembre 1969 autorisant l'approbation de quatre accords de sécurité sociale signés le 17 octobre 1967 entre la France et la Tchécoslovaquie, *J.O.R.F.*, 7 novembre 1969, p. 10917.

Loi n° 69-1040 du 20 novembre 1969 autorisant la ratification de la convention consulaire signée à Paris le 22 juillet 1968 entre la République française et la République populaire de Bulgarie, *J.O.R.F.*, 21 novembre 1969, p. 11350.

Loi n° 69-1065 du 28 novembre 1969 autorisant l'approbation de l'accord franco-suisse concernant la station d'épuration des eaux usées des régions de Bâle et de Saint-Louis Huningue, *J.O.R.F.*, 29 novembre 1969, p. 11643.

Loi n° 69-1135 du 20 décembre 1969 autorisant l'approbation de la convention entre le Gouvernement de la République française et le Gouvernement de la République algérienne démocratique et populaire tendant à éliminer les doubles impositions et à établir des règles d'assistance mutuelle administrative en matière fiscale, ensemble le protocole et les trois échanges de lettres joints, signés à Alger le 2 octobre 1968, *J.O.R.F.*, 23 décembre 1969, p. 12436.

Loi n° 69-1136 du 20 décembre 1969 autorisant l'approbation de la convention entre le Gouvernement de la République française et le Gouvernement de l'Inde tendant à éviter la double imposition en matière d'impôts sur les revenus, ensemble l'échange de lettres joint, signés à Paris le 26 mars 1969, *J.O.R.F.*, 23 décembre 1969, p. 12437.

Loi n° 69-1170 du 26 décembre 1969 autorisant la ratification de l'avenant à la convention du 21 juillet 1959 entre la République française et la République fédérale d'Allemagne en vue d'éviter les doubles impositions et d'établir les règles d'assistance administrative et juridique réciproque en matière d'impôts sur le revenu et sur la fortune ainsi qu'en matière de contributions des patentes et de contributions foncières, signé à Bonn le 9 juin 1969, *J.O.R.F.*, 28 décembre 1969, p. 12670.

Loi n° 69-1173 du 26 décembre 1969 autorisant l'approbation de l'avenant modifiant les articles 4 et 5 de l'annexe IV de la convention du 28 décembre 1858, additionnelle au traité de délimitation de la frontière du 2 décembre 1856 entre la France et l'Espagne, signé à Paris le 15 mars 1968, *J.O.R.F.*, 28 décembre 1969, p. 12671.

Conventions entre les Communautés européennes et des États n'y appartenant pas

Loi n° 69-1130 du 19 décembre 1969 autorisant : 1° la ratification de la convention d'association entre la Communauté économique européenne et les États africains et malgache associés à cette Communauté, et de l'accord relatif aux produits relevant de la Communauté européenne du charbon et de l'acier ; 2° l'approbation de l'accord interne relatif au financement et à la gestion des aides de la communauté, signés à Yaoundé le 29 juillet 1969, *J.O.R.F.*, 21 décembre 1969, p. 12387.

Loi n° 69-1174 du 26 décembre 1969 autorisant la ratification de l'accord créant une association entre la Communauté économique européenne et la République unie de Tanzanie, la République de l'Ouganda et la République du Kenya, signé à Arusha le 24 septembre 1969, *J.O.R.F.*, 28 décembre 1969, p. 12671.

ANNÉE 1970

Conventions multilatérales

Loi n° 70-469 du 5 juin 1970 autorisant l'approbation de l'accord entre le Gouvernement de la République française et le Comité international des poids et mesures, relatif au siège du Bureau international des poids et mesures et à ses privilèges et immunités sur le territoire français, du 25 avril 1969, *J.O.R.F.*, 6 juin 1970, p. 5292.

Loi n° 70-490 du 11 juin 1970 autorisant la ratification de la convention relative aux infractions et à certains autres actes survenant à bord des aéronefs, ouverte à la signature à Tokyo le 14 septembre 1963, signée par la France le 11 juillet 1969, *J.O.R.F.*, 12 juin 1970, p. 5438.

Loi n° 70-514 du 19 juin 1970 autorisant la ratification du traité sur les principes régissant les activités des États en matière d'exploration et d'utilisation de l'espace extra-atmosphérique, y compris la Lune et les autres corps célestes, du 27 janvier 1967, *J.O.R.F.*, 20 juin 1970, p. 5739.

Loi n° 70-585 du 8 juillet 1970 approuvant l'adhésion de la France à l'accord portant création de la Banque asiatique de développement, *J.O.R.F.*, 9 juillet 1970, p. 6435.

Loi n° 70-591 du 9 juillet 1970 autorisant l'approbation de la convention internationale sur l'exercice de la pêche dans l'Atlantique Nord, ouverte à la signature à Londres le 1er juin 1967, signée par la France le 26 juillet 1967, *J.O.R.F.*, 10 juillet 1970, p. 6460.

Loi n° 70-593 du 9 juillet 1970 autorisant la ratification de la convention relative à l'Agence de coopération culturelle et technique, en date du 20 mars 1970, *J.O.R.F.*, 10 juillet 1970, p. 6460.

Loi n° 70-961 du 23 octobre 1970 autorisant la ratification de la convention relative à l'immatriculation des bateaux de navigation intérieure, signée à Genève le 25 janvier 1965, et de ses deux protocoles annexes, *J.O.R.F.*, 25 octobre 1970, p. 9899.

Loi n° 70-1076 du 25 novembre 1970 autorisant l'adhésion de la France au protocole relatif au statut des réfugiés, signé à New York le 31 janvier 1967 par le président de l'Assemblée générale et par le Secrétaire général des Nations Unies, *J.O.R.F.*, 26 novembre 1970, p. 10851.

Loi n° 70-1162 du 14 décembre 1970 relative à l'augmentation de la quote-part de la France au Fonds monétaire international, *J.O.R.F.*, 16 décembre 1970, p. 11539.

Conventions bilatérales

Loi n° 70-465 du 5 juin 1970 autorisant l'approbation de l'accord conclu entre le Gouvernement de la République française et le Gouvernement du Commonwealth d'Australie en vue d'éviter la double imposition des revenus tirés du transport aérien international, signé à Canberra le 27 mars 1969, *J.O.R.F.*, 7 juin 1970, p. 5291.

Loi n° 70-466 du 5 juin 1970 autorisant l'approbation de la convention entre le Gouvernement de la République française et le Gouvernement espagnol relative à l'entraide judiciaire en matière pénale, signée à Madrid le 9 avril 1969, *J.O.R.F.*, 7 juin 1970, p. 5291.

Loi n° 70-467 du 5 juin 1970 autorisant l'approbation de l'accord conclu par échange de lettres entre le Gouvernement de la République française et le Gouvernement de la République arabe unie, destiné à éviter la double imposition des revenus provenant de la navigation aérienne, signé au Caire le 5 septembre 1968, *J.O.R.F.*, 7 juin 1970, p. 5291.

Loi n° 70-468 du 5 juin 1970 autorisant l'approbation de la convention entre le Gouvernement de la République française et le Gouvernement espagnol relative au service national des double-nationaux, signée à Madrid le 9 avril 1969, *J.O.R.F.*, 7 juin 1970, p. 5291.

Loi n° 70-491 du 11 juin 1970 autorisant l'approbation de l'avenant à la convention générale sur la sécurité sociale, signée le 5 janvier 1950, entre la France et la Yougoslavie, complétée et modifiée par l'avenant du 8 février 1966, et concernant la détermination des droits à l'indemnisation en matière de maladies professionnelles, signé à Belgrade le 13 février 1969, *J.O.R.F.*, 12 juin 1970, p. 5438.

Loi n° 70-501 du 15 juin 1970 autorisant la ratification de la convention consulaire signée le 18 mai 1968 entre la République française et la République socialiste de Roumanie, *J.O.R.F.*, 16 juin 1970, p. 5563.

Loi n° 70-590 du 9 juillet 1970 autorisant la ratification à l'avenant du 9 septembre 1966 entre la France et la Suisse en vue d'éviter les doubles impositions en matière d'impôts sur le revenu et sur la fortune, signé à Paris le 3 décembre 1969, *J.O.R.F.*, 10 juillet 1970, p. 6459.

Loi n° 70-592 du 9 juillet 1970 autorisant l'approbation de la convention relative à l'entraide judiciaire en matière pénale entre la République française et la République socialiste fédérative de Yougoslavie, signée à Belgrade le 29 octobre 1969, *J.O.R.F.*, 10 juillet 1970, p. 6460.

Loi n° 70-617 du 10 juillet 1970 autorisant la ratification de la convention entre la République française et la République fédérale d'Allemagne au sujet de l'aménagement du Rhin entre Strasbourg/Kehl et Lauterbourg/Neuburgweier, signée à Paris le 4 juillet 1969, *J.O.R.F.*, 12 juillet 1970, p. 6548.

Loi n° 70-618 du 10 juillet 1970 autorisant l'approbation de la convention entre le Gouvernement de la République française et le Conseil fédéral suisse concernant le financement des travaux d'aménagement du Rhin entre Strasbourg/Kehl et Lauterbourg/Neuburgweier, signée à Paris le 22 juillet 1969, *J.O.R.F.*, 12 juillet 1970, p. 6548.

Loi n° 70-619 du 10 juillet 1970 concernant certaines dispositions relatives à l'aménagement du Rhin entre Strasbourg/Kehl et

Lauterbourg/Neuburgweier, prévu par la convention franco-allemande du 4 juillet 1969, *J.O.R.F.*, 12 juillet 1970, p. 6548.

Loi n° 70-962 du 23 octobre 1970 autorisant la ratification de la convention consulaire, signée le 22 janvier 1969, entre la République française et la République socialiste de Tchécoslovaquie, *J.O.R.F.*, 25 octobre 1970, p. 9899.

Loi n° 70-1077 du 25 novembre 1970 autorisant l'approbation de la convention additionnelle à la convention du 6 janvier 1909 relative à l'extradition entre la France et les États-Unis d'Amérique, signée à Paris le 12 février 1970, *J.O.R.F.*, 26 novembre 1970, p. 10851.

Loi n° 70-1178 du 18 décembre 1970 autorisant l'approbation de la convention fiscale entre le Gouvernement de la République française et le Gouvernement de la République centrafricaine et du protocole, signés à Bangui le 13 décembre 1969, complétés par un échange de lettres des 13 et 16 décembre 1969, *J.O.R.F.*, 19 décembre 1970, p. 11652.

Conventions des Communautés européennes

Loi n° 70-583 du 8 juillet 1970 autorisant l'approbation de la décision du Conseil des communautés européennes, du 21 avril 1970, relative au remplacement des contributions financières des États membres par des ressources propres aux communautés, *J.O.R.F.*, 9 juillet 1970, p. 6435.

Loi n° 70-584 du 8 juillet 1970 autorisant la ratification du traité portant modification de certaines dispositions budgétaires des traités instituant les Communautés européennes et du traité instituant un Conseil unique et une Commission unique des Communautés européennes, signé à Luxembourg le 22 avril 1970, *J.O.R.F.*, 9 juillet 1970, p. 6435.

ANNÉE 1971

Conventions multilatérales

Loi n° 71-392 du 28 mai 1971 autorisant l'adhésion à la convention internationale sur l'élimination de toutes les formes de discrimination raciale, ouverte à la signature le 7 mars 1966, *J.O.R.F.*, 29 mai 1971, p. 5211.

Loi n° 71-408 du 2 juin 1971 autorisant l'approbation de la Convention internationale du travail, n° 122, concernant la politique de l'emploi, adoptée par l'Organisation internationale du travail le 9 juillet 1964, *J.O.R.F.*, 5 juin 1971, p. 5403.

Loi n° 71-431 du 11 juin 1971 autorisant la ratification de la convention pour la création de l'Union latine, signée à Madrid le 15 mai 1954, *J.O.R.F.*, 13 juin 1971, p. 5707.

Loi n° 71-1000 du 16 décembre 1971 autorisant la ratification du protocole additionnel à la convention internationale de coopération pour la sécurité de la navigation aérienne « Eurocontrol » du 13 décembre 1960, signé à Bruxelles le 6 juillet 1970, *J.O.R.F.*, 17 décembre 1971, p. 12323.

Loi n° 71-1001 du 16 décembre 1971 autorisant l'approbation des amendements à la convention internationale du 12 mai 1954 pour la prévention de la pollution des eaux de la mer par les hydrocarbures, adoptés le 21 octobre 1969 à Londres, *J.O.R.F.*, 17 décembre 1971, p. 12323.

Loi n° 71-1002 du 16 décembre 1971 autorisant la ratification de la convention internationale sur la responsabilité civile pour les dommages dus à la pollution par les hydrocarbures et de la convention internationale sur l'intervention en haute mer en cas d'accident entraînant ou pouvant entraîner une pollution par les hydrocarbures, ouvertes à la signature à Bruxelles le 29 novembre 1969, *J.O.R.F.*, 17 décembre 1971, p. 12323.

Loi n° 71-1013 du 21 décembre 1971 autorisant l'approbation de l'accord entre le Gouvernement de la République française et le Conseil intergouvernemental des pays exportateurs de cuivre, relatif au siège du Conseil intergouvernemental des pays exportateurs de cuivre et à ses privilèges et immunités sur le territoire français, signé à Paris le 15 mai 1970, *J.O.R.F.*, 22 décembre 1971, p. 12508.

Loi n° 71-1036 du 24 décembre 1971 autorisant l'approbation de la convention de la conférence de La Haye de droit international privé sur la loi applicable en matière d'accidents de circulation routière, ouverte à la signature à La Haye le 4 mai 1971, signée par la France à cette même date, *J.O.R.F.*, 27 décembre 1971, p. 12748.

Conventions bilatérales

Loi n° 71-294 du 19 avril 1971 autorisant l'approbation de l'échange de lettres entre le Gouvernement de la République française et le Gouvernement de l'État espagnol relatif aux exemptions fiscales accordées aux institutions culturelles des deux pays situées sur le territoire de l'autre, signé à Madrid le 7 février 1969, *J.O.R.F.*, 21 avril 1971, p. 3851.

Loi n° 71-295 du 19 avril 1971 autorisant l'approbation de l'accord conclu entre le Gouvernement de la République française et le Gouvernement de l'Union des Républiques socialistes soviétiques en vue d'éviter les doubles impositions dans le domaine des transports aériens et maritimes, signé à Moscou le 4 mars 1970, *J.O.R.F.*, 21 avril 1971, p. 3851.

Loi n° 71-369 du 19 mai 1971 autorisant l'approbation de la convention entre le Gouvernement de la République française et le Gouvernement du Royaume du Maroc tendant à éliminer les doubles impositions et à établir des règles d'assistance mutuelle administrative en matière fiscale, ensemble le protocole et deux échanges de lettres, signés à Paris le 29 mai 1970, *J.O.R.F.*, 20 mai 1971, p. 4916.

Loi n° 71-406 du 2 juin 1971 autorisant l'approbation de la convention d'extradition entre le Gouvernement de la République française et le Gouvernement de la République socialiste fédérative de Yougoslavie, signée à Paris le 23 septembre 1970, *J.O.R.F.*, 4 juin 1971, p. 5371.

Loi n° 71-432 du 11 juin 1971 autorisant l'approbation de la convention entre le Gouvernement de la République française et le Gouvernement de la République italienne concernant la section située en territoire français de la ligne ferroviaire Coni-Breil-Vintimille, signée à Rome le 24 juin 1970, *J.O.R.F.*, 13 juin 1971, p. 5707.

Loi n° 71-447 du 15 juin 1971 autorisant la ratification de l'avenant à la convention du 1er avril 1958 entre la France et le grand-duché de Luxembourg tendant à éviter les doubles impositions et à établir des règles d'assistance administrative réciproque en matière d'impôts sur le revenu et sur la fortune, signé à Paris le 8 septembre 1970, complété par un échange de lettres du 8 septembre 1970, *J.O.R.F.*, 16 juin 1971, p. 5787.

Loi n° 71-475 du 22 juin 1971 approuvant la convention fiscale entre le Gouvernement de la République et le Conseil de gouvernement du territoire des Comores, ensemble le protocole additionnel, signés à Paris le 27 mars 1970 et à Moroni le 8 juin 1970, *J.O.R.F.*, 23 juin 1971, p. 6027.

Loi n° 71-903 du 10 novembre 1971 autorisant la ratification de la convention d'extradition entre la France et l'État d'Israël, *J.O.R.F.*, 11 novembre 1971, p. 11131.

Loi n° 71-1032 du 24 décembre 1971 autorisant l'approbation de l'avenant à la convention générale franco-tunisienne sur la sécurité sociale du 17 décembre 1965, signé à Paris le 30 mai 1969, *J.O.R.F.*, 27 décembre 1971, p. 12747.

Loi n° 71-1033 du 24 décembre 1971 autorisant la ratification de l'avenant à la convention entre la République française et le Royaume de Suède tendant à éviter les doubles impositions et à établir des règles d'assistance administrative réciproque en matière d'impôts indirects du 24 décembre 1936, au protocole annexé à cette convention et au protocole final du 24 décembre 1936, signé à Paris le 10 mars 1971, *J.O.R.F.*, 27 décembre 1971, p. 12747.

Loi n° 71-1034 du 24 décembre 1971 autorisant l'approbation de la convention entre le Gouvernement de la République française et le Gouvernement de la République de Finlande tendant à éviter les doubles impositions et à prévenir l'évasion fiscale en matière d'impôts sur le revenu et sur la fortune, signée à Helsinki le 11 septembre 1970, *J.O.R.F.*, 27 décembre 1971, p. 12747.

Loi n° 71-1035 du 24 décembre 1971 autorisant la ratification de la convention entre la République française et la République fédérative du Brésil tendant à éviter les doubles impositions et à prévenir l'évasion fiscale en matière d'impôts sur le revenu, ensemble le protocole joint, signé à Brasilia le 10 septembre 1971, *J.O.R.F.*, 27 décembre 1971, p. 12747.

Loi n° 71-1037 du 24 décembre 1971 autorisant l'approbation de l'échange de lettres franco-espagnol du 2 août 1968, relatif à la suppression du délai de six ans opposable aux travailleurs espagnols occupés en France, en ce qui concerne les indemnités pour charges de famille et les soins de santé dont bénéficient leurs familles demeurées en Espagne, *J.O.R.F.*, 27 décembre 1971, p. 12748.

Loi n° 71-1039 du 24 décembre 1971 autorisant la ratification de l'avenant portant modification de la convention entre la République française et la République d'Autriche en vue d'éviter les doubles impositions et de prévoir une assistance réciproque dans le domaine des impôts sur le revenu et sur la fortune, ainsi que dans celui des impôts sur les successions, signé à Paris le 30 octobre 1970, *J.O.R.F.*, 27 décembre 1971, p. 12748.

Conventions des Communautés européennes

Loi n° 71-1038 du 24 décembre 1971 autorisant la ratification du protocole additionnel à l'accord du 12 septembre 1963 créant une association entre la Communauté économique européenne du charbon et de l'acier et de l'acte final avec des annexes, signés à Bruxelles le 23 novembre 1970, *J.O.R.F.*, 27 décembre 1971, p. 12748.

ANNÉE 1972

Conventions multilatérales

Loi n° 72-567 du 5 juillet 1972 autorisant la ratification de l'amendement à l'article 61 de la Charte des Nations Unies, relatif à l'élargissement de la composition du Conseil économique et social, adopté le 20 novembre 1971 par l'Assemblée générale des Nations Unies, *J.O.R.F.*, 6 juillet 1972, p. 7012.

Loi n° 72-568 du 5 juillet 1972 autorisant la ratification de la convention pour la répression de la capture illicite d'aéronefs, ouverte à la signature de La Haye le 16 décembre 1970, *J.O.R.F.*, 6 juillet 1972, p. 7012.

Loi n° 72-595 du 5 juillet 1972 autorisant la ratification de deux protocoles portant amendement à la convention relative à l'aviation civile internationale du 14 décembre 1944, l'un signé à New York le 12 mars 1971 modifiant l'article 50 a, l'autre signé à Vienne le 7 juillet 1971 modifiant l'article 56, *J.O.R.F.*, 8 juillet 1972, p. 7109.

Loi n° 72-597 du 5 juillet 1972 autorisant la ratification de l'accord relatif à l'Organisation internationale de télécommunications par satellites (Intelsat) et de l'accord d'exploitation relatif à l'Organisation internationale de télécommunications par satellites (Intelsat), faits à Washington le 20 août 1971, *J.O.R.F.*, 8 juillet 1972, p. 7110.

Loi n° 72-599 du 5 juillet 1972 autorisant l'approbation de l'Accord international sur le blé de 1971 comprenant la convention sur le commerce du blé et la convention relative à l'aide alimentaire signées à Washington le 3 mai 1971, *J.O.R.F.*, 8 juillet 1972, p. 7110.

Loi n° 72-601 du 5 juillet 1972 autorisant la ratification des conventions internationales concernant le transport par chemin de fer des marchandises (C.I.M.) et des voyageurs et des bagages (C.I.V.), du protocole concernant les contributions aux dépenses de l'Office central des transports internationaux par chemin de fer, du protocole additionnel et de l'acte final, ouverts à la signature à Berne le 7 février 1970, *J.O.R.F.*, 8 juillet 1972, p. 7111.

Loi n° 72-602 du 5 juillet 1972 autorisant la ratification du protocole fait à Bruxelles le 23 février 1968, portant modification de la Convention internationale pour l'unification de certaines règles en matière de connaissement, signée à Bruxelles le 25 août 1924, *J.O.R.F.*, 8 juillet 1972, p. 7111.

Loi n° 72-621 du 5 juillet 1972 autorisant la ratification de la convention de la conférence de La Haye de droit international privé concernant la compétence des autorités et la loi applicable en matière de protection des mineurs, conclue à La Haye le 5 octobre 1961, signée par la France le 29 novembre 1961, *J.O.R.F.*, 9 juillet 1972, p. 7178.

Loi n° 72-1133 du 21 décembre 1972 autorisant l'approbation de l'accord entre le Gouvernement de la République française et l'Organisation européenne pour la recherche nucléaire (C.E.R.N.) relatif au statut juridique de ladite organisation en France, signé à Meyrin (Genève) le 16 juin 1972, constituant révision de l'accord signé le 13 septembre 1965, *J.O.R.F.*, 22 décembre 1972, p. 13286.

Loi n° 72-1147 du 23 décembre 1972 (loi de finances rectificative pour 1972 – article 19) autorisant le ministre de l'économie et des finances à donner la garantie de la France, dans la limite d'un montant maximum de 48 millions de francs, aux emprunts contractés par l'Organisation des Nations Unies pour l'éducation, la science et la culture (U.N.E.S.C.O.) en vue de financer la construction d'un nouveau bâtiment à Paris, *J.O.R.F.*, 27 décembre 1972, p. 13478.

Loi n° 72-1163 du 23 décembre 1972 autorisant l'approbation de la convention de coopération monétaire entre les États membres de la Banque des États de l'Afrique centrale (B.E.A.C.) et la République française, signée à Brazzaville le 23 novembre 1972, *J.O.R.F.*, 28 décembre 1972, p. 13587.

Loi n° 72-1164 du 23 décembre 1972 autorisant la ratification de la convention relative à la responsabilité civile dans le domaine du transport maritime de matières nucléaires signée à Bruxelles le 17 décembre 1971, *J.O.R.F.*, 28 décembre 1972, p. 13587.

Loi n° 72-1165 du 23 décembre 1972 autorisant l'approbation de l'accord de siège signé à Paris le 12 mai 1972 entre le Gouvernement de la République française et l'Organisation internationale de police criminelle (Interpol), *J.O.R.F.*, 28 décembre 1972, p. 13587.

Loi n° 72-1205 du 23 décembre 1972 autorisant l'approbation de la Charte sociale européenne, signée à Turin le 18 octobre 1961, sous l'égide du Conseil de l'Europe, *J.O.R.F.*, 29 décembre 1972, p. 13717.

Conventions bilatérales

Loi n° 72-523 du 29 juin 1972 autorisant l'approbation de l'échange de lettres franco-suisse, signé à Paris les 7 et 21 octobre 1971, concernant l'application de la convention du 16 novembre 1962 relative à la protection des eaux du lac Léman contre la pollution, *J.O.R.F.*, 30 juin 1972, p. 6699.

Loi n° 72-534 du 30 juin 1972 autorisant la ratification de la convention entre la France et le Portugal tendant à éviter les doubles impositions et à établir des règles d'assistance administrative réciproque en matière d'impôts sur le revenu, ensemble le protocole joint, signés à Paris le 14 janvier 1971, *J.O.R.F.*, 1er juillet 1972, p. 6747.

Loi n° 72-545 du 1er juillet 1972 autorisant l'approbation de l'accord de coopération en matière de justice entre le Gouvernement de la République française et le Gouvernement de la République du Tchad, signé à Fort-Lamy le 7 décembre 1970, *J.O.R.F.*, 2 juillet 1972, p. 6803.

Loi n° 72-600 du 5 juillet 1972 autorisant l'approbation de la convention entre le Gouvernement de la République française et le Gouvernement de la République italienne relative aux sépultures de guerre, signée à Paris le 2 décembre 1970, *J.O.R.F.*, 8 juillet 1972, p. 7111.

Loi n° 72-605 du 5 juillet 1972 autorisant l'approbation de la convention entre le Gouvernement de la République française et le Gouvernement de la République socialiste fédérative de Yougoslavie relative à la loi applicable et à la compétence en matière de droit des personnes et de la famille, signée à Paris le 18 mai 1971, *J.O.R.F.*, 8 juillet 1972, p. 7112.

Loi n° 72-622 du 5 juillet 1972 autorisant la ratification de la convention générale entre la République française et la République d'Autriche sur la sécurité sociale, ensemble le protocole joint, signés à Vienne le 28 mai 1971, *J.O.R.F.*, 9 juillet 1972, p. 7178.

Loi n° 72-627 du 5 juillet 1972 autorisant l'approbation de la convention entre la République française et la République italienne concernant le tunnel routier du Fréjus et du protocole relatif aux questions fiscales et douanières, signés à Paris le 23 février 1972, *J.O.R.F.*, 9 juillet 1972, p. 7182.

Loi n° 72-1132 du 21 décembre 1972 autorisant la ratification de la convention d'extradition entre la République française et le Royaume de Belgique, signé à Bruxelles le 24 février 1972, *J.O.R.F.*, 22 décembre 1972, p. 13286.

Loi n° 72-1134 du 21 décembre 1972 autorisant l'approbation de la convention générale sur la sécurité sociale entre la République française et la République de Turquie, signée à Paris le 20 janvier 1972, complétée par un protocole annexe, *J.O.R.F.*, 22 décembre 1972, p. 13286.

Loi n° 72-1135 du 21 décembre 1972 autorisant l'approbation de la convention générale entre la France et le Portugal sur la sécurité sociale, signée à Lisbonne le 29 juillet 1971, complétée par un protocole général, *J.O.R.F.*, 22 décembre 1972, p. 13287.

Loi n° 72-1148 du 23 décembre 1972 autorisant l'approbation de l'avenant à la convention entre le Gouvernement de la République française et le Gouvernement de la République malgache tendant à éliminer les doubles impositions et à établir des règles d'assistance mutuelle administrative en matière fiscale du 29 septembre 1962, signé à Tananarive le 8 février 1972, *J.O.R.F.*, 27 décembre 1972, p. 13480.

Loi n° 72-1206 du 23 décembre 1972 autorisant l'approbation de la convention fiscale entre la République française et la République togolaise et du protocole signés à Lomé le 24 novembre 1971, complétés par un échange de lettres signé à Lomé les 25 et 26 novembre 1971, *J.O.R.F.*, 29 décembre 1972, p. 13718.

Loi n° 72-1222 du 29 décembre 1972 autorisant l'approbation de l'accord culturel et de coopération scientifique et technique entre le Gouvernement de la République française et le Gouvernement de la République péruvienne, signé à Paris le 29 mars 1972, *J.O.R.F.*, 30 décembre 1972, p. 13740.

Conventions des Communautés européennes

Loi référendaire n° 72-339 du 3 mai 1972 autorisant la ratification du traité relatif à l'adhésion à la Communauté économique européenne et à la Communauté européenne de l'énergie atomique du Royaume du Danemark, de l'Irlande, du Royaume de Norvège et du Royaume-Uni de Grande-Bretagne et d'Irlande du Nord, signé à Bruxelles le 22 janvier 1972, *J.O.R.F.*, 4 mai 1972, p. 4588.

Loi n° 72-603 du 5 juillet 1972 autorisant la ratification de l'accord relatif aux échanges avec les pays et les territoires d'outre-mer portant sur les produits relevant de la Communauté européenne du charbon et de l'acier, fait à Bruxelles le 14 décembre 1970, *J.O.R.F.*, 8 juillet 1972, p. 7111.

Conventions entre les Communautés européennes et des États n'y appartenant pas

Loi n° 72-604 du 5 juillet 1972 autorisant l'accord d'association portant accession de l'Ile Maurice à la convention d'association entre la Communauté économique européenne et les États africains et malgaches associés à cette Communauté, signé le 12 mai 1972 à Port-Louis et l'approbation de l'accord modifiant l'accord interne du 29 juillet 1969 relatif au financement et à la gestion des aides de la Communauté, signé le 12 mai 1972 à Port-Louis (Convention de Yaoundé), *J.O.R.F.*, 8 juillet 1972, p. 7112.

ANNÉE 1973

Conventions multilatérales

Loi n° 73-511 du 6 juin 1973 autorisant l'approbation de la convention du Conseil de l'Europe relative à l'établissement d'un système d'inscription des testaments, signée à Bâle le 16 mai 1972, *J.O.R.F.*, 7 juin 1973, p. 6051.

Loi n° 73-597 du 4 juillet 1973 autorisant la ratification de la convention portant création d'un institut universitaire européen, de l'acte final joint et du protocole sur les privilèges et immunités de l'Institut universitaire européen, signés à Florence le 19 avril 1972, *J.O.R.F.*, 5 juillet 1973, p. 7227.

Loi n° 73-638 du 11 juillet 1973 autorisant l'approbation de l'accord international de 1972 sur le cacao, *J.O.R.F.*, 12 juillet 1973, p. 7531.

Loi n° 73-1143 du 24 décembre 1973 autorisant l'approbation de l'accord entre le Gouvernement de la République française et l'Agence de coopération culturelle et technique relatif au siège de l'agence et à ses privilèges et immunités sur le territoire français, avec une annexe et un échange de lettres du 30 août 1972, *J.O.R.F.*, 27 décembre 1973, p. 13836.

Loi n° 73-1198 du 27 décembre 1973 autorisant l'approbation de la convention pour la prévention de la pollution maritime par les opérations d'immersion effectuées par les navires et aéronefs, signée à Oslo le 15 février 1972, *J.O.R.F.*, 30 décembre 1973, p. 14152.

Loi n° 73-1201 du 27 décembre 1973 autorisant l'approbation de l'arrangement entre certains gouvernements européens et l'Organisation européenne de recherches spatiales concernant l'exécution du programme de lanceur Ariane, fait à Neuilly-sur-Seine le 21 septembre 1973, *J.O.R.F.*, 30 décembre 1973, p. 14153.

Loi n° 73-1227 du 31 décembre 1973 autorisant la ratification de la convention européenne de sauvegarde des droits de l'homme et des libertés fondamentales et de ses protocoles additionnels n° 1, 3, 4 et 5, *J.O.R.F.*, 3 janvier 1974, p. 67.

Conventions bilatérales

Loi n° 73-464 du 9 mai 1973 autorisant la ratification de la convention entre la République française et la République tunisienne relative à l'entraide judiciaire en matière civile et commerciale et à l'exécution des décisions judiciaires et protocole additionnel, signés à Paris le 28 juin 1972, *J.O.R.F.*, 10 mai 1973, p. 5187.

Loi n° 73-465 du 9 mai 1973 autorisant la ratification de la convention entre la République française et la République tunisienne relative à l'entraide judiciaire en matière pénale et à l'extradition, avec un protocole additionnel, signés à Paris le 28 juin 1972, *J.O.R.F.*, 10 mai 1973, p. 5187.

Loi n° 73-512 du 6 juin 1973 autorisant la ratification de la convention consulaire entre la République française et la République tunisienne, signée à Paris le 28 juin 1972, *J.O.R.F.*, 7 juin 1973, p. 6051.

Loi n° 73-1114 du 20 décembre 1973 autorisant l'approbation de la convention fiscale entre le Gouvernement de la République française et le Gouvernement de la République du Mali, ensemble le protocole et l'échange de lettres joints, signés à Paris le 22 septembre 1972, *J.O.R.F.*, 21 décembre 1973, p. 13611.

Loi n° 73-1115 du 20 décembre 1973 autorisant l'approbation de l'accord de coopération culturelle et technique entre le Gouvernement de la République française et le Gouvernement de la Malaisie, signé à Paris le 3 novembre 1972, *J.O.R.F.*, 21 décembre 1973, p. 13611.

Loi n° 73-1116 du 20 décembre 1973 autorisant l'approbation de l'avenant du 31 janvier 1973 à la convention générale entre la France et la Yougoslavie sur la sécurité sociale, signée le 5 janvier 1950, modifiée et complétée par les avenants des 8 février 1966 et 13 février 1969, *J.O.R.F.*, 21 décembre 1973, p. 13611.

Loi n° 73-1144 du 24 décembre 1973 autorisant l'approbation de la convention entre le Gouvernement de la République française et le Gouvernement de l'île Maurice sur la protection des investissements, signée à Port-Louis le 22 mars 1973, *J.O.R.F.*, 27 décembre 1973, p. 13836.

Loi n° 73-1145 du 24 décembre 1973 autorisant l'approbation de la convention entre le Gouvernement de la République française et le Gouvernement du Royaume des Pays-Bas tendant à éviter les doubles impositions et à prévenir l'évasion fiscale en matière d'impôts sur le revenu et sur la fortune, signée à Paris le 16 mars 1973, *J.O.R.F.*, 27 décembre 1973, p. 13836.

Loi n° 73-1146 du 24 décembre 1973 autorisant l'approbation de la convention entre le Gouvernement de la République française et le Gouvernement de la République du Zaïre sur la protection des investissements, signée le 5 octobre 1972, *J.O.R.F.*, 27 décembre 1973, p. 13836.

Loi n° 73-1199 du 27 décembre 1973 autorisant l'approbation de l'accord entre le Gouvernement de la République française et le Gouvernement de la République arabe syrienne pour éviter la double imposition des revenus provenant des transports internationaux aériens, signé à Paris le 29 janvier 1973, *J.O.R.F.*, 30 décembre 1973, p. 14152.

ANNÉE 1974

Conventions multilatérales

Loi n° 74-625 du 2 juillet 1974 autorisant l'approbation de l'accord instituant le Laboratoire européen de biologie moléculaire, signé à Genève le 10 mai 1973, *J.O.R.F.*, 3 juillet 1974, p. 6963.

Loi n° 74-626 du 2 juillet 1974 autorisant l'approbation de l'accord de coopération entre la République française et les républiques membres de l'Union monétaire ouest-africaine, conclu le 4 décembre 1973, *J.O.R.F.*, 3 juillet 1974, p. 6963.

Loi n° 74-632 du 5 juillet 1974 autorisant la ratification de l'acte additionnel portant modification de la Convention internationale pour la protection des obtentions végétales, *J.O.R.F.*, 7 juillet 1974, p. 7101.

Loi n° 74-922 du 5 novembre 1974 autorisant la ratification de la convention sur la légitimation du mariage, ouverte à la signature à Rome le 10 septembre 1970, signée par la France à cette même date, *J.O.R.F.*, 6 novembre 1974, p. 11244.

Loi n° 74-1008 du 2 décembre 1974 autorisant la ratification des amendements aux articles 34 et 55 de la constitution de l'Organisation mondiale de la santé, adoptés le 22 mai 1973, *J.O.R.F.*, 3 décembre 1974, p. 12043.

Loi n° 74-1009 du 2 décembre 1974 autorisant la ratification de la convention sur les substances psychotropes, signée à Vienne le 21 février 1971, *J.O.R.F.*, 3 décembre 1974, p. 12043.

Loi n° 74-1015 du 2 décembre 1974 autorisant la ratification du protocole additionnel à la convention révisée pour la navigation du Rhin du 17 octobre 1968, signé à Strasbourg le 25 octobre 1972, *J.O.R.F.*, 3 décembre 1974, p. 12045.

Loi n° 74-1016 du 2 décembre 1974 autorisant l'approbation de la convention pour la protection des phoques dans l'Antarctique, faite à Londres et ouverte à la signature le 1er juin 1972, signée par la France le 19 décembre 1972, *J.O.R.F.*, 3 décembre 1974, p. 12045.

Conventions bilatérales

Loi n° 74-633 du 5 juillet 1974 autorisant l'approbation de la convention générale entre le Gouvernement de la République française et le Gouvernement de la République du Niger en matière de sécurité sociale, signée à Niamey le 28 mars 1973 et complétée par trois protocoles, *J.O.R.F.*, 7 juillet 1974, p. 7101.

Loi n° 74-921 du 5 novembre 1974 autorisant la ratification de la convention entre le Gouvernement de la République française et le Conseil fédéral suisse concernant une rectification de la frontière entre le département de la Haute-Savoie et le canton de Genève, signée à Paris le 10 juillet 1973, *J.O.R.F.*, 6 novembre 1974, p. 11244.

Loi n° 74-1010 du 2 décembre 1974 autorisant la ratification de la convention tendant à éviter les doubles impositions et à prévenir l'évasion fiscale en matière d'impôts sur le revenu entre la République française et l'Empire d'Iran, signée à Téhéran le 7 novembre 1973, *J.O.R.F.*, 3 décembre 1974, p. 12044.

Loi n° 74-1011 du 2 décembre 1974 autorisant la ratification de la convention entre la République française et l'État espagnol, en vue d'éviter les doubles impositions en matière d'impôts sur le revenu et sur la fortune, signée à Madrid le 27 juin 1973, *J.O.R.F.*, 3 décembre 1974, p. 12044.

Loi n° 74-1012 du 2 décembre 1974 autorisant l'approbation de l'accord entre la France et l'Espagne relatif à l'abornement et à l'entretien de la frontière, signé à Madrid le 8 février 1973, *J.O.R.F.*, 3 décembre 1974, p. 12044.

Loi n° 74-1013 du 2 décembre 1974 autorisant l'approbation de l'avenant à la convention générale de sécurité sociale du 9 juillet 1965 entre le Gouvernement de la République française et le Gouvernement du Royaume du Maroc, signé le 13 décembre 1973, *J.O.R.F.*, 3 décembre 1974, p. 12044.

Loi n° 74-1014 du 2 décembre 1974 autorisant l'approbation de l'échange de lettres relatif à l'exportation des prestations pour soins de santé signé le 13 décembre 1973 et complétant la convention générale de sécurité sociale du 9 juillet 1965 entre le Gouvernement de la République française et le Gouvernement du Royaume du Maroc, *J.O.R.F.*, 3 décembre 1974, p. 12045.

Loi n° 74-1077 du 21 décembre 1974 autorisant l'approbation de la convention concernant les affaires judiciaires entre la République française et la République malgache, ensemble ses trois annexes, signées à Paris le 4 juin 1973, *J.O.R.F.*, 22 décembre 1974, p. 12907.

Loi n° 74-1079 du 21 décembre 1974 autorisant l'approbation de la convention d'assistance technique entre la République française et la République malgache, ensemble les deux annexes, signées à Paris le 4 juin 1973, *J.O.R.F.*, 22 décembre 1974, p. 12908.

Loi n° 74-1080 du 21 décembre 1974 autorisant l'approbation de la convention tendant à éliminer les doubles impositions et à établir des règles d'assistance mutuelle administrative en matière fiscale entre le Gouvernement de la République française et le Gouvernement de la République tunisienne, ensemble le protocole joint, signés à Tunis le 28 mai 1973, *J.O.R.F.*, 22 décembre 1974, p. 12908.

Loi n° 74-1081 du 21 décembre 1974 autorisant l'approbation de la convention tendant à éliminer les doubles impositions et à établir des règles d'assistance mutuelle administrative en matière fiscale entre le Gouvernement de la République française et le Gouvernement de la République socialiste tchécoslovaque, signée à Paris le 1er juin 1973, *J.O.R.F.*, 22 décembre 1974, p. 12908.

Loi n° 74-1103 du 26 décembre 1974 autorisant la ratification du traité entre le Gouvernement de la République française et le Gouvernement du Royaume-Uni de Grande-Bretagne et d'Irlande du Nord concernant la construction et l'exploitation d'un tunnel ferroviaire sous la Manche, signé à Chequers le 17 novembre 1973, et donnant les autorisations nécessaires à son exécution, *J.O.R.F.*, 27 décembre 1974, p. 13068.

ANNÉE 1975

Conventions multilatérales

Loi n° 75-377 du 20 mai 1975 autorisant l'approbation de la convention pour la protection du patrimoine mondial culturel et naturel, adoptée par la conférence générale de l'Unesco le 16 novembre 1972, lors de la XVIIe session, *J.O.R.F.*, 21 mai 1975, p. 5092.

Loi n° 75-421 du 30 mai 1975 autorisant ratification de la convention portant création du centre européen pour les prévisions météorologiques à moyen terme, ensemble le protocole qui y est annexé, signés à Bruxelles le 11 octobre 1973, *J.O.R.F.*, 31 mai 1975, p. 5427.

Loi n° 75-458 du 11 juin 1975 autorisant l'approbation des protocoles portant prorogation de la convention sur le commerce du blé et de la convention relative à l'aide alimentaire constituant l'accord international sur le blé de 1971, signés à Londres le 22 février 1974, *J.O.R.F.*, 12 juin 1975, p. 5836.

Loi n° 75-561 du 3 juillet 1975 autorisant l'approbation du protocole multilatéral sur les privilèges et immunités de l'Organisation européenne pour des recherches astronomiques dans l'hémisphère austral, fait à Paris le 12 juillet 1974, *J.O.R.F.*, 4 juillet 1974, p. 6765.

Loi n° 75-581 du 5 juillet 1975 autorisant la ratification du protocole portant amendement de la convention unique sur les stupéfiants de 1961, *J.O.R.F.*, 6 juillet 1975, p. 6868.

Loi n° 75-582 du 5 juillet 1975 autorisant l'adhésion du Gouvernement de la République française à la convention entre les États-Unis et le Costa Rica pour l'établissement d'une commission interaméricaine du thon tropical, signée à Washington le 31 mai 1949, *J.O.R.F.*, 6 juillet 1975, p. 6869.

Loi n° 75-1130 du 10 décembre 1975 autorisant l'adhésion du Gouvernement de la République française à l'accord sur le sauvetage des astronautes, le retour des astronautes et la restitution des objets lancés dans l'espace extra-atmosphérique, fait à Londres, Moscou et Washington, *J.O.R.F.*, 12 décembre 1975, p. 12660.

Loi n° 75-1131 du 10 décembre 1975 autorisant l'adhésion du Gouvernement de la République française à la convention sur la responsabilité internationale pour les dommages causés par des objets spatiaux, faite à Londres, Moscou et Washington le 29 mars 1972, *J.O.R.F.*, 12 décembre 1975, p. 12660.

Loi n° 75-1132 du 10 décembre 1975 autorisant l'adhésion du Gouvernement de la République française à la convention pour la répression d'actes illicites dirigés contre la sécurité de l'aviation civile, ouverte à la signature à Montréal le 23 septembre 1971, *J.O.R.F.*, 12 décembre 1975, p. 12660.

Loi n° 75-1133 du 10 décembre 1975 autorisant la ratification de l'arrangement de Vienne concernant la protection des caractères typographiques et leur dépôt international (ensemble un règlement d'exécution) et du protocole à l'arrangement de Vienne concernant la protection des caractères typographiques et leur dépôt international relatif à la durée de la protection, faits à Vienne le 12 juin 1973, *J.O.R.F.*, 12 décembre 1975, p. 12660.

Loi n° 75-1134 du 10 décembre 1975 autorisant l'approbation de l'accord de financement collectif des stations océaniques de l'Atlantique Nord (ensemble trois annexes et un acte final), signé à Genève le 15 janvier 1974, *J.O.R.F.*, 12 décembre 1975, p. 12661.

Loi n° 75-1222 du 26 décembre 1975 autorisant l'approbation de la déclaration faite à Mexico le 27 septembre 1970 par laquelle le représentant de la France à l'assemblée générale de l'Union internationale des organismes officiels du tourisme (U.I.O.O.T.) a adopté les statuts de l'Organisation mondiale du tourisme, ensemble les règles de financement jointes, adoptés à Mexico le 26 septembre 1970, *J.O.R.F.*, 27 décembre 1975, p. 13373.

Loi n° 75-1224 du 26 décembre 1975 autorisant l'approbation de l'accord entre la République française et l'Organisation des Nations Unies pour l'éducation, la science et la culture au sujet de la création et du fonctionnement d'un centre international d'enregistrement des publications en séries, ensemble deux annexes, signé à Paris le 14 novembre 1974, *J.O.R.F.*, 27 décembre 1975, p. 13373

Loi n° 75-1228 du 26 décembre 1975 autorisant l'approbation de l'accord portant création d'un fonds de soutien financier de l'Organisation de coopération et de développement économiques, signé à Paris le 9 avril 1975, *J.O.R.F.*, 27 décembre 1975, p. 13375.

Loi de finances rectificative n° 75-1242 du 27 décembre 1975 (articles 10, 11 et 22) autorisant la France à garantir, en premier lieu, les emprunts contractés par l'Agence spatiale européenne en vue de financer l'acquisition et la rénovation d'un bâtiment à Paris, en second lieu, les emprunts contractés par l'Organisation des Nations Unies pour l'éducation, la science et la culture (UNESCO) en vue de la construction d'un sixième bâtiment à Paris, et en troisième lieu, le refinancement pour les emprunts émis par le fonds de soutien financier de l'Organisation de coopération et de développement économique, *J.O.R.F.*, 28 décembre 1975, p. 13436.

Conventions bilatérales

Loi n° 75-378 du 20 mai 1975 autorisant l'approbation de l'accord de coopération en matière de justice entre la République française et la République unie du Cameroun (ensemble un échange de lettres), signé à Yaoundé le 21 février 1974, *J.O.R.F.*, 21 mai 1975, p. 5092.

Loi n° 75-379 du 20 mai 1975 autorisant l'approbation de la convention consulaire entre le Gouvernement de la République française et le

Gouvernement de la République unie du Cameroun, signée à Yaoundé le 21 février 1974, *J.O.R.F.*, 21 mai 1975, p. 5093.

Loi n° 75-380 du 20 mai 1975 autorisant l'approbation de l'accord de coopération militaire entre le Gouvernement de la République française et le Gouvernement de la République unie du Cameroun, ensemble son annexe, signé à Yaoundé le 21 février 1974, *J.O.R.F.*, 21 mai 1975, p. 5093.

Loi n° 75-381 du 20 mai 1975 autorisant l'approbation de l'accord général de coopération technique en matière de personnel entre le Gouvernement de la République française et le Gouvernement de la République unie du Cameroun, signé à Yaoundé le 21 février 1974, *J.O.R.F.*, 21 mai 1975, p. 5093.

Loi n° 75-382 du 20 mai 1975 autorisant l'approbation de la convention de coopération en matière judiciaire entre la République française et la République populaire du Congo, signée à Brazzaville le 1er janvier 1974, *J.O.R.F.*, 21 mai 1975, p. 5093.

Loi n° 75-383 du 20 mai 1975 autorisant l'approbation de l'accord de coopération technique en matière de formation de cadres et d'équipement de l'armée populaire nationale conclu entre le Gouvernement de la République française et le Gouvernement de la République populaire du Congo, ensemble son annexe, signés à Brazzaville le 1er janvier 1974, *J.O.R.F.*, 21 mai 1975, p. 5094.

Loi n° 75-384 du 20 mai 1975 autorisant l'approbation de la convention relative au concours en personnel apporté par la République française à la République populaire du Congo, ensemble son annexe, signée à Brazzaville le 1er janvier 1974, *J.O.R.F.*, 21 mai 1975, p. 5094.

Loi n° 75-385 du 20 mai 1975 autorisant l'approbation de l'accord de coopération en matière de marine marchande entre le Gouvernement de la République française et le Gouvernement de la République populaire du Congo, signé à Brazzaville le 1er janvier 1974, *J.O.R.F.*, 21 mai 1975, p. 5094.

Loi n° 75-420 du 30 mai 1975 autorisant l'approbation de la convention entre le Gouvernement de la République française et le Gouvernement de la République socialiste fédérative de Yougoslavie tendant à éviter les doubles impositions en matière d'impôts sur les revenus, ensemble le protocole joint, signés à Paris le 28 mars 1974, *J.O.R.F.*, 31 mai 1975, p. 5427.

Loi n° 75-459 du 11 juin 1975 autorisant l'approbation de la convention entre le Gouvernement de la République française et le Gouvernement de la République de Singapour tendant à éviter les doubles impositions et à prévenir l'évasion fiscale en matière d'impôts sur les revenus, signée à Paris le 9 septembre 1974, *J.O.R.F.*, 12 juin 1975, p. 5836.

Loi n° 75-560 du 3 juillet 1975 relative à l'indépendance du territoire des Comores, *J.O.R.F.*, 4 juillet 1975, p. 67-64.

Loi n° 75-562 du 3 juillet 1975 autorisant la ratification de la convention entre la République française et la République socialiste de Roumanie relative à l'entraide judiciaire en matière pénale et à l'extradition, signée à Paris le 5 novembre 1974, *J.O.R.F.*, 4 juillet 1975, p. 6765.

Loi n° 75-563 du 3 juillet 1975 autorisant la ratification de la convention entre la République française et la République socialiste de Roumanie relative à l'entraide judiciaire en matière civile et commerciale, signée à Paris le 5 novembre 1974, *J.O.R.F.*, 4 juillet 1975, p. 6765.

Loi n° 75-564 du 3 juillet 1975 autorisant l'approbation de coopération culturelle, scientifique et technique entre le Gouvernement de la République française et le Gouvernement de la République de Guatemala, signé à Paris le 17 décembre 1974, *J.O.R.F.*, 4 juillet 1975, p. 6766.

Loi n° 75-575 du 4 juillet 1975 autorisant l'approbation de la convention entre le Gouvernement de la République française et le Gouvernement de la République arabe d'Egypte sur l'encouragement et la protection réciproques des investissements, signée au Caire le 22 décembre 1974, complétée par deux échanges de lettres, *J.O.R.F.*, 5 juillet 1975, p. 6813.

Loi n° 75-576 du 4 juillet 1975 autorisant l'approbation de la convention entre le Gouvernement de la République française et le Gouvernement du Royaume de Thaïlande, tendant à éviter les doubles impositions et à prévenir l'évasion fiscale en matière d'impôts sur les revenus, signée à Bangkok le 27 décembre 1974, *J.O.R.F.*, 5 juillet 1975, p. 6813.

Loi n° 75-583 du 5 juillet 1975 autorisant l'approbation du protocole entre le Gouvernement de la République française et le Gouvernement de la République fédérale d'Allemagne relatif à la mise en œuvre dans le domaine fiscal et douanier de l'accord culturel du 23 octobre 1954, signé à Bonn le 2 février 1973, *J.O.R.F.*, 6 juillet 1975, p. 6869.

Loi n° 75-584 du 5 juillet 1975 autorisant l'approbation de la convention entre le Gouvernement de la République française et le Gouvernement de la République socialiste de Roumanie tendant à éviter les doubles impositions en matière d'impôts sur le revenu et sur la fortune, signée à Bucarest le 27 septembre 1974, *J.O.R.F.*, 6 juillet 1975, p. 6869.

Loi n° 75-1135 du 10 décembre 1975 autorisant l'approbation de l'accord-cadre de coopération culturelle, scientifique et technique entre le Gouvernement de la République française et le Gouvernement de la République du Venezuela, signé à Caracas le 15 novembre 1974, *J.O.R.F.*, 12 décembre 1975, p. 12661.

Loi n° 75-1145 du 15 décembre 1975 autorisant l'approbation de la convention relative au concours en personnel apporté par la République française à la République gabonaise, ensemble son annexe et son protocole annexe, signée le 12 février 1974 à Paris, *J.O.R.F.*, 16 décembre 1975, p. 12844.

Loi n° 75-1146 du 15 décembre 1975 autorisant l'approbation de la convention entre le Gouvernement de la République française et le Gouvernement de la République gabonaise concernant l'assistance administrative mutuelle en matière de douane, signée à Paris le 12 février 1974, *J.O.R.F.*, 16 décembre 1975, p. 12844.

Loi n° 75-1176 du 19 décembre 1975 autorisant l'approbation de l'accord de coopération en matière de défense entre le Gouvernement de la République française et le Gouvernement de la République du Sénégal (ensemble deux annexes), signé à Paris le 29 mars 1974 ; de la convention sur l'évolution de la direction des constructions et armes navales entre le Gouvernement de la République française et le Gouvernement de la République du Sénégal (ensemble une annexe), signée à Paris le 29 mars 1974 ; du protocole sur les missions et les modalités d'intervention des formations de la gendarmerie nationale française au Sénégal, entre le Gouvernement de la République française et le Gouvernement de la République du Sénégal (ensemble une annexe), signé à Paris le 29 mars 1974 ; du protocole de financement entre le Gouvernement de la République française et le Gouvernement de la République du Sénégal (ensemble une annexe), signé à Paris le 29 mars 1974, *J.O.R.F.*, 21 décembre 1975, p. 13124.

Loi n° 75-1177 du 19 décembre 1975 autorisant l'approbation de la convention générale entre le Gouvernement de la République française et le Gouvernement de l'État espagnol sur la sécurité sociale, ensemble le protocole joint, signés à Paris le 31 octobre 1974, *J.O.R.F.*, 21 décembre 1975, p. 13124.

Loi n° 75-1178 du 19 décembre 1975 autorisant l'approbation de l'avenant modifiant la convention générale sur la sécurité sociale conclue entre la France et la Yougoslavie le 5 janvier 1950, modifiée et complétée par les avenants des 8 février 1966, 13 février 1969 et 31 janvier 1973, signé à Paris le 30 octobre 1974, *J.O.R.F.*, 21 décembre 1975, p. 13124.

Loi n° 75-1179 du 19 décembre 1975 autorisant l'approbation de la convention consulaire entre le Gouvernement de la République française et le Gouvernement de la République algérienne démocratique et populaire, signée à Paris le 24 mai 1974, *J.O.R.F.*, 21 décembre 1975, p. 13125.

Loi n° 75-1180 du 19 décembre 1975 autorisant l'approbation de la convention consulaire entre le Gouvernement de la République française et le Gouvernement de la République du Sénégal, signée à Paris le 29 mars 1974, *J.O.R.F.*, 21 décembre 1975, p. 13125.

Loi n° 75-1181 du 19 décembre 1975 autorisant l'approbation de la convention fiscale entre le Gouvernement de la République française et le Gouvernement de la République du Sénégal, ensemble le protocole et les trois échanges de lettres joints, signés à Paris le 29 mars 1974, *J.O.R.F.*, 21 décembre 1975, p. 13125.

Loi n° 75-1182 du 19 décembre 1975 autorisant l'approbation de la convention de coopération en matière judiciaire entre le Gouvernement de la République française et le Gouvernement de la République du Sénégal, signée à Paris le 29 mars 1974, *J.O.R.F.*, 21 décembre 1975, p. 13125.

Loi n° 75-1183 du 19 décembre 1975 autorisant l'approbation de la convention de coopération en matière d'enseignement supérieur entre le Gouvernement de la République française et le Gouvernement de la

République du Sénégal, ensemble ses annexes, signés à Paris le 29 mars 1974, *J.O.R.F.*, 21 décembre 1975, p. 13126.

Loi n° 75-1184 du 19 décembre 1975 autorisant l'approbation de la convention entre le Gouvernement de la République française et le Gouvernement de la République du Sénégal en matière de sécurité sociale, signée à Paris le 29 mars 1974 et complétée par cinq protocoles, *J.O.R.F.*, 21 décembre 1975, p. 13126.

Loi n° 75-1185 du 19 décembre 1975 autorisant l'approbation de la convention relative au concours en personnel apporté par la République française au fonctionnement des services publics de la République du Sénégal, ensemble ses annexes et un protocole d'application, signés à Paris le 29 mars 1974, *J.O.R.F.*, 21 décembre 1975, p. 13126.

Loi n° 75-1186 du 19 décembre 1975 autorisant l'approbation de la convention entre le Gouvernement de la République française et le Gouvernement de la République du Sénégal relative à la circulation des personnes (ensemble un échange de lettres), signée à Paris le 29 mars 1974, *J.O.R.F.*, 21 décembre 1975, p. 13126.

Loi n° 75-1187 du 19 décembre 1975 autorisant l'approbation de la convention d'établissement entre le Gouvernement de la République française et le Gouvernement de la République du Sénégal (ensemble un échange de lettres), signée à Paris le 29 mars 1974, *J.O.R.F.*, 21 décembre 1975, p. 13127.

Conventions entre les Communautés européennes et des États n'y appartenant pas

Loi n° 75-1223 du 26 décembre 1975 autorisant la ratification de la convention entre la Communauté économique européenne et les États africains, des Caraïbes et du Pacifique (et documents connexes), signée à Lomé le 28 février 1975 et l'approbation de l'accord interne relatif aux mesures à prendre et aux procédures à suivre pour l'application de la convention de Lomé entre les États africains, des Caraïbes et du Pacifique et la Communauté économique européenne et de l'accord interne relatif au financement et à la gestion des aides de la Communauté, faits à Bruxelles le 11 juillet 1975, *J.O.R.F.*, 27 décembre 1975, p. 13373.

ANNÉE 1976

Conventions multilatérales

Loi n° 76-466 du 31 mai 1976 autorisant l'adhésion de la République française aux protocoles portant nouvelle prorogation de la convention sur le commerce du blé et de la convention relative à l'aide alimentaire constituant l'accord international sur le blé de 1971, *J.O.R.F.*, 1er juin 1976, p. 3245.

Loi n° 76-1180 du 22 décembre 1976 autorisant l'approbation de la convention pour la prévention de la pollution maritime d'origine tellurique, ensemble deux annexes et un acte final, ouverture à la signature à Paris du 4 juin 1974 au 30 juin 1975, *J.O.R.F.*, 23 décembre 1976, p. 7365.

Loi n° 76-1182 du 22 décembre 1976 autorisant l'approbation de la convention sur la prévention de la pollution des mers résultant de l'immersion de déchets, ensemble trois annexes, ouverte à la signature à Londres, Mexico, Moscou et Washington du 29 décembre 1972 au 31 décembre 1973, *J.O.R.F.*, 23 décembre 1976, p. 7365.

Loi n° 76-1197 du 24 décembre 1976 autorisant l'adhésion de la République française à l'accord constitutif de la Banque interaméricaine de développement, signé à Washington le 8 avril 1959, *J.O.R.F.*, 26 décembre 1976, p. 7459.

Conventions bilatérales

Loi n° 76-417 du 14 mai 1976 autorisant la ratification de la convention d'extradition entre la République française et la République d'Autriche, signée à Paris le 9 juillet 1975, *J.O.R.F.*, 15 mai 1976, p. 2916.

Loi n° 76-464 du 31 mai 1976 autorisant l'approbation de la convention entre le Gouvernement de la République française et le Gouvernement de Malaisie tendant à éviter les doubles impositions et à prévenir l'évasion fiscale en matière d'impôts sur le revenu, ensemble un protocole, signés le 24 avril 1975 à Paris, *J.O.R.F.*, 1er juin 1976, p. 3245.

Loi n° 76-465 du 31 mai 1976 autorisant l'approbation de l'accord entre le Gouvernement de la République française et le Gouvernement de la Malaisie sur la garantie des investissements, signé à Paris le 24 avril 1975, *J.O.R.F.*, 1er juin 1976, p. 3245.

Loi n° 76-467 du 31 mai 1976 autorisant la ratification de la convention entre la République française et la République italienne relative au service militaire des double-nationaux, signée le 10 septembre 1974 à Paris, *J.O.R.F.*, 1er juin 1976, p. 3245.

Loi n° 76-498 du 8 juin 1976 autorisant l'approbation de la convention additionnelle à la convention du 4 juillet 1969 entre la République française et la République fédérale d'Allemagne au sujet de l'aménagement du Rhin entre Strasbourg-Kehl et Lauterbourg-Neuburgweier, signée à Bonn le 16 juillet 1975, *J.O.R.F.*, 9 juin 1976, p. 3492.

Loi n° 76-532 du 19 juin 1976 autorisant l'approbation de la convention entre le Gouvernement de la République française et le Gouvernement du Canada tendant à éviter les doubles impositions et à prévenir l'évasion fiscale en matière d'impôts sur le revenu et sur la fortune, signée à Paris le 2 mai 1975, *J.O.R.F.*, 20 juin 1976, p. 3707.

Loi n° 76-533 du 19 juin 1976 autorisant l'approbation de la convention de sécurité sociale entre la République française et la Confédération suisse, ensemble deux protocoles, signés à Berne le 3 juillet 1975, *J.O.R.F.*, 20 juin 1976, p. 3708.

Loi n° 76-578 du 2 juillet 1976 autorisant l'approbation de l'avenant au traité des limites du 28 mars 1920, signé le 14 janvier 1974 entre le Gouvernement français et le Gouvernement belge, *J.O.R.F.*, 3 juillet 1976, p. 4019.

Loi n° 76-579 du 2 juillet 1976 autorisant l'approbation de l'avenant au traité des limites du 28 mars 1920, signé le 11 mai 1973 entre le Gouvernement français et le Gouvernement luxembourgeois, *J.O.R.F.*, 3 juillet 1976, p. 4019.

Loi n° 76-580 du 2 juillet 1976 autorisant l'approbation de la convention entre le Gouvernement de la République française et le Gouvernement de la République populaire de Pologne tendant à éviter les doubles impositions en matière d'impôts sur le revenu et sur la fortune, ensemble un protocole, signés à Varsovie le 20 juin 1975, *J.O.R.F.*, 3 juillet 1976, p. 4019.

Loi n° 76-581 du 2 juillet 1976 autorisant l'approbation de l'accord entre le Gouvernement de la République française et le Gouvernement du Royaume du Maroc sur la protection, l'encouragement et la garantie réciproques des investissements, ensemble deux échanges de lettres, signé à Rabat le 15 juillet 1975, *J.O.R.F.*, 3 juillet 1976, p. 4020.

Loi n° 76-623 du 10 juillet 1976 autorisant l'approbation de l'accord entre le Gouvernement de la République française et le Gouvernement de la République de Singapour sur l'encouragement et la protection des investissements, ensemble trois échanges de lettres, signé à Paris le 8 septembre 1975, *J.O.R.F.*, 11 juillet 1976, p. 4173.

Loi n° 76-997 du 4 novembre 1976 autorisant l'approbation de la convention d'établissement entre le Gouvernement de la République française et le Gouvernement de la République gabonaise, signée à Paris le 12 février 1974, *J.O.R.F.*, 5 novembre 1976, p. 6421.

Loi n° 76-1183 du 22 décembre 1976 autorisant l'approbation de l'accord de navigation maritime entre le Gouvernement de la République française et le Gouvernement de la République populaire de Chine, ensemble un échange de lettres, signé à Pékin le 28 septembre 1975, *J.O.R.F.*, 23 décembre 1976, p. 7366.

Loi n° 76-1184 du 22 décembre 1976 autorisant la ratification de la convention consulaire entre la République française et la République populaire de Pologne, signée à Paris le 20 février 1976, *J.O.R.F.*, 23 décembre 1976, p. 7366.

Loi n° 76-1185 du 22 décembre 1976 autorisant l'approbation de la convention en matière de pêches maritimes entre le Gouvernement de la République française et le Gouvernement de la République du Sénégal, ensemble un échange de lettres, signée à Dakar le 16 septembre 1974, *J.O.R.F.*, 24 décembre 1976, p. 7428.

Loi n° 76-1198 du 24 décembre 1976 autorisant l'approbation de l'échange de lettres signé à Paris le 31 mai 1976 entre le Gouvernement de la République française et la principauté de Monaco au sujet des privilèges et immunités de l'Organisation hydrographique internationale, *J.O.R.F.*, 26 décembre 1976, p. 7459.

Loi n° 76-1199 du 24 décembre 1976 autorisant l'approbation de l'échange de lettres entre le Gouvernement français et le Gouvernement monégasque, relatif au rattachement des médecins monégasques aux régimes de retraites des médecins français, signé à Monaco le 26 juin 1975, *J.O.R.F.*, 26 décembre 1976, p. 7460.

Loi n° 76-1200 du 24 décembre 1976 autorisant l'approbation de l'avenant n° 2 à la convention générale entre le Gouvernement de la République française et le Gouvernement du Royaume du Maroc sur la sécurité sociale du 9 juillet 1965, signé à Rabat le 22 janvier 1976, *J.O.R.F.*, 26 décembre 1976, p. 7460.

Loi n° 76-1201 du 24 décembre 1976 autorisant l'approbation de l'accord complémentaire à la convention générale sur la sécurité sociale entre le Gouvernement de la République française et le Gouvernement de la République tunisienne du 17 décembre 1965, relatif à l'assurance invalidité, à l'assurance vieillesse et l'assurance décès (pensions de survivants), signé à Paris le 12 septembre 1975, *J.O.R.F.*, 26 décembre 1976, p. 7460.

Loi n° 76-1202 du 24 décembre 1976 autorisant l'approbation de l'avenant n° 2 à la convention générale sur la sécurité sociale entre le Gouvernement de la République française et le Gouvernement de la République tunisienne du 17 décembre 1965, signé à Paris le 12 septembre 1975, *J.O.R.F.*, 26 décembre 1976, p. 7460.

Conventions des Communautés européennes

Loi n° 76-1196 du 24 décembre 1976 autorisant la ratification du traité portant modification de certaines dispositions financières des traités instituant les Communautés européennes et du traité instituant un Conseil unique et une Commission unique des Communautés européennes, *J.O.R.F.*, 26 décembre 1976, p. 7459.

ANNÉE 1977

Conventions multilatérales

Loi n° 77-409 du 18 avril 1977 autorisant la ratification de la convention de la conférence de La Haye de droit international privé sur la loi applicable aux obligations alimentaires, signée par la France le 18 décembre 1973, *J.O.R.F.*, 19 avril 1977, p. 2275.

Loi n° 77-410 du 18 avril 1977 autorisant la ratification de la convention de la conférence de La Haye de droit international privé concernant la reconnaissance et l'exécution de décisions relatives aux obligations alimentaires, signée par la France le 18 décembre 1973, *J.O.R.F.*, 19 avril 1977, p. 2275.

Loi n° 77-411 du 18 avril 1977 autorisant la ratification de la convention sur la loi applicable à la responsabilité du fait des produits, faite à La Haye le 2 octobre 1973, *J.O.R.F.*, 19 avril 1977, p. 2275.

Loi n° 77-412 du 18 avril 1977 autorisant l'approbation de l'accord entre le Gouvernement de la République française et le laboratoire européen de biologie moléculaire relatif aux privilèges et immunités dudit laboratoire en France, signé à Paris le 3 mars 1976, *J.O.R.F.*, 19 avril 1977, p. 2275.

Loi n° 77-414 du 18 avril 1977 autorisant la ratification du protocole portant amendement à la convention du 27 octobre 1956 entre la République française, la République fédérale d'Allemagne et le grand-duché de Luxembourg au sujet de la canalisation de la Moselle, signé à Trèves le 28 novembre 1974, *J.O.R.F.*, 19 avril 1977, p. 2276.

Loi n° 77-503 du 17 mai 1977 autorisant la ratification du traité de coopération en matière de brevets, ensemble un règlement d'exécution, fait à Washington le 19 juin 1970, *J.O.R.F.*, 18 mai 1977, p. 2815.

Loi n° 77-504 du 17 mai 1977 autorisant la ratification de la convention sur la délivrance de brevets européens (ensemble un règlement d'exécution et quatre protocoles) faite à Munich le 5 octobre 1973, *J.O.R.F.*, 18 mai 1977, p. 2815.

Loi n° 77-581 du 8 juin 1977 autorisant l'approbation de l'accord relatif à la protection des eaux du littoral méditerranéen, signé à Monaco le 10 mai 1976, *J.O.R.F.*, 9 juin 1977, p. 317

Loi n° 77-644 du 24 juin 1977 autorisant la ratification du protocole portant amendement à l'article 50 (a) de la convention relative à l'aviation civile internationale du 7 décembre 1944, signé à Montréal le 16 octobre 1974, *J.O.R.F.*, 25 juin 1977, p. 3399.

Loi n° 77-645 du 24 juin 1977 autorisant le Gouvernement de la République française à approuver l'accord international de 1975 sur le cacao, ensemble six annexes, fait à Genève le 20 octobre 1975, *J.O.R.F.*, 25 juin 1977, p. 3399.

Loi n° 77-656 du 28 juin 1977 autorisant l'adhésion du Gouvernement de la République française aux protocoles portant troisième prorogation à la convention sur le commerce du blé et de la convention relative à l'aide alimentaire constituant l'accord international sur le blé de 1971, *J.O.R.F.*, 29 juin 1977, p. 3435.

Loi n° 77-658 du 28 juin 1977 autorisant le Gouvernement de la République française à approuver l'accord international de 1976 sur le café, ensemble deux annexes, fait à Londres le 3 décembre 1975, *J.O.R.F.*, 29 juin 1977, p. 3435.

Loi n° 77-705 du 5 juillet 1977 autorisant l'approbation de l'accord international de 1975 sur l'étain, ensemble six annexes, fait à Genève le 21 juin 1975, *J.O.R.F.*, 6 juillet 1977, p. 3544.

Loi n° 77-710 du 5 juillet 1977 autorisant la ratification du traité portant modification de certaines dispositions du protocole sur les statuts de la Banque européenne d'investissement, signé à Bruxelles le 10 juillet 1975, *J.O.R.F.*, 6 juillet 1977, p. 3545.

Loi n° 77-732 du 7 juillet 1977 autorisant l'approbation de l'accord portant création du fonds de solidarité africain, ensemble une annexe, signé à Paris le 21 décembre 1976, *J.O.R.F.*, 8 juillet 1977, p. 3582.

Loi n° 77-1355 du 10 décembre 1977 autorisant l'approbation de l'accord portant création du Fonds international de développement agricole, ensemble deux annexes, ouvert à la signature à New York le 20 décembre 1976, *J.O.R.F.*, 11 décembre 1977, p. 5814.

Loi n° 77-1406 du 23 décembre 1977 autorisant l'approbation de l'accord général sur les privilèges et immunités du Conseil de l'Europe, fait à Paris le 2 septembre 1949 (ensemble un accord complémentaire du 18 mars 1950 et quatre protocoles additionnels des 6 novembre 1952, 15 décembre 1956, 6 mars 1959 et 16 décembre 1961), *J.O.R.F.*, 24 décembre 1977, p. 6123.

Loi n° 77-1407 du 23 décembre 1977 autorisant l'adhésion à la convention internationale portant création d'un fonds international d'indemnisation pour les dommages dus à la pollution par les hydrocarbures, faite à Bruxelles le 18 décembre 1971, *J.O.R.F.*, 24 décembre 1977, p. 6123.

Loi n° 77-1422 du 27 décembre 1977 autorisant l'adhésion du Gouvernement de la République française à l'accord portant création du fonds africain de développement, ensemble deux annexes, fait à Abidjan le 29 novembre 1972, *J.O.R.F.*, 28 décembre 1977, p. 6196.

Loi n° 77-1423 du 27 décembre 1977 autorisant l'approbation de la convention sur le commerce international des espèces de faune et de flore sauvages menacées d'extinction, ensemble quatre annexes, ouvertes à la signature à Washington jusqu'au 30 avril 1973 et, après cette date, à Berne jusqu'au 31 décembre 1974, *J.O.R.F.*, 28 décembre 1977, p. 6196.

Loi n° 77-1424 du 27 décembre 1977 autorisant l'approbation de la convention pour la protection de la mer Méditerranée contre la pollution, ensemble deux protocoles, faite à Barcelone le 16 février 1976, *J.O.R.F.*, 28 décembre 1977, p. 6196.

Conventions bilatérales

Loi n° 77-413 du 18 avril 1977 autorisant l'approbation de l'accord entre le Gouvernement de la République française et le Gouvernement de la République populaire du Congo sur les droits fondamentaux des nationaux, signé à Brazzaville le 1er janvier 1974, *J.O.R.F.*, 19 avril 1977, p. 2276.

Loi n° 77-555 du 3 juin 1977 autorisant l'approbation de l'accord de coopération culturelle entre le Gouvernement de la République française et le Gouvernement de la République populaire du Bénin (alors République du Dahomey), signé à Cotonou le 27 février 1975, *J.O.R.F.*, 4 juin 1977, p. 3119.

Loi n° 77-556 du 3 juin 1977 autorisant l'approbation de l'accord de coopération technique en matière de personnel entre le Gouvernement de la République française et le Gouvernement de la République du Bénin (alors République du Dahomey), ensemble cinq protocoles annexes, signés à Cotonou le 27 février 1975, *J.O.R.F.*, 4 juin 1977, p. 3119.

Loi n° 77-557 du 3 juin 1977 autorisant l'approbation de l'accord de coopération en matière d'enseignement supérieur entre le Gouvernement de la République française et le Gouvernement de la République du Bénin (alors République du Dahomey), ensemble deux échanges de lettres, signés à Cotonou le 27 février 1975, *J.O.R.F.*, 4 juin 1977, p. 3119.

Loi n° 77-558 du 3 juin 1977 autorisant l'approbation de la convention en matière de pêche maritime entre le Gouvernement de la République française et le Gouvernement de la République du Bénin (alors République du Dahomey), signée à Cotonou le 27 février 1975, *J.O.R.F.*, 4 juin 1977, p. 3119.

Loi n° 77-559 du 3 juin 1977 autorisant l'approbation de la convention fiscale entre le Gouvernement de la République française et le Gouvernement de la République du Bénin (alors République du Dahomey), signée à Cotonou le 27 février 1975, *J.O.R.F.*, 4 juin 1977, p. 3120.

Loi n° 77-560 du 3 juin 1977 autorisant l'approbation de l'accord de coopération militaire technique entre le Gouvernement de la République française et le Gouvernement de la République du Bénin (alors République du Dahomey), ensemble un échange de lettres, signés à Cotonou le 27 février 1975, *J.O.R.F.*, 4 juin 1977, p. 3120.

Loi n° 77-561 du 3 juin 1977 autorisant l'approbation de l'accord de coopération en matière de justice entre le Gouvernement de la République française et le Gouvernement de la République du Bénin (alors République du Dahomey), signé à Cotonou le 27 février 1975, *J.O.R.F.*, 4 juin 1977, p. 3120.

Loi n° 77-562 du 3 juin 1977 autorisant l'approbation de l'accord de coopération en matière de recherche scientifique et technique entre le Gouvernement de la République française et le Gouvernement de la République du Bénin (alors République du Dahomey), signé à Cotonou le 27 février 1975, *J.O.R.F.*, 4 juin 1977, p. 3120.

Loi n° 77-563 du 3 juin 1977 autorisant l'approbation de la convention sur la circulation des personnes entre le Gouvernement de la République française et le Gouvernement de la République du Bénin (alors République du Dahomey), signée à Cotonou le 27 février 1975, *J.O.R.F.*, 4 juin 1977, p. 3121.

Loi n° 77-564 du 3 juin 1977 autorisant l'approbation de l'accord de coopération en matière marchande entre le Gouvernement de la République française et le Gouvernement de la République du Bénin (alors République du Dahomey), signé à Cotonou le 27 février 1975, *J.O.R.F.*, 4 juin 1977, p. 3121.

Loi n° 77-625 du 20 juin 1977 relative à l'indépendance du territoire français des Afars et des Issas, *J.O.R.F.*, 21 juin 1977, p. 3334.

Loi n° 77-707 du 5 juillet 1977 autorisant l'approbation de la convention entre le Gouvernement de la République française et le Gouvernement de la République de Côte-d'Ivoire relative à la circulation des personnes, signée à Paris le 8 octobre 1976, *J.O.R.F.*, 6 juillet 1977, p. 3545.

Loi n° 77-708 du 5 juillet 1977 autorisant l'approbation de la convention entre le Gouvernement de la République française et le Gouvernement de la République unie du Cameroun relative à la circulation des personnes, signée à Yaoundé le 26 juin 1976, *J.O.R.F.*, 6 juillet 1977, p. 3545.

Loi n° 77-709 du 5 juillet 1977 autorisant l'approbation de l'accord entre le Gouvernement de la République française et le Gouvernement de la République de Malte sur l'encouragement et la protection réciproques des investissements (ensemble un protocole), signé à La Valette le 11 août 1976, *J.O.R.F.*, 6 juillet 1977, p. 3545.

Loi n° 77-1222 du 9 novembre 1977 autorisant l'approbation de la convention sur la sécurité sociale entre le Gouvernement de la République française et le Gouvernement de la République socialiste de Roumanie, signée à Paris le 16 décembre 1976, *J.O.R.F.*, 10 novembre 1977, p. 5375.

Loi n° 77-1223 du 9 novembre 1977 autorisant l'approbation de l'échange de lettres entre le Gouvernement de la République française et le Gouvernement de l'État espagnol relatif au statut fiscal et douanier des établissements culturels et d'enseignement, signé à Madrid le 28 février 1974, *J.O.R.F.*, 10 novembre 1977, p. 5375.

Loi n° 77-1224 du 9 novembre 1977 autorisant l'approbation de l'accord de coopération militaire technique, ensemble une annexe, entre le Gouvernement de la République française et le Gouvernement de la République du Tchad, signés à N'Djaména les 6 mars et 19 juin 1976, et de la convention entre le Gouvernement de la République française et le Gouvernement de la République du Tchad fixant les règles et conditions du concours de la République française au soutien logistique des forces armées de la République du Tchad, signée à N'Djaména le 6 mars 1976, *J.O.R.F.*, 10 novembre 1977, p. 5375.

Loi n° 77-1225 du 9 novembre 1977 autorisant l'approbation de la convention d'assistance administrative mutuelle en matière de douane entre le Gouvernement de la République française et le Gouvernement de la République du Tchad, signée à N'Djaména le 6 mars 1976, *J.O.R.F.*, 10 novembre 1977, p. 5376.

Loi n° 77-1226 du 9 novembre 1977 autorisant l'approbation de la convention entre le Gouvernement de la République française et le Gouvernement de la République du Tchad relative au concours en personnel apporté par la République française au fonctionnement des services publics de la République du Tchad, ensemble trois conventions annexes, un protocole annexe et un protocole d'application, signés à N'Djaména le 6 mars 1976, ainsi que les lettres en date 6 et 19 octobre 1976 relatives à l'article 12 de la convention, *J.O.R.F.*, 10 novembre 1977, p. 5376.

Loi n° 77-1227 du 9 novembre 1977 autorisant l'approbation de l'accord en matière judiciaire entre le Gouvernement de la République française et le Gouvernement de la République du Tchad signé à N'Djaména le 6 mars 1976, *J.O.R.F.*, 10 novembre 1977, p. 5376.

Loi n° 77-1275 du 22 novembre 1977 autorisant l'approbation de l'accord maritime entre le Gouvernement de la République française et le Gouvernement de la République fédérative du Brésil, signé à Paris le 24 octobre 1975, *J.O.R.F.*, 23 novembre 1977, p. 5499.

Loi n° 77-1405 du 23 décembre 1977 autorisant l'approbation de l'échange de lettres effectué le 9 juillet 1976 entre le Gouvernement de la République française et le Gouvernement de la République italienne et concernant le régime fiscal des libéralités à des fins d'assistance, d'éducation et d'instruction, *J.O.R.F.*, 24 décembre 1977, p. 6123.

Loi n° 77-1437 du 27 décembre 1977 autorisant l'approbation de l'accord général, ensemble quatre annexes, entre le Gouvernement français et le Gouvernement portugais concernant l'utilisation par la France de certaines facilités dans les Açores, signé à Lisbonne le 24 février 1977, *J.O.R.F.*, 28 décembre 1977, p. 6199.

Loi n° 77-1438 du 27 décembre 1977 autorisant l'approbation de l'accord entre le Gouvernement de la République française et le Gouvernement de la République de Guinée relatif au règlement du contentieux financier entre les deux pays, consigné dans le procès-verbal signé à Paris le 26 janvier 1977, *J.O.R.F.*, 28 décembre 1977, p. 6200.

Conventions des Communautés européennes

Loi n° 77-680 du 30 juin 1977 autorisant l'approbation des dispositions annexées à la décision du Conseil des communautés européennes du 20 septembre 1976 et relatives à l'élection des représentants de l'Assemblée des communautés européennes au suffrage universel direct, *J.O.R.F.*, 1er juillet 1977, p. 3479.

Loi n° 77-681 du 30 juin 1977 autorisant la ratification de la convention relative au brevet européen sur le Marché commun (convention sur le brevet communautaire), ensemble un règlement d'exécution, faite à Luxembourg le 15 décembre 1975, *J.O.R.F.*, 1er juillet 1977, p. 3479.

Conventions entre les Communautés européennes et des États n'y appartenant pas

Loi n° 77-1425 du 27 décembre 1977 autorisant la ratification de l'accord de coopération entre la Communauté économique européenne et la République algérienne démocratique et populaire et documents connexes, signés à Alger le 26 avril 1976, *J.O.R.F.*, 28 décembre 1977, p. 6196.

Loi n° 77-1426 du 27 décembre 1977 autorisant la ratification du protocole additionnel à l'accord entre la Communauté économique européenne et l'État d'Israël du 11 mai 1975, du protocole relatif à la coopération financière entre la Communauté économique européenne et l'État d'Israël et documents connexes, signés à Bruxelles le 8 février 1977, *J.O.R.F.*, 28 décembre 1977, p. 6197.

Loi n° 77-1427 du 27 décembre 1977 autorisant la ratification du protocole financier entre la Communauté économique européenne et la Turquie, signé à Bruxelles le 12 mai 1977, *J.O.R.F.*, 28 décembre 1977, p. 6197.

Loi n° 77-1428 du 27 décembre 1977 autorisant la ratification du protocole additionnel à l'accord entre la Communauté économique européenne et la République Portugaise du 22 juillet 1972, du protocole financier entre la Communauté économique européenne et la République portugaise et documents connexes, signés à Bruxelles le 20 septembre 1976, *J.O.R.F.*, 28 décembre 1977, p. 6197.

Loi n° 77-1429 du 27 décembre 1977 autorisant la ratification du protocole financier entre la Communauté économique européenne et la République de Malte, signé à Bruxelles le 4 mars 1976, *J.O.R.F.*, 28 décembre 1977, p. 6197.

Loi n° 77-1430 du 27 décembre 1977 autorisant la ratification de l'accord de coopération entre la Communauté économique européenne et le Royaume du Maroc et documents connexes, signés à Rabat le 27 avril 1976, *J.O.R.F.*, 28 décembre 1977, p. 6198.

Loi n° 77-1431 du 27 décembre 1977 autorisant la ratification de l'accord de coopération entre la Communauté économique européenne et la République arabe syrienne et documents connexes, signés à Bruxelles le 18 janvier 1977, *J.O.R.F.*, 28 décembre 1977, p. 6198.

Loi n° 77-1432 du 27 décembre 1977 autorisant la ratification de l'accord de coopération entre la Communauté économique européenne et la Royaume hachémite de Jordanie et documents connexes, signés à Bruxelles le 18 janvier 1977, *J.O.R.F.*, 28 décembre 1977, p. 6198.

Loi n° 77-1433 du 27 décembre 1977 autorisant la ratification de l'accord de coopération entre la Communauté économique européenne et la République libanaise et documents connexes, signés à Bruxelles le 3 mai 1977, *J.O.R.F.*, 28 décembre 1977, p. 6198.

Loi n° 77-1434 du 27 décembre 1977 autorisant la ratification de l'accord de coopération entre la Communauté économique européenne et la République arabe d'Egypte et documents connexes, signés à Bruxelles le 18 janvier 1977, *J.O.R.F.*, 28 décembre 1977, p. 6199.

Loi n° 77-1135 du 27 décembre 1977 autorisant la ratification de l'accord de coopération entre la Communauté économique européenne et la République tunisienne et documents connexes, signés à Tunis le 25 avril 1976, *J.O.R.F.*, 28 décembre 1977, p. 6199.

Loi n° 77-1136 du 27 décembre 1977 autorisant la ratification du protocole financier entre la Communauté économique européenne et la Grèce, ensemble un échange de lettres, signé à Bruxelles le 18 janvier 1977, *J.O.R.F.*, 28 décembre 1977, p. 6199.

ANNÉE 1978

Conventions multilatérales

Loi n° 78-567 du 29 avril 1978 autorisant l'augmentation de la quote-part de la France au Fonds monétaire international, *J.O.R.F.*, 30 avril 1978, p. 1918.

Loi n° 78-644 du 15 juin 1978 autorisant la ratification des accords portant accession respectivement de la République du Cap-Vert, de la République démocratique de Sao Tomé et Principe et de la Papouasie-Nouvelle-Guinée à la convention A.C.P./C.E.E. de Lomé signés à Bruxelles le 28 mars 1977 ; autorisant l'approbation de l'accord modifiant l'accord interne relatif au financement et à la gestion des aides de la Communauté du 11 juillet 1975 négocié en raison de l'accession à la convention A.C.P./C.E.E. de Lomé de la République du Cap-Vert, de la République démocratique de Sao Tomé et Principe, de la Papouasie-Nouvelle-Guinée, de l'État comorien, des Seychelles et de Surinam et signé à Bruxelles le 28 mars 1977, *J.O.R.F.*, 16 juin 1978, p. 2395.

Loi n° 78-655 du 22 juin 1978 autorisant l'approbation de la convention relative à l'opposition sur titres au porteur à circulation internationale, signée par la France le 28 mai 1970, sous l'égide du Conseil de l'Europe, *J.O.R.F.*, 23 juin 1978, p. 2463.

Loi n° 78-657 du 22 juin 1978 autorisant l'approbation de l'accord entre le Gouvernement de la République française et l'Office internationale des épizooties relatif au siège de l'Office international des épizooties et à ses privilèges et immunités sur le territoire français, signé à Paris le 21 février 1977, *J.O.R.F.*, 23 juin 1978, p. 2464.

Loi n° 78-692 du 6 juillet 1978 autorisant l'adhésion du Gouvernement de la République française aux protocoles portant quatrième prorogation de la convention sur le commerce du blé et de la convention relative à l'aide alimentaire constituant l'accord international sur le blé de 1971, *J.O.R.F.*, 7 juillet 1978, p. 2695.

Loi n° 78-1156 du 13 décembre 1978 autorisant l'approbation de l'avenant à la convention de coopération monétaire entre les États membres de la Banque des États de l'Afrique centrale (BEAC) et la République française du 23 novembre 1972, signé à Libreville le 12 avril 1975, *J.O.R.F.*, 14 décembre 1978, p. 4151.

Loi n° 78-1240 du 29 décembre 1978 de finances rectificative pour 1978 (article 14) autorisant le Ministre de l'Economie à donner la garantie de l'État dans la limite d'un montant de 34 200 000 F à l'emprunt contracté par l'Agence de coopération culturelle et technique en vue de financer l'achat d'un immeuble destiné à loger ses services, *J.O.R.F.*, 30 décembre 1978, p. 4386.

Conventions bilatérales

Loi n° 78-555 du 27 avril 1978 autorisant l'approbation de la convention entre le Gouvernement de la République française et le Gouvernement de la République des Philippines tendant à éviter les doubles impositions et à prévenir l'évasion fiscale en matière d'impôts sur le revenu, ensemble un protocole, signée à Kingston (Jamaïque), *J.O.R.F.*, 28 avril 1978, p. 1883.

Loi n° 78-556 du 27 avril 1978 autorisant l'approbation de l'accord entre le Gouvernement de la République française, de la République fédérale d'Allemagne et de l'État espagnol relatif à l'extension de certaines dispositions de sécurité sociale, signé à Paris le 1er mars 1977, *J.O.R.F.*, 28 avril 1978, p. 1883.

Loi n° 78-574 du 3 mai 1978 autorisant l'approbation de l'accord maritime entre le Gouvernement de la République française et le Gouvernement de la République arabe d'Egypte, signé à Paris le 15 juillet 1975, *J.O.R.F.*, 4 mai 1978, p. 1966.

Loi n° 78-575 du 3 mai 1978 autorisant l'approbation de la convention entre le Gouvernement de la République française et le Gouvernement de la République socialiste de Roumanie sur l'encouragement, la protection et la garantie réciproques des investissements, signée le 16 décembre 1976 à Paris, *J.O.R.F.*, 4 mai 1978, p. 1966.

Loi n° 78-642 du 15 juin 1978 autorisant l'approbation de l'accord de coopération culturelle, scientifique, technique et économique entre le Gouvernement de la République française et le Gouvernement de la République de Guinée-Bissau, signé à Paris le 12 avril 1976, *J.O.R.F.*, 16 juin 1978, p. 2395.

Loi n° 78-643 du 15 juin 1978 autorisant l'approbation de l'accord de coopération culturelle, scientifique, technique et économique entre le Gouvernement de la République française et le Gouvernement de la République du Cap-Vert, signé à Paris le 12 février 1976, *J.O.R.F.*, 16 juin 1978, p. 2395.

Loi n° 78-656 du 22 juin 1978 autorisant l'approbation de l'accord de coopération culturelle et technique entre le Gouvernement de la République française et le Gouvernement de la République arabe du Yémen, signé à Paris le 16 février 1977, *J.O.R.F.*, 23 juin 1978, p. 2464.

Loi n° 78-658 du 22 juin 1978 autorisant l'approbation de la convention fiscale entre le Gouvernement de la République française et le Gouvernement de la République unie du Cameroun, ensemble deux échanges de lettres, signée à Yaoundé le 21 octobre 1976, *J.O.R.F.*, 23 juin 1978, p. 2464.

Loi n° 78-669 du 28 juin 1978 autorisant l'approbation de l'accord maritime entre le Gouvernement de la République française et le Gouvernement de la République arabe libyenne, signé à Tripoli le 22 mars 1976, *J.O.R.F.*, 29 juin 1978, p. 2523.

Loi n° 78-670 du 28 juin 1978 autorisant l'approbation de l'accord de coopération culturelle, scientifique, technique et économique entre le

Gouvernement de la République française et le Gouvernement de la République des Seychelles, signé à Paris le 15 juillet 1976, et de la convention relative au concours en personnel apporté par le Gouvernement de la République française au Gouvernement de la République des Seychelles, ensemble un protocole annexe et un protocole d'application, signés à Victoria le 22 octobre 1976, *J.O.R.F.*, 29 juin 1978, p. 2523.

Loi n° 78-689 du 5 juillet 1978 autorisant l'approbation de l'accord de coopération culturelle, scientifique, technique et économique entre le Gouvernement de la République française et le Gouvernement de la République démocratique de Sao Tomé et Principe, signé à Sao Tomé le 14 janvier 1976, *J.O.R.F.*, 6 juillet 1978, p. 2687.

Loi n° 78-693 du 6 juillet 1978 autorisant l'approbation de l'accord général de coopération technique entre le Gouvernement de la République française et le Gouvernement de la République togolaise, ensemble un protocole et deux échanges de lettres, signés à Lomé le 23 mars 1976, *J.O.R.F.*, 7 juillet 1978, p. 2695.

Loi n° 78-695 du 6 juillet 1978 autorisant l'approbation de l'accord de coopération en matière d'information entre le Gouvernement de la République française et le Gouvernement de la République togolaise, signé à Lomé le 23 mars 1976, *J.O.R.F.*, 7 juillet 1978, p. 2696.

Loi n° 78-696 du 6 juillet 1978 autorisant l'approbation de l'accord de coopération militaire technique entre le Gouvernement de la République française et le Gouvernement de la République togolaise, ensemble un échange de lettres, signé à Lomé le 23 mars 1976 *J.O.R.F.*, 7 juillet 1978, p. 2696.

Loi n° 78-697 du 6 juillet 1978 autorisant l'approbation de l'accord de coopération dans le domaine maritime entre le Gouvernement de la République française et le Gouvernement de la République togolaise, ensemble un échange de lettres, signé à Lomé le 23 mars 1976 *J.O.R.F.*, 7 juillet 1978, p. 2696.

Loi n° 78-1041 du 31 octobre 1978 autorisant l'approbation de l'avenant à la convention générale entre la France et le Portugal sur la sécurité sociale, signé à Lisbonne le 7 février 1977, *J.O.R.F.*, 1er novembre 1978, p. 3727.

Loi n° 78-1112 du 29 novembre 1978 autorisant l'approbation d'un accord général de coopération militaire technique entre le Gouvernement de la République française et le Gouvernement de la République du Zaïre, signé à Kinshasa le 22 mai 1974, *J.O.R.F.*, 1er décembre 1978, p. 3995.

Loi n° 78-1157 du 13 décembre 1978 autorisant l'approbation de l'échange de lettres en date du 22 décembre 1977 entre le Gouvernement de la République française et le Gouvernement du Royaume de Suède, relatif à l'exonération réciproque des impositions sur les salaires dues par les établissements culturels des deux pays, *J.O.R.F.*, 14 décembre 1978, p. 4151.

Loi n° 78-1184 du 20 décembre 1978 autorisant l'approbation de l'échange de lettres en date du 7 juillet 1977 entre le Gouvernement de la République française et le Gouvernement du Royaume d'Espagne concernant l'importation en France des livres scolaires en langue espagnole, *J.O.R.F.*, 22 décembre 1978, p. 4231.

Loi n° 78-1185 du 20 décembre 1978 autorisant la ratification de l'avenant à la convention entre la République française et l'État espagnol en vue d'éviter les doubles impositions en matière d'impôts sur le revenu et sur la fortune du 27 juin 1973, signé à Paris le 6 décembre 1977, *J.O.R.F.*, 22 décembre 1978, p. 4231.

Loi n° 78-1187 du 21 décembre 1978 autorisant la ratification de l'accord entre la République française et la République fédérale d'Allemagne relatif à la construction d'un pont autoroutier sur le Rhin entre Ottmarsheim et Steinenstadt, signé à Paris le 17 novembre 1977, *J.O.R.F.*, 23 décembre 1978, p. 4247.

Loi n° 78-1188 du 21 décembre 1978 autorisant la ratification de l'accord entre la République française et la République fédérale d'Allemagne relatif à la construction d'un pont routier sur le Rhin entre Huningue et Weil Am Rhein, signé à Paris le 17 novembre 1977, *J.O.R.F.*, 23 décembre 1978, p. 4247.

Loi n° 78-1189 du 21 décembre 1978 autorisant l'approbation de la convention entre le Gouvernement de la République française et le Gouvernement de la République arabe syrienne sur l'encouragement et la protection réciproques des investissements, signée à Damas le 28 novembre 1977, *J.O.R.F.*, 23 décembre 1978, p. 4247.

Conventions des Communautés européennes

Loi n° 78-1113 du 29 novembre 1978 autorisant la ratification de l'accord entre la Communauté économique européenne (C.E.E.) et la Belgique, le Danemark, la République fédérale d'Allemagne, la France, l'Irlande, l'Italie, le Luxembourg, les Pays-Bas et le Royaume-Uni, États membres de cette communauté (États membres), d'une part, et l'Association internationale de développement (association), d'autre part, signé à Bruxelles le 2 mai 1978, *J.O.R.F.*, 1er décembre 1978, p. 3995.

ANNÉE 1979

Conventions multilatérales

Loi n° 79-365 du 9 mai 1979 autorisant l'approbation de l'accord entre le Gouvernement de la République française et la Commission centrale pour la navigation du Rhin du 10 mai 1978 relatif au siège de la Commission centrale pour la navigation du Rhin et ses privilèges et immunités sur le territoire français (ensemble deux annexes et un accord par échange de lettres), *J.O.R.F.*, 10 mai 1979, p. 1098.

Loi n° 79-548 du 5 juillet 1979 autorisant la ratification du protocole signé à Montréal le 30 septembre 1977 et concernant un amendement à la convention relative à l'aviation civile internationale, signée à Chicago le 7 décembre 1944, *J.O.R.F.*, 6 juillet 1979, p. 1628.

Loi n° 79-550 du 5 juillet 1979 autorisant la ratification de la convention de La Haye du 14 mars 1978 sur la loi applicable aux régimes matrimoniaux, *J.O.R.F.*, 6 juillet 1979, p. 1628.

Loi n° 79-912 du 25 octobre 1979 autorisant la ratification de la convention portant création de l'Organisation internationale de télécommunications maritimes par satellites « Inmarsat » et de l'accord d'exploitation relatif à l'Organisation internationale de télécommunications maritimes par satellites « Inmarsat », faits à Londres le 3 septembre 1976, *J.O.R.F.*, 26 octobre 1976, p. 2671.

Loi n° 79-1144 du 29 décembre 1979 autorisant l'approbation des protocoles portant cinquième prorogation de la convention sur le commerce du blé et de la convention d'aide alimentaire constituant l'accord international sur le blé de 1971, ouvert à la signature à Washington au 16 mai 1979, *J.O.R.F.*, 30 décembre 1979, p. 3313.

Loi n° 79-1146 du 29 décembre 1979 autorisant l'approbation de la convention sur la limitation de la responsabilité en matière de créances maritimes, faite à Londres le 19 novembre 1976, *J.O.R.F.*, 30 décembre 1979, p. 3313.

Loi n° 79-1148 du 29 décembre 1979 autorisant l'approbation du protocole de la convention internationale de 1969 sur la responsabilité civile pour les dommages dus à la pollution par les hydrocarbures et à l'adhésion au protocole de la convention internationale de 1971 portant création d'un fonds international d'indemnisation pour les dommages dus à la pollution par les hydrocarbures, faits à Londres le 19 novembre 1976, *J.O.R.F.*, 30 décembre 1979, p. 3314.

Conventions bilatérales

Loi n° 79-14 du 3 janvier 1979 autorisant l'approbation de l'accord entre le Gouvernement de la République française et le Gouvernement de la République de Corée sur l'encouragement et la protection des investissements, signé à Paris le 28 décembre 1977, *J.O.R.F.*, 4 janvier 1979, p. 25.

Loi n° 79-357 du 8 mai 1979 autorisant l'approbation de l'accord entre le Gouvernement de la République française et le Gouvernement de la République de Djibouti relatif au transfert du privilège de l'émission monétaire à la République de Djibouti, fait à Djibouti le 27 juin 1977, *J.O.R.F.*, 9 mai 1979, p. 1086.

Loi n° 79-358 du 8 mai 1979 autorisant l'approbation du protocole provisoire fixant les conditions de stationnement des forces françaises sur le territoire de la République de Djibouti après l'indépendance et les principes de coopération militaire entre le Gouvernement de la République française et le Gouvernement de la République de Djibouti, signé à Djibouti le 27 juin 1977, *J.O.R.F.*, 9 mai 1979, p. 1086.

Loi n° 79-359 du 8 mai 1979 autorisant l'approbation de la convention relative au concours en personnel apporté par le Gouvernement de la République française au fonctionnement des services publics de la République de Djibouti, entre le Gouvernement de la République française et le Gouvernement de la République de Djibouti, signée à Djibouti le 28 avril 1978, *J.O.R.F.*, 9 mai 1979, p. 1087.

Loi n° 79-360 du 8 mai 1979 autorisant l'approbation de l'accord de coopération en matière économique et financière entre le Gouvernement de la République française et le Gouvernement de la République de Djibouti, signé à Djibouti le 27 juin 1977, ensemble l'échange de lettres en date du 26 janvier 1978, *J.O.R.F.*, 9 mai 1979, p. 1087.

Loi n° 79-364 du 9 mai 1979 autorisant l'approbation de la convention entre le Gouvernement de la République française et le Gouvernement du royaume hachémite de Jordanie sur l'encouragement et la protection réciproques des investissements, signée à Paris le 23 février 1978, *J.O.R.F.*, 10 mai 1979, p. 1098.

Loi n° 79-366 du 9 mai 1979 autorisant l'approbation de l'échange de lettres du 19 janvier 1978 entre le Gouvernement de la République française et le Gouvernement de l'État espagnol sur les questions fiscales concernant les locaux de l'État français en Espagne et ceux de l'État espagnol en France, *J.O.R.F.*, 10 mai 1979, p. 1099.

Loi n° 79-367 du 9 mai 1979 autorisant l'approbation de l'échange de notes franco-suisse des 4 et 7 juillet 1977 relatif à l'entrée en vigueur de la convention du 25 février 1953 entre la France et la Suisse sur diverses modifications de la frontière, *J.O.R.F.*, 10 mai 1979, p. 1099.

Loi n° 79-543 du 5 juillet 1979 autorisant l'approbation de la convention de coopération technique en matière de formation du personnel de l'administration militaire malienne entre le Gouvernement de la République française et le Gouvernement de la République du Mali, signée à Bamako le 14 octobre 1977, *J.O.R.F.*, 6 juillet 1979, p. 1627.

Loi n° 79-544 du 5 juillet 1979 autorisant l'approbation de la convention de coopération en matière judiciaire entre la République française et la

République du Niger, signée à Niamey le 19 février 1979, *J.O.R.F.*, 6 juillet 1979, p. 1627.

Loi n° 79-545 du 5 juillet 1979 autorisant l'approbation de l'accord de coopération militaire et technique entre le Gouvernement de la République française et le Gouvernement de la République du Niger, ensemble deux annexes, signés à Niamey le 19 février 1977, *J.O.R.F.*, 6 juillet 1979, p. 1627.

Loi n° 79-546 du 5 juillet 1979 autorisant l'approbation de l'accord de coopération en matière économique et financière entre le Gouvernement de la République française et le Gouvernement de la République du Niger, ensemble un échange de lettres, signés à Niamey le 19 février 1977, *J.O.R.F.*, 6 juillet 1979, p. 1627.

Loi n° 79-547 du 5 juillet 1979 autorisant l'approbation de l'accord de coopération en matière de personnel entre le Gouvernement de la République française et le Gouvernement de la République du Niger, ensemble un protocole annexe et quatre échanges de lettres, signés à Niamey le 19 février 1977, ainsi que l'échange de lettres en date du 4 mars 1978 relatif au protocole annexe, *J.O.R.F.*, 6 juillet 1979, p. 1628.

Loi n° 79-549 du 5 juillet 1979 portant autorisation d'approbation de l'accord franco-espagnol relatif à la construction d'un nouveau tracé de la section frontalière des route nationale 152 (Espagne) et chemin départemental 68 (France) de Puigcerdá à Llivia, avec passage supérieur sur la route nationale 20 (France) et la voie ferrée Villefranche-de-Conflent – Latour-de-Carol (France), signé à Madrid le 9 juin 1978, *J.O.R.F.*, 6 juillet 1979, p. 1628.

Loi n° 79-551 du 5 juillet 1979 autorisant la ratification de l'avenant à la convention entre la République française et les États-Unis d'Amérique en matière d'impôts sur le revenu et sur la fortune du 28 juillet 1967, modifiée par l'avenant du 12 octobre 1970, ensemble un échange de lettres, signé à Washington le 24 novembre 1978, *J.O.R.F.*, 6 juillet 1979, p. 1629.

Loi n° 79-552 du 6 juillet 1979 autorisant l'approbation de l'accord entre le Gouvernement de la République française et le Gouvernement de Malte tendant à éviter les doubles impositions et à prévenir l'évasion fiscale, ensemble un protocole, signé à La Valette le 25 juillet 1977, *J.O.R.F.*, 6 juillet 1979, p. 1629.

Loi n° 79-1132 du 4 décembre 1979 autorisant l'approbation de la convention entre le Gouvernement de la République française et le Gouvernement de la République populaire du Congo sur la circulation des personnes, signée à Brazzaville le 1er janvier 1974, ensemble l'avenant signé à Brazzaville le 17 juin 1978, *J.O.R.F.*, 5 décembre 1979, p. 3023.

Loi n° 79-1141 du 29 décembre 1979 autorisant l'approbation de la convention entre le Gouvernement de la République française et le Gouvernement de la République du Niger relative à la circulation des personnes, signée à Niamey le 19 février 1977, ensemble l'avenant et l'échange de lettres signés à Niamey le 27 juin 1978, *J.O.R.F.*, 30 décembre 1979, p. 3212.

Loi n° 79-1142 du 29 décembre 1979 autorisant l'approbation de l'avenant n° 1 à la convention générale entre le Gouvernement de la République française et le Gouvernement de la République du Niger sur la sécurité sociale du 28 mars 1973, signé à Niamey le 26 janvier 1977, *J.O.R.F.*, 30 décembre 1979, p. 3212.

Loi n° 79-1143 du 29 décembre 1979 autorisant la ratification de la convention entre la République française et la République d'Autriche sur la compétence judiciaire, la reconnaissance et l'exécution des décisions en matière de faillite, signée à Vienne le 27 février 1979, *J.O.R.F.*, 30 décembre 1979, p. 3212.

Loi n° 79-1145 du 29 décembre 1979 autorisant l'approbation de l'accord entre le Gouvernement de la République française et le Gouvernement de la République populaire de Chine sur l'exonération réciproque des impôts et taxes dus par les entreprises de navigation aérienne, signé à Paris le 23 janvier 1979, *J.O.R.F.*, 30 décembre 1979, p. 3313.

Loi n° 79-1147 du 29 décembre 1979 autorisant l'approbation de la convention entre le Gouvernement de la République française et le Gouvernement de la République du Soudan sur l'encouragement et la protection réciproques des investissements, signée à Paris le 31 juillet 1978, *J.O.R.F.*, 30 décembre 1979, p. 3313.

Convention des Communautés européennes

Loi n° 79-1112 du 22 décembre 1979 autorisant la ratification du traité d'adhésion de la République hellénique à la Communauté économique européenne et à la Communauté européenne de l'énergie atomique, *J.O.R.F.*, 23 décembre 1979, p. 3254.

ANNÉE 1980

Conventions multilatérales

Loi n° 80-30 du 18 janvier 1980 (article 56) autorisant le Gouvernement de la République française à participer à la révision générale des quotes-parts des pays membres du Fonds monétaire international approuvée le 11 décembre 1978 par le conseil des gouverneurs de cette institution, *J.O.R.F.*, 19 janvier 1980, p. 155.

Loi n° 80-455 du 25 juin 1980 autorisant l'approbation de l'accord entre le Gouvernement de la République française et la Banque centrale des États de l'Afrique de l'Ouest relatif de l'établissement à Paris d'un bureau de la Banque centrale des États de l'Afrique de l'Ouest et à ses privilèges et immunités sur le territoire français (ensemble une annexe), signé à Paris le 4 avril 1979, *J.O.R.F.*, 26 juin 1980, p. 1568.

Loi n° 80-460 du 25 juin 1980 autorisant l'adhésion de la République française au pacte international relatif aux droits civils et politiques, ouvert à la signature le 19 décembre 1966, *J.O.R.F.*, 26 juin 1980, p. 1569.

Loi n° 80-461 du 25 juin 1980 autorisant l'adhésion de la République française au pacte international relatif aux droits économiques, sociaux et culturels, ouvert à la signature le 19 décembre 1966, *J.O.R.F.*, 26 juin 1980, p. 1569.

Loi n° 80-494 du 2 juillet 1980 autorisant la ratification de la convention portant création d'une Agence spatiale européenne, faite à Paris le 30 mai 1975, *J.O.R.F.*, 3 juillet 1980, p. 1651.

Loi n° 80-870 du 5 novembre 1980 autorisant l'approbation de la convention intergouvernementale relative à la Société Eurodif, *J.O.R.F.*, 7 novembre 1980, p. 2599.

Loi n° 80-1046 du 23 décembre 1980 autorisant l'approbation de l'accord international pour la mise en place d'un réseau européen expérimental de stations océaniques, *J.O.R.F.*, 24 décembre 1980, p. 3031.

Loi n° 80-1048 du 23 décembre 1980 autorisant la ratification des protocoles additionnels n° 2 et n° 3 à la convention révisée pour la navigation du Rhin et du protocole de signature au protocole additionnel, *J.O.R.F.*, 24 décembre 1980, p. 3031.

Loi n° 80-1054 du 23 décembre 1980 autorisant l'adhésion de la République française à la Banque africaine de développement, *J.O.R.F.*, 24 décembre 1980, p. 3033.

Conventions bilatérales

Loi n° 80-392 du 4 juin 1980 autorisant l'approbation de la convention entre le Gouvernement de la République française et le Gouvernement de la République du Venezuela afin d'éviter la double imposition en matière de transport maritime et aérien, signée à Caracas, le 4 octobre 1978, *J.O.R.F.*, 5 juin 1980, p. 1382.

Loi n° 80-451 du 25 juin 1980 autorisant la ratification de la convention entre la République française et la République fédérale d'Allemagne sur l'assistance mutuelle en cas de catastrophes ou accidents graves, signée à Paris le 3 février 1977, *J.O.R.F.*, 26 juin 1980, p. 1567.

Loi n° 80-452 du 25 juin 1980 autorisant la ratification de la convention entre la République française et les États-Unis d'Amérique tendant à éviter les doubles impositions et à prévenir l'évasion fiscale en matière d'impôts sur les successions et sur les donations, signée à Washington le 24 novembre 1978, *J.O.R.F.*, 26 juin 1980, p. 1567.

Loi n° 80-453 du 25 juin 1980 autorisant l'approbation de l'avenant à la convention générale sur la sécurité sociale du 17 décembre 1965 entre le Gouvernement de la République française et le Gouvernement de la République tunisienne, signé à Paris le 1er février 1978, *J.O.R.F.*, 26 juin 1980, p. 1567.

Loi n° 80-454 du 25 juin 1980 autorisant l'approbation de la convention du 8 juin 1978 entre le Gouvernement de la République française et le Gouvernement de Son Altesse Sérénissime le prince de Monaco, relative à l'exécution réciproque des peines d'amende et de confiscation, et de l'échange de lettres afférent à cette convention, *J.O.R.F.*, 26 juin 1980, p. 1567.

Loi n° 80-456 du 25 juin 1980 autorisant l'approbation de l'avenant à la convention générale de sécurité sociale du 22 juillet 1965 entre le Gouvernement de la République française et le Gouvernement de la République islamique de Mauritanie, signé à Paris le 30 juin 1977, *J.O.R.F.*, 26 juin 1980, p. 1568.

Loi n° 80-457 du 25 juin 1980 autorisant l'approbation de la convention entre le Gouvernement de la République française et le Gouvernement de la République de El Salvador sur l'encouragement et la protection réciproques des investissements, ensemble deux échanges de lettres, signée à Paris le 20 septembre 1978, *J.O.R.F.*, 26 juin 1980, p. 1568.

Loi n° 80-458 du 25 juin 1980 autorisant l'approbation de la convention entre le Gouvernement de la République française et le Gouvernement de la République du Paraguay sur l'encouragement et la protection réciproques des investissements, ensemble un échange de lettres, signée à Assomption le 30 novembre 1978, *J.O.R.F.*, 26 juin 1980, p. 1568.

Loi n° 80-459 du 25 juin 1980 autorisant l'approbation de l'échange de lettres entre le Gouvernement de la République française et le Gouvernement de la République du Chili sur l'exonération réciproque des revenus des compagnies de navigation aérienne, signé à Santiago le 2 décembre 1977, ensemble l'échange de lettres rectificatif des 20 janvier et 23 juin 1978, *J.O.R.F.*, 26 juin 1980, p. 1569.

Loi n° 80-565 du 21 juillet 1980 autorisant la ratification de la convention franco-allemande additionnelle à la convention européenne d'entraide judiciaire en matière pénale du 20 avril 1959, *J.O.R.F.*, 22 juillet 1980, p. 1851.

Loi n° 80-868 du 5 novembre 1980 autorisant l'approbation de l'accord entre la France et le Canada sur la sécurité sociale, ensemble un protocole annexe, signés le 9 février 1979, ainsi que l'entente entre le Gouvernement de la République française et le Gouvernement du Québec, signée le 12 février 1979, *J.O.R.F.*, 7 novembre 1980, p. 2599.

Loi n° 80-869 du 5 novembre 1980 autorisant l'approbation de la convention entre le Gouvernement de la République française et le Gouvernement de la République de Corée tendant à éviter les doubles impositions et à prévenir l'évasion fiscale en matière d'impôts sur le revenu, signée à Paris le 19 juin 1979, et celle du protocole signé le même jour, *J.O.R.F.*, 7 novembre 1980, p. 2599.

Loi n° 80-937 du 27 novembre 1980 autorisant l'approbation de l'échange de lettres franco-algérien relatif au retour en Algérie de travailleurs algériens et de leur famille ainsi que de la convention générale entre le Gouvernement de la République française et le Gouvernement de la République algérienne et populaire sur la sécurité sociale, *J.O.R.F.*, 28 novembre 1980, p. 2775.

Loi n° 80-965 du 3 décembre 1980 autorisant l'approbation de la convention entre le Gouvernement de la République française et le Gouvernement de la République algérienne démocratique et populaire relative au transport de la Société nationale des chemins de fer algériens et de certains pensionnés au titre des lois françaises, *J.O.R.F.*, 4 décembre 1980, p. 2846.

Loi n° 80-1006 du 15 décembre 1980 autorisant l'approbation d'un avenant à la convention générale sur la sécurité sociale du 9 juillet 1965 entre le Gouvernement de la République française et le Gouvernement du Royaume du Maroc, *J.O.R.F.*, 16 décembre 1980, p. 2962.

Loi n° 80-1011 du 17 décembre 1980 autorisant l'approbation d'une convention entre le Gouvernement de la République française et le Gouvernement de la Nouvelle-Zélande en vue d'éviter les doubles impositions et de prévenir l'évasion fiscale en matière d'impôts sur le revenu, *J.O.R.F.*, 18 décembre 1980, p. 2978.

Loi n° 80-1036 du 22 décembre 1980 autorisant l'approbation, d'une part, de l'avenant à la convention générale sur la sécurité sociale entre la République française et la République portugaise, signée le 29 juillet 1971, d'autre part, du protocole complémentaire entre le Gouvernement de la République française et le Gouvernement de la République portugaise relatif à l'allocation supplémentaire de la loi française du 30 juin 1956 portant institution du fonds national de solidarité, *J.O.R.F.*, 23 décembre 1980, p. 3018.

Loi n° 80-1043 du 23 décembre 1980 autorisant l'approbation d'une convention d'établissement et d'une convention relative à la circulation des personnes entre le Gouvernement de la République française et le

Gouvernement de la République du Mali, *J.O.R.F.*, 24 décembre 1980, p. 3030.

Loi n° 80-1044 du 23 décembre 1980 autorisant l'approbation d'une convention entre le Gouvernement de la République française et le Gouvernement de la République Argentine en vue d'éviter les doubles impositions et de prévenir l'évasion fiscale en matière d'impôts sur le revenu et sur la fortune (ensemble un protocole), *J.O.R.F.*, 24 décembre 1980, p. 3030.

Loi n° 80-1045 du 23 décembre 1980 autorisant l'approbation d'une convention générale entre le Gouvernement de la République française et le Gouvernement de la République populaire du Bénin sur la sécurité sociale (ensemble cinq protocoles), *J.O.R.F.*, 24 décembre 1980, p. 3030.

Loi n° 80-1047 du 23 décembre 1980 autorisant l'approbation de l'accord de coopération en matière d'enseignement, de sciences et de culture entre la République française et la République du Niger, ensemble deux échanges de lettres, *J.O.R.F.*, 24 décembre 1980, p. 3031.

Loi n° 80-1049 du 23 décembre 1980 autorisant l'approbation de la convention entre le Gouvernement de la République française et le Gouvernement de la République d'Indonésie tendant à éviter les doubles impositions et à prévenir l'évasion fiscale en matière d'impôts sur le revenu et sur la fortune, *J.O.R.F.*, 24 décembre 1980, p. 3031.

Loi n° 80-1050 du 23 décembre 1980 autorisant l'approbation de l'accord particulier de coopération militaire entre le Gouvernement de la République française et le Gouvernement de l'île Maurice, ensemble un échange de lettres, *J.O.R.F.*, 24 décembre 1980, p. 3032.

Loi n° 80-1051 du 23 décembre 1980 autorisant l'approbation d'un accord de coopération économique, technique, scientifique et culturelle entre le Gouvernement de la République française et le Gouvernement de la République de Guinée équatoriale, *J.O.R.F.*, 24 décembre 1980, p. 3032.

Loi n° 80-1052 du 23 décembre 1980 autorisant l'approbation d'une convention entre le Gouvernement de la République française et le Gouvernement de la République du Cap-Vert sur la sécurité sociale, ensemble un protocole général, *J.O.R.F.*, 24 décembre 1980, p. 3032.

Loi n° 80-1053 du 23 décembre 1980 autorisant l'approbation d'un accord entre le Gouvernement de la République française et le Gouvernement de la République socialiste fédérative de Yougoslavie relatif aux privilèges et immunités des représentants de la République socialiste fédérative de Yougoslavie auprès de l'Organisation de coopération et de développement économique en France, ensemble un échange de lettres, *J.O.R.F.*, 24 décembre 1980, p. 3032.

Conventions entre les Communautés européennes et des États n'y appartenant pas

Loi n° 80-462 du 25 juin 1980 autorisant la ratification de la convention signée à Lomé le 31 octobre 1979 entre les États membres de la Communauté économique européenne et la *Communauté économique européenne*, d'une part, des États d'Afrique, des Caraïbes et du Pacifique, d'autre part, ainsi que l'approbation des deux accords internes afférents à cette convention, conclus à Bruxelles le 20 novembre 1979, *J.O.R.F.*, 26 juin 1980, p. 1569.

Loi n° 80-1010 du 17 décembre 1980 autorisant la ratification de l'accord de coopération entre les États membres de la Communauté économique européenne et la Communauté économique européenne, d'une part, et de la République socialiste fédérative de Yougoslavie, d'autre part, et de l'accord entre les États membres de la Communauté européenne du charbon et de l'acier, d'une part, et la République socialiste fédérative de Yougoslavie, d'autre part, *J.O.R.F.*, 18 décembre 1980, p. 2978.

ANNÉE 1981

Conventions multilatérales

Loi n° 81-348 du 15 avril 1981 autorisant l'approbation d'une convention des Nations Unies sur le transport de marchandises par mer, *J.O.R.F.*, 16 avril 1981, p. 1074.

Loi n° 81-357 du 15 avril 1981 autorisant l'approbation de la convention internationale du travail n° 111 concernant la discrimination en matière d'emploi et de profession, *J.O.R.F.*, 17 avril 1981, p. 1087.

Loi n° 81-742 du 5 août 1981 autorisant l'approbation de la convention internationale de 1973 pour la prévention de la pollution par les navires telle que modifiée par le protocole de 1978, *J.O.R.F.*, 6 août 1981, p. 2151.

Loi n° 81-747 du 5 août 1981 autorisant la ratification portant acte constitutif de l'Organisation des Nations Unies pour le développement industriel, *J.O.R.F.*, 6 août 1981, p. 2152.

Loi n° 81-943 du 17 octobre 1981 autorisant l'approbation d'un accord entre le Gouvernement de la République française et l'Agence de coopération culturelle et technique complétant l'accord de siège du 30 août 1972 et relatif au statut de l'école internationale de Bordeaux, *J.O.R.F.*, 20 octobre 1981, p. 2848.

Loi n° 81-990 du 6 novembre 1981 autorisant le Gouvernement à approuver l'accord international de 1979 sur le caoutchouc naturel, *J.O.R.F.*, 7 novembre 1981, p. 3038.

Loi n° 81-1079 du 8 décembre 1981 autorisant la ratification de quatre protocoles portant modification de la convention de Varsovie du 12 octobre 1929 pour l'unification de certaines règles relatives au transport aérien international, *J.O.R.F.*, 9 décembre 1981, p. 3351.

Loi n° 81-1140 du 24 décembre 1981 autorisant l'adhésion au protocole à la convention du 19 mai 1956 relative au contrat de transport international de marchandises par route (C.M.R.), *J.O.R.F.*, 26 décembre 1981, p. 3511.

Conventions bilatérales

Loi n° 81-349 du 15 avril 1981 autorisant l'approbation de l'accord de coopération en matière économique, monétaire et financière, de l'accord de coopération monétaire et de la convention relative aux conditions du concours militaire technique français, entre le Gouvernement de la République française et le Gouvernement de la République fédérale islamique des Comores, *J.O.R.F.*, 16 avril 1981, p. 1074.

Loi n° 81-350 du 15 avril 1981 autorisant l'approbation de la convention relative au concours en personnel apporté par la République française au fonctionnement des services publics de la République fédérale islamique des Comores, ensemble quatre annexes et deux protocoles, signée à Paris le 10 novembre 1978, *J.O.R.F.*, 16 avril 1981, p. 1074.

Loi n° 81-351 du 15 avril 1981 autorisant l'approbation de la convention de sécurité sociale en date du 12 décembre 1979 entre le Gouvernement de la République française et le Gouvernement du Royaume de Suède (ensemble un protocole), *J.O.R.F.*, 16 avril 1981, p. 1075.

Loi n° 81-744 du 5 août 1981 autorisant l'approbation d'une convention entre le Gouvernement de la République française et le Gouvernement du Royaume de Norvège en vue d'éviter les doubles impositions, de prévenir l'évasion fiscale et d'établir des règles d'assistance administrative réciproque en matière d'impôts sur le revenu et sur la fortune, *J.O.R.F.*, 6 août 1981, p. 2151.

Loi n° 81-745 du 5 août 1981 autorisant l'approbation d'un accord de coopération culturelle, scientifique et technique et d'un protocole entre le Gouvernement de la République française et le Gouvernement de la République populaire révolutionnaire de Guinée, *J.O.R.F.*, 6 août 1981, p. 2152.

Loi n° 81-746 du 5 août 1981 autorisant l'approbation d'un avenant modifiant la convention du 27 novembre 1964 entre le Gouvernement de la République française et le Gouvernement du Japon tendant à éviter les doubles impositions en matière d'impôts sur le revenu, *J.O.R.F.*, 6 août 1981, p. 2152.

Loi n° 81-748 du 5 août 1981 autorisant l'approbation d'un accord entre le Gouvernement de la République française et le Gouvernement de la République populaire de Chine sur l'établissement de postes consulaires, *J.O.R.F.*, 6 août 1981, p. 2152.

Loi n° 81-749 du 5 août 1981 autorisant l'approbation d'une convention entre le Gouvernement de la République française et le Gouvernement de la République populaire hongroise tendant à éviter les doubles impositions en matière d'impôts sur le revenu et sur la fortune, *J.O.R.F.*, 6 août 1981, p. 2153.

Loi n° 81-750 du 5 août 1981 autorisant l'approbation d'une convention entre le Gouvernement de la République française et le Gouvernement de la République du Libéria sur l'encouragement et la protection réciproques des investissements, *J.O.R.F.*, 6 août 1981, p. 2153.

Loi n° 81-751 du 5 août 1981 autorisant l'approbation de l'accord entre le Gouvernement de la République française et le Gouvernement de la République démocratique allemande relatif au statut et aux modalités de fonctionnement des centres culturels institués par l'accord de coopération culturelle conclu entre eux, *J.O.R.F.*, 6 août 1981, p. 2153.

Loi n° 81-752 du 5 août 1981 autorisant la ratification d'une convention consulaire entre la République française et la République démocratique allemande, *J.O.R.F.*, 6 août 1981, p. 2153.

Loi n° 81-753 du 5 août 1981 autorisant l'approbation d'une convention générale entre le Gouvernement de la République française et le Gouvernement de la République du Mali sur la sécurité sociale, *J.O.R.F.*, 6 août 1981, p. 2154.

Loi n° 81-942 du 17 octobre 1981 autorisant la ratification d'une convention entre la République française et la République populaire hongroise relative à l'entraide judiciaire en matière civile et familiale, à la reconnaissance et à l'exécution des décisions ainsi qu'à l'entraide judiciaire en matière pénale et à l'extradition, *J.O.R.F.*, 20 octobre 1981, p. 2848.

Loi n° 81-1078 du 8 décembre 1981 autorisant l'approbation de l'accord du 30 octobre 1979 entre le Gouvernement de la République française et le Conseil fédéral suisse concernant le traitement fiscal des libéralités faites dans des buts désintéressés, *J.O.R.F.*, 9 décembre 1981, p. 3351.

Loi n° 81-1139 du 24 décembre 1981 autorisant l'approbation d'un accord entre le Gouvernement de la République française et le Gouvernement de la République du Sénégal sur la formation en vue du retour et de l'insertion dans l'économie sénégalaise des travailleurs ayant émigré temporairement en France, *J.O.R.F.*, 26 décembre 1981, p. 3510.

Loi n° 81-1141 du 24 décembre 1981 autorisant l'approbation d'une convention entre le Gouvernement de la République française et le Gouvernement de la République démocratique socialiste de Sri Lanka sur l'encouragement et la protection réciproques des investissements, *J.O.R.F.*, 26 décembre 1981, p. 3511.

Convention des Communautés européennes

Loi n° 81-743 du 5 août 1981 autorisant l'approbation d'un accord entre la France, la Communauté européenne de l'énergie atomique et l'Agence internationale de l'énergie atomique relatif à l'application de garanties en France, *J.O.R.F.*, 6 août 1981, p. 2151.

ANNÉE 1982

Conventions multilatérales

Loi n° 82-347 du 20 avril 1982 autorisant l'approbation de la convention du 20 mai 1980 sur la conservation de la faune et de la flore marines de l'Antarctique, *J.O.R.F.*, 21 avril 1982, p. 1175.

Loi n° 82-374 du 6 mai 1982 autorisant la ratification du protocole au traité de l'Atlantique Nord sur l'accession de l'Espagne, *J.O.R.F.*, 7 mai 1982, p. 1291.

Loi n° 82-376 du 6 mai 1982 autorisant l'approbation d'un accord relatif à la participation française à la force multinationale et d'observateurs, *J.O.R.F.*, 7 mai 1982, p. 1292.

Loi n° 82-480 du 10 juin 1982 autorisant la ratification d'un protocole portant amendement de la convention relative à l'aviation civile internationale (article 83 bis), *J.O.R.F.*, 11 juin 1982, p. 1839.

Loi n° 82-482 du 10 juin 1982 autorisant l'approbation de la convention des Nations Unies du 11 avril 1980 sur les contrats de vente internationale des marchandises, *J.O.R.F.*, 11 juin 1982, p. 1840.

Loi n° 82-485 du 10 juin 1982 autorisant l'approbation d'une convention européenne sur la reconnaissance et l'exécution des décisions en matière de garde des enfants et de rétablissement de la garde des enfants, *J.O.R.F.*, 11 juin 1982, p. 1841.

Loi n° 82-486 du 10 juin 1982 autorisant l'approbation d'une convention sur les aspects civils de l'enlèvement international d'enfants, *J.O.R.F.*, 11 juin 1982, p. 1841.

Loi n° 82-488 du 10 juin 1982 autorisant l'approbation d'une disposition complémentaire aux conventions internationales concernant le transport par chemins de fer des marchandises, des voyageurs et des bagages, *J.O.R.F.*, 11 juin 1982, p. 1841.

Loi n° 82-520 du 21 juin 1982 autorisant l'approbation d'une convention relative aux transports internationaux ferroviaires, *J.O.R.F.*, 22 juin 1982, p. 1958.

Loi n° 82-523 du 21 juin 1982 autorisant la ratification de la convention sur la loi applicable aux obligations contractuelles, *J.O.R.F.*, 22 juin 1982, p. 1958.

Loi n° 82-524 du 21 juin 1982 autorisant la ratification de la convention tendant à faciliter l'accès international à la justice, *J.O.R.F.*, 22 juin 1982, p. 1959.

Loi n° 82-548 du 30 juin 1982 autorisant l'approbation de l'accord international de 1980 sur le cacao, *J.O.R.F.*, 1er juillet 1982, p. 2067.

Loi n° 82-549 du 30 juin 1982 autorisant l'approbation d'un accord portant création du fonds commun pour les produits de base, *J.O.R.F.*, 1er juillet 1982, p. 2068.

Loi n° 82-550 du 30 juin 1982 relative aux protocoles prorogeant l'accord international sur le blé de 1971, *J.O.R.F.*, 1er juillet 1982, p. 2068.

Loi n° 82-890 du 19 octobre 1982 autorisant l'approbation d'une convention pour la protection des personnes à l'égard du traitement automatisé des données à caractère personnel, *J.O.R.F.*, 20 octobre 1982, p. 3163.

Loi n° 82-1049 du 14 décembre 1982 autorisant la ratification d'une convention internationale pour la protection des obtentions végétales, *J.O.R.F.*, 15 décembre 1982, p. 3743.

Conventions bilatérales

Loi n° 82-348 du 20 avril 1982 autorisant l'approbation d'une convention d'assistance administrative mutuelle en matière de douane entre le Gouvernement de la République française et le Gouvernement de la République d'Autriche, *J.O.R.F.*, 21 avril 1982, p. 1175.

Loi n° 82-349 du 20 avril 1982 autorisant l'approbation d'un accord entre le Gouvernement de la République française et le Conseil fédéral suisse concernant la pêche dans le lac Léman, *J.O.R.F.*, 21 avril 1982, p. 1175.

Loi n° 82-350 du 20 avril 1982 autorisant l'approbation d'un avenant à la convention sur la sécurité sociale du 28 février 1952 entre le Gouvernement de la République française et le Gouvernement de la Principauté de Monaco, *J.O.R.F.*, 21 avril 1982, p. 1175.

Loi n° 82-414 du 19 mai 1982 concernant l'application de l'accord franco-guinéen du 26 janvier 1977 relatif au règlement du contentieux financier entre les deux pays, *J.O.R.F.*, 20 mai 1982, p. 1518.

Loi n° 82-477 du 10 juin 1982 autorisant l'approbation d'une convention entre le Gouvernement de la République française et le Gouvernement du Royaume du Maroc sur l'assistance aux personnes détenues et sur le transfèrement des condamnés, *J.O.R.F.*, 11 juin 1982, p. 1839.

Loi n° 82-478 du 10 juin 1982 autorisant l'approbation d'un accord entre le Gouvernement de la République française et le Gouvernement du Royaume d'Espagne relatif au régime fiscal applicable aux véhicules routiers utilisés pour le transport international, *J.O.R.F.*, 11 juin 1982, p. 1839.

Loi n° 82-479 du 10 juin 1982 autorisant l'approbation d'une convention entre le Gouvernement de la République française et le Gouvernement de la République démocratique socialiste du Sri Lanka en vue d'éviter les doubles impositions et de prévenir l'évasion fiscale en matière d'impôts sur le revenu, *J.O.R.F.*, 11 juin 1982, p. 1839.

Loi n° 82-481 du 10 juin 1982 autorisant l'approbation d'un accord entre le Gouvernement de la République française et le Gouvernement de la République d'Islande afin d'éviter la double imposition en matière de transport aérien, *J.O.R.F.*, 11 juin 1982, p. 1840.

Loi n° 82-483 du 10 juin 1982 autorisant l'approbation d'une convention entre le Gouvernement de la République française et le Gouvernement de l'île Maurice tendant à éviter les doubles impositions en matière d'impôts sur le revenu et sur la fortune, *J.O.R.F.*, 11 juin 1982, p. 1840.

Loi n° 82-484 du 10 juin 1982 autorisant la ratification d'une convention entre la République française et le Royaume du Maroc relative au statut des personnes et de la famille et à la coopération judiciaire, *J.O.R.F.*, 11 juin 1982, p. 1840.

Loi n° 82-487 du 10 juin 1982 autorisant l'approbation d'une convention franco-brésilienne de coopération judiciaire en matière civile, commerciale, sociale et administrative, *J.O.R.F.*, 11 juin 1982, p. 1841.

Loi n° 82-521 du 21 juin 1982 autorisant l'approbation d'un avenant n° 4 à la convention générale entre la France et la Tunisie sur la sécurité sociale, *J.O.R.F.*, 22 juin 1982, p. 1958.

Loi n° 82-522 du 21 juin 1982 autorisant l'approbation d'une convention fiscale franco-égyptienne du 19 juin 1980, *J.O.R.F.*, 22 juin 1982, p. 1958.

Loi n° 82-891 du 19 octobre 1982 autorisant l'approbation d'un accord et de quatre conventions relatifs à la coopération culturelle, scientifique et technique entre le Gouvernement de la République française et le Gouvernement de la République de Vanuatu, *J.O.R.F.*, 20 octobre 1982, p. 3164.

Loi n° 82-1048 du 14 décembre 1982 autorisant l'approbation d'une part, de l'échange de lettres du 2 avril 1979 entre la République française et la République fédérale d'Allemagne relatif à certaines dispositions fiscales et douanières afférentes aux travaux de construction du barrage de Kehl-Strasbourg et, d'autre part, de l'échange de lettres des 13 février et 30 avril 1981 complétant l'échange de lettres du 2 avril 1979 pour les travaux d'exploitation, d'entretien et de renouvellement du barrage de Kehl-Strasbourg, *J.O.R.F.*, 15 décembre 1982, p. 3743.

Loi n° 82-1092 du 23 décembre 1982 autorisant l'approbation d'une convention entre le Gouvernement de la République française et le Gouvernement du Royaume d'Arabie Saoudite en vue d'éviter les doubles impositions en matière d'impôts sur le revenu et sur les successions (ensemble un protocole), *J.O.R.F.*, 24 décembre 1982, p. 3851.

Loi n° 82-1093 du 23 décembre 1982 autorisant l'approbation d'une convention entre le Gouvernement de la République française et le Gouvernement de la République de Chypre en vue d'éviter les doubles impositions et de prévenir l'évasion fiscale en matière d'impôts sur le revenu et sur la fortune, *J.O.R.F.*, 24 décembre 1982, p. 3851.

Loi n° 82-1094 du 23 décembre 1982 autorisant l'approbation d'une convention entre le Gouvernement de la République française et le Gouvernement de l'État du Koweït en vue d'éviter les doubles impositions en matière d'impôts sur le revenu et sur les successions (ensemble un protocole), *J.O.R.F.*, 24 décembre 1982, p. 3851.

Loi n° 82-1095 du 23 décembre 1982 autorisant l'approbation d'une convention entre le Gouvernement de la République française et le Gouvernement du Royaume de Belgique sur l'assistance mutuelle en cas de catastrophes ou d'accidents graves, *J.O.R.F.*, 24 décembre 1982, p. 3851.

Loi n° 82-1096 du 23 décembre 1982 autorisant l'approbation d'une convention entre la République française et le Royaume de Belgique au sujet de l'amélioration de la Lys mitoyenne entre Deûlémont et Menin, *J.O.R.F.*, 24 décembre 1982, p. 3852.

Conventions des Communautés européennes

Loi n° 82-351 du 20 avril 1982 : 1° [...] ; 2° autorisant l'approbation d'un accord interne entre les États membres de la Communauté économique européenne modifiant l'accord interne relatif au financement et à la gestion des aides de la Communauté, signé le 20 novembre 1979, *J.O.R.F.*, 21 avril 1982, p. 1176.

Conventions entre les Communautés européennes et des États n'y appartenant pas

Loi n° 82-351 du 20 avril 1982 : 1° autorisant la ratification d'un accord relatif aux produits relevant de la Communauté européenne du charbon et de l'acier, signé entre les États membres de la Communauté européenne du charbon et de l'acier et la République du Zimbabwe ; 2° [...], *J.O.R.F.*, 21 avril 1982, p. 1176.

ANNÉE 1983

Conventions multilatérales

Loi n° 83-320 du 20 avril 1983 autorisant la ratification de trois accords relatifs à l'organisation européenne pour la sécurité de la navigation aérienne Eurocontrol, *J.O.R.F.*, 21 avril 1983, p. 1239.

Loi n° 83-347 du 28 avril 1983 autorisant la ratification d'une convention concernant les mesures à prendre pour interdire et empêcher l'importation, l'exportation et le transfert de propriété illicites des biens culturels, *J.O.R.F.*, 29 avril 1983, p. 1315.

Loi n° 83-348 du 28 avril 1983 autorisant l'adhésion de la France à l'acte constitutif de la commission européenne de lutte contre la fièvre aphteuse, *J.O.R.F.*, 29 avril 1983, p. 1315.

Loi n° 83-406 du 25 mai 1983 autorisant la ratification d'une convention relative aux décisions de rectification d'actes de l'état civil (ensemble deux annexes), *J.O.R.F.*, 26 mai 1983, p. 1571.

Loi n° 83-410 du 25 mai 1983 autorisant l'approbation de l'accord international sur l'étain du 26 juin 1981 (ensemble sept annexes), *J.O.R.F.*, 26 mai 1983, p. 1572.

Loi n° 83-560 du 1er juillet 1983 autorisant l'approbation de la convention européenne du 24 novembre 1977 relative au statut juridique du travailleur migrant, *J.O.R.F.*, 2 juillet 1983, p. 2011.

Loi n° 83-561 du 1er juillet 1983 autorisant la ratification d'une convention sur l'élimination de toutes les formes de discrimination à l'égard des femmes, *J.O.R.F.*, 2 juillet 1983, p. 2011.

Loi n° 83-967 du 9 novembre 1983 relative à l'augmentation de la quote-part de la France au Fonds monétaire international et à l'augmentation de sa participation aux accords généraux d'emprunt, *J.O.R.F.*, 10 novembre 1983, p. 3290.

Loi n° 83-983 du 16 novembre 1983 autorisant l'approbation de la convention du 3 décembre 1976 relative à la protection du Rhin contre la pollution par les chlorures, *J.O.R.F.*, 17 novembre 1983, p. 3350.

Loi n° 83-1023 du 2 décembre 1983 autorisant l'approbation d'un accord entre le Gouvernement de la République française et l'Organisation internationale de police criminelle relatif au siège d'Interpol et à ses privilèges et immunités sur le territoire français, *J.O.R.F.*, 3 décembre 1983, p. 3491.

Loi n° 83-1024 du 2 décembre 1983 autorisant la ratification d'un accord européen du 6 mai 1969 concernant les personnes participant aux procédures devant la Commission et la Cour européenne des droits de l'homme, *J.O.R.F.*, 3 décembre 1983, p. 3491.

Loi n° 83-1106 du 21 décembre 1983 autorisant l'approbation d'un protocole portant amendement de l'accord sur le financement collectif de certains services de navigation aérienne d'Islande, fait à Genève le 25 septembre 1956, *J.O.R.F.*, 22 décembre 1983, p. 3683.

Loi n° 83-1107 du 21 décembre 1983 autorisant l'approbation d'un protocole portant amendement de l'accord sur le financement collectif de certains services de navigation aérienne du Groenland et des îles Féroé, fait à Genève le 25 septembre 1956, *J.O.R.F.*, 22 décembre 1983, p. 3683.

Loi n° 83-1127 du 23 décembre 1983 autorisant l'adhésion au protocole facultatif se rapportant au pacte international relatif aux droits civils et politiques, ouvert à la signature à New York le 19 décembre 1966, *J.O.R.F.*, 27 décembre 1983, p. 3731.

Loi n° 83-1128 du 23 décembre 1983 autorisant la ratification d'une convention portant création de l'organisation européenne de télécommunications par satellite Eutelsat (ensemble deux annexes) et de l'accord d'exploitation relatif à l'organisation européenne de télécommunications par satellite Eutelsat (ensemble deux annexes), *J.O.R.F.*, 27 décembre 1983, p. 3731.

Loi n° 83-1130 du 23 décembre 1983 autorisant l'adhésion de la République française au protocole additionnel aux conventions de Genève du 12 août 1949 relatif à la protection des victimes des conflits armés non internationaux (protocole II), adopté à Genève le 8 juin 1977, *J.O.R.F.*, 27 décembre 1983, p. 3731.

Loi n° 83-1131 du 23 décembre 1983 autorisant l'approbation d'une convention-cadre européenne sur la coopération transfrontalière des collectivités ou autorités territoriales, *J.O.R.F.*, 27 décembre 1983, p. 3731.

Loi n° 83-1132 du 23 décembre 1983 autorisant la ratification d'une convention relative à l'adhésion de la République hellénique à la convention concernant la compétence judiciaire et l'exécution des décisions en matière civile et commerciale, *J.O.R.F.*, 27 décembre 1983, p. 3732 et rectificatif au *J.O.R.F.*, 14 juillet 1984, p. 2271.

Loi n° 83-1133 du 23 décembre 1983 autorisant la ratification d'une convention relative à l'adhésion du Royaume de Danemark, de l'Irlande et du Royaume-Uni de Grande-Bretagne et d'Irlande du Nord à la convention concernant la compétence judiciaire et l'exécution des décisions en matière civile et commerciale, *J.O.R.F.*, 27 décembre 1983, p. 3732.

Conventions bilatérales

Loi n° 83-317 du 20 avril 1983 autorisant l'approbation d'un accord général de coopération entre le Gouvernement de la République française et le Gouvernement de la République populaire du Mozambique, *J.O.R.F.*, 21 avril 1983, p. 1239.

Loi n° 83-318 du 20 avril 1983 autorisant l'approbation d'une convention entre le Gouvernement de la République française et le Gouvernement de la République tunisienne relative aux obligations de service national en cas de double nationalité, *J.O.R.F.*, 21 avril 1983, p. 1239.

Loi n° 83-319 du 20 avril 1983 autorisant l'approbation d'une convention entre le Gouvernement de la République française et le Gouvernement de la République tunisienne relative à l'entraide judiciaire en matière de droit de garde des enfants, de droit de visite et d'obligations alimentaires, *J.O.R.F.*, 21 avril 1983, p. 1239.

Loi n° 83-404 du 25 mai 1983 autorisant l'approbation d'une convention consulaire entre la République française et la République socialiste du Viêt-Nam, *J.O.R.F.*, 26 mai 1983, p. 1571.

Loi n° 83-405 du 25 mai 1983 autorisant l'approbation d'une convention entre la République française et la République arabe d'Egypte de coopération judiciaire en matière pénale, *J.O.R.F.*, 26 mai 1983, p. 1571.

Loi n° 83-407 du 25 mai 1983 autorisant l'approbation d'une convention entre la République française et la République arabe d'Egypte sur la coopération judiciaire en matière civile, y compris sur le statut personnel, et en matière sociale, commerciale et administrative, *J.O.R.F.*, 26 mai 1983, p. 1572.

Loi n° 83-408 du 25 mai 1983 autorisant l'approbation d'un accord entre le Gouvernement de la République française et le Gouvernement de la République de Guinée équatoriale sur l'encouragement et la protection réciproques des investissements, *J.O.R.F.*, 26 mai 1983, p. 1572.

Loi n° 83-409 du 25 mai 1983 autorisant la ratification d'un accord complémentaire du 9 juin 1980 à la convention générale sur la sécurité sociale entre la République française et la République d'Autriche, *J.O.R.F.*, 26 mai 1983, p. 1572.

Loi n° 83-491 du 16 juin 1983 autorisant l'approbation d'une convention entre le Gouvernement de la République française et le Gouvernement de la République algérienne démocratique et populaire en vue d'éviter les doubles impositions et d'établir des règles d'assistance réciproque en matière d'impôts sur le revenu, d'impôts sur les successions, de droits d'enregistrement et de droits de timbre, *J.O.R.F.*, 17 juin 1983, p. 1823.

Loi n° 83-492 du 16 juin 1983 autorisant l'approbation d'une convention pour la formation militaire entre le Gouvernement de la République française et le Gouvernement de la République islamique de Mauritanie (ensemble un échange de lettres), *J.O.R.F.*, 17 juin 1983, p. 1823.

Loi n° 83-493 du 16 juin 1983 autorisant la ratification d'un accord entre la République française et la République fédérale d'Allemagne relatif à la construction d'un pont routier sur le Rhin entre Marckolsheim et Sasbach (ensemble une annexe), *J.O.R.F.*, 17 juin 1983, p. 1823.

Loi n° 83-1072 du 14 décembre 1983 autorisant l'approbation d'un accord entre le Gouvernement de la République française et le Gouvernement de la République de Panama sur le traitement et la protection des investissements (ensemble deux échanges de lettres), *J.O.R.F.*, 15 décembre 1983, p. 3604.

Loi n° 83-1105 du 21 décembre 1983 autorisant l'approbation d'une convention entre le Gouvernement de la République française, le

Gouvernement de l'Espagne et le Gouvernement de la République portugaise relative à l'extension du bénéfice de certaines dispositions des conventions de sécurité sociale passées entre deux de ces États et aux ressortissants du troisième État, *J.O.R.F.*, 22 décembre 1983, p. 3683.

Loi n° 83-1108 du 21 décembre 1983 autorisant l'approbation d'une convention modifiant et complétant la convention additionnelle du 16 juillet 1975 à la convention du 4 juillet 1969 entre la République française et la République fédérale d'Allemagne au sujet de l'aménagement du Rhin entre Strasbourg-Kehl et Lauterbourg-Neuburgweier (ensemble un protocole additionnel), *J.O.R.F.*, 22 décembre 1983, p. 3684.

Loi n° 83-1129 du 23 décembre 1983 autorisant l'approbation d'une convention entre le Gouvernement de la République française et le Gouvernement des États-Unis d'Amérique sur le transfèrement des condamnés détenus, *J.O.R.F.*, 27 décembre 1983, p. 3731.

Loi n° 83-1134 du 23 décembre 1983 autorisant l'approbation d'une convention entre le Gouvernement de la République française et le Gouvernement fédéral d'Autriche relative au régime fiscal des véhicules routiers utilisés pour le transport international, *J.O.R.F.*, 27 décembre 1983, p. 3733.

ANNÉE 1984

Conventions multilatérales

Loi n° 84-320 du 3 mai 1984 autorisant l'adhésion de la République française à l'accord portant création de la Banque de développement des Caraïbes, *J.O.R.F.*, 4 mai 1984, p. 1315.

Loi n° 84-513 du 29 juin 1984 autorisant l'approbation des protocoles de 1983 portant nouvelle prorogation de la convention relative à l'aide alimentaire de 1980, constituant l'accord international du blé de 1971, *J.O.R.F.*, 30 juin 1984, p. 2046.

Loi n° 84-514 du 29 juin 1984 autorisant la ratification du deuxième protocole portant amendement à la convention du 27 octobre 1956 entre la République française, la République fédérale d'Allemagne et le grand-duché du Luxembourg au sujet de la canalisation de la Moselle, *J.O.R.F.*, 30 juin 1984, p. 2046.

Loi n° 84-515 du 29 juin 1984 autorisant la ratification d'une convention internationale du travail n°141 concernant les organisations de travailleurs ruraux et leur rôle dans le développement économique et social, *J.O.R.F.*, 30 juin 1984, p. 2046.

Loi n° 84-516 du 29 juin 1984 autorisant la ratification d'un accord concernant la sécurité sociale des bateliers rhénans, *J.O.R.F.*, 30 juin 1984, p. 2046.

Loi n° 84-539 du 4 juillet 1984 autorisant l'approbation d'un accord entre le Gouvernement de la République française et l'Organisation de l'aviation civile internationale relatif au statut de l'Organisation en France (ensemble deux annexes et deux échanges de lettres interprétatives), *J.O.R.F.*, 5 juillet 1984, p. 2109.

Loi n° 84-540 du 4 juillet 1984 autorisant l'approbation d'un accord international de 1983 sur le café, *J.O.R.F.*, 5 juillet 1984, p. 2109.

Loi n° 84-541 du 4 juillet 1984 autorisant la ratification d'un protocole à l'accord pour l'importation d'objets de caractère éducatif, scientifique et culturel (ensemble neuf annexes), *J.O.R.F.*, 5 juillet 1984, p. 2109.

Loi n° 84-542 du 4 juillet 1984 autorisant la ratification d'un accord instituant une fondation européenne (ensemble un acte final et un arrangement), *J.O.R.F.*, 5 juillet 1984, p. 2110.

Loi n° 84-547 du 4 juillet 1984 autorisant l'adhésion de la République française à une convention sur l'interdiction de la mise au point, de la fabrication et du stockage des armes bactériologiques (biologiques) ou à toxines et sur leur destruction, *J.O.R.F.*, 5 juillet 1984, p. 2111.

Loi n° 84-548 du 4 juillet 1984 autorisant l'approbation d'un accord international de 1982 sur le jute et les articles en jute, *J.O.R.F.*, 5 juillet 1984, p. 2111.

Loi n° 84-549 du 4 juillet 1984 autorisant la ratification d'une convention internationale du travail n° 149 concernant l'emploi et les conditions de travail et de vie du personnel, *J.O.R.F.*, 5 juillet 1984, p. 2112.

Loi n° 84-552 du 4 juillet 1984 autorisant la ratification d'une convention internationale du travail n° 142 concernant le rôle de l'orientation et de la formation professionnelles dans la mise en valeur des ressources humaines, *J.O.R.F.*, 5 juillet 1984, p. 2112.

Loi n° 84-1143 du 20 décembre 1984 autorisant l'approbation d'une convention du Conseil de l'Europe sur le transfèrement des personnes condamnées, *J.O.R.F.*, 21 décembre 1984, p. 3923.

Loi n° 84-1164 du 22 décembre 1984 autorisant la ratification d'un protocole additionnel à la convention de coopération monétaire entre les États membres de la Banque des États de l'Afrique centrale (B.E.A.C.) et la République française du 23 novembre 1972, *J.O.R.F.*, 26 décembre 1984, p. 3967.

Loi n° 84-1165 du 22 décembre 1984 autorisant l'approbation d'une convention (24 mai 1983) portant création d'une organisation européenne pour l'exploitation de satellites météorologiques « Eumetsat » (ensemble deux annexes), *J.O.R.F.*, 26 décembre 1984, p. 3967.

Conventions bilatérales

Loi n° 84-543 du 4 juillet 1984 autorisant l'approbation d'une convention de coopération judiciaire entre le Gouvernement de la République française et le Gouvernement de la République portugaise, relative à la protection des mineurs, *J.O.R.F.*, 5 juillet 1984, p. 2110.

Loi n° 84-544 du 4 juillet 1984 autorisant l'approbation de la convention du 4 décembre 1982 entre le Gouvernement de la République française et le Gouvernement de l'Espagne concernant la modification de la frontière le long de la route transpyrénéenne d'Aratte à Isaba, *J.O.R.F.*, 5 juillet 1984, p. 2110.

Loi n° 84-545 du 4 juillet 1984 autorisant l'approbation d'un accord entre la France et le Canada sur le transfèrement des détenus et la surveillance de certains condamnés (ensemble deux échanges de lettres), *J.O.R.F.*, 5 juillet 1984, p. 2111.

Loi n° 84-546 du 4 juillet 1984 autorisant l'approbation d'un accord entre le Gouvernement de la République française et le Gouvernement de la République italienne relatif à l'entretien des bornes et de la frontière, *J.O.R.F.*, 5 juillet 1984, p. 2111.

Loi n° 84-550 du 4 juillet 1984 autorisant l'approbation d'un accord entre le Gouvernement de la République française et le Gouvernement de l'État d'Israël sur l'encouragement et la protection réciproques des investissements (ensemble un échange de lettres), *J.O.R.F.*, 5 juillet 1984, p. 2112.

Loi n° 84-551 du 4 juillet 1984 autorisant l'approbation d'un accord entre le Gouvernement de la République française et le Gouvernement de la

République islamique du Pakistan sur l'encouragement et la protection réciproques des investissements (ensemble deux échanges de lettres), *J.O.R.F.*, 5 juillet 1984, p. 2112.

Loi n° 84-553 du 4 juillet 1984 autorisant l'approbation d'un accord entre le Gouvernement de la République française et le Gouvernement de la République tunisienne relatif aux transports internationaux de marchandises par route, *J.O.R.F.*, 5 juillet 1984, p. 2113.

Loi n° 84-554 du 4 juillet 1984 autorisant l'approbation d'un avenant à la convention entre la France et la Suède tendant à éviter les doubles impositions et à établir des règles d'assistance administrative réciproque en matière d'impôts directs du 24 décembre 1936, au protocole annexé à cette convention et au protocole final du 24 décembre 1936, *J.O.R.F.*, 5 juillet 1984, p. 2113.

Loi n° 84-555 du 4 juillet 1984 autorisant l'approbation d'un accord entre le Gouvernement de la République française et le Gouvernement de sa majesté le roi du Népal sur l'encouragement et la protection réciproques des investissements (ensemble trois échanges de lettres), *J.O.R.F.*, 5 juillet 1984, p. 2113.

Loi n° 84-556 du 4 juillet 1984 autorisant l'approbation d'une convention entre le Gouvernement de la République française et le Gouvernement de la République démocratique de Madagascar en vue d'éviter les doubles impositions, de prévenir l'évasion fiscale et d'établir des règles d'assistance administrative en matière fiscale (ensemble deux échanges de lettres), *J.O.R.F.*, 5 juillet 1984, p. 2114.

Loi n° 84-557 du 4 juillet 1984 autorisant l'approbation d'un protocole entre le Gouvernement de la République française et le Gouvernement de la République tunisienne relatif à la formation professionnelle et à la promotion de l'emploi, *J.O.R.F.*, 5 juillet 1984, p. 2114.

Loi n° 84-563 du 4 juillet 1984 autorisant l'approbation de l'accord du 9 février 1979 entre le Gouvernement de la République française et le Gouvernement de la République algérienne démocratique et populaire relatif aux obligations du service national (ensemble trois annexes et un échange de lettres), *J.O.R.F.*, 6 juillet 1984, p. 2128.

Loi n° 84-991 du 7 novembre 1984 autorisant l'approbation d'un accord entre le Gouvernement de la République française et le Gouvernement de la République populaire de Pologne relatif aux instituts français de Pologne et aux instituts polonais en France, *J.O.R.F.*, 9 novembre 1984, p. 3475.

Loi n° 84-1142 du 20 décembre 1984 autorisant l'approbation de l'accord du 8 mars 1984 entre le Gouvernement de la République française et le Gouvernement de la République du Costa Rica sur l'encouragement et la protection réciproques des investissements, ensemble trois échanges de lettres, *J.O.R.F.*, 21 décembre, p. 3923.

Loi n° 84-1144 du 20 décembre 1984 autorisant l'approbation d'un accord entre le Gouvernement de la République française et le Gouvernement de la République tunisienne relatif au patrimoine immobilier français construit ou acquis en Tunisie avant 1956 (ensemble une annexe), *J.O.R.F.*, 21 décembre 1984, p. 3924.

Loi n° 84-1145 du 20 décembre 1984 autorisant l'approbation d'une convention d'assistance mutuelle entre le Gouvernement de la République française et le Gouvernement des États-Unis du Mexique visant la prévention, la recherche et la répression des fraudes douanières par les administrations douanières des deux pays, *J.O.R.F.*, 21 décembre, p. 3924.

Loi n° 84-1146 du 20 décembre 1984 autorisant l'approbation de l'accord du 30 mai 1984 entre le Gouvernement de la République française et le Gouvernement de la République populaire de Chine sur l'encouragement et la protection réciproques des investissements, ensemble une annexe et un échange de lettres, *J.O.R.F.*, 21 décembre 1984, p. 3924.

Loi n° 84-1166 du 22 décembre 1984 autorisant l'approbation de l'accord du 30 mai 1984 entre le Gouvernement de la République française et le Gouvernement de la République populaire de Chine en vue d'éviter les doubles impositions et de prévenir l'évasion fiscale en matière d'impôts sur le revenu (ensemble un protocole), *J.O.R.F.*, 26 décembre 1984, p. 3967.

Convention des Communautés européennes

Loi n° 84-1213 du 29 décembre 1984 autorisant la ratification du traité modifiant les traités instituant les communautés européennes en ce qui concerne le Groenland, ensemble un protocole, *J.O.R.F.*, 30 décembre 1984, p. 4120.

ANNÉE 1985

Conventions multilatérales

Loi n° 85-8 du 2 janvier 1985 autorisant l'approbation de la convention du 14 mars 1978 sur la loi applicable aux contrats d'intermédiaires et à la représentation, *J.O.R.F.*, 3 janvier 1985, p. 65.

Loi n° 85-14 du 3 janvier 1985 autorisant l'approbation de la convention du 5 septembre 1980 relative à la reconnaissance volontaire des enfants nés hors du mariage, *J.O.R.F.*, 4 janvier 1985, p. 104.

Loi n° 85-537 du 21 mai 1985 autorisant l'approbation d'une convention des Nations Unies relative à un code de conduite des conférences maritimes, *J.O.R.F.*, 23 mai 1985, p. 5776.

Loi n° 85-541 du 22 mai 1985 relative à l'application du code de conduite des conférences maritimes établi par la convention des Nations Unies, conclue à Genève le 6 avril 1974, *J.O.R.F.*, 24 mai 1985, p. 5815 et rectificatif *J.O.R.F.*, décembre 1985, p. 15516.

Loi n° 85-609 du 18 juin 1985 autorisant l'approbation de la convention internationale du travail n° 90 concernant le travail de nuit des enfants dans l'industrie (révisée en 1948), *J.O.R.F.*, 20 juin 1985, p. 6810.

Loi n° 85-610 du 18 juin 1985 autorisant l'approbation de la convention internationale du travail n° 148 concernant la protection des travailleurs contre les risques professionnels dus à la pollution de l'air, au bruit et aux vibrations sur les lieux de travail, *J.O.R.F.*, 20 juin 1985, p. 6810.

Loi n° 85-611 du 18 juin 1985 autorisant l'approbation de la convention internationale du travail n° 152 concernant la sécurité et l'hygiène du travail dans les manutentions portuaires, *J.O.R.F.*, 20 juin 1985, p. 6810.

Loi n° 85-612 du 18 juin 1985 autorisant la ratification d'un protocole portant amendement de la convention relative à l'aviation civile internationale (art. 3 bis), *J.O.R.F.*, 20 juin 1985, p. 6810.

Loi n° 85-640 du 27 juin 1985 autorisant l'approbation d'un accord international de 1983 sur les bois tropicaux (ensemble trois annexes), *J.O.R.F.*, 28 juin 1985, p. 7136.

Loi n° 85-670 du 4 juillet 1985 autorisant l'approbation d'un protocole sur les privilèges de la Fondation européenne, *J.O.R.F.*, 6 juillet 1985, p. 7582.

Loi n° 85-671 du 4 juillet 1985 autorisant l'approbation d'un protocole sur les privilèges et immunités de l'Organisation internationale de télécommunications maritimes par satellites (Inmarsat), *J.O.R.F.*, 6 juillet 1985, p. 7582.

Loi n° 85-674 du 4 juillet 1985 autorisant l'approbation d'un protocole sur les immunités de la Fondation européenne, ouvert à la signature des États signataires de l'accord fait à Bruxelles le 29 mars 1982 instituant cette fondation, *J.O.R.F.*, 6 juillet 1985, p. 7583.

Loi n° 85-675 du 4 juillet 1985 autorisant l'approbation d'une convention pour la protection et la mise en valeur du milieu marin dans la région des Caraïbes (ensemble une annexe) et de son protocole relatif à la coopération en matière de lutte contre les déversements d'hydrocarbures dans la région des Caraïbes, *J.O.R.F.*, 6 juillet 1985, p. 7583.

Loi n° 85-676 du 4 juillet 1985 autorisant l'approbation d'un accord pour la mise en place d'un réseau européen expérimental de stations océaniques (Cost 43) (ensemble trois annexes), *J.O.R.F.*, 6 juillet 1985, p. 7583.

Loi n° 85-1172 du 12 novembre 1985 autorisant l'adhésion à un protocole sur l'intervention en haute mer en cas de pollution par des substances autres que les hydrocarbures, *J.O.R.F.*, 13 novembre 1985, p. 13111.

Loi n° 85-1173 du 12 novembre 1985 autorisant la ratification d'une convention contre la torture et autres peines ou traitements cruels, inhumains ou dégradants, *J.O.R.F.*, 13 novembre 1985 p. 13111.

Loi n° 85-1224 du 22 novembre 1985 autorisant la ratification de la troisième convention A.C.P. – C.E.E. (et documents connexes), signée à Lomé le 8 décembre 1984 ; l'approbation de l'accord interne de 1985 relatif au financement et à la gestion des aides de la Communauté, fait à Bruxelles le 19 février 1985 ; l'approbation de l'accord interne relatif aux mesures à prendre et aux procédures à suivre pour l'application de la troisième convention A.C.P. – C.E.E., *J.O.R.F.*, 23 novembre 1985, p. 13578.

Loi n° 85-1471 du 31 décembre 1985 autorisant l'approbation d'un accord de siège entre le Gouvernement de la République française et l'Organisation européenne de télécommunication par satellite (Eutelsat), 1er janvier 1986, p. 12.

Loi n° 85-1475 du 31 décembre 1985 autorisant la ratification du protocole n° 7 à la convention de sauvegarde des Droits de l'homme et des libertés fondamentales, *J.O.R.F.*, 1er janvier 1986, p. 13.

Loi n° 85-1476 du 31 décembre 1985 autorisant l'approbation d'un accord concernant la coopération en matière de lutte contre la pollution de la mer du Nord par les hydrocarbures et autres substances dangereuses (ensemble une annexe), *J.O.R.F.*, 1er janvier 1986, p. 13.

Loi n° 85-1478 du 31 décembre 1985 autorisant la ratification de la convention européenne d'extradition, *J.O.R.F.*, 1er janvier 1986, p. 14.

Loi n° 85-1479 du 31 décembre 1985 autorisant l'approbation d'un accord constitutif de la Société interaméricaine d'investissement (ensemble une annexe), *J.O.R.F.*, 1er janvier 1986, p. 14.

Loi n° 85-1480 du 31 décembre 1985 autorisant l'approbation du Code européen de sécurité sociale, fait à Strasbourg le 16 avril 1964, *J.O.R.F.*, 1er janvier 1986, p. 14.

Loi n° 85-1485 du 31 décembre 1985 autorisant la ratification du protocole n° 6 à la convention de sauvegarde des Droits de l'homme et des libertés fondamentales concernant l'abolition de la peine de mort, *J.O.R.F.*, 1er janvier 1986, p. 16.

Conventions bilatérales

Loi n° 85-3 du 2 janvier 1985 autorisant l'approbation d'un accord de coopération du 5 novembre 1985 en matière de marine marchande entre le Gouvernement de la République française et le Gouvernement du Royaume du Maroc, *J.O.R.F.*, 3 janvier 1985, p. 63.

Loi n° 85-4 du 2 janvier 1985 autorisant l'approbation d'une convention du 10 mai 1984 entre le Gouvernement de la République française et le Gouvernement de la République socialiste tchécoslovaque relative à l'entraide judiciaire, à la reconnaissance et à l'exécution des décisions en matière civile, familiale et commerciale (ensemble une annexe), *J.O.R.F.*, 3 janvier 1985, p. 63.

Loi n° 85-5 du 2 janvier 1985 autorisant la ratification d'un accord du 3 avril 1984 entre la République française et la République portugaise concernant l'utilisation par la République française de certaines facilités dans la région autonome des Açores, *J.O.R.F.*, 3 janvier 1985, p. 64.

Loi n° 85-6 du 2 janvier 1985 autorisant l'approbation d'une convention d'assistance administrative mutuelle en matière douanière entre le Gouvernement de la République française et le Gouvernement du Royaume de Suède, *J.O.R.F.*, 3 janvier 1985, p. 64.

Loi n° 85-7 du 2 janvier 1985 autorisant l'approbation d'un accord du 23 mai 1984 entre le Gouvernement de la République française et le Gouvernement de la République d'Haïti sur l'encouragement et la protection réciproques des investissements (ensemble un échange de lettres), *J.O.R.F.*, 3 janvier 1985, p. 65.

Loi n° 85-12 du 3 janvier 1985 autorisant l'approbation d'une convention du 28 mai 1984 entre le Gouvernement de la République française et le Gouvernement du Royaume hachémite de Jordanie en vue d'éviter les doubles impositions et de prévenir l'évasion fiscale en matière d'impôts sur le revenu, *J.O.R.F.*, 4 janvier 1985, p. 104.

Loi n° 85-13 du 3 janvier 1985 autorisant la ratification d'un accord du 18 novembre 1983 additionnel à la convention européenne d'entraide judiciaire en matière pénale du 20 avril 1959 entre la République française et la République d'Autriche (ensemble une annexe), *J.O.R.F.*, 4 janvier 1985, p. 104.

Loi n° 85-597 du 11 juin 1985 autorisant l'approbation d'un accord sous forme d'échange de lettres entre le Gouvernement de la République française et le Gouvernement de la République populaire hongroise relatif à l'exemption fiscale des instituts hongrois à Paris et français à Budapest, *J.O.R.F.*, 14 juin 1985, p. 6556.

Loi n° 85-639 du 27 juin 1985 autorisant l'approbation d'un avenant à la convention fiscale entre le Gouvernement de la République française et le Gouvernement de la République du Sénégal, tendant à éviter les doubles impositions et à établir des règles d'assistance réciproque en matière fiscale, signée le 29 mars 1974 (ensemble un protocole), *J.O.R.F.*, 28 juin 1985, p. 7136.

Loi n° 85-672 du 4 juillet 1985 autorisant l'approbation d'une convention de délimitation maritime entre le Gouvernement de Son Altesse Sérénissime le prince de Monaco (ensemble une annexe), *J.O.R.F.*, 6 juillet 1985, p. 7582.

Loi n° 85-673 du 4 juillet 1985 autorisant l'approbation d'une convention relative au concours en personnel apporté par la République française à la République gabonaise (ensemble un protocole), *J.O.R.F.*, 6 juillet 1985, p. 7582.

Loi n° 85-678 du 5 juillet 1985 autorisant l'approbation d'un avenant à la convention du 19 décembre 1980 entre le Gouvernement de la République française et le Gouvernement du Royaume de Norvège en vue d'éviter les doubles impositions, de prévenir l'évasion fiscale et d'établir des règles d'assistance administrative réciproque en matière d'impôts sur le revenu et sur la fortune (ensemble un protocole et un protocole additionnel), *J.O.R.F.*, 6 juillet 1985, p. 7588.

Loi n° 85-1338 du 18 décembre 1985 autorisant l'approbation de l'accord entre le Gouvernement de la République française et le Conseil fédéral suisse relatif à l'imposition des rémunérations des travailleurs frontaliers, signé à Paris le 11 avril 1983, complété par l'échange de lettres des 25 avril et 8 juin 1984 et modifié par l'échange de lettres des 2 et 5 septembre 1985, *J.O.R.F.*, 19 décembre 1985, p. 14777.

Loi n° 85-1472 du 31 décembre 1985 autorisant la ratification de la convention relative à l'adhésion de la République hellénique à la convention sur la loi applicable aux obligations contractuelles ouverte à la signature à Rome le 19 juin 1980, *J.O.R.F.*, 1er janvier 1986, p. 12.

Loi n° 85-1473 du 31 décembre 1985 autorisant l'approbation de l'avenant à l'entente entre le Gouvernement de la République française et le Gouvernement du Québec en matière de sécurité sociale du 12 février 1979, *J.O.R.F.*, 1er janvier 1986, p. 13.

Loi n° 85-1474 du 31 décembre 1985 autorisant l'approbation de l'accord sur la coopération culturelle, scientifique et technique entre le Gouvernement de la République française et le Gouvernement de Sa Majesté le roi du Népal, *J.O.R.F.*, 1er janvier 1986, p. 13.

Loi n° 85-1477 du 31 décembre 1985 autorisant l'approbation d'une convention de sécurité sociale entre le Gouvernement de la République française et le Gouvernement de la République de Côte-d'Ivoire (ensemble deux protocoles), *J.O.R.F.*, 1er janvier 1986, p. 14.

Loi n° 85-1481 du 31 décembre 1985 relative à la répartition de l'indemnité versée par la République populaire du Bénin en application de l'accord du 7 janvier 1984, *J.O.R.F.*, 1er janvier 1986, p. 15.

Loi n° 85-1482 du 31 décembre 1985 autorisant l'approbation d'un avenant à la convention fiscale entre le Gouvernement de la république française et le Gouvernement de la République de Côte-d'Ivoire tendant à éviter les doubles impositions et à établir des règles d'assistance réciproque en matière fiscale, signée le 6 avril 1966, ensemble un protocole, *J.O.R.F.*, 1er janvier 1986, p. 15.

Loi n° 85-1483 du 31 décembre 1985 autorisant l'approbation d'un accord de coopération en matière économique et financière entre le Gouvernement de la République française et le Gouvernement de la République gabonaise, *J.O.R.F.*, 1er janvier 1986, p. 15.

Loi n° 85-1484 du 31 décembre 1985 autorisant l'approbation d'un accord entre le Gouvernement de la République française et le Conseil fédéral suisse relatif au raccordement des autoroutes entre Saint-Julien-en-Genevois (Haute-Savoie) et Bardonnex (Genève) (ensemble une annexe), *J.O.R.F.*, 1er janvier 1986, p. 16.

Convention des Communautés européennes

Loi n° 85-1 du 2 janvier 1985 autorisant l'approbation d'un accord des 2 et 3 octobre 1984 entre les représentants des gouvernements des États membres portant sur le financement du budget rectificatif et supplémentaire n° 1 des Communautés, *J.O.R.F.*, 3 janvier 1985, p. 63.

Loi n° 85-1334 du 18 décembre 1985 autorisant la ratification du traité entre le Royaume de Belgique, le Royaume de Danemark, la République fédérale d'Allemagne, la République Hellénique, la République française, l'Irlande, la République italienne, le Grand-Duché de Luxembourg, le Royaume des Pays-Bas, le Royaume-Uni de Grande-Bretagne et d'Irlande du Nord, États membres des Communautés européennes, et le Royaume d'Espagne et de la République du Portugal, relatif à l'adhésion à la Communauté économique européenne et à la Communauté européenne de l'énergie atomique du Royaume d'Espagne et de la République du Portugal, signé le 12 juin 1985, *J.O.R.F.*, 19 décembre 1985, p. 14775.

Loi n° 85-1335 du 18 décembre 1985 autorisant l'approbation de la décision du Conseil des communautés européennes du 7 mai 1985 relative au système des ressources propres des communautés, *J.O.R.F.*, 19 décembre 1985, p. 14775.

Loi n° 85-1336 du 18 décembre 1985 autorisant l'approbation de l'accord intervenu au sein du Conseil des communautés européennes les 23 et 24 avril 1985 entre les représentants des gouvernements des États membres relatif au versement à la Communauté d'avances non remboursables pour 1985, *J.O.R.F.*, 19 décembre 1985, p. 14775.

ANNÉE 1986

Conventions multilatérales

Loi n° 86-798 du 3 juillet 1986 autorisant la ratification du protocole portant modification de la convention internationale pour l'unification de certaines règles en matière de connaissement du 25 août 1924, telle qu'amendée par le protocole de modification du 23 février 1968, fait à Bruxelles le 21 décembre 1979, *J.O.R.F.*, 4 juillet 1986, p. 8303.

Loi n° 86-1298 du 23 décembre 1986 autorisant l'approbation d'une convention pour la sauvegarde du patrimoine architectural de l'Europe, *J.O.R.F.*, 24 décembre 1986, p. 15544.

Loi n° 86-1300 du 23 décembre 1986 autorisant la ratification d'une convention internationale sur la protection des artistes interprètes ou exécutants, des producteurs de phonogrammes et des organismes de radiodiffusion, *J.O.R.F.*, 24 décembre 1986, p. 15544.

Conventions bilatérales

Loi n° 86-799 du 3 juillet 1986 autorisant l'approbation d'un accord sous forme d'échange de lettres entre le Gouvernement de la République française et le Gouvernement de Son Altesse Sérénissime le prince de Monaco relatif aux privilèges et immunités de l'Agence internationale de l'énergie atomique dans la principauté, *J.O.R.F.*, 4 juillet 1986, p. 8303.

Loi n° 86-828 du 11 juillet 1986 autorisant l'approbation d'un accord entre le Gouvernement de la République française et le Gouvernement de la République populaire du Bangladesh sur l'encouragement et la protection réciproques des investissements, *J.O.R.F.*, 12 juillet 1986, p. 8702.

Loi n° 86-829 du 11 juillet 1986 autorisant l'approbation de la convention d'assistance administrative mutuelle entre le Gouvernement de la République française et le Gouvernement de la République algérienne démocratique et populaire visant la prévention, la recherche et la répression des fraudes douanières par les administrations douanières des deux pays, *J.O.R.F.*, 12 juillet 1986, p. 8703.

Loi n° 86-855 du 22 juillet 1986 autorisant l'approbation d'un protocole d'entente relatif à la protection sociale des étudiants et des participants à la coopération entre le Gouvernement de la République française et le Gouvernement du Québec, *J.O.R.F.*, 23 juillet 1986, p. 9087.

Loi n° 86-1293 du 23 décembre 1986 autorisant l'approbation d'un accord entre le Gouvernement de la République française et le Gouvernement de la République arabe du Yémen sur l'encouragement et la protection des investissements (ensemble deux échanges de lettres), *J.O.R.F.*, 24 décembre 1986, p. 15543.

Loi n° 86-1294 du 23 décembre 1986 autorisant l'approbation d'une convention entre le Gouvernement de la République française et le

Gouvernement du Grand-Duché du Luxembourg pour la réalisation et l'exploitation de certaines implantations industrielles sur la Moselle, *J.O.R.F.*, 24 décembre 1986, p. 15543.

Loi n° 86-1295 du 23 décembre 1986 autorisant l'approbation d'une convention entre le Gouvernement de la République française et le Gouvernement de l'Union des républiques socialistes soviétiques en vue d'éviter la double imposition des revenus, ensemble un protocole, *J.O.R.F.*, 24 décembre 1986, p. 15543.

Loi n° 86-1296 du 23 décembre 1986 autorisant la ratification de l'avenant à la convention entre la République française et la République d'Autriche en vue d'éviter les doubles impositions et de prévoir une assistance réciproque dans le domaine des impôts sur le revenu et sur la fortune ainsi que dans celui de l'impôt sur les successions, *J.O.R.F.*, 24 décembre 1986, p. 15543.

Loi n° 86-1297 du 23 décembre 1986 autorisant l'approbation d'un avenant modifiant la convention entre le Gouvernement de la République française et le Gouvernement du Royaume-Uni de Grande-Bretagne et d'Irlande du Nord tendant à éviter des doubles impositions et à prévenir l'évasion fiscale en matière d'impôt sur les revenus, fait à Londres le 12 juin 1986, *J.O.R.F.*, 24 décembre 1986, p. 15544.

Convention des Communautés européennes

Loi n° 86-1275 du 16 décembre 1986 autorisant la ratification de l'Acte unique européen, *J.O.R.F.*, 17 décembre 1986, p. 15107.

ANNÉE 1987

Conventions multilatérales

Loi n° 87-272 du 16 avril 1987 autorisant l'approbation d'un protocole modifiant la convention de Bruxelles du 29 novembre 1969 sur la responsabilité civile pour les dommages dus à la pollution par les hydrocarbures (ensemble une annexe), *J.O.R.F.*, 18 avril 1987, p. 4407.

Loi n° 87-273 du 16 avril 1987 autorisant l'approbation d'un protocole modifiant la convention de Bruxelles du 18 décembre 1971 portant création d'un Fonds international d'indemnisation pour les dommages dus à la pollution par les hydrocarbures, *J.O.R.F.*, 18 avril 1987, p. 4407.

Loi n° 87-485 du 2 juillet 1987 autorisant l'approbation d'une convention sur la représentation en matière de vente internationale de marchandises, *J.O.R.F.*, 4 juillet 1987, p. 7311.

Loi n° 87-486 du 2 juillet 1987 autorisant l'approbation d'un protocole additionnel à la convention de 1979 sur la pollution atmosphérique transfrontière à longue distance relatif au financement à long terme du programme concerté de surveillance continue et d'évaluation du transport à longue distance des polluants atmosphériques en Europe (E.M.E.P.), *J.O.R.F.*, 4 juillet 1987, p. 7311.

Loi n° 87-537 du 15 juillet 1987 autorisant l'approbation d'un accord international sur le blé de 1986 comprenant la convention sur le commerce du blé et la convention relative à l'aide alimentaire, *J.O.R.F.*, 18 juillet 1987, p. 7959.

Loi n° 87-542 du 16 juillet 1987 autorisant la ratification de la convention européenne pour la répression du terrorisme, *J.O.R.F.*, 18 juillet 1987, p. 8023.

Loi n° 87-1134 du 31 décembre 1987 autorisant la ratification d'une convention sur l'interdiction ou la limitation de l'emploi de certaines armes classiques qui peuvent être considérées comme produisant des effets traumatiques excessifs ou comme frappant sans discrimination (ensemble les protocoles I et II), 1er janvier 1988, p. 14.

Conventions bilatérales

Loi n° 87-383 du 15 juin 1987 autorisant la ratification du traité entre la République française et le Royaume-Uni de Grande-Bretagne et d'Irlande du Nord concernant la construction et l'exploitation par des sociétés privées concessionnaires d'une liaison fixe trans-Manche, *J.O.R.F.*, 16 juin 1987, p. 6414.

Loi n° 87-384 du 15 juin 1987 portant approbation, en tant que besoin, de la concession concernant la conception, le financement, la construction et l'exploitation d'une liaison fixe à travers la Manche, signée le 14 mars 1986, *J.O.R.F.*, 16 juin 1987, p. 6414.

Loi n° 87-488 du 2 juillet 1987 autorisant l'approbation d'une convention relative à la coopération en matière de recherche scientifique et technique entre le Gouvernement de la République française et le Gouvernement du Burkina Faso, *J.O.R.F.*, 4 juillet 1987, p. 7312.

Loi n° 87-489 du 2 juillet 1987 autorisant l'approbation d'un accord de coopération en matière économique et financière entre le Gouvernement de la République française et le Gouvernement du Burkina Faso, *J.O.R.F.*, 4 juillet 1987, p. 7312.

Loi n° 87-490 du 2 juillet 1987 autorisant l'approbation d'une convention d'assistance administrative mutuelle en matière de lutte contre la fraude douanière entre le Gouvernement de la République française et le Gouvernement du Burkina Faso, *J.O.R.F.*, 4 juillet 1987, p. 7312.

Loi n° 87-521 du 10 juillet 1987 autorisant l'approbation d'un accord de sécurité sociale entre le Gouvernement de la République française et le Gouvernement des États-Unis d'Amérique, *J.O.R.F.*, 12 juillet 1987, p. 7828.

Loi n° 87-522 du 10 juillet 1987 autorisant l'approbation d'un accord entre le Gouvernement de la République française et le Gouvernement de la République populaire hongroise sur l'encouragement et la protection réciproques des investissements, *J.O.R.F.*, 12 juillet 1987, p. 7828.

Loi n° 87-923 du 18 novembre 1987 autorisant l'approbation d'une convention de coopération judiciaire en matière civile, y compris le statut personnel, commerciale, sociale et administrative entre le Gouvernement de la République française et le Gouvernement de la République de Djibouti, *J.O.R.F.*, 19 novembre 1987, p. 13464.

Loi n° 87-924 du 18 novembre 1987 autorisant l'approbation d'une convention sur le transfèrement des condamnés détenus entre le Gouvernement de la République française et le Gouvernement de la République de Djibouti, *J.O.R.F.*, 19 novembre 1987, p. 13464.

Loi n° 87-925 du 18 novembre 1987 autorisant l'approbation d'une convention d'entraide judiciaire en matière pénale entre le Gouvernement de la République française et le Gouvernement de la République de Djibouti, *J.O.R.F.*, 19 novembre 1987, p. 13464.

Loi n° 87-926 du 18 novembre 1987 autorisant l'approbation d'une convention d'extradition entre le Gouvernement de la République française et le Gouvernement de la République de Djibouti, *J.O.R.F.*, 19 novembre 1987, p. 13465.

Loi n° 87-927 du 18 novembre 1987 autorisant la ratification d'une convention d'entraide judiciaire en matière civile entre la République française et la République démocratique allemande, *J.O.R.F.*, 19 novembre 1987, p. 13465.

Loi n° 87-928 du 18 novembre 1987 autorisant l'approbation d'un avenant à la convention fiscale entre le Gouvernement de la République française et le Gouvernement de la République gabonaise tendant à éviter les doubles impositions et à établir des règles d'assistance réciproque en matière fiscale, *J.O.R.F.*, 19 novembre 1987, p. 13465.

Loi n° 87-929 du 18 novembre 1987 autorisant l'approbation d'une convention générale entre le Gouvernement de la République française et le Gouvernement de la République populaire du Congo, *J.O.R.F.*, 19 novembre 1987, p. 13466.

Loi n° 87-930 du 18 novembre 1987 autorisant l'approbation d'un accord de coopération militaire technique entre le Gouvernement de la République française et le Gouvernement de la République de Guinée équatoriale, *J.O.R.F.*, 19 novembre 1987, p. 13466.

Loi n° 87-931 du 18 novembre 1987 autorisant l'approbation d'un accord de coopération militaire technique entre le Gouvernement de la République française et le Gouvernement de la République de Guinée, *J.O.R.F.*, 19 novembre 1987, p. 13466.

Loi n° 87-932 du 18 novembre 1987 autorisant l'approbation d'un accord de coopération militaire technique entre le Gouvernement de la République française et le Gouvernement de la République islamique de Mauritanie, *J.O.R.F.*, 19 novembre 1987, p. 13467.

Loi n° 87-933 du 18 novembre 1987 autorisant l'approbation d'un accord de coopération militaire technique entre le Gouvernement de la République française et le Gouvernement de la République du Mali (ensemble un échange de lettres des 8 et 28 juillet 1986), *J.O.R.F.*, 19 novembre 1987, p. 13467.

Loi n° 87-991 du 10 décembre 1987 autorisant l'approbation d'un accord d'entraide judiciaire en matière civile et commerciale entre le Gouvernement de la République française et le Gouvernement de la République populaire de Chine, *J.O.R.F.*, 11 décembre 1987, p. 14399.

Loi n° 87-992 du 10 décembre 1987 autorisant l'approbation d'une convention entre le Gouvernement de la République française et le Gouvernement de la République italienne relative à la délimitation des frontières maritimes dans la région des bouches de Bonifacio, *J.O.R.F.*, 11 décembre 1987, p. 14399.

Loi n° 87-1049 du 29 décembre 1987 autorisant l'approbation du quatrième avenant modifiant la convention entre le Gouvernement de la République française et le Gouvernement du Royaume-Uni de Grande-Bretagne et d'Irlande du Nord tendant à éviter des doubles impositions et à prévenir l'évasion fiscale en matière d'impôts sur les revenus signée le 22 mai 1968, modifiée les 10 février 1971, 14 mai 1973 et 12 juin 1986, *J.O.R.F.*, 30 décembre 1987, p. 15376.

Convention des Communautés européennes

Loi n° 87-543 du 16 juillet 1987 autorisant la ratification d'un accord entre les États membres des communautés européennes concernant l'application de la convention européenne pour la répression du terrorisme, *J.O.R.F.*, 18 juillet 1987, p. 8023.

ANNÉE 1988

Conventions multilatérales

Loi n° 88-3 du 4 janvier 1988 relative à la reconnaissance de la vocation internationale de l'Association internationale des parlementaires de langue française, *J.O.R.F.*, 5 janvier 1988, p. 165.

Loi n° 88-10 du 4 janvier 1988 autorisant l'approbation d'un accord international de 1986 sur le cacao, fait à Genève le 25 juillet 1986, *J.O.R.F.*, 5 janvier 1988, p. 167.

Loi n° 88-997 du 21 octobre 1988 autorisant l'adhésion à un protocole relatif aux privilèges, exemptions et immunités de l'Organisation internationale de télécommunication par satellites, (Intelsat), *J.O.R.F.*, 22 octobre 1988, p. 13305.

Loi n° 88-998 du 21 octobre 1988 autorisant l'adhésion de la France à un accord portant création de l'Institut de développement de la radiodiffusion pour l'Asie et le Pacifique, *J.O.R.F.*, 22 octobre 1988, p. 13305.

Loi n° 88-999 du 21 octobre 1988 autorisant l'approbation d'une convention sur la protection de la nature dans le Pacifique Sud, *J.O.R.F.*, 22 octobre 1988, p. 13305.

Loi n° 88-1128 du 20 décembre 1988 autorisant l'approbation du protocole de Montréal relatif à des substances qui appauvrissent la couche d'ozone, *J.O.R.F.*, 21 décembre 1988, p. 15977.

Loi n° 88-1241 du 30 décembre 1988 autorisant la ratification de la convention internationale du travail n° 156 concernant l'égalité des chances et de traitement pour les travailleurs des deux sexes : travailleurs ayant des responsabilités familiales, *J.O.R.F.*, 3 janvier 1989, p. 56.

Loi n° 88-1242 du 30 décembre 1988 autorisant la ratification de la convention internationale du travail n° 158 concernant la cessation de la relation de travail à l'initiative de l'employeur, *J.O.R.F.*, 3 janvier 1989, p. 56.

Loi n° 88-1243 du 30 décembre 1988 autorisant la ratification d'une convention européenne pour la prévention de la torture et des peines ou traitements inhumains ou dégradants, *J.O.R.F.*, 3 janvier 1989, p. 57.

Loi n° 88-1250 du 30 décembre 1988 autorisant l'approbation du protocole n° 8 à la Convention européenne de sauvegarde des droits de l'homme et des libertés fondamentales, *J.O.R.F.*, 4 janvier 1989, p. 110.

Loi n° 88-1251 du 30 décembre 1988 autorisant l'approbation d'une convention européenne relative au dédommagement des victimes d'infractions violentes, *J.O.R.F.*, 4 janvier 1989, p. 110.

Loi n° 88-1252 du 30 décembre 1988 autorisant l'approbation d'une convention sur l'assistance en cas d'accident nucléaire ou en situation d'urgence radiologique, *J.O.R.F.*, 4 janvier 1989, p. 110.

Conventions bilatérales

Loi n° 88-4 du 4 janvier 1988 autorisant la ratification d'une convention entre la République française et la République populaire de Bulgarie en vue d'éviter les doubles impositions et de prévenir l'évasion fiscale en matière d'impôts sur le revenu, *J.O.R.F.*, 5 janvier 1988, p. 165.

Loi n° 88-5 du 4 janvier 1988 autorisant l'approbation d'une convention entre le Gouvernement de la République française et le Gouvernement de la République populaire du Bangladesh en vue d'éviter les doubles impositions et de prévenir l'évasion fiscale en matière d'impôts sur le revenu (ensemble un protocole), *J.O.R.F.*, 5 janvier 1988, p. 166.

Loi n° 88-6 du 4 janvier 1988 autorisant l'approbation d'une convention entre le Gouvernement de la République française et le Gouvernement de la République de Turquie en vue d'éviter les doubles impositions en matière d'impôts sur le revenu (ensemble un protocole), *J.O.R.F.*, 5 janvier 1988, p. 166.

Loi n° 88-7 du 4 janvier 1988 autorisant l'approbation d'une convention de coopération mutuelle, scientifique et technique entre le Gouvernement de la République française et le Gouvernement de la République algérienne démocratique et populaire, *J.O.R.F.*, 5 janvier 1988, p. 166.

Loi n° 88-8 du 4 janvier 1988 autorisant l'approbation d'une convention d'assistance administrative mutuelle entre le Gouvernement de la République française et le Gouvernement de la République islamique des Comores sur la prévention, la recherche et la répression des fraudes douanières, *J.O.R.F.*, 5 janvier 1988, p. 167.

Loi n° 88-9 du 4 janvier 1988 autorisant l'approbation d'un avenant à l'accord de coopération monétaire du 23 novembre 1979 entre le Gouvernement de la République française et le Gouvernement de la République fédérale islamique des Comores, *J.O.R.F.*, 5 janvier 1988, p. 167.

Loi n° 88-803 du 12 juillet 1988 autorisant l'approbation de l'avenant de la convention fiscale du 2 mai 1975 entre le Gouvernement de la République française et le Gouvernement du Canada ainsi que l'entente fiscale entre le Gouvernement de la République française et le Gouvernement du Québec en vue d'éviter les doubles impositions et de prévenir l'évasion fiscale en matière d'impôts sur le revenu, *J.O.R.F.*, 13 juillet 1988, p. 9110.

Loi n° 88-804 du 12 juillet 1988 autorisant l'approbation d'une convention entre le Gouvernement de la République française et le Gouvernement de la République de la Trinité-et-Tobago en vue d'éviter les doubles impositions et de prévenir l'évasion fiscale en matière d'impôts sur le revenu et d'encourager le commerce et les investissements internationaux (ensemble un protocole), *J.O.R.F.*, 13 juillet 1988, p. 9110

Loi n° 88-809 du 12 juillet 1988 autorisant l'approbation d'une convention entre le Gouvernement de la République française et le Gouvernement de la République algérienne démocratique et populaire relatives aux enfants issus de couples mixtes séparés franco-algériens, *J.O.R.F.*, 14 juillet 1988, p. 9142.

Loi n° 88-1000 du 21 octobre 1988 autorisant l'approbation d'un avenant à la convention du 4 octobre 1978 entre le Gouvernement de la République française et le Gouvernement de la République du Venezuela afin d'éviter la double imposition en matière de transport maritime et aérien, *J.O.R.F.*, 22 octobre 1988, p. 13306.

Loi n° 88-1028 du 9 novembre 1988 portant disposition statutaires et préparatoires à l'autodétermination de la Nouvelle-Calédonie en 1998, *J.O.R.F.*, 10 novembre 1988, p. 14087.

Loi n° 88-1240 du 30 décembre 1988 autorisant la ratification de deux protocoles au traité entre la République française et la République fédérale d'Allemagne sur la coopération franco-allemande en date du 22 janvier 1963, *J.O.R.F.*, 3 janvier 1989, p. 56.

Loi n° 88-1255 du 30 décembre 1988 autorisant l'approbation d'un accord entre le Gouvernement de la République française et le Conseil fédéral suisse sur l'assistance mutuelle en cas de catastrophe ou d'accident grave, *J.O.R.F.*, 4 janvier 1989, p. 111.

Loi n° 88-1256 du 30 décembre 1988 autorisant l'approbation d'un accord entre le Gouvernement de la République française et le Conseil fédéral suisse relatif à la reconnaissance réciproque des poinçons officiels apposés sur les ouvrages en métaux, *J.O.R.F.*, 4 janvier 1989, p. 111.

Loi n° 88-1257 du 30 décembre 1988 autorisant l'approbation de l'avenant d'une convention fiscale du 28 juillet 1967 entre la République française et les États-Unis d'Amérique en matière d'impôts sur le revenu et la fortune, *J.O.R.F.*, 4 janvier 1989, p. 112.

Loi n° 88-1258 du 30 décembre 1988 autorisant l'approbation d'un accord sous forme d'échange de lettres entre le Gouvernement de la République française et le Gouvernement du Canada relatif à l'emploi des membres des familles des agents des missions officielles de chaque État dans l'autre, *J.O.R.F.*, 4 janvier 1989, p. 112.

Loi n° 88-1259 du 30 décembre 1988 autorisant l'approbation d'un accord sur la coopération culturelle, scientifique et technique entre le Gouvernement de la République française et le Gouvernement de la République populaire du Bangladesh, *J.O.R.F.*, 4 janvier 1989, p. 112.

Loi n° 88-1260 du 30 décembre 1988 autorisant l'approbation d'une convention entre le Gouvernement de la République française et le Gouvernement de la République populaire du Congo en vue d'éviter les doubles impositions et de prévenir l'évasion fiscale en matière d'impôts sur le revenu, d'impôts sur les successions, de droits d'enregistrement et de droits de timbre (ensemble un protocole), *J.O.R.F.*, 4 janvier 1989, p. 112.

Convention des Communautés européennes

Loi n° 88-1253 du 30 décembre 1988 autorisant l'approbation d'une décision du Conseil des communautés européennes relative au système des ressources propres des communautés, *J.O.R.F.*, 4 janvier 1989, p. 111.

Loi n° 88-1254 du 30 décembre 1988 autorisant l'approbation d'un accord intervenu au sein du Conseil des communautés européennes entre les représentants des gouvernements des États membres relatif au versement à la Communauté d'avances non remboursables pour 1988, *J.O.R.F.*, 4 janvier 1989, p. 111.

ANNÉE 1989

Conventions multilatérales

Loi n° 89-24 du 17 janvier 1989 autorisant la ratification de la convention internationale du travail n° 159 concernant la réadaptation professionnelle et l'emploi des personnes handicapées, *J.O.R.F.*, 18 janvier 1989, p. 728.

Loi n° 89-322 du 18 mai 1989 autorisant l'approbation d'un accord entre le Gouvernement de la République française et l'Union internationale des télécommunications concernant la tenue, l'organisation et le financement de la conférence de plénipotentiaires de l'Union internationale des télécommunications, *J.O.R.F.*, 20 mai 1989, p. 6343.

Loi n° 89-385 du 13 juin 1989 autorisant l'approbation d'un accord entre le Gouvernement de la République française et la Banque des États de l'Afrique centrale relatif à l'établissement à Paris d'un bureau de la Banque des États de l'Afrique centrale et à ses privilèges et immunités sur le territoire français (ensemble une annexe), *J.O.R.F.*, 17 juin 1989, p. 7542.

Loi n° 89-386 du 13 juin 1989 autorisant l'approbation d'un accord entre le Gouvernement de la République française et l'Organisation internationale du café relatif au bureau de cette organisation et à ses privilèges et immunités sur le territoire français (ensemble deux annexes), *J.O.R.F.*, 17 juin 1989, p. 7542.

Loi n° 89-401 du 21 juin 1989 autorisant l'approbation d'une convention pour la protection, la gestion et la mise en valeur du milieu marin et des zones côtières de la région de l'Afrique orientale (ensemble une annexe) et de deux protocoles, l'un relatif aux zones protégées ainsi qu'à la faune et à la flore sauvages dans la région de l'Afrique orientale (ensemble quatre annexes), l'autre relatif à la coopération en matière de lutte contre la pollution des mers en cas de situation critique dans la région de l'Afrique orientale (ensemble une annexe), *J.O.R.F.*, 22 juin 1989, p. 7728.

Loi n° 89-402 du 21 juin 1989 autorisant l'approbation d'un amendement à l'article XI de la convention sur le commerce international des espèces de faune et de flore sauvage menacées d'extinction, *J.O.R.F.*, 22 juin 1989, p. 7728.

Loi n° 89-433 du 30 juin 1989 autorisant l'approbation d'une convention internationale sur la protection physique des matières nucléaires, *J.O.R.F.*, 1er juillet 1989, p. 8149.

Loi n° 89-435 du 30 juin 1989 autorisant la ratification d'un protocole pour la répression des actes illicites de violence dans les aéroports servant à l'aviation civile internationale, complémentaire à la convention pour la répression d'actes illicites dirigées contre la sécurité de l'aviation civile, faite à Montréal le 23 septembre 1971, *J.O.R.F.*, 1er juillet 1989, p. 8150.

Loi n° 89-454 du 6 juillet 1989 autorisant l'approbation d'un protocole relatif aux privilèges, exemptions et immunités de l'Organisation européenne pour l'exploitation de satellites météorologiques (Eumetsat), *J.O.R.F.*, 8 juillet 1989, p. 8536.

Loi n° 89-455 du 6 juillet 1989 autorisant l'approbation d'un accord entre le Gouvernement de la République française et l'Union latine relatif à l'établissement à Paris du secrétariat de l'Union latine et à ses privilèges et immunités sur le territoire français (ensemble une annexe), *J.O.R.F.*, 8 juillet 1989, p. 8536.

Loi n° 89-459 du 6 juillet 1989 autorisant l'approbation d'un accord entre le Gouvernement de la République française et l'organisation internationale de police criminelle – Interpol – relatif à la protection sociale des agents de l'organisation employés sur le territoire français, *J.O.R.F.*, 8 juillet 1989, p. 8537.

Loi n° 89-832 du 13 novembre 1989 autorisant la ratification d'une convention portant création de l'Agence multilatérale de garantie des investissements (ensemble deux annexes et deux appendices), faite à Séoul le 11 octobre 1985, et de la résolution adoptée à Washington le 30 octobre 1987, signées par la France le 22 juillet 1986, *J.O.R.F.*, 14 novembre 1989, p. 14120.

Loi n° 89-871 du 1er décembre 1989 autorisant l'approbation d'une convention relative à la construction et à l'exploitation d'une installation européenne de rayonnement synchrotron, *J.O.R.F.*, 5 décembre 1989, p. 15032.

Loi n° 89-877 du 4 décembre 1989 autorisant la ratification d'un protocole d'adhésion du Royaume d'Espagne et de la République portugaise au traité de collaboration en matière économique, sociale et culturelle et de légitime défense collective, signé à Bruxelles le 17 mars 1948, amendé par le protocole modifiant et complétant le traité de Bruxelles, signé à Paris le 23 octobre 1954 (ensemble une annexe), *J.O.R.F.*, 6 décembre 1989, p. 15078.

Loi n° 89-1004 du 31 décembre 1989 autorisant l'approbation d'une convention relative à la conservation de la vie sauvage et du milieu naturel de l'Europe, signée à Berne le 19 septembre 1979, *J.O.R.F.*, 2 janvier 1990, p. 8.

Loi n° 89-1005 du 31 décembre 1989 autorisant l'approbation d'une convention relative à la conservation des espèces migratrices appartenant à la faune sauvage, *J.O.R.F.*, 2 janvier 1990, p. 8.

Conventions bilatérales

Loi n° 89-384 du 13 juin 1989 autorisant l'approbation d'une convention d'assistance administrative mutuelle en matière douanière entre le Gouvernement de la République française et le Gouvernement de la République de Finlande, *J.O.R.F.*, 17 juin 1989, p. 7542.

Loi n° 89-387 du 13 juin 1989 autorisant l'approbation d'une convention d'extradition entre le Gouvernement de la République française et le Gouvernement de l'Australie, *J.O.R.F.*, 17 juin 1989, p. 7543.

Loi n° 89-456 du 6 juillet 1989 autorisant l'approbation d'une convention d'extradition entre le Gouvernement de la République française et le Gouvernement du Canada, *J.O.R.F.*, 8 juillet 1989, p. 8536.

Loi n° 89-457 du 6 juillet 1989 autorisant l'approbation d'une convention d'entraide judiciaire en matière civile entre le Gouvernement de la République française et le Gouvernement de la République populaire de Bulgarie, *J.O.R.F.*, 8 juillet 1989, p. 8537.

Loi n° 89-458 du 6 juillet 1989 autorisant l'approbation d'un accord-cadre relatif à l'aide et à la coopération en matière de recherche scientifique entre le Gouvernement de la République française et le Gouvernement de la République de Côte-d'Ivoire, *J.O.R.F.*, 8 juillet 1989, p. 8537.

Loi n° 89-872 du 1er décembre 1989 autorisant l'approbation d'un accord entre le Gouvernement de la République française et le Gouvernement de la République de Pologne sur l'encouragement et la protection réciproques des investissements (ensemble un échange de lettres), *J.O.R.F.*, 5 décembre 1989, p. 15032.

Loi n° 89-873 du 1er décembre 1989 autorisant l'approbation d'un accord entre le Gouvernement de la République française et le Gouvernement de la République populaire de Bulgarie sur l'encouragement et la protection réciproques des investissements (ensemble un échange de lettres et un protocole), *J.O.R.F.*, 5 décembre 1989, p. 15032.

Loi n° 89-1016 du 31 décembre 1989 autorisant l'approbation d'un avenant modifiant la convention entre la République française et la République fédérale d'Allemagne en vue d'éviter les doubles impositions et d'établir des règles d'assistance administrative et juridique réciproque en matière d'impôts sur le revenu et sur la fortune, ainsi qu'en matière de contribution des patentes et de contributions foncières du 21 juillet 1959, modifiée par l'avenant du 9 juin 1969, *J.O.R.F.*, 4 janvier 1990, p. 120.

ANNÉE 1990

Conventions multilatérales

Loi n° 90-14 du 2 janvier 1990 autorisant l'approbation d'un accord international sur l'utilisation des stations terriennes Inmarsat de navires dans les limites de la mer territoriale et des ports, *J.O.R.F.*, 5 janvier 1990, p. 167.

Loi n° 90-15 du 2 janvier 1990 autorisant l'approbation des amendements à la convention du 3 septembre 1976 portant création de l'Organisation internationale de télécommunications maritimes par satellites (Inmarsat) et des amendements à l'accord d'exploitation du 3 septembre 1976 relatif à l'Organisation internationale de télécommunications maritimes par satellites (Inmarsat), *J.O.R.F.*, 5 janvier 1990, p. 167.

Loi n° 90-16 du 2 janvier 1990 autorisant l'approbation des amendements à la convention du 3 septembre 1976 portant création de l'Organisation internationale de télécommunications maritimes par satellites (Inmarsat) et des amendements à l'accord d'exploitation du 3 septembre 1976 relatif à l'Organisation internationale de télécommunications maritimes par satellites (Inmarsat), *J.O.R.F.*, 5 janvier 1990, p. 167.

Loi n° 90-356 du 20 avril 1990 autorisant la ratification de la convention internationale du travail n° 138 concernant l'âge minimum d'admission à l'emploi, *J.O.R.F.*, 22 avril 1990, p. 4950.

Loi n° 90-397 du 11 mai 1990 autorisant la ratification du protocole portant modification de la convention du 29 juillet 1960 sur la responsabilité civile dans le domaine de l'énergie nucléaire, amendée par le protocole additionnel du 28 janvier 1964, et du protocole portant modification de la convention du 31 janvier 1963 complémentaire à la convention de Paris du 29 juillet 1960 sur la responsabilité civile dans le domaine de l'énergie nucléaire, amendée par le protocole additionnel du 28 janvier 1964, *J.O.R.F.*, 16 mai 1990, p. 5847.

Loi n° 90-423 du 21 mai 1990 autorisant l'approbation d'une convention sur la protection des ressources naturelles et de l'environnement de la région du Pacifique Sud (ensemble une annexe), ainsi que d'un protocole de coopération dans les interventions d'urgence contre les incidents générateurs de pollution dans la région du Pacifique Sud et d'un protocole sur la prévention de la pollution de la région du Pacifique Sud résultant de l'immersion de déchets (ensemble quatre annexes), *J.O.R.F.*, 23 mai 1990, p. 6146.

Loi n° 90-455 du 1er juin 1990 autorisant la ratification d'un protocole additionnel n° 4 à la convention révisée pour la navigation du Rhin (ensemble une déclaration), *J.O.R.F.*, 3 juin 1990, p. 6590.

Loi n° 90-547 du 2 juillet 1990 autorisant l'approbation du traité sur l'enregistrement international des œuvres audiovisuelles, *J.O.R.F.*, 5 juillet 1990, p. 7856.

Loi n° 90-548 du 2 juillet 1990 autorisant la ratification de la convention relative aux droits de l'enfant, *J.O.R.F.*, 5 juillet 1990, p. 7856.

Loi n° 90-563 du 2 juillet 1990 autorisant la ratification de la convention concernant la compétence judiciaire et l'exécution des décisions en matière civile et commerciale (ensemble trois protocoles et trois déclarations), *J.O.R.F.*, 7 juillet 1990, p. 8010.

Loi n° 90-584 du 2 juillet 1990 autorisant l'approbation de la Convention des Nations Unies contre le trafic illicite de stupéfiants et de substances psychotropes, *J.O.R.F.*, 11 juillet 1990, p. 8168.

Loi n° 90-585 du 2 juillet 1990 autorisant l'approbation de l'accord international de 1987 sur le caoutchouc naturel, *J.O.R.F.*, 11 juillet 1990, p. 8168.

Loi n° 90-604 du 12 juillet 1990 autorisant l'approbation d'un accord portant création de la Banque européenne pour la reconstruction et le développement (ensemble deux annexes et une déclaration), *J.O.R.F.*, 13 juillet 1990, p. 8276.

Loi n° 90-605 du 12 juillet 1990 autorisant l'approbation d'une convention portant création d'un réseau international pour l'amélioration de la production de la banane et de la banane plantain (Inibap), *J.O.R.F.*, 13 juillet 1990, p. 8276.

Loi n° 90-1078 du 5 décembre 1990 autorisant l'approbation d'une convention sur le contrôle des mouvements transfrontières de déchets dangereux et de leur élimination (ensemble six annexes), *J.O.R.F.*, 7 décembre 1990, p. 15023.

Loi n° 90-1140 du 19 décembre 1990 autorisant l'approbation de la convention pour la répression d'actes illicites contre la sécurité de la navigation maritime, *J.O.R.F.*, 23 décembre 1990, p. 15910.

Loi n° 90-1141 du 19 décembre 1990 autorisant l'approbation du protocole pour la répression d'actes illicites contre la sécurité des plates-formes fixes situées sur le plateau continental, *J.O.R.F.*, 23 décembre 1990, p. 15910.

Loi n° 90-1144 du 21 décembre 1990 autorisant l'approbation d'une convention contre le dopage, *J.O.R.F.*, 26 décembre 1990, p. 16009.

Loi n° 90-1146 du 21 décembre 1990 autorisant l'approbation par la France du protocole additionnel à la convention européenne d'entraide judiciaire en matière pénale, *J.O.R.F.*, 26 décembre 1990, p. 16009.

Loi n° 90-1159 du 26 décembre 1990 autorisant la ratification du traité portant règlement définitif concernant l'Allemagne, *J.O.R.F.*, 28 décembre 1990, p. 16200.

Conventions bilatérales

Loi n° 90-331 du 10 avril 1990 autorisant l'approbation de la convention entre le Gouvernement de la République française et le Gouvernement de la République équatorienne en vue d'éviter la double imposition et de prévenir l'évasion fiscale en matière d'impôts sur le revenu (ensemble un protocole), *J.O.R.F.*, 14 avril 1990, p. 4584.

Loi n° 90-332 du 10 avril 1990 autorisant l'approbation d'une convention entre le Gouvernement de la République française et le Gouvernement du Sultanat d'Oman en vue d'éviter les doubles impositions (ensemble un échange de lettres), *J.O.R.F.*, 14 avril 1990, p. 4584.

Loi n° 90-333 du 10 avril 1990 autorisant l'approbation d'une convention entre le Gouvernement de la République française et le Gouvernement des Emirats Arabes Unis en vue d'éviter les doubles impositions, *J.O.R.F.*, 14 avril 1990, p. 4584.

Loi n° 90-334 du 10 avril 1990 autorisant l'approbation d'un accord entre le Gouvernement de la République française et le Conseil exécutif de la République du Zaïre en vue d'éviter la double imposition en matière de transport aérien en trafic international, *J.O.R.F.*, 14 avril 1990, p. 4585.

Loi n° 90-353 du 20 avril 1990 autorisant l'approbation d'un avenant modifiant la convention entre le Gouvernement de la République française et le Gouvernement du Royaume du Maroc tendant à éliminer les doubles impositions et à établir des règles d'assistance mutuelle administrative en matière fiscale, *J.O.R.F.*, 22 avril 1990, p. 4949.

Loi n° 90-354 du 20 avril 1990 autorisant l'approbation d'un accord budgétaire entre le Gouvernement de la République française et le Gouvernement du Royaume du Maroc, *J.O.R.F.*, 22 avril 1990, p. 4949.

Loi n° 90-355 du 20 avril 1990 autorisant l'approbation d'un accord entre le Gouvernement de la République française et le Gouvernement du Grand-Duché de Luxembourg portant rectification de la frontière franco-luxembourgeoise, *J.O.R.F.*, 22 avril 1990, p. 4949.

Loi n° 90-456 du 1er juin 1990 autorisant l'approbation d'une convention entre le Gouvernement de la République française et le Gouvernement de la République italienne en vue d'éviter les doubles impositions en matière d'impôts sur le revenu et sur la fortune et de prévenir l'évasion et la fraude fiscales (ensemble un protocole et un échange de lettres), *J.O.R.F.*, 3 juin 1990, p. 6590.

Loi n° 90-512 du 25 juin 1990 autorisant l'approbation d'un avenant modifiant la convention entre le Gouvernement de la République française et le Gouvernement de l'Australie tendant à éviter les doubles impositions et à prévenir l'évasion fiscale en matière d'impôts sur le revenu, *J.O.R.F.*, 27 juin 1990, p. 7480.

Loi n° 90-564 du 2 juillet 1990 autorisant l'approbation d'un accord entre le Gouvernement de la République française et le Gouvernement de l'Union des républiques socialistes soviétiques relatif à la coopération pour la formation des hommes dans le domaine économique, *J.O.R.F.*, 7 juillet 1990, p. 8015.

Loi n° 90-565 du 2 juillet 1990 autorisant l'approbation d'un accord de coopération scientifique et culturelle entre le Gouvernement de la

République française et le Gouvernement de la République démocratique populaire Lao, *J.O.R.F.*, 7 juillet 1990, p. 8015.

Loi n° 90-576 du 2 juillet 1990 autorisant la ratification d'un accord entre la République française et l'État du Koweït sur l'encouragement et la protection réciproques des investissements (ensemble un protocole interprétatif), *J.O.R.F.*, 10 juillet 1990, p. 8127.

Loi n° 90-578 du 2 juillet 1990 autorisant l'approbation d'un avenant à la convention du 7 février 1982 entre le Gouvernement de la République française et le Gouvernement de l'État du Koweït en vue d'éviter les doubles impositions en matière d'impôts sur le revenu et sur les successions, *J.O.R.F.*, 10 juillet 1990, p. 8127.

Loi n° 90-1139 du 19 décembre 1990 autorisant l'approbation d'un accord entre le Gouvernement de la République française et le Gouvernement de la République populaire de Bulgarie sur le statut et les modalités de fonctionnement des centres culturels, *J.O.R.F.*, 23 décembre 1990, p. 15910.

Loi n° 90-1145 du 21 décembre 1990 autorisant l'approbation de l'accord entre le Gouvernement de la République française et le Gouvernement de la République démocratique populaire Lao sur l'encouragement et la protection réciproques des investissements (ensemble un échange de lettres), signé à Paris le 12 décembre 1989, *J.O.R.F.*, 26 décembre 1990, p. 16009.

Loi n° 90-1147 du 21 décembre 1990 autorisant l'approbation de la convention d'assistance administrative mutuelle en vue de prévenir, de rechercher et de réprimer les infractions douanières entre le Gouvernement de la République française et le Gouvernement du Royaume du Maroc, *J.O.R.F.*, 26 décembre 1990, p. 16009.

Loi n° 90-1148 du 21 décembre 1990 autorisant l'approbation d'une convention d'assistance administrative mutuelle en matière douanière entre le Gouvernement de la République française et le Gouvernement de la République démocratique de Madagascar, *J.O.R.F.*, 26 décembre 1990, p. 16009.

Loi n° 90-1149 du 21 décembre 1990 autorisant l'approbation de la convention entre le Gouvernement de la République française et le Gouvernement de la République fédérale du Nigeria en vue d'éviter les doubles impositions et de prévenir l'évasion fiscale en matière d'impôts sur le revenu et sur les gains en capital (ensemble un protocole), *J.O.R.F.*, 26 décembre 1990, p. 16009.

Loi n° 90-1150 du 21 décembre 1990 autorisant l'approbation d'une convention d'entraide judiciaire en matière pénale entre le Gouvernement de la République française et le Gouvernement du Canada, *J.O.R.F.*, 26 décembre 1990, p. 16009.

Conventions des Communautés européennes

Loi n° 90-577 du 2 juillet 1990 autorisant la ratification de la convention relative à l'adhésion du Royaume d'Espagne et de la République portugaise à la convention concernant la compétence judiciaire et l'exécution des décisions en matière civile et commerciale, ainsi qu'au protocole concernant son interprétation par la Cour de justice, avec les adaptations y apportées par la convention relative à l'adhésion du Royaume du Danemark, de l'Irlande et du Royaume-Uni de Grande-Bretagne et d'Irlande du Nord et les adaptations y apportées par la convention relative à l'adhésion de la République hellénique, *J.O.R.F.*, 10 juillet 1990, p. 8027.

ANNÉE 1991

Conventions multilatérales

Loi n° 91-4 du 3 janvier 1991 autorisant la ratification de la quatrième convention A.C.P. – C.E.E. (et documents connexes), signée à Lomé le 15 décembre 1989, l'approbation de l'accord interne de 1990 relatif au financement et à la gestion des aides de la Communauté, fait à Bruxelles le 17 juillet 1990, et à l'approbation de l'accord interne relatif aux mesures à prendre et aux procédures à suivre pour l'application de la quatrième convention A.C.P. – C.E.E., *J.O.R.F.*, 6 janvier 1991, p. 310.

Loi n° 91-594 du 25 juin 1991 autorisant la ratification d'un traité entre la République française et les Laender de Bade-Wurtemberg, de l'État libre de Bavière, de Berlin, de la ville libre et hanséatique de Brême, de la ville libre et hanséatique de Hambourg, de Hesse, de Basse-Saxe, de Rhénanie du Nord-Westphalie, de Rhénanie-Palatinat, de Sarre, du Schleswig-Holstein sur la chaîne culturelle européenne, *J.O.R.F.*, 27 juin 1991, p. 8272.

Loi n° 91-636 du 10 juillet 1991 autorisant l'approbation d'une convention sur le crédit-bail international, *J.O.R.F.*, 11 juillet 1991, p. 9026.

Loi n° 91-640 du 10 juillet 1991 autorisant l'approbation d'une convention sur l'affacturage international, *J.O.R.F.*, 12 juillet 1991, p. 9111.

Loi n° 91-642 du 10 juillet 1991 autorisant l'approbation de l'accord d'adhésion de la République italienne à la convention d'application de l'accord de Schengen du 14 juin 1985 entre les gouvernements des États de l'union économique Benelux, de la République fédérale d'Allemagne et de la République française relatif à la suppression graduelle des contrôles aux frontières communes, signée à Schengen le 19 juin 1990, *J.O.R.F.*, 12 juillet 1991, p. 9112.

Loi n° 91-737 du 30 juillet 1991 autorisant l'approbation de la convention d'application de l'accord de Schengen du 14 juin 1985 entre les gouvernements des États de l'Union économique Benelux, de la République fédérale d'Allemagne et de la République française relative à la suppression graduelle des contrôles aux frontières communes, signée à Schengen le 19 juin 1990, *J.O.R.F.*, 1er août 1991, p. 9112.

Loi n° 91-1289 du 21 décembre 1991 autorisant l'approbation d'un amendement au protocole de Montréal du 16 septembre 1987 relatif à des substances qui appauvrissent la couche d'ozone, *J.O.R.F.*, 24 décembre 1991, p. 16848.

Loi n° 91-1399 du 31 décembre 1991 autorisant la ratification du traité sur les forces armées conventionnelles en Europe (ensemble huit protocoles), signé à Paris le 19 novembre 1990, ainsi que trois déclarations faites le même jour, deux déclarations faites le 14 juin 1991 et deux déclarations faites le 18 octobre 1991, *J.O.R.F.*, 3 janvier 1992, p. 109.

Loi n° 91-1400 du 31 décembre 1991 autorisant l'approbation d'un protocole complémentaire entre les gouvernements de la République fédérale d'Allemagne, de la République française et du Grand-Duché de Luxembourg au protocole entre les gouvernements de la République fédérale d'Allemagne, de la République française et du Grand-Duché de Luxembourg concernant la constitution d'une Commission internationale pour la protection de la Moselle contre la pollution, signé à Paris le 20 décembre 1961, et au protocole entre les gouvernements de la République fédérale d'Allemagne et de la République française concernant la constitution d'une Commission internationale pour la protection de la Sarre contre la pollution, signé à Paris le 20 décembre 1961, relatif à la création d'un secrétariat commun, signé à Bruxelles le 22 mars 1990, *J.O.R.F.*, 3 janvier 1992, p. 109.

Loi n° 91-1401 du 31 décembre 1991 autorisant l'approbation des amendements à l'accord portant création du Fonds de solidarité africain, *J.O.R.F.*, 3 janvier 1992, p. 109.

Conventions bilatérales

Loi n° 91-417 du 4 mai 1991 autorisant l'approbation d'une convention d'assistance administrative mutuelle pour la prévention, la recherche et la répression des fraudes douanières entre le Gouvernement de la République française et le Gouvernement de la République du Mali, *J.O.R.F.*, 8 mai 1991, p. 6137.

Loi n° 91-492 du 15 mai 1991 autorisant l'approbation d'un accord entre le Gouvernement de la République française et le Gouvernement de la République fédérale du Nigeria sur l'encouragement et la protection réciproques des investissements (ensemble un protocole), *J.O.R.F.*, 22 mai 1991, p. 6877.

Loi n° 91-595 du 25 juin 1991 autorisant l'approbation d'un accord en matière d'enseignement, de culture, de sport, de communication audiovisuelle et de presse entre le Gouvernement de la République française et le Gouvernement du Burkina Faso et d'un échange de lettres rectificatif, *J.O.R.F.*, 26 juin 1991, p. 8273.

Loi n° 91-641 du 10 juillet 1991 autorisant l'approbation d'un accord entre le Gouvernement de la République française et le Gouvernement de la République fédérative tchèque et slovaque sur l'encouragement et la protection réciproques des investissements, *J.O.R.F.*, 12 juillet 1991, p. 9111.

Loi n° 91-1114 du 25 octobre 1991 autorisant l'approbation de l'accord entre le Gouvernement de la République française et le Gouvernement de la République populaire et démocratique d'Ethiopie en vue d'éviter la double imposition en matière de transport aérien, *J.O.R.F.*, 29 octobre 1991, p. 14175.

Loi n° 91-1242 du 13 décembre 1991 autorisant l'approbation d'une convention générale entre le Gouvernement de la République française et le Gouvernement de la République du Cameroun sur la sécurité sociale (ensemble un protocole relatif au régime d'assurances sociales des étudiants), *J.O.R.F.*, 14 décembre 1991, p. 16338.

Loi n° 91-1286 du 21 décembre 1991 autorisant l'approbation d'une convention entre le Gouvernement de la République française et le Gouvernement de Maurice relative à l'assistance administrative mutuelle internationale en vue de prévenir, rechercher et réprimer les infractions douanières, *J.O.R.F.*, 24 décembre 1991, p. 16847.

Loi n° 91-1287 du 21 décembre 1991 autorisant l'approbation d'un accord sous forme d'échange de lettres entre le Gouvernement de la République française et le Gouvernement de Son Altesse Sérénissime le Prince de Monaco relatif à la construction du tunnel destiné à relier le réseau routier monégasque à la route nationale 7, *J.O.R.F.*, 24 décembre 1991, p. 16947.

Loi n° 91-1290 du 21 décembre 1991 autorisant la ratification de l'accord entre la République française et le Royaume d'Espagne en vue de la construction d'un tunnel routier au col du Somport, *J.O.R.F.*, 24 décembre 1991, p. 16848.

Loi n° 91-1291 du 21 décembre 1991 autorisant l'approbation de la convention entre le Gouvernement de la République française et le Gouvernement de Suède en vue d'éviter les doubles impositions et de prévenir l'évasion fiscale en matière d'impôts sur le revenu et sur la fortune (ensemble un protocole), complétée par un échange de lettres des 14 et 18 mars 1991, *J.O.R.F.*, 24 décembre 1991, p. 16848.

Loi n° 91-1392 du 31 décembre 1991 autorisant l'approbation de la convention entre le Gouvernement de la République française et le Gouvernement de l'État du Qatar en vue d'éviter les doubles impositions, *J.O.R.F.*, 3 janvier 1992, p. 106.

Loi n° 91-1393 du 31 décembre 1991 autorisant l'approbation d'un avenant à la convention entre le Gouvernement de la République française et le Gouvernement de la République du Sénégal tendant à éviter les doubles impositions et à établir des règles d'assistance réciproque en matière d'impôts sur le revenu, d'impôts sur les successions, de droits d'enregistrement et de droits de timbre, signée le 29 mars 1974 et modifiée par l'avenant du 16 juillet 1984, *J.O.R.F.*, 3 janvier 1992, p. 107.

Loi n° 91-1394 du 31 décembre 1991 autorisant l'approbation d'un avenant à la convention du 24 avril 1975 entre le Gouvernement de la République française et le Gouvernement de la Malaisie tendant à éviter les doubles impositions et à prévenir l'évasion fiscale en matière d'impôts sur le revenu, *J.O.R.F.*, 3 janvier 1992, p.107.

Loi n° 91-1395 du 31 décembre 1991 autorisant l'approbation d'une convention entre le Gouvernement de la République française et le Gouvernement de la République d'Islande en vue d'éviter les doubles impositions et de prévenir l'évasion fiscale en matière d'impôts sur le revenu (ensemble un protocole), *J.O.R.F.*, 3 janvier 1992, p. 107.

Loi n° 91-1396 du 31 décembre 1991 autorisant l'approbation d'un avenant à la convention du 19 juin 1979 entre le Gouvernement de la République française et le Gouvernement de la République de Corée tendant à éviter les doubles impositions et à prévenir l'évasion fiscale en matière d'impôts sur le revenu, *J.O.R.F.*, 3 janvier 1992, p. 108.

Loi n° 91-1397 du 31 décembre 1991 autorisant l'approbation du protocole complémentaire à l'accord de coopération culturelle, éducative, scientifique et technique, conclu entre le Gouvernement de la République française et le Gouvernement militaire fédéral du Nigéria le 16 mai 1984, relatif au statut des personnels de coopération : professeurs, enseignants, techniciens et experts mis à disposition de l'autre partie, *J.O.R.F.*, 3 janvier 1992, p. 108.

Loi n° 91-1398 du 31 décembre 1991 autorisant l'approbation d'une convention entre le Gouvernement de la République française et le Gouvernement de la République italienne en vue d'éviter les doubles impositions en matière d'impôts sur les successions et sur les donations et de prévenir l'évasion et la fraude fiscales (ensemble un protocole), *J.O.R.F.*, 3 janvier 1992, p. 108.

Conventions des Communautés européennes

Loi n° 91-1115 du 25 octobre 1991 autorisant l'approbation d'un accord entre les États membres des communautés européennes relatif à la transmission des procédures répressives, *J.O.R.F.*, 29 octobre 1991, p. 14175.

Loi n° 91-1116 du 25 octobre 1991 autorisant l'approbation de la convention entre les États membres des communautés européennes relative à l'application du principe *ne bis in idem*, *J.O.R.F.*, 29 octobre 1991, p. 14175.

Loi n° 91-1288 du 21 décembre 1991 autorisant la ratification de l'accord en matière de brevets communautaires, ensemble la convention relative au brevet européen pour le marché commun (convention sur le brevet communautaire) et un règlement d'exécution, le protocole sur le règlement des litiges en matière de contrefaçon et de validité des brevets communautaires (protocole sur litiges), le protocole sur les privilèges et immunités de la Cour d'appel commune, le protocole sur le statut de la Cour d'appel commune, ainsi que la ratification du protocole relatif à une éventuelle modification des conditions d'entrée en vigueur de l'accord en matière de brevets communautaires, *J.O.R.F.*, 24 décembre 1991, p. 16848.

Loi n° 91-1391 du 31 décembre 1991 autorisant la ratification de la convention relative à l'élimination des doubles impositions en cas de correction des bénéfices d'entreprises associées, *J.O.R.F.* 3 janvier 1992, p. 106.

ANNÉE 1992

Conventions multilatérales

Loi n° 92-574 du 1er juillet 1992 autorisant l'adhésion au traité de non-prolifération des armes nucléaires, *J.O.R.F.*, 2 juillet 1992, p. 8680.

Loi n° 92-576 du 1er juillet 1992 autorisant l'adhésion à l'accord relatif au programme international de l'énergie (tel qu'amendé au 19 mai 1980), *J.O.R.F.*, 2 juillet 1992, p. 8680.

Loi n° 92-577 du 1er juillet 1992 autorisant l'approbation de l'accord entre le Gouvernement de la République française et l'Organisation de coopération et de développement économiques relatif à la protection sociale des membres du personnel employés par ladite organisation sur le territoire français, signé à Paris le 24 septembre 1991, *J.O.R.F.*, 2 juillet 1992, p. 8681.

Loi n° 92-579 du 1er juillet 1992 autorisant l'adhésion de la France à la convention pour la reconnaissance mutuelle des inspections concernant la fabrication des produits pharmaceutiques, *J.O.R.F.*, 2 juillet 1992, p. 8681.

Loi n° 92-580 du 1er juillet 1992 autorisant l'approbation des statuts du Groupe d'étude international du cuivre, *J.O.R.F.*, 2 juillet 1992, p. 8681.

Loi n° 92-581 du 1er juillet 1992 autorisant l'approbation des statuts du Groupe d'étude international de l'étain, *J.O.R.F.*, 2 juillet 1992, p. 8682.

Loi n° 92-582 du 1er juillet 1992 autorisant l'approbation des statuts du Groupe d'étude international du nickel, *J.O.R.F.*, 2 juillet 1992, p. 8682.

Loi n° 92-1318 du 18 décembre 1992 autorisant l'approbation du protocole au traité sur l'Antarctique relatif à la protection de l'environnement, *J.O.R.F.*, 19 décembre 1992, p. 17379.

Conventions bilatérales

Loi n° 92-427 du 9 mai 1992 autorisant l'approbation de la convention de coopération judiciaire entre le Gouvernement de la République française et le Gouvernement de la République Argentine, *J.O.R.F.*, 12 mai 1992, p. 6448.

Loi n° 92-465 du 25 mai 1992 autorisant l'approbation d'un accord entre le Gouvernement de la République française et le Gouvernement de la Roumanie sur le statut et les modalités de fonctionnement des centres culturels, *J.O.R.F.*, 27 mai 1992, p. 7144.

Loi n° 92-466 du 25 mai 1992 autorisant l'approbation d'un accord entre le Gouvernement de la République française et le Gouvernement de la République fédérative tchèque et slovaque sur la création et les modalités de fonctionnement des centres culturels, *J.O.R.F.*, 27 mai 1992, p. 7144.

Loi n° 92-575 du 1er juillet 1992 autorisant la ratification du traité d'amitié et de solidarité entre la République française et la République de Pologne, *J.O.R.F.*, 2 juillet 1992, p. 8680.

Loi n° 92-578 du 1er juillet 1992 autorisant l'approbation de la convention entre le Gouvernement de la République française et le Gouvernement des États-Unis du Mexique en vue d'éviter les doubles impositions et de prévenir l'évasion fiscale en matière d'impôts sur le revenu, *J.O.R.F.*, 2 juillet 1992, p. 8681.

Loi n° 92-591 du 1er juillet 1992 autorisant la ratification d'un traité d'entente et d'amitié entre la République française et la République de Hongrie, *J.O.R.F.*, 3 juillet 1992, p. 8800.

Loi n° 92-592 du 1er juillet 1992 autorisant la ratification du traité d'entente amicale et de coopération entre la République française et la Roumanie, *J.O.R.F.*, 3 juillet 1992, p. 8800.

Loi n° 92-593 du 1er juillet 1992 autorisant la ratification du traité d'entente et d'amitié entre la République française et la République fédérative tchèque et slovaque, *J.O.R.F.*, 3 juillet 1992, p. 8800.

Loi n° 92-594 du 1er juillet 1992 autorisant l'approbation de la convention de sécurité sociale entre le Gouvernement de la République française et le Gouvernement de la République des Philippines, signée à Manille le 7 février 1990, *J.O.R.F.*, 3 juillet 1992, p. 8801.

Loi n° 92-595 du 1er juillet 1992 autorisant l'approbation du protocole entre le Gouvernement de la République française et le Gouvernement de la République arabe d'Egypte relatif au régime de protection sociale des étudiants, signé à Paris le 13 avril 1990, *J.O.R.F.*, 3 juillet 1992, p. 8801.

Loi n° 92-596 du 1er juillet 1992 autorisant l'approbation de l'avenant n° 2 à la convention générale du 20 janvier 1972 sur la sécurité sociale entre le Gouvernement de la République française et le Gouvernement de la République de Turquie, signée à Ankara le 17 avril 1990, *J.O.R.F.*, 3 juillet 1992, p. 8801.

Loi n° 92-1313 du 18 décembre 1992 autorisant l'approbation de la convention entre le Gouvernement de la République française et le Gouvernement des Emirats arabes unis relative à l'entraide judiciaire, la reconnaissance et l'exécution des décisions en matière civile et commerciale, *J.O.R.F.*, 19 décembre 1992, p. 17378.

Loi n° 92-1314 du 18 décembre 1992 autorisant l'approbation de la convention d'entraide judiciaire en matière civile et commerciale entre le Gouvernement de la République française et le Gouvernement de la République orientale de l'Uruguay, *J.O.R.F.*, 19 décembre 1992, p. 17378.

Loi n° 92-1315 du 18 décembre 1992 autorisant la ratification d'un accord entre le Gouvernement de la République française et les Émirats arabes unis sur l'encouragement et la protection réciproques des investissements (ensemble un protocole interprétatif), *J.O.R.F.*, 19 décembre 1992, p. 17378.

Loi n° 92-1316 du 18 décembre 1992 autorisant l'approbation de l'accord entre le Gouvernement de la République française et le Gouvernement de la République Argentine sur l'encouragement et la protection réciproques des investissements (ensemble une déclaration), *J.O.R.F.*, 19 décembre 1992, p. 17379.

Loi n° 92-1317 du 18 décembre 1992 autorisant la ratification du traité entre la France et la Russie, signé le 7 février 1992, *J.O.R.F.*, 19 décembre 1992, p. 17379.

Convention de l'Union européenne et des Communautés européennes

Loi n° 92-1017 du 24 septembre 1992 autorisant la ratification du Traité sur l'Union européenne, *J.O.R.F..*, 25 septembre 1992, p. 13292.

ANNÉE 1993

Conventions multilatérales

Loi n° 93-804 du 21 avril 1993 autorisant l'approbation d'un accord de coopération pour la protection des côtes et des eaux de l'Atlantique du Nord-Est contre la pollution, *J.O.R.F.*, 23 avril 1993, p. 6527.

Loi n° 93-845 du 14 juin 1993 autorisant la ratification du traité sur le régime « ciel ouvert » (ensemble douze annexes), signé à Helsinki le 24 mars 1992, *J.O.R.F.*, 15 juin 1993, p. 8497

Loi n° 93-880 du 5 juillet 1993 autorisant la ratification de la convention internationale n° 139 concernant la prévention et le contrôle des risques professionnels causés par les substances et agents cancérogènes, adoptée à Genève le 24 juin 1974, *J.O.R.F.*, 6 juillet 1993, p. 9544.

Loi n° 93-893 du 6 juillet 1993 relative à la conduite des inspections menées en vertu de l'article 14 du traité sur les forces armées conventionnelles en Europe et du protocole sur l'inspection annexé à ce traité, *J.O.R.F.*, 13 juillet 1993, p. 9888.

Loi n° 93-916 du 19 juillet 1993 autorisant la ratification de la convention relative à la conciliation et à l'arbitrage au sein de la Conférence sur la sécurité et la coopération en Europe, *J.O.R.F.*, 20 juillet 1993, pp. 10200-10201.

Loi n° 93-937 du 22 juillet 1993 autorisant l'approbation d'un protocole additionnel à la convention relative à la protection du Rhin contre la pollution des chlorures, signée à Bonn le 3 décembre 1976 (ensemble quatre annexes), *J.O.R.F.*, 23 juillet 1993, p. 10377.

Conventions bilatérales

Loi n° 93-803 du 21 avril 1993 autorisant l'approbation du protocole entre le Gouvernement de la République française et le Gouvernement du Royaume-Uni de Grande-Bretagne et d'Irlande du Nord relatif aux contrôles frontaliers et à la police, à la coopération judiciaire en matière pénale, à la sécurité civile et à l'assistance mutuelle concernant la liaison fixe transmanche, *J.O.R.F.*, 23 avril 1993, p. 6527.

Loi n° 93-805 du 21 avril 1993 autorisant l'approbation d'un accord entre le Gouvernement de la République française et le Conseil fédéral de Suisse concernant l'exercice de la pêche et la protection des milieux aquatiques dans la partie du Doubs formant frontière entre les deux États (ensemble une annexe, un règlement d'application et une délibération), *J.O.R.F.*, 23 avril 1993, p. 6527.

Loi n° 93-840 du 14 juin 1993 autorisant l'approbation d'un accord en matière domaniale entre le Gouvernement de la République française et le Gouvernement de la République du Vanuatu (ensemble une annexe), *J.O.R.F.*, 15 juin 1993, p. 8496.

Loi n° 93-841 du 14 juin 1993 autorisant l'approbation de la convention entre le Gouvernement de la République française et le Gouvernement de la République du Venezuela en vue d'éviter des doubles impositions et de prévenir l'évasion et la fraude fiscales en matière d'impôts sur le revenu, *J.O.R.F.*, 15 juin 1993, p. 8496.

Loi n° 93-842 du 14 juin 1993 autorisant l'approbation d'un accord entre le Gouvernement de la République française et le Gouvernement de la République du Yémen relatif à la coopération culturelle, scientifique et technique, signé à Sanaa le 31 octobre 1991, *J.O.R.F..*, 15 juin 1993, p. 8496.

Loi n° 93-843 du 14 juin 1993 autorisant la ratification du traité d'entente, d'amitié et de coopération entre la République française et la République de Lituanie, *J.O.R.F.*, 15 juin 1993, p. 8497.

Loi n° 93-844 du 14 juin 1993 autorisant la ratification du traité d'entente, d'amitié et de coopération entre la République française et la République de Bulgarie, *J.O.R.F.*, 15 juin 1993, p. 8497.

Loi n° 93-881 du 5 juillet 1993 autorisant l'approbation de la convention d'extradition entre le Gouvernement de la République française et le Gouvernement de son Altesse Sérénissime le Prince de Monaco, *J.O.R.F.*, 6 juillet 1993, p. 9544.

Loi n° 93-882 du 5 juillet 1993 autorisant l'approbation d'un accord entre le Gouvernement de la République française et le Gouvernement de la République populaire de Mongolie sur l'encouragement et la protection réciproques des investissements, *J.O.R.F.*, 6 juillet 1993 p. 9544.

Loi n° 93-883 du 5 juillet 1993 autorisant l'approbation de la convention entre le Gouvernement de la République française et le Gouvernement de la République populaire de Mongolie, relative à l'entraide judiciaire, la reconnaissance et l'exécution des décisions en matière civile, *J.O.R.F.*, 6 juillet 1993, p. 9545.

Loi n° 93-1275 du 2 décembre 1993 autorisant l'approbation d'un accord entre le Gouvernement de la République française et le Gouvernement du Land Bade-Wurtemberg concernant les relations de coopération entre les établissements portuaires de Strasbourg et de Kehl, *J.O.R.F.*, 3 décembre 1993, p. 16751.

Loi n° 93-1304 du 15 décembre 1993 autorisant l'approbation de l'avenant n° 1 à la convention générale de sécurité sociale du 29 mars 1974 entre la France et le Sénégal, *J.O.R.F.*, 16 décembre 1993, p. 17488 et rectificatif publié au *J.O.R.F.*, 8 février 1994, p. 2157.

Loi n° 93-1424 du 31 décembre 1993 autorisant l'approbation de la convention d'entraide judiciaire en matière pénale entre le Gouvernement de la République française et le Gouvernement de l'Australie, *J.O.R.F.*, 1er janvier 1994, p. 20.

Convention de l'Union européenne et des Communautés européennes

Loi n° 93-1274 du 2 décembre 1993 autorisant la ratification de l'accord sur l'Espace économique européen et du protocole portant adaptation dudit accord, *J.O.R.F.*, 3 décembre 1993, p. 16751.

Loi n° 93-1421 du 31 décembre 1993 autorisant l'approbation de l'accord d'adhésion du Royaume d'Espagne à la convention d'application de l'accord de Schengen du 14 juin 1985 entre les Gouvernements des États de l'Union économique Benelux, de la République fédérale d'Allemagne et de la République française relatif à la suppression graduelle des contrôles aux frontières communes signée à Schengen le 19 juin 1990, à laquelle a adhéré la République italienne par l'accord signé à Paris le 27 novembre 1990, *J.O.R.F.*, 1er janvier 1994, p. 19.

Loi n° 93-1422 du 31 décembre 1993 autorisant l'approbation de l'accord d'adhésion de la République portugaise à la convention d'application de l'accord de Schengen du 14 juin 1985 entre les Gouvernements des États de l'Union économique Benelux, de la République fédérale d'Allemagne et de la République française relatif à la suppression graduelle des contrôles aux frontières communes signée à Schengen le 19 juin 1990, à laquelle a adhéré la République italienne par l'accord signé à Paris le 27 novembre 1990, *J.O.R.F.*, 1er janvier 1994, p. 20.

Loi n° 93-1423 du 31 décembre 1993 autorisant la ratification de l'acte modifiant le protocole sur les statuts de la Banque européenne d'investissement habilitant le Conseil des gouverneurs à créer un Fonds européen d'investissement, *J.O.R.F.*, 1er janvier 1994, p. 20.

Conventions entre les Communautés européennes et des États n'y appartenant pas

Loi n° 93-1180 du 22 octobre 1993 autorisant la ratification d'un accord européen établissant une association entre les communautés européennes et leurs États membres, d'une part, et la République de Pologne, d'autre part (ensemble sept protocoles, treize annexes, un acte final, quinze déclarations communes, un accord sous forme d'échange de lettres relatif à certains arrangements dans le secteur des porcs et de la volaille, un échange de lettres concernant l'article 67, deux déclarations de la Communauté européenne et deux déclarations de la Pologne), signé à Bruxelles le 16 décembre 1991, *J.O.R.F.*, 23 octobre 1993, p. 14720.

Loi n° 93-1181 du 22 octobre 1993 autorisant la ratification d'un accord européen établissant une association entre les communautés européennes et leurs États membres, d'une part, et la République de Hongrie, d'autre part (ensemble sept protocoles, treize annexes, deux échanges de lettres, un acte final et déclaration), signé à Bruxelles le 16 décembre 1991, *J.O.R.F.*, 23 octobre 1993, p. 14720.

ANNÉE 1994

Conventions multilatérales

Loi n° 94-106 du 5 février 1994 autorisant la ratification de la convention cadre des Nations Unies sur les changements climatiques, adoptée le 9 mai 1992 et signée pour la France le 13 juin 1992, *J.O.R.F.*, 8 février 1994, p. 2156.

Loi n° 94-320 du 25 avril 1994 autorisant la ratification de la convention portant loi uniforme sur la forme d'un testament international (ensemble une annexe), faite à Washington le 26 octobre 1973, *J.O.R.F.*, 26 avril 1996, p. 6096.

Loi n° 94-401 du 20 mai 1994 autorisant l'adhésion de la République française à l'Acte constitutif de l'Organisation internationale pour les migrations, *J.O.R.F.*, 21 mai 1994, p. 7460.

Loi n° 94-403 du 20 mai 1994 autorisant l'approbation de l'accord entre le Gouvernement du Royaume de Belgique, le Gouvernement de la République française et le Gouvernement du Royaume-Uni de Grande-Bretagne et d'Irlande du Nord concernant la circulation des trains entre la Belgique et le Royaume-Uni empruntant la liaison fixe transmanche (ensemble un protocole), *J.O.R.F.*, 21 mai 1994, p. 7461.

Loi n° 94-427 du 28 mai 1994 autorisant l'approbation d'un accord entre le Gouvernement de la République française et les Communautés européennes portant sur le transfert de droits à pension (ensemble quatre annexes), *J.O.R.F.*, 31 mai 1994, p. 7801.

Loi n° 94-477 du 10 juin 1994 autorisant la ratification de la convention sur la diversité biologique, adoptée le 22 mai 1992 et signée par la France le 13 juin 1992, *J.O.R.F.*, 11 juin 1994, p. 8450.

Loi n° 94-478 du 10 juin 1994 autorisant l'approbation du protocole modifiant la convention de Bruxelles du 29 novembre 1969 sur la responsabilité civile pour les dommages dus à la pollution par les hydrocarbures, fait à Londres le 27 novembre 1992, *J.O.R.F.*, 11 juin 1994, p. 8450.

Loi n° 94-479 du 10 juin 1994 autorisant l'approbation du protocole modifiant la convention de Bruxelles du 18 décembre 1971 portant création d'un fonds international d'indemnisation pour les dommages dus à la pollution par les hydrocarbures, fait à Londres le 27 novembre 1992, *J.O.R.F.*, 11 juin 1994, p. 8450.

Loi n° 94-480 du 10 juin 1994 autorisant l'approbation d'amendements à la convention du 2 février 1971 relative aux zones humides d'importance internationale, particulièrement comme habitats des oiseaux, adoptés par la conférence extraordinaire réunie à Regina, Canada, le 28 mai 1987, *J.O.R.F.*, 11 juin 1994, p. 8450.

Loi n° 94-541 du 28 juin 1994 autorisant la ratification de l'acte portant révision de l'article 63 de la convention sur la délivrance de brevets européens (convention sur le brevet européen) du 5 octobre 1973, fait à Munich le 17 décembre 1991, *J.O.R.F.*, 30 juin 1994, p. 9418.

Loi n° 94-542 du 28 juin 1994 autorisant l'approbation de la convention européenne sur la télévision transfrontière (Conseil de l'Europe), *J.O.R.F.*, 30 juin 1994, p. 9418.

Loi n° 94-544 du 28 juin 1994 autorisant l'approbation de l'accord international de 1989 sur le jute et les articles en jute, *J.O.R.F.*, 30 juin 1994, p. 9419.

Loi n° 94-585 du 13 juillet 1994 autorisant la ratification du protocole d'adhésion de la République hellénique à l'Union de l'Europe occidentale, *J.O.R.F.*, 14 juillet 1994, p. 10176.

Loi n° 94-586 du 13 juillet 1994 autorisant l'approbation de l'accord de siège entre le Gouvernement de la République française et le Réseau international pour l'amélioration de la production de la banane et de la banane plantain (INIBAP), *J.O.R.F.*, 14 juillet 1994, p. 10176.

Loi n° 94-926 du 26 octobre 1994 autorisant l'approbation de la convention européenne pour la protection du patrimoine archéologique (révisée) – Conseil de l'Europe, *J.O.R.F.*, 27 octobre 1994, p. 15272.

Loi n° 94-1080 du 15 décembre 1994 autorisant l'approbation du deuxième protocole portant modification à la convention sur la réduction des cas de pluralité de nationalités et sur les obligations militaires en cas de pluralité de nationalités, *J.O.R.F.*, 16 décembre 1994, p. 17818.

Loi n° 94-1098 du 19 décembre 1994 autorisant la ratification de la convention sur l'interdiction de la mise au point, de la fabrication, du stockage et de l'emploi des armes chimiques et sur leur destruction, *J.O.R.F.*, 20 décembre 1994, p. 18048.

Loi n° 94-1137 du 27 décembre 1994 autorisant la ratification de l'accord instituant l'Organisation mondiale du commerce (ensemble quatre annexes), *J.O.R.F.*, 28 décembre 1994, p. 18536.

Conventions bilatérales

Loi n° 94-103 du 5 février 1994 portant autorisation de la prolongation de la durée de la concession prévue par l'accord du 14 mars 1986 et concernant la conception, le financement, la construction et l'exploitation d'une liaison fixe à travers la Manche, *J.O.R.F.*, 8 février 1994, p. 2154.

Loi n° 94-321 du 25 avril 1994 autorisant l'approbation de la convention entre le Gouvernement de la République française et le Gouvernement de la République de l'Inde en vue d'éviter les doubles impositions et de prévenir l'évasion et la fraude fiscales en matière d'impôts sur le revenu et sur la fortune (ensemble un protocole), *J.O.R.F.*, 26 avril 1994, p. 6096.

Loi n° 94-322 du 25 avril 1994 autorisant l'approbation de l'accord sous forme d'échange de lettres entre le Gouvernement de la République française et le Gouvernement de l'État du Qatar, portant interprétation de la convention fiscale du 4 décembre 1990 en vue d'éviter les doubles impositions, *J.O.R.F.*, 26 avril 1994, p. 6097.

Loi n° 94-323 du 25 avril 1994 autorisant l'approbation de la convention entre le Gouvernement de la République française et le Gouvernement de la République socialiste du Viêt-Nam en vue d'éviter les doubles impositions et de prévenir l'évasion et la fraude fiscales en matière d'impôts sur le revenu et sur la fortune (ensemble un protocole), *J.O.R.F.*, 26 avril 1994, p. 6097.

Loi n° 94-324 du 25 avril 1994 autorisant l'approbation de la convention entre le Gouvernement de la République française et le Gouvernement de l'État du Bahreïn en vue d'éviter les doubles impositions, *J.O.R.F.*, 26 avril 1994, p. 6097.

Loi n° 94-374 du 14 mai 1994 autorisant l'approbation d'un accord entre le Gouvernement de la République française et le Gouvernement de la Fédération de Russie sur la création et les modalités de fonctionnement des centres culturels, *J.O.R.F.*, 15 mai 1994, p. 7101.

Loi n° 94-403 du 20 mai 1994 autorisant l'approbation de l'accord entre le Gouvernement du Royaume de Belgique, le Gouvernement de la République française et le Gouvernement du Royaume-Uni de Grande-Bretagne et d'Irlande du Nord concernant la circulation des trains entre la Belgique et le Royaume-Uni empruntant la liaison fixe transmanche (ensemble un protocole), *J.O.R.F.*, 21 mai 1994, p. 7461.

Loi n° 94-424 du 28 mai 1994 autorisant l'approbation de l'accord entre le Gouvernement de la République française et le Gouvernement de la République du Chili sur l'encouragement et la protection réciproques des investissements, *J.O.R.F.*, 31 mai 1994, p. 7800.

Loi n° 94-425 du 28 mai 1994 autorisant l'approbation du protocole du 26 avril 1993 entre le Gouvernement de la République française et le Gouvernement du Royaume de Belgique relatif aux allocations de naissance, *J.O.R.F.*, 31 mai 1994, p. 7800.

Loi n° 94-426 du 28 mai 1994 autorisant l'approbation d'un accord entre le Gouvernement de la République française et le Gouvernement de la République socialiste du Viêt-Nam sur l'encouragement et la protection réciproques des investissements (ensemble un échange de lettres interprétatif), *J.O.R.F.*, 31 mai 1994, p. 7800.

Loi n° 94-428 du 28 mai 1994 autorisant la ratification de la convention entre la République française et la République d'Autriche en vue d'éviter les doubles impositions et de prévenir l'évasion fiscale en matière d'impôts sur le revenu et sur la fortune (ensemble un protocole), *J.O.R.F.*, 31 mai 1994, p. 7801.

Loi n° 94-429 du 28 mai 1994 autorisant la ratification de la convention entre la République française et la République d'Autriche en vue d'éviter les doubles impositions et de prévenir l'évasion fiscale en matière d'impôts sur les successions et sur les donations, *J.O.R.F.*, 31 mai 1994, p. 7801.

Loi n° 94-531 du 28 juin 1994 autorisant l'approbation de la convention relative à la circulation et au séjour des personnes entre le Gouvernement de la République française et le Gouvernement de la République gabonaise, *J.O.R.F.*, 29 juin 1994, p. 9372.

Loi n° 94-532 du 28 juin 1994 autorisant l'approbation de la convention entre le Gouvernement de la République française et le Gouvernement de la République du Congo relative à la circulation et au séjour des personnes, *J.O.R.F.*, 29 juin 1994, p. 9373.

Loi n° 94-533 du 28 juin 1994 autorisant l'approbation de la convention relative à la circulation et au séjour des personnes entre le Gouvernement de la République française et le Gouvernement de la République du Burkina Faso, *J.O.R.F.*, 29 juin 1994, p. 9373.

Loi n° 94-534 du 28 juin 1994 autorisant l'approbation de la convention relative à la circulation et au séjour des personnes entre le Gouvernement de la République française et le Gouvernement de la République islamique de Mauritanie, *J.O.R.F.*, 29 juin 1994, p. 9373.

Loi n° 94-535 du 28 juin 1994 autorisant l'approbation de la convention relative à la circulation et au séjour des personnes entre le Gouvernement de la République française et le Gouvernement de la République du Bénin, *J.O.R.F.*, 29 juin 1994, p. 9373.

Loi n° 94-537 du 28 juin 1994 autorisant l'approbation d'un accord entre le Gouvernement de la République française et le Gouvernement de la Jamaïque sur l'encouragement et la protection réciproques des investissements, *J.O.R.F.*, 30 juin 1994, p. 9417.

Loi n° 94-538 du 28 juin 1994 autorisant l'approbation d'un accord entre le Gouvernement de la République française et le Gouvernement de la République de Lettonie sur l'encouragement et la protection réciproques des investissements (ensemble un échange de lettres), *J.O.R.F.*, 30 juin 1994, p. 9417.

Loi n° 94-539 du 28 juin 1994 autorisant la ratification du traité de bon voisinage, d'amitié et de coopération entre la République française, le Royaume d'Espagne et la Principauté d'Andorre, *J.O.R.F.*, 30 juin 1994, p. 9417.

Loi n° 94-540 du 28 juin 1994 autorisant la ratification du traité d'amitié, d'entente et de coopération entre la République française et la République du Kazakhstan (ensemble un protocole de coopération économique), *J.O.R.F.*, 30 juin 1994, p. 9418.

Loi n° 94-543 du 28 juin 1994 autorisant l'approbation de la convention relative à la circulation et au séjour des personnes entre le Gouvernement de la République française et le Gouvernement de la République de Côte d'Ivoire, *J.O.R.F.*, 30 juin 1994, p. 9418.

Loi n° 94-880 du 14 octobre 1994 autorisant l'approbation de l'avenant à la convention fiscale du 7 février 1982 entre le Gouvernement de la République française et le Gouvernement de l'État de Koweït en vue d'éviter les doubles impositions en matière d'impôts sur le revenu et sur les successions, modifiée par l'avenant du 27 septembre 1989, *J.O.R.F.*, 15 octobre 1994, p. 14617.

Loi n° 94-881 du 14 octobre 1994 autorisant l'approbation de l'avenant à la convention du 19 juillet 1989 entre le Gouvernement de la République française et le Gouvernement des Emirats arabes unis en vue d'éviter les doubles impositions, *J.O.R.F.*, 15 octobre 1994, p. 14617.

Loi n° 94-882 du 14 octobre 1994 autorisation l'approbation de la convention entre le Gouvernement de la République française et le Gouvernement de la République d'Afrique du Sud en vue d'éviter les doubles impositions et de prévenir l'évasion et la fraude fiscales en matière d'impôts sur le revenu et sur la fortune, *J.O.R.F.*, 15 octobre 1994, p. 14618.

Loi n° 94-883 du 14 octobre 1994 autorisant l'approbation de l'avenant à la convention du 18 février 1982 entre le Gouvernement de la République française et le Gouvernement du Royaume d'Arabie saoudite en vue d'éviter les doubles impositions en matière d'impôts sur le revenu et sur les successions (ensemble un échange de lettres interprétatif), *J.O.R.F.*, 15 octobre 1994, p. 14618.

Loi n° 94-923 du 26 octobre 1994 autorisant la ratification du traité d'entente, d'amitié et de coopération entre la République française et la République d'Arménie, *J.O.R.F.*, 27 octobre 1994, p. 15271.

Loi n° 94-924 du 26 octobre 1994 autorisant l'approbation de l'avenant à la convention fiscale du 6 avril 1966 entre le Gouvernement de la République française et le Gouvernement de la République de Côte d'Ivoire tendant à éviter les doubles impositions et à établir des règles d'assistance réciproque en matière fiscale, modifiée par l'avenant du 25 février 1985, *J.O.R.F.*, 27 octobre 1994, p. 15271.

Loi n° 94-925 du 26 octobre 1994 autorisant l'approbation de la convention entre le Gouvernement de la République française et le Gouvernement de la République du Ghana en vue d'éviter les doubles impositions et de prévenir l'évasion et la fraude fiscales en matière d'impôts sur le revenu et sur les gains en capital, *J.O.R.F.*, 27 octobre 1994, p. 15271.

Loi n° 94-1007 du 23 novembre 1994 autorisant l'approbation de l'accord entre le Gouvernement de la République française et le Gouvernement de la République portugaise en matière d'impôts sur les successions et les donations (ensemble un échange de lettres interprétatif), *J.O.R.F.*, 24 novembre 1994, p. 16599.

Loi n° 94-1073 du 15 décembre 1994 autorisant l'approbation d'un accord entre le Gouvernement de la République française et le Gouvernement de la République d'Estonie sur l'encouragement et la protection réciproques des investissements (ensemble un échange de lettres), *J.O.R.F.*, 16 décembre 1994, p. 17816.

Loi n° 94-1074 du 15 décembre 1994 autorisant la ratification du traité d'entente, d'amitié et de coopération entre la République française et la République de Moldova, *J.O.R.F.*, 16 décembre 1994, p. 17816.

Loi n° 94-1075 du 15 décembre 1994 autorisant la ratification du traité d'entente, d'amitié et de coopération entre la République française et la République de Lettonie, *J.O.R.F.*, 16 décembre 1994, p. 17816.

Loi n° 94-1076 du 15 décembre 1994 autorisant la ratification du traité d'entente, d'amitié et de coopération entre la République française et la République d'Estonie, *J.O.R.F.*, 16 décembre 1994, p. 17817.

Loi n° 94-1077 du 15 décembre 1994 autorisant l'approbation de la convention d'entraide judiciaire en matière pénale entre le Gouvernement de la République française et le Gouvernement des États-Unis du Mexique, *J.O.R.F.*, 16 décembre 1994, p. 17817.

Loi n° 94-1078 du 15 décembre 1994 autorisant l'approbation d'un accord entre le Gouvernement de la République française et le Gouvernement de la République de Lituanie sur l'encouragement et la protection réciproques des investissements (ensemble un échange de lettres), *J.O.R.F.*, 16 décembre 1994, p. 17817.

Loi n° 94-1079 du 15 décembre 1994 autorisant l'approbation de la convention d'extradition entre le Gouvernement de la République française et le Gouvernement des États-Unis du Mexique, *J.O.R.F.*, 16 décembre 1994, p. 17817.

Loi n° 94-1206 du 30 décembre 1994 autorisant l'approbation de l'accord entre le Gouvernement de la République française et le Gouvernement des États-Unis d'Amérique sur les modalités du transfert de propriété du système d'oléoduc Donges-Melun-Metz à la France, *J.O.R.F.*, 31 décembre 1994, p. 18969.

Convention de l'Union européenne et des Communautés européennes

Loi n° 94-105 du 5 février 1994 autorisant l'approbation de la décision 93-81/Euratom, C.E.C.A., C.E.E. modifiant l'acte portant élection des représentants au Parlement européen au suffrage universel direct annexé à la décision 76-787/C.E.C.A., C.E.E., Euratom du Conseil du 20 septembre 1976, *J.O.R.F.*, 8 février 1994, p. 2156.

Loi n° 94-107 du 5 février 1994 autorisant la ratification de la convention relative à la détermination de l'État responsable de l'examen d'une demande d'asile présentée dans l'un des États membres des Communautés européennes (ensemble un procès-verbal), *J.O.R.F.*, 8 février 1994, p. 2156.

Loi n° 94-319 du 25 avril 1994 autorisant l'approbation d'un amendement à la convention établissant l'Organisation européenne pour l'exploitation de satellites météorologiques Eumetsat, *J.O.R.F.*, 26 avril 1994, p. 6096.

Loi n° 94-427 du 28 mai 1994 autorisant l'approbation d'un accord entre le Gouvernement de la République française et les Communautés européennes portant sur le transfert de droits à pension (ensemble quatre annexes), *J.O.R.F.*, 31 mai 1994, p. 7800.

Loi n° 94-1099 du 19 décembre 1994 autorisant la ratification du traité entre le Royaume de Belgique, le Royaume de Danemark, la République fédérale d'Allemagne, la République hellénique, le Royaume d'Espagne, la République française, l'Irlande, la République italienne, le Grand-Duché de Luxembourg, le Royaume des Pays-Bas, la République portugaise, le Royaume-Uni de Grande-Bretagne et d'Irlande du Nord, (États membres de l'Union européenne) et le Royaume de Norvège, la République d'Autriche, la République de Finlande, le Royaume de Suède, relatif à l'adhésion du Royaume de Norvège, de la République d'Autriche, de la République de Finlande et du Royaume de Suède à l'Union européenne, *J.O.R.F.*, 20 décembre 1994, p. 18048.

Loi n° 94-1205 du 30 décembre 1994 autorisant l'approbation de la décision du Conseil de l'Union européenne relative au système des ressources propres des Communautés européennes, adoptée à Luxembourg le 31 octobre 1994, *J.O.R.F.*, 31 décembre 1994, p. 18969.

Conventions entre les Communautés européennes et des États n'y appartenant pas

Loi n° 94-402 du 20 mai 1994 autorisant la ratification d'un accord européen établissant une association entre les communautés européennes et leurs États membres, d'une part, et la Roumanie, d'autre part, *J.O.R.F.*, 21 mai 1994, p. 7461.

Loi n° 94-579 du 12 juillet 1994 autorisant la ratification d'un accord européen, établissant une association entre les communautés européennes et leurs États membres, d'une part, et la République tchèque, d'autre part, *J.O.R.F.*, 13 juillet 1994, p. 10083.

Loi n° 94-580 du 12 juillet 1994 autorisant la ratification d'un accord européen, établissant une association entre les communautés européennes et ses États membres, d'une part, et la Bulgarie, d'autre part, *J.O.R.F.*, 13 juillet 1994, p. 10083.

Loi n° 94-581 du 12 juillet 1994 autorisant la ratification d'un accord européen, établissant une association entre les communautés européennes et leurs États membres, d'une part, et la République slovaque, d'autre part, *J.O.R.F.*, 13 juillet 1994, p. 10083.

ANNÉE 1995

Conventions multilatérales

Loi n° 95-865 du 2 août 1995 autorisant l'approbation d'une convention sur la sûreté nucléaire, *J.O.R.F.*, 3 août 1995, p. 11544.

Loi n° 95-1225 du 16 novembre 1995 autorisant l'approbation de l'amendement au protocole de Montréal du 16 septembre 1987 relatif à des substances qui appauvrissent la couche d'ozone, adopté le 25 novembre 1992 à Copenhague, *J.O.R.F.*, 17 novembre 1995, p. 16897.

Loi n° 95-1270 du 6 décembre 1995 autorisant la ratification de la convention sur la protection des Alpes, *J.O.R.F.*, 7 novembre 1995, p. 17822.

Loi n° 95-1310 du 21 décembre 1995 autorisant la ratification du protocole additionnel à l'accord général de coopération entre les États de la commission de l'océan Indien, *J.O.R.F.*, 22 décembre 1995, p. 18542.

Loi n° 95-1311 du 21 décembre 1995 autorisant la ratification de la convention des Nations unies sur le droit de la mer (ensemble neuf annexes) et de l'accord relatif à l'application de la partie XI de la convention des Nations unies sur le droit de la mer du 10 décembre 1982 (ensemble une annexe), *J.O.R.F.*, 22 décembre 1995, p. 18543.

Conventions bilatérales

Loi n° 95-854 du 27 juillet 1995 autorisant l'approbation de l'accord entre le Gouvernement de la République française et le Gouvernement du Royaume des Pays-Bas concernant le contrôle de personnes sur les aéroports de Saint-Martin, *J.O.R.F.*, 28 juillet 1995, p. 11216.

Loi n° 95-1141 du 31 octobre 1995 autorisant l'approbation de la convention entre le Gouvernement de la République française et le Gouvernement du Royaume de Suède en vue d'éviter les doubles impositions et de prévenir l'évasion et la fraude fiscales en matière d'impôts sur les successions et sur les donations, *J.O.R.F.*, 1er novembre 1995, p. 15968.

Loi n° 95-1142 du 31 octobre 1995 autorisant l'approbation de l'avenant à la convention fiscale du 21 octobre 1976 entre le Gouvernement de la République française et le Gouvernement de la République du Cameroun, *J.O.R.F.*, 1er novembre 1995, p. 15968.

Loi n° 95-1222 du 16 novembre 1995 autorisant la ratification du traité d'entente, d'amitié et de coopération entre la République française et le Turkménistan, *J.O.R.F.*, 17 novembre 1995, p. 16896.

Loi n° 95-1223 du 16 novembre 1995 autorisant la ratification d'un traité d'entente, d'amitié et de coopération entre la République française et la République du Kirghizistan, *J.O.R.F.*, 17 novembre 1995, p. 16896.

Loi n° 95-1224 du 16 novembre 1995 autorisant l'approbation de la convention entre le Gouvernement de la République française et le Gouvernement de la République du Zimbabwe en vue d'éviter les doubles impositions en matière d'impôts sur le revenu, sur les gains en capital et sur la fortune (ensemble un protocole), *J.O.R.F.*, 17 novembre 1995, p. 16896.

Loi n° 95-1226 du 16 novembre 1995 autorisant l'approbation d'un accord entre le Gouvernement de la République française et le Gouvernement du Turkménistan sur l'encouragement et la protection réciproques des investissements, *J.O.R.F.*, 17 novembre 1995, p. 16897.

Loi n° 95-1227 du 16 novembre 1995 autorisant l'approbation d'un accord entre le Gouvernement de la République française et le Gouvernement du Kirghizistan sur l'encouragement et la protection réciproques des investissements, *J.O.R.F.*, 17 novembre 1995, p. 16897.

Loi n° 95-1228 du 16 novembre 1995 autorisant l'approbation d'un accord entre le Gouvernement de la République française et le Gouvernement de l'Ukraine sur l'encouragement et la protection réciproques des investissements, *J.O.R.F.*, 17 novembre 1995, p. 16897.

Loi n° 95-1308 du 21 décembre 1995 autorisant l'approbation d'une convention d'établissement entre le Gouvernement de la République française et le Gouvernement de la République centrafricaine, *J.O.R.F.*, 22 décembre 1995, p. 18542.

Loi n° 95-1309 du 21 décembre 1995 autorisant l'approbation d'une convention entre le Gouvernement de la République française et le Gouvernement de la République centrafricaine relative à la circulation et au séjour des personnes, *J.O.R.F.*, 22 décembre 1995, p. 18542.

Loi n° 95-1318 du 22 décembre 1995 autorisant l'approbation de la convention entre le Gouvernement de la République française et le Gouvernement des États-Unis d'Amérique en vue d'éviter les doubles impositions et de prévenir l'évasion et la fraude fiscales en matière d'impôts sur le revenu et sur la fortune (ensemble un échange de lettres), signée à Paris le 31 août 1994, et un échange de lettres complétant l'article 29 de ladite convention, signées à Washington les 19 et 20 décembre 1994, *J.O.R.F.*, 29 décembre 1995, p. 18848.

Loi n° 95-1402 du 30 décembre 1995 autorisant l'approbation d'une convention d'établissement entre le Gouvernement de la République française et le Gouvernement de la République du Mali, *J.O.R.F.*, 2 janvier 1996, p. 6.

Loi n° 95-1403 du 30 décembre 1995 autorisant l'approbation de la convention entre le Gouvernement de la République française et le Gouvernement de la République du Mali sur la circulation et le séjour des personnes (ensemble deux échanges de lettres), *J.O.R.F.*, 2 janvier 1996, p. 6.

Loi n° 95-1404 du 30 décembre 1995 autorisant l'approbation de la convention entre le Gouvernement de la République française et le Gouvernement du Japon en vue d'éviter les doubles impositions et de prévenir l'évasion et la fraude fiscales en matière d'impôts sur le revenu (ensemble un protocole), *J.O.R.F.*, 2 janvier 1996, p. 6.

Convention de l'Union européenne et des Communautés européennes

Loi n° 95-89 du 30 janvier 1995 autorisant la ratification du premier protocole du 19 décembre 1988 concernant l'interprétation par la Cour de justice des Communautés européennes de la convention de Rome du 19 juin 1980 sur la loi applicable aux obligations contractuelles et celle du deuxième protocole du 19 décembre 1988 attribuant à la Cour de justice des Communautés européennes certaines compétences en matière d'interprétation de la convention de Rome du 19 juin 1980, *J.O.R.F.*, 31 janvier 1995, p. 1608.

Loi n° 95-90 du 30 janvier 1995 autorisant la ratification de la convention relative à l'adhésion du Royaume d'Espagne et de la République portugaise à la convention sur la loi applicable aux obligations contractuelles ouverte à la signature à Rome le 19 juin 1980, signée à Funchal le 18 mai 1992, *J.O.R.F.*, 31 janvier 1995, p. 1608.

ANNÉE 1996

Conventions multilatérales

Loi n° 96-127 du 21 février 1996 autorisant la ratification du protocole n° 11 à la convention de sauvegarde des droits de l'homme et des libertés fondamentales, portant restructuration du mécanisme de contrôle établi par la convention (ensemble une annexe), *J.O.R.F.*, 22 février 1996, p. 2864.

Loi n° 96-130 du 21 février 1996 autorisant l'approbation de la convention relative au blanchiment, au dépistage, à la saisie et à la confiscation des produits du crime, faite à Strasbourg le 8 novembre 1990, *J.O.R.F.*, 22 février 1996, p. 2865.

Loi n° 96-131 du 21 février 1996 autorisant l'approbation de l'accord international de 1994 sur le café, *J.O.R.F.*, 22 février 1996, p. 2865.

Loi n° 96-244 du 26 mars 1996 autorisant l'approbation de l'accord international de 1993 sur le cacao (ensemble trois annexes), *J.O.R.F.*, 27 mars 1996, p. 4666.

Loi n° 96-543 du 19 juin 1996 autorisant la ratification de la convention portant création du Programme régional océanien de l'environnement, *J.O.R.F.*, 20 juin 1996, p. 9209.

Loi n° 96-574 du 28 juin 1996 autorisant l'approbation du deuxième protocole en date du 6 octobre 1995 annexé à l'accord général sur le commerce des services (ensemble les listes d'engagements dont la traduction est annexée à la présente loi), *J.O.R.F.*, 29 juin 1996, p. 9745.

Loi n° 96-575 du 28 juin 1996 autorisant l'approbation du troisième protocole en date du 6 octobre 1995 annexé à l'accord général sur le commerce des services (ensemble les listes d'engagements dont la traduction est annexée à la présente loi), *J.O.R.F.*, 29 juin 1996, p. 9745.

Loi n° 96-599 du 3 juillet 1996 autorisant l'adhésion de la République française à la convention sur la future coopération multilatérale dans les pêches de l'Atlantique du Nord-Ouest (ensemble trois annexes), *J.O.R.F.*, 4 juillet 1996, p. 10085.

Loi n° 96-1025 du 29 novembre 1996 autorisant l'adhésion de la République française à l'accord portant création de la Commission des thons de l'océan Indien (ensemble deux annexes), *J.O.R.F.*, 30 novembre 1996, p. 17376.

Conventions bilatérales

Loi n° 96-64 du 29 janvier 1996 autorisant la ratification du traité d'amitié et de coopération entre la République française et la République d'Ouzbékistan, *J.O.R.F.*, 30 janvier 1996, p. 1441.

Loi n° 96-65 du 29 janvier 1996 autorisant l'approbation d'un accord entre la République française et la République d'Ouzbékistan sur la liberté de circulation, *J.O.R.F.*, 30 janvier 1996, p. 1442.

Loi n° 96-66 du 29 janvier 1996 autorisant l'approbation d'un accord entre le Gouvernement de la République française et le Gouvernement de la République de Trinité-et-Tobago sur l'encouragement et la protection réciproques des investissements, *J.O.R.F.*, 30 janvier 1996, p. 1442.

Loi n° 96-128 du 21 février 1996 autorisant la ratification du traité d'entente et de coopération entre la République française et l'Ukraine, *J.O.R.F.*, 22 février 1996, p. 2864.

Loi n° 96-129 du 21 février 1996 autorisant l'approbation de l'accord entre le Gouvernement de la République française et le Gouvernement de la République d'Ouzbékistan sur l'encouragement et la protection réciproques des investissements, *J.O.R.F.*, 22 février 1996, p. 2864.

Loi n° 96-242 du 26 mars 1996 autorisant l'approbation de l'accord entre le Gouvernement de la République française et le Gouvernement de la République du Pérou sur l'encouragement et la protection réciproques des investissements, *J.O.R.F.*, 27 mars 1996, p. 4666.

Loi n° 96-243 du 26 mars 1996 autorisant l'approbation de l'accord entre le Gouvernement de la République française et le Gouvernement de la République fédérative du Brésil sur l'encouragement et la protection réciproques des investissements (ensemble un échange de lettres), *J.O.R.F.*, 27 mars 1996, p. 4666.

Loi n° 96-248 du 26 mars 1996 autorisant la ratification de la convention entre le Gouvernement de la République française et le Gouvernement de la République du Cameroun relative à la circulation et au séjour des personnes, *J.O.R.F.*, 28 mars 1996, p. 4735.

Loi n° 96-249 du 26 mars 1996 autorisant l'approbation de l'accord entre le Gouvernement de la République française et le Gouvernement de la République de Bolivie sur l'encouragement et la protection réciproques des investissements (ensemble un échange de lettres modificatives), *J.O.R.F.*, 28 mars 1996, p. 4735.

Loi n° 96-275 du 3 avril 1996 autorisant l'approbation de l'accord entre le Gouvernement de la République française et le Gouvernement du Sultanat d'Oman sur l'encouragement et la protection réciproques des investissements, *J.O.R.F.*, 4 avril 1996, p. 5192.

Loi n° 96-276 du 3 avril 1996 autorisant l'approbation de l'accord entre le Gouvernement de la République française et le Gouvernement de la République des Philippines sur l'encouragement et la protection réciproques des investissements (ensemble un protocole), *J.O.R.F.*, 4 avril 1996, p. 5192.

Loi n° 96-277 du 3 avril 1996 autorisant l'approbation de l'accord entre le Gouvernement de la République française et le Gouvernement de la République d'Albanie sur l'encouragement et la protection réciproques des investissements, *J.O.R.F.*, 4 avril 1996, p. 5192.

Loi n° 96-278 du 3 avril 1996 autorisant l'approbation de l'accord entre le Gouvernement de la République française et le Gouvernement de la République de l'Equateur sur l'encouragement et la protection réciproques des investissements, *J.O.R.F.*, 4 avril 1996, p. 5193.

Loi n° 96-279 du 3 avril 1996 autorisant l'approbation de l'accord entre le Gouvernement de la République française et le Gouvernement de Roumanie sur l'encouragement et la protection réciproques des investissements (ensemble un protocole), *J.O.R.F.*, 4 avril 1996, p. 5193.

Loi n° 96-425 du 17 mai 1996 autorisant l'approbation de la convention d'établissement entre le Gouvernement de la République française et le Gouvernement de la République du Congo, signée à Brazzaville le 31 juillet 1993 (ensemble un échange de lettres signées les 13 juillet 1994 et 17 mars 1995), *J.O.R.F.*, 21 mai 1996, p. 7598.

Loi n° 96-426 du 17 mai 1996 autorisant l'approbation de l'accord entre le Gouvernement de la République française et le Gouvernement de la République orientale de l'Uruguay sur l'encouragement et la protection réciproques des investissements (ensemble un protocole), *J.O.R.F.*, 21 mai 1996, p. 7598.

Loi n° 96-427 du 17 mai 1996 autorisant l'approbation de l'accord entre le Gouvernement de la République française et le Gouvernement du Royaume de Norvège portant sur le transport par gazoduc de gaz du plateau continental norvégien et d'autres secteurs vers la France, *J.O.R.F.*, 21 mai 1996, p. 7598.

Loi n° 96-503 du 11 juin 1996 autorisant l'approbation de la convention entre le Gouvernement de la République française et le Gouvernement de l'État d'Israël en vue d'éviter les doubles impositions et de prévenir l'évasion et la fraude fiscales en matière d'impôts sur le revenu et sur la fortune, *J.O.R.F.*, 12 juin 1996, p. 8720.

Loi n° 96-504 du 11 juin 1996 autorisant l'approbation de la convention entre le Gouvernement de la République française et le Gouvernement de la République islamique du Pakistan en vue d'éviter les doubles impositions et de prévenir l'évasion et la fraude fiscales en matière d'impôts sur le revenu (ensemble un protocole), *J.O.R.F.*, 12 juin 1996, p. 8720.

Loi n° 96-505 du 11 juin 1996 autorisant l'approbation de l'avenant (ensemble un échange de lettres) à l'accord du 25 juillet 1977 entre le Gouvernement de la République française et le Gouvernement de la République de Malte tendant à éviter les doubles impositions et à prévenir l'évasion fiscale en matière d'impôts sur le revenu, *J.O.R.F.*, 12 juin 1996, p. 8721.

Loi n° 96-506 du 11 juin 1996 autorisant l'approbation de l'avenant à la convention du 19 décembre 1980 entre le Gouvernement de la République française et le Gouvernement du Royaume de Norvège en vue d'éviter les doubles impositions, de prévenir l'évasion fiscale et d'établir des règles d'assistance administrative réciproque en matière d'impôts sur le revenu et sur la fortune (ensemble un protocole et un protocole additionnel), modifiée par l'avenant du 14 novembre 1984, *J.O.R.F.*, 12 juin 1996, p. 8721.

Loi n° 96-507 du 11 juin 1996 autorisant l'approbation de la convention entre le Gouvernement de la République française et le Gouvernement de la République bolivienne en vue d'éviter les doubles impositions en matière d'impôts sur le revenu et sur la fortune (ensemble un protocole), *J.O.R.F.*, 12 juin 1996, p. 8721.

Loi n° 96-569 du 26 juin 1996 autorisant l'approbation de l'accord fiscal sous forme d'échange de lettres entre le Gouvernement de la République française et le Gouvernement de la République du Panama, *J.O.R.F.*, 27 juin 1996, p. 9615.

Loi n° 96-948 du 31 octobre 1996 autorisant l'approbation de la convention d'entraide judiciaire en matière pénale entre le Gouvernement de la République française et le Gouvernement de la République de Corée, *J.O.R.F.*, 1er novembre 1996, p. 15984.

Loi n° 96-1239 du 30 décembre 1996 autorisant la ratification du traité entre la République française et le Royaume d'Espagne relatif à la coopération transfrontalière entre collectivités territoriales, signé à Bayonne le 10 mars 1995, *J.O.R.F.*, 1er janvier 1997, p. 22.

Conventions entre les Communautés européennes et des États n'y appartenant pas

Loi n° 96-132 du 21 février 1996 autorisant la ratification de l'accord de coopération et d'union douanière entre la Communauté économique européenne et la République de Saint-Marin, *J.O.R.F.*, 22 février 1996, p. 2865.

Loi n° 96-598 du 3 juillet 1996 autorisant la ratification de l'accord euro-méditerranéen établissant une association entre la Communauté européenne et ses États membres, d'une part, et la République tunisienne, d'autre part, *J.O.R.F.*, 4 juillet 1996, p. 10085.

ANNÉE 1997

Conventions multilatérales

Loi n° 97-101 du 5 février 1997 autorisant la ratification de la convention relative à l'admission temporaire (ensemble cinq annexes), *J.O.R.F.*, 7 février 1997, p. 2089.

Loi n° 97-103 du 5 février 1997 autorisant l'approbation de l'accord entre le Gouvernement de la République française, le Gouvernement de la République fédérale d'Allemagne, le Gouvernement du Grand-Duché de Luxembourg et le Conseil fédéral suisse agissant au nom des cantons de Soleure, de Bâle-Ville, de Bâle-Campagne, d'Argovie et du Jura, sur la coopération transfrontalière entre les collectivités territoriales et organismes publics locaux (ensemble une déclaration), *J.O.R.F.*, 7 février 1997, p. 2090.

Loi n° 97-280 du 26 mars 1997 autorisant la ratification de l'accord du 18 mars 1993 modifiant l'accord du 3 août 1959, modifié par les accords du 21 octobre 1971 et du 18 mai 1981, complétant la convention entre les États parties au traité de l'Atlantique Nord sur le statut de leurs forces, en ce qui concerne les forces stationnées en République fédérale d'Allemagne, *J.O.R.F.*, 27 mars 1997, p. 4768.

Loi n° 97-281 du 26 mars 1997 autorisant la ratification d'une convention des Nations unies sur la lutte contre la désertification dans les pays gravement touchés par la sécheresse et la désertification, en particulier en Afrique (ensemble quatre annexes), *J.O.R.F.*, 27 mars 1997, p. 4768.

Loi n° 97-741 du 2 juillet 1997 autorisant l'approbation d'un protocole relatif à l'arrangement de Madrid concernant l'enregistrement international des marques, *J.O.R.F.*, 3 juillet 1997, p. 10090.

Loi n° 97-1098 du 28 novembre 1997 autorisant l'approbation du quatrième protocole (services de télécommunications de base) annexé à l'accord général sur le commerce des services, *J.O.R.F.*, 29 novembre 1997, p. 17284.

Loi n° 97-1101 du 28 novembre 1997 autorisant l'approbation de la convention sur la protection et l'utilisation des cours d'eau transfrontières et des lacs internationaux, *J.O.R.F.*, 29 novembre 1997, p. 17285.

Loi n° 97-1271 du 29 décembre 1997 autorisant l'approbation de l'accord entre le Gouvernement de la République française et l'Association des États de la Caraïbe définissant les modalités de la participation de la République française à l'Association des États de la Caraïbe en tant que membre associé au titre de la Guadeloupe, de la Guyane et de la Martinique, *J.O.R.F.*, 31 décembre 1997, p. 19312.

Loi n° 97-1272 du 29 décembre 1997 autorisant la ratification de la convention créant l'Association des États de la Caraïbe (ensemble deux annexes), *J.O.R.F.*, 31 décembre 1997, p. 19312.

Loi n° 97-1274 du 29 décembre 1997 autorisant la ratification de la convention pour la protection du milieu marin de l'Atlantique du Nord-Est (ensemble quatre annexes et deux appendices), *J.O.R.F.*, 31 décembre 1997, p. 19313.

Conventions bilatérales

Loi n° 97-99 du 5 février 1997 autorisant l'approbation de la convention entre le Gouvernement de la République française et le Conseil fédéral suisse relative au service militaire des doubles nationaux (ensemble une annexe), *J.O.R.F.*, 7 février 1997, p. 2089.

Loi n° 97-100 du 5 février 1997 autorisant l'approbation de l'accord sous forme d'échange de lettres entre le Gouvernement de la République française et le Gouvernement de la République argentine relatif à l'emploi des personnes à charge des membres des missions officielles d'un État dans l'autre, *J.O.R.F.*, 7 février 1997, p. 2089.

Loi n° 97-102 du 5 février 1997 autorisant l'approbation d'un accord entre le Gouvernement de la République française et le Gouvernement de Hong Kong sur l'encouragement et la protection réciproques des investissements, *J.O.R.F.*, 7 février 1997, p. 2090.

Loi n° 97-206 du 10 mars 1997 autorisant la ratification de la convention entre la République française et le Royaume d'Espagne en vue d'éviter les doubles impositions et de prévenir l'évasion et la fraude fiscales en matière d'impôts sur le revenu et sur la fortune (ensemble un protocole), *J.O.R.F.*, 11 mars 1997, p. 3767.

Loi n° 97-252 du 20 mars 1997 autorisant l'approbation d'un accord entre le Gouvernement de la République française et le Gouvernement de la République d'Afrique du Sud sur l'encouragement et la protection réciproques des investissements (ensemble un protocole), *J.O.R.F.*, 21 mars 1997, p. 4424.

Loi n° 97-253 du 20 mars 1997 autorisant l'approbation d'un accord entre le Gouvernement de la République française et le Gouvernement de la République d'Arménie sur l'encouragement et la protection réciproques des investissements, *J.O.R.F.*, 21 mars 1997, p. 4424.

Loi n° 97-742 du 2 juillet 1997 autorisant l'approbation de la convention entre le Gouvernement de la République française et le Gouvernement de la République du Niger relative à la circulation et au séjour des personnes (ensemble un échange de lettres), *J.O.R.F.*, 3 juillet 1997, p. 10090.

Loi n° 97-744 du 2 juillet 1997 autorisant l'approbation de la convention entre le Gouvernement de la République française et le Gouvernement de la République du Sénégal relative à la circulation et au séjour des personnes (ensemble une annexe), *J.O.R.F.*, 3 juillet 1997, p. 10091.

Loi n° 97-745 du 2 juillet 1997 autorisant l'approbation d'un accord entre le Gouvernement de la République française et le Gouvernement du Royaume du Maroc sur l'encouragement et la protection réciproques des investissements (ensemble un échange de lettres), *J.O.R.F.*, 3 juillet 1997, p. 10091.

Loi n° 97-968 du 21 octobre 1997 autorisant l'approbation de l'accord entre le Gouvernement de la République française et le Gouvernement du Royaume d'Espagne concernant la construction et l'exploitation de la section internationale d'une ligne ferroviaire à grande vitesse entre la France et l'Espagne (façade méditerranéenne), *J.O.R.F.*, 22 octobre 1997, p. 15333.

Loi n° 97-1099 du 28 novembre 1997 autorisant l'approbation de l'accord concernant la protection de l'Escaut, *J.O.R.F.*, 29 novembre 1997, p. 17284.

Loi n° 97-1100 du 28 novembre 1997 autorisant l'approbation de l'accord concernant la protection de la Meuse, *J.O.R.F.*, 29 novembre 1997, p. 17284.

Loi n° 97-1102 du 28 novembre 1997 autorisant la ratification du traité entre la République française et la République fédérale d'Allemagne relatif à la construction d'un pont routier sur le Rhin entre Eschau et Altenheim (ensemble une annexe), *J.O.R.F.*, 29 novembre 1997, p. 17285.

Loi n° 97-1103 du 28 novembre 1997 autorisant l'approbation de l'accord entre le Gouvernement de la République française et le Gouvernement de la République de Croatie sur l'encouragement et la protection réciproques des investissements, *J.O.R.F.*, 29 novembre 1997, p. 17285.

Loi n° 97-1160 du 19 décembre 1997 autorisant l'approbation de l'accord entre le Gouvernement de la République française et le Gouvernement de la Fédération de Russie relatif au règlement définitif des créances réciproques entre la France et la Russie antérieures au 9 mai 1945 sous forme de mémorandum d'accord et de l'accord entre le Gouvernement de la République française et le Gouvernement de la Fédération de Russie sur le règlement définitif des créances réciproques financières et réelles apparues antérieurement au 9 mai 1945, *J.O.R.F.*, 20 décembre 1997, p. 18453.

Convention de l'Union européenne et des Communautés européennes

Loi n° 97-966 du 21 octobre 1997 autorisant l'approbation de l'accord d'adhésion de la République d'Autriche à la convention d'application de l'accord de Schengen du 14 juin 1985 entre les gouvernements des États de l'Union économique Benelux, de la République fédérale d'Allemagne et de la République française relatif à la suppression graduelle des contrôles aux frontières communes, signée à Schengen le 19 juin 1990, à laquelle ont adhéré la République italienne, le Royaume d'Espagne et la République portugaise, et la République hellénique par les accords signés respectivement le 27 novembre 1990, le 25 juin 1991 et le 6 novembre 1992, *J.O.R.F.*, 22 octobre 1997, p. 15332.

Loi n° 97-967 du 21 octobre 1997 autorisant l'approbation de l'accord d'adhésion de la République hellénique à la convention d'application de l'accord de Schengen du 14 juin 1985 entre les gouvernements des États de l'Union économique Benelux, de la République fédérale d'Allemagne et de la République française relatif à la suppression graduelle des contrôles aux frontières communes, signée à Schengen le 19 juin 1990, à laquelle ont adhéré la République italienne par l'accord signé à Paris le 27 novembre 1990 et le Royaume d'Espagne et la République portugaise par les accords signés à Bonn le 25 juin 1991, *J.O.R.F.*, 22 octobre 1997, p. 15332.

Loi n° 97-1089 du 27 novembre 1997 autorisant la ratification de la convention établie sur la base de l'article K. 3 du traité sur l'Union européenne portant création d'un Office européen de police (ensemble une annexe et quatre déclarations), *J.O.R.F.*, 28 novembre 1997, p. 17203.

Loi n° 97-1090 du 27 novembre 1997 autorisant la ratification du protocole établi sur la base de l'article K. 3 du traité sur l'Union européenne concernant l'interprétation, à titre préjudiciel, par la Cour de justice des Communautés européennes de la convention portant création d'un Office européen de police, *J.O.R.F.*, 28 novembre 1997, p. 17203.

Conventions entre les Communautés européennes et des États n'y appartenant pas

Loi n° 97-51 du 22 janvier 1997 autorisant la ratification de l'accord de partenariat et de coopération entre les Communautés européennes et leurs États membres, d'une part, et la République kirghize, d'autre part, *J.O.R.F.*, 23 janvier 1997, p. 1153.

Loi n° 97-52 du 22 janvier 1997 autorisant la ratification de l'accord de partenariat et de coopération entre les Communautés européennes et leurs États membres, d'une part, et l'Ukraine, d'autre part, *J.O.R.F.*, 23 janvier 1997, p. 1154.

Loi n° 97-53 du 22 janvier 1997 autorisant la ratification de l'accord de partenariat et de coopération entre les Communautés européennes et leurs États membres, d'une part, et la Fédération de Russie, d'autre part, *J.O.R.F.*, 23 janvier 1997, p. 1154.

Loi n° 97-54 du 22 janvier 1997 autorisant la ratification de l'accord de partenariat et de coopération entre les Communautés européennes et leurs États membres, d'une part, et la République de Moldova, d'autre part, *J.O.R.F.*, 23 janvier 1997, p. 1154.

Loi n° 97-55 du 22 janvier 1997 autorisant la ratification de l'accord de partenariat et de coopération entre les Communautés européennes et leurs États membres, d'une part, et la République du Kazakhstan, d'autre part (ensemble trois annexes, un protocole et un acte final), *J.O.R.F.*, 23 janvier 1997, p. 1155.

Loi n° 97-743 du 2 juillet 1997 autorisant la ratification de l'accord euro-méditerranéen établissant une association entre les Communautés européennes et leurs États membres, d'une part, et le Royaume du Maroc, d'autre part, *J.O.R.F.*, 3 juillet 1997, p. 10090.

Loi n° 97-1091 du 27 novembre 1997 autorisant la ratification de l'accord européen établissant une association entre les Communautés européennes et leurs États membres, agissant dans le cadre de l'Union européenne, d'une part, et la République de Slovénie, d'autre part, *J.O.R.F.*, 28 novembre 1997, p. 17203.

Loi n° 97-1092 du 27 novembre 1997 autorisant la ratification de l'accord européen établissant une association entre les Communautés européennes et leurs États membres, d'une part, et la République de Lituanie, d'autre part, *J.O.R.F.*, 28 novembre 1997, p. 17204.

Loi n° 97-1093 du 27 novembre 1997 autorisant la ratification de l'accord européen établissant une association entre les Communautés européennes et leurs États membres, d'une part, et la République de Lettonie, d'autre part, *J.O.R.F.*, 28 novembre 1997, p. 17204.

Loi n° 97-1094 du 27 novembre 1997 autorisant la ratification de l'accord européen établissant une association entre les Communautés européennes et leurs États membres, d'une part, et la République d'Estonie, d'autre part, *J.O.R.F.*, 28 novembre 1997, p. 17204.

ANNÉE 1998

Conventions multilatérales

Loi n° 98-147 du 9 mars 1998 autorisant l'approbation de la convention sur la protection des enfants et la coopération en matière d'adoption internationale, *J.O.R.F.*, 10 mars 1998, p. 3631.

Loi n° 98-217 du 27 mars 1998 autorisant la ratification du traité d'interdiction complète des essais nucléaires, *J.O.R.F.*, 28 mars 1998, p. 4720.

Loi n° 98-238 du 1er avril 1998 autorisant l'approbation de l'accord international de 1995 sur le caoutchouc naturel (ensemble trois annexes), *J.O.R.F.*, 3 avril 1998, p. 5153.

Loi n° 98-472 du 17 juin 1998 autorisant l'approbation de l'accord international de 1994 sur les bois tropicaux (ensemble deux annexes), *J.O.R.F.*, 19 juin 1998, p. 9320.

Loi n° 98-475 du 17 juin 1998 autorisant la ratification du protocole au Traité de l'Atlantique Nord sur l'accession de la République de Hongrie, *J.O.R.F.*, 19 juin 1998, p. 9321.

Loi n° 98-476 du 17 juin 1998 autorisant la ratification du protocole au Traité de l'Atlantique Nord sur l'accession de la République de Pologne, *J.O.R.F.*, 19 juin 1998, p. 9322.

Loi n° 98-477 du 17 juin 1998 autorisant la ratification du protocole au Traité de l'Atlantique Nord sur l'accession de la République tchèque, *J.O.R.F.*, 19 juin 1998, p. 9322.

Loi n° 98-537 du 1er juillet 1998 autorisant la ratification du protocole sur l'interdiction ou la limitation de l'emploi des mines, pièges et autres dispositifs tel qu'il a été modifié le 3 mai 1996 (protocole II, tel qu'il a été modifié le 3 mai 1996), annexé à la convention sur l'interdiction ou la limitation de l'emploi de certaines armes classiques qui peuvent être considérées comme produisant des effets traumatiques excessifs ou comme frappant sans discrimination, *J.O.R.F.*, 2 juillet 1998, p. 10077.

Loi n° 98-538 du 1er juillet 1998 autorisant la ratification de la convention relative à l'aide alimentaire de 1995, *J.O.R.F.*, 2 juillet 1998, p. 10077.

Loi n° 98-542 du 1er juillet 1998 autorisant la ratification de la convention sur l'interdiction de l'emploi, du stockage, de la production et du transfert des mines antipersonnel et sur leur destruction, *J.O.R.F.*, 2 juillet 1998, p. 10078.

Loi n° 98-992 du 5 novembre 1998 autorisant la ratification du sixième protocole additionnel à l'accord général sur les privilèges et immunités du Conseil de l'Europe, *J.O.R.F.*, 6 novembre 1998, p. 16768.

Loi n° 98-993 du 5 novembre 1998 autorisant la ratification de l'accord européen concernant les personnes participant aux procédures devant la Cour européenne des droits de l'homme, *J.O.R.F.*, 6 novembre 1998, p. 16768.

Loi n° 98-1166 du 18 décembre 1998 autorisant la ratification de la convention européenne (Conseil de l'Europe), sur la reconnaissance de la personnalité juridique des organisations internationales non gouvernementales *J.O.R.F.*, 22 décembre 1998, p. 19349.

Conventions bilatérales

Loi n° 98-75 du 11 février 1998 autorisant la ratification d'un traité d'entente, d'amitié et de coopération entre la République française et la République d'Albanie, *J.O.R.F.*, 13 février 1998, p. 2286.

Loi n° 98-117 du 2 mars 1998 autorisant l'approbation de l'avenant à la convention du 9 janvier 1976 entre le Gouvernement de la République française et le Gouvernement de la République des Philippines tendant à éviter les doubles impositions et à prévenir l'évasion fiscale en matière d'impôts sur le revenu, *J.O.R.F.*, 3 mars 1998, p. 3231.

Loi n° 98-118 du 2 mars 1998 autorisant l'approbation de la convention d'assistance administrative mutuelle entre le Gouvernement de la République française et le Gouvernement de la République tchèque pour la prévention, la recherche et la poursuite des fraudes douanières, *J.O.R.F.*, 3 mars 1998, p. 3231.

Loi n° 98-119 du 2 mars 1998 autorisant l'approbation de la convention entre le Gouvernement de la République française et le Gouvernement de la Jamaïque en vue d'éviter les doubles impositions et de prévenir l'évasion et la fraude fiscales en matière d'impôts sur le revenu, *J.O.R.F.*, 3 mars 1998, p. 3231.

Loi n° 98-120 du 2 mars 1998 autorisant l'approbation de la convention entre le Gouvernement de la République française et le Gouvernement de la République gabonaise en vue d'éviter les doubles impositions et de prévenir l'évasion et la fraude fiscales, *J.O.R.F.*, 3 mars 1998, p. 3232.

Loi n° 98-121 du 2 mars 1998 autorisant l'approbation de l'accord entre le Gouvernement de la République française et le Gouvernement de la République du Kenya en vue d'éviter les doubles impositions en matière de transport aérien en trafic international, *J.O.R.F.*, 3 mars 1998, p. 3232.

Loi n° 98-233 du 1er avril 1998 autorisant l'approbation de l'accord de coopération culturelle, scientifique et technique entre le Gouvernement de la République française et le Gouvernement de la République du Paraguay, *J.O.R.F.*, 3 avril 1998, p. 5152.

Loi n° 98-235 du 1er avril 1998 autorisant l'approbation de la convention d'assistance administrative mutuelle entre le Gouvernement de la République française et le Gouvernement de la République de Cuba pour la prévention, la recherche et la poursuite des fraudes douanières, *J.O.R.F.*, 3 avril 1998, p. 5152.

Loi n° 98-236 du 1er avril 1998 autorisant l'approbation de la convention d'assistance administrative mutuelle entre le Gouvernement de la République française et le Gouvernement de l'Ukraine pour la prévention, la recherche et la poursuite des infractions douanières, *J.O.R.F.*, 3 avril 1998, p. 5153.

Loi n° 98-237 du 1er avril 1998 autorisant l'approbation de la convention entre le Gouvernement de la République française et le Gouvernement de la République togolaise relative à la circulation et au séjour des personnes (ensemble deux échanges de lettres), *J.O.R.F.*, 3 avril 1998, p. 5153.

Loi n° 98-470 du 17 juin 1998 autorisant l'approbation de l'avenant à la convention entre le Gouvernement de la République française et le Gouvernement du Canada tendant à éviter les doubles impositions et à prévenir l'évasion fiscale en matière d'impôts sur le revenu et sur la fortune, signée le 2 mai 1975 et modifiée par l'avenant du 16 janvier 1987, *J.O.R.F.*, 19 juin 1998, p. 9320.

Loi n° 98-471 du 17 juin 1998 autorisant l'approbation de la convention entre le Gouvernement de la République française et le Gouvernement de la Mongolie en vue d'éviter les doubles impositions et de prévenir l'évasion et la fraude fiscales en matière d'impôts sur le revenu et sur la fortune (ensemble un protocole), *J.O.R.F.*, 19 juin 1998, p. 9320.

Loi n° 98-473 du 17 juin 1998 autorisant l'approbation de la convention d'assistance administrative mutuelle en matière douanière entre le Gouvernement de la République française et le Gouvernement de la République de Pologne, *J.O.R.F.*, 19 juin 1998, p. 9321.

Loi n° 98-474 du 17 juin 1998 autorisant l'approbation de l'avenant à la convention entre la République française et la Confédération suisse en vue d'éviter les doubles impositions en matière d'impôts sur le revenu et sur la fortune, signée le 9 septembre 1966 et modifiée par l'avenant du 3 décembre 1969, et au protocole final annexé à la convention entre la République française et la Confédération suisse en vue d'éviter les doubles impositions en matière d'impôts sur les successions, signée le 31 décembre 1953, *J.O.R.F.*, 19 juin 1998, p. 9321.

Loi n° 98-539 du 1er juillet 1998 autorisant la ratification du traité d'amitié, d'entente et de coopération entre la République française et la République d'Azerbaïdjan, *J.O.R.F.*, 2 juillet 1998, p. 10077.

Loi n° 98-541 du 1er juillet 1998 autorisant l'approbation de l'accord entre le Gouvernement de la République française et le Gouvernement de la Fédération de Russie relatif à la coopération dans le domaine de l'exploration et de l'utilisation de l'espace à des fins pacifiques (ensemble une annexe), *J.O.R.F.*, 2 juillet 1998, p. 10078.

Loi n° 98-1144 du 16 décembre 1998 autorisant l'approbation de la convention entre le Gouvernement de la République française et le Gouvernement de la République de Namibie en vue d'éviter les doubles impositions et de prévenir l'évasion et la fraude fiscales en matière d'impôts sur le revenu et sur la fortune, *J.O.R.F.*, 17 décembre 1998, p. 19016.

Loi n° 98-1145 du 16 décembre 1998 autorisant l'approbation d'un accord entre le Gouvernement de la République française et le

Gouvernement de la République de Namibie sur la coopération culturelle, scientifique et technique, *J.O.R.F.*, 17 décembre 1998, p. 19016.

Loi n° 98-1146 du 16 décembre 1998 autorisant l'approbation de la convention entre le Gouvernement de la République française et le Gouvernement de la Fédération de Russie en vue d'éviter les doubles impositions et de prévenir l'évasion et la fraude fiscales en matière d'impôts sur le revenu et sur la fortune (ensemble un protocole), *J.O.R.F.*, 17 décembre 1998, p. 19016.

Loi n° 98-1147 du 16 décembre 1998 autorisant l'approbation de l'accord entre le Gouvernement de la République française et le Gouvernement de la République tunisienne sur l'encouragement et la protection réciproques des investissements (ensemble un échange de lettres), *J.O.R.F.*, 17 décembre 1998, p. 19017.

Conventions entre les Communautés européennes et des États n'y appartenant pas

Loi n° 98-76 du 11 février 1998 autorisant la ratification de l'accord portant modification de la quatrième convention entre la Communauté européenne et ses États membres, d'une part, et le groupe des États d'Afrique, des Caraïbes et du Pacifique, d'autre part (dite convention ACP-CE de Lomé), *J.O.R.F.*, 13 février 1998, p. 2286.

Loi n° 98-77 du 11 février 1998 autorisant la ratification du protocole à la quatrième convention entre la Communauté européenne et ses États membres, d'une part, et le groupe des États d'Afrique, des Caraïbes et du Pacifique, d'autre part (dite convention ACP-CE de Lomé), à la suite de l'adhésion de la République d'Autriche, de la République de Finlande et du Royaume de Suède à l'Union européenne, *J.O.R.F.*, 13 février 1998, p. 2286.

Loi n° 98-78 du 11 février 1998 autorisant la ratification de l'accord interne entre les représentants des gouvernements des États membres, réunis au sein du conseil relatif au financement et à la gestion des aides de la Communauté dans le cadre du second protocole financier de la quatrième convention ACP-CE, *J.O.R.F.*, 13 février 1998, p. 2287.

Loi n° 98-234 du 1er avril 1998 portant ratification de l'accord-cadre de commerce et de coopération entre la Communauté européenne et ses États membres, d'une part, et la République de Corée, d'autre part, *J.O.R.F.*, 3 avril 1998, p. 5152.

Loi n° 98-540 du 1er juillet 1998 autorisant la ratification de l'accord-cadre de coopération destiné à préparer, comme objectif final, une association à caractère politique et économique entre la Communauté européenne et ses États membres, d'une part, et la République du Chili, d'autre part (ensemble une annexe), *J.O.R.F.*, 2 juillet 1998, p. 10078.

ANNÉE 1999

Conventions multilatérales

Loi n° 99-56 du 28 janvier 1999 autorisant l'approbation du cinquième protocole (services financiers) annexé à l'accord général sur le commerce des services, *J.O.R.F.*, 29 janvier 1999, p. 1495.

Loi n° 99-173 du 10 mars 1999 autorisant l'approbation du protocole additionnel à la charte sociale européenne prévoyant un système de réclamations collectives, *J.O.R.F.*, 11 mars 1999, p. 3631.

Loi n° 99-174 du 10 mars 1999 autorisant l'approbation de la charte sociale européenne (révisée) (ensemble une annexe), *J.O.R.F.*, 11 mars 1999, p. 3631.

Loi n° 99-349 du 5 mai 1999 autorisant la ratification d'une convention internationale pour la répression des attentats terroristes à l'explosif, *J.O.R.F.*, 6 mai 1999, p. 6792.

Loi n° 99-424 du 27 mai 1999 autorisant la ratification de la convention sur la lutte contre la corruption d'agents publics étrangers dans les transactions commerciales internationales, faite à Paris le 17 décembre 1997, *J.O.R.F.*, 28 mai 1999, p. 7858.

Loi n° 99-425 du 27 mai 1999 autorisant la ratification du traité sur la charte de l'énergie (ensemble un protocole), *J.O.R.F.*, 28 mai 1999, p. 7859.

Loi n° 99-987 du 1er décembre 1999 autorisant la ratification de la convention entre les États parties au traité de l'Atlantique-Nord et les autres États participant au partenariat pour la paix sur le statut de leurs forces (ensemble un protocole additionnel), *J.O.R.F.*, 2 décembre 1999, p. 17922.

Loi n° 99-990 du 1er décembre 1999 autorisant la ratification des amendements à la convention portant création de l'Organisation internationale de télécommunications maritimes par satellites (INMARSAT) relatifs à la création de l'Organisation internationale de télécommunications mobiles par satellites (ensemble une annexe), *J.O.R.F.*, 2 décembre 1999, p. 17923.

Conventions bilatérales

Loi n° 99-344 du 5 mai 1999 autorisant l'approbation de l'accord entre le Gouvernement de la République française et le Gouvernement de la République d'Inde sur l'encouragement et la protection réciproques des investissements, *J.O.R.F.*, 6 mai 1999, p. 6791.

Loi n° 99-345 du 5 mai 1999 autorisant l'approbation de l'accord entre le Gouvernement de la République française et le Gouvernement de la République libanaise sur l'encouragement et la protection réciproques des investissements (ensemble un échange de lettres), *J.O.R.F.*, 6 mai 1999, p. 6791.

Loi n° 99-346 du 5 mai 1999 autorisant l'approbation de l'accord entre le Gouvernement de la République française et le Gouvernement de la République de Moldavie sur l'encouragement et la protection réciproques des investissements, *J.O.R.F.*, 6 mai 1999, p. 6791.

Loi n° 99-347 du 5 mai 1999 autorisant l'approbation de la convention d'entraide judiciaire en matière pénale entre le Gouvernement de la République française et le Gouvernement de Hong Kong, *J.O.R.F.*, 6 mai 1999, p. 6792.

Loi n° 99-348 du 5 mai 1999 autorisant la ratification du traité d'entente, d'amitié et de coopération entre la République française et la République de Géorgie, *J.O.R.F.*, 6 mai 1999, p. 6792.

Loi n° 99-385 du 19 mai 1999 autorisant l'approbation de l'accord entre le Gouvernement de la République française et le Gouvernement de la République de Cuba sur l'encouragement et la protection réciproques des investissements (ensemble un protocole), *J.O.R.F.*, 21 mai 1999, p. 7520.

Loi n° 99-386 du 19 mai 1999 autorisant l'approbation de l'accord entre le Gouvernement de la République française et le Gouvernement de la République fédérale d'Allemagne relatif à la création de l'Université franco-allemande, *J.O.R.F.*, 21 mai 1999, p. 7520.

Loi n° 99-388 du 19 mai 1999 autorisant l'approbation de la convention entre le Gouvernement de la République française et le Gouvernement de l'Ukraine en vue d'éviter les doubles impositions et de prévenir l'évasion et la fraude fiscales en matière d'impôts sur le revenu et sur la fortune (ensemble un protocole), *J.O.R.F.*, 21 mai 1999, p. 7521.

Loi n° 99-398 du 25 mai 1999 autorisant l'approbation de l'accord entre le Gouvernement de la République française et le Gouvernement de la République d'Azerbaïdjan sur la liberté de circulation, *J.O.R.F.*, 26 mai 1999, p. 7751.

Loi n° 99-472 du 8 juin 1999 autorisant la ratification d'un accord entre la République française et la République italienne relatif à la réadmission des personnes en situation irrégulière (ensemble une annexe), *J.O.R.F.*, 9 juin 1999, p. 8439.

Loi n° 99-589 du 12 juillet 1999 portant approbation d'un avenant à la concession franco-britannique concernant la conception, le financement, la construction et l'exploitation d'une liaison fixe à travers la Manche, signée le 14 mars 1986, *J.O.R.F.*, 13 juillet 1999, p. 10404.

Loi n° 99-979 du 1er décembre 1999 autorisant l'approbation de la convention d'entraide judiciaire en matière civile entre le Gouvernement de la République française et le Gouvernement de la République fédérative du Brésil, *J.O.R.F.*, 2 décembre 1999, p. 17920.

Loi n° 99-980 du 1er décembre 1999 autorisant l'approbation de l'accord entre le Gouvernement de la République française et le Gouvernement de Géorgie sur l'encouragement et la protection réciproques des investissements, *J.O.R.F.*, 2 décembre 1999, p. 17920.

Loi n° 99-981 du 1er décembre 1999 autorisant l'approbation de l'accord entre le Gouvernement de la République française et le Gouvernement de l'État du Qatar sur l'encouragement et la protection réciproques des investissements (ensemble une annexe), *J.O.R.F.*, 2 décembre 1999, p. 17920.

Loi n° 99-982 du 1er décembre 1999 autorisant l'approbation d'un accord entre le Gouvernement de la République française et le Conseil fédéral suisse relatif à la réadmission des personnes en situation irrégulière, *J.O.R.F.*, 2 décembre 1999, p. 17921.

Loi n° 99-983 du 1er décembre 1999 autorisant l'approbation de la convention entre le Gouvernement de la République française, le Gouvernement de la République fédérale d'Allemagne et le Gouvernement du Royaume-Uni de Grande-Bretagne et d'Irlande du Nord relative aux personnels scientifiques de l'institut Max-von-Laue - Paul-Langevin, *J.O.R.F.*, 2 décembre 1999, p. 17921.

Loi n° 99-984 du 1er décembre 1999 autorisant l'approbation de l'accord entre le Gouvernement de la République française et le Conseil fédéral suisse en vue de compléter la convention européenne d'entraide judiciaire en matière pénale du 20 avril 1959, *J.O.R.F.*, 2 décembre 1999, p. 17921.

Loi n° 99-985 du 1er décembre 1999 autorisant l'approbation de la convention d'entraide judiciaire en matière pénale entre le Gouvernement de la République française et le Gouvernement de la République fédérative du Brésil, *J.O.R.F.*, 2 décembre 1999, p. 17922.

Loi n° 99-986 du 1er décembre 1999 autorisant l'approbation de la convention d'extradition entre le Gouvernement de la République française et le Gouvernement de la République fédérative du Brésil, *J.O.R.F.*, 2 décembre 1999, p. 17922.

Loi n° 99-988 du 1er décembre 1999 autorisant l'approbation d'un accord sous forme d'échange de lettres portant aménagements du titre Ier de la convention de voisinage entre la France et la Principauté de Monaco du 18 mai 1963, *J.O.R.F.*, 2 décembre 1999, p. 17922.

Loi n° 99-989 du 1er décembre 1999 autorisant l'approbation d'un accord sous forme d'échange de lettres relatif à l'application de l'article 7 modifié de la convention de voisinage entre la France et la Principauté de Monaco du 18 mai 1963, *J.O.R.F.*, 2 décembre 1999, p. 17923.

Loi n° 99-991 du 1er décembre 1999 autorisant la ratification de la convention entre la République française et la Confédération suisse portant rectification de la frontière franco-suisse entre le département du Doubs et le canton de Vaud, *J.O.R.F.*, 2 décembre 1999, p. 17923.

Loi n° 99-992 du 1er décembre 1999 autorisant la ratification de la convention entre la République française et la Confédération suisse portant rectification de la frontière franco-suisse suite au raccordement des autoroutes entre Saint-Julien-en-Genevois (département de la Haute-Savoie) et Bardonnex (canton de Genève), *J.O.R.F.*, 2 décembre 1999, p. 17924.

Loi n° 99-993 du 1er décembre 1999 autorisant l'approbation de l'accord entre le Gouvernement de la République française et le Gouvernement de la République fédérale d'Allemagne relatif à la coopération dans leurs zones frontalières entre les autorités de police et les autorités douanières (ensemble une déclaration), *J.O.R.F.*, 2 décembre 1999, p. 17924.

Loi n° 99-994 du 1er décembre 1999 autorisant l'approbation de l'accord entre le Gouvernement de la République française et le Gouvernement de la République italienne relatif à la coopération transfrontalière en matière policière et douanière, *J.O.R.F.*, 2 décembre 1999, p. 17924.

Loi n° 99-995 du 1er décembre 1999 autorisant l'approbation de l'avenant n° 5 à la convention du 28 février 1952 entre la France et la Principauté de Monaco sur la sécurité sociale, *J.O.R.F.*, 2 décembre 1999, p. 17925.

Loi n° 99-996 du 1er décembre 1999 autorisant l'approbation d'un accord entre le Gouvernement de la République française et le Gouvernement de la République du Nicaragua sur l'encouragement et la protection réciproques des investissements, *J.O.R.F.*, 2 décembre 1999, p. 17925.

Loi n° 99-997 du 1er décembre 1999 autorisant l'approbation d'un accord entre le Gouvernement de la République française et le Gouvernement macédonien sur l'encouragement et la protection réciproques des investissements, *J.O.R.F.*, 2 décembre 1999, p. 17925.

Loi n° 99-998 du 1er décembre 1999 autorisant l'approbation d'un accord entre le Gouvernement de la République française et le Gouvernement de la République du Guatemala sur l'encouragement et la protection réciproques des investissements, *J.O.R.F.*, 2 décembre 1999, p. 17926.

Loi n° 99-999 du 1er décembre 1999 autorisant l'approbation d'un accord entre le Gouvernement de la République française et le Gouvernement de la République de Namibie sur l'encouragement et la protection réciproques des investissements (ensemble un protocole), *J.O.R.F.*, 2 décembre 1999, p. 17926.

Loi n° 99-1000 du 1er décembre 1999 autorisant l'approbation d'un accord entre le Gouvernement de la République française et le Gouvernement de la République du Honduras sur l'encouragement et la protection réciproques des investissements, *J.O.R.F.*, 2 décembre 1999, p. 17926.

Loi n° 99-1001 du 1er décembre 1999 autorisant l'approbation d'un accord entre le Gouvernement de la République française et le Gouvernement de la République d'Azerbaïdjan sur l'encouragement et la protection réciproques des investissements (ensemble un protocole), *J.O.R.F.*, 2 décembre 1999, p. 17927.

Loi n° 99-1002 du 1er décembre 1999 autorisant l'approbation de la convention d'entraide judiciaire en matière pénale entre le Gouvernement de la République française et le Gouvernement de la République de Colombie, *J.O.R.F.*, 2 décembre 1999, p. 17927.

Convention de l'Union européenne et des Communautés européennes

Loi n° 99-229 du 23 mars 1999 autorisant la ratification du traité d'Amsterdam modifiant le traité sur l'Union européenne, les traités instituant les Communautés européennes et certains actes connexes, *J.O.R.F.*, 25 mars 1999, p. 4463.

Loi n 99-384 du 19 mai 1999 autorisant l'approbation du protocole additionnel à la convention-cadre européenne sur la coopération transfrontalière des collectivités ou autorités territoriales (ensemble trois déclarations), *J.O.R.F.*, 21 mai 1999, p. 7520.

Loi n° 99-387 du 19 mai 1999 autorisant la ratification du protocole établissant, sur la base de l'article K. 3 du traité sur l'Union européenne et de l'article 41, paragraphe 3, de la convention Europol, les privilèges et immunités d'Europol, des membres de ses organes, de ses directeurs adjoints et de ses agents, *J.O.R.F.*, 21 mai 1999, p. 7521.

Loi n° 99-419 du 27 mai 1999 autorisant la ratification de la convention établie sur la base de l'article K. 3 du traité sur l'Union européenne relative à la protection des intérêts financiers des Communautés européennes, faite à Bruxelles le 26 juillet 1995, *J.O.R.F.*, 28 mai 1999, p. 7857.

Loi n° 99-420 du 27 mai 1999 autorisant la ratification du protocole établi sur la base de l'article K. 3 du traité sur l'Union européenne à la convention relative à la protection des intérêts financiers des Communautés européennes, fait à Dublin le 27 septembre 1996, *J.O.R.F.*, 28 mai 1999, p. 7857.

Loi n° 99-421 du 27 mai 1999 autorisant la ratification du protocole établi sur la base de l'article K. 3 du traité sur l'Union européenne concernant l'interprétation, à titre préjudiciel, par la Cour de justice des Communautés européennes de la convention relative à la protection des intérêts financiers des Communautés européennes, fait à Bruxelles le 29 novembre 1996, *J.O.R.F.*, 28 mai 1999, p. 7857.

Loi n° 99-422 du 27 mai 1999 autorisant la ratification du deuxième protocole établi sur la base de l'article K. 3 du traité sur l'Union européenne à la convention relative à la protection des intérêts financiers des Communautés européennes, fait à Bruxelles le 19 juin 1997, *J.O.R.F.*, 28 mai 1999, p. 7858.

Loi n° 99-423 du 27 mai 1999 autorisant la ratification de la convention établie sur la base de l'article K. 3, paragraphe 2, point C, du traité sur l'Union européenne, relative à la lutte contre la corruption impliquant des fonctionnaires des Communautés européennes ou des fonctionnaires des États membres de l'Union européenne, faite à Bruxelles le 26 mai 1997, *J.O.R.F.*, 28 mai 1999, p. 7858.

Conventions entre les Communautés européennes et des États n'y appartenant pas

Loi n° 99-389 du 19 mai 1999 autorisant la ratification de l'accord de partenariat économique, de coordination politique et de coopération entre la Communauté européenne et ses États membres, d'une part, et les États-Unis du Mexique, d'autre part, *J.O.R.F.*, 21 mai 1999, p. 7521.

Loi n° 99-399 du 25 mai 1999 autorisant la ratification de l'accord de partenariat et de coopération entre les Communautés européennes et leurs États membres, d'une part, et la République d'Ouzbékistan, d'autre part, *J.O.R.F.*, 26 mai 1999, p. 7751.

Loi n° 99-400 du 25 mai 1999 autorisant la ratification de l'accord de partenariat et de coopération entre les Communautés européennes et leurs États membres, d'une part, et la République d'Azerbaïdjan, d'autre part, *J.O.R.F.*, 26 mai 1999, p. 7751.

Loi n° 99-401 du 25 mai 1999 autorisant la ratification de l'accord de partenariat et de coopération entre les Communautés européennes et leurs États membres, d'une part, et la République d'Arménie, d'autre part, *J.O.R.F.*, 26 mai 1999, p. 7752.

Loi n° 99-402 du 25 mai 1999 autorisant la ratification de l'accord de partenariat et de coopération entre les Communautés européennes et leurs États membres, d'une part, et de la République de la Géorgie, d'autre part, *J.O.R.F.*, 26 mai 1999, p. 7752.

Loi n° 99-403 du 25 mai 1999 autorisant l'approbation de l'accord de coopération entre le Royaume de Belgique, la République fédérale d'Allemagne, la République française, le Grand-Duché de Luxembourg, le Royaume des Pays-Bas, la République italienne, le Royaume d'Espagne, la République portugaise, la République hellénique, la République d'Autriche, le Royaume de Danemark, la République de Finlande, le Royaume de Suède, Parties contractantes à l'accord et à la convention de Schengen, et la République d'Islande et le Royaume de Norvège relatif à la suppression des contrôles de personnes aux frontières communes (ensemble une annexe), *J.O.R.F.*, 26 mai 1999, p. 7752.

Loi n° 99-404 du 25 mai 1999 autorisant l'approbation de l'accord d'adhésion du Royaume de Danemark à la convention d'application de l'accord de Schengen du 14 juin 1985 relatif à la suppression graduelle des contrôles aux frontières communes, *J.O.R.F.*, 26 mai 1999, p. 7753.

Loi n° 99-405 du 25 mai 1999 autorisant l'approbation de l'accord d'adhésion de la République de Finlande à la convention d'application de l'accord de Schengen du 14 juin 1985 relatif à la suppression graduelle des contrôles aux frontières communes, *J.O.R.F.*, 26 mai 1999, p. 7753.

Loi n° 99-406 du 25 mai 1999 autorisant l'approbation de l'accord d'adhésion du Royaume de Suède à la convention d'application de l'accord de Schengen du 14 juin 1985 relatif à la suppression graduelle des contrôles aux frontières communes, *J.O.R.F.*, 26 mai 1999, p. 7753.

ANNÉE 2000

Conventions multilatérales

Loi n° 2000-65 du 27 janvier 2000 autorisant l'adhésion de la République française à la convention sur les privilèges et immunités des institutions spécialisées approuvée par l'Assemblée générale des Nations unies le 21 novembre 1947 (ensemble dix-sept annexes approuvées par les institutions spécialisées), *J.O.R.F.*, 28 janvier 2000, p. 1448.

Loi n° 2000-66 du 27 janvier 2000 autorisant l'approbation de la convention entre le Gouvernement de la République française, le Gouvernement de la République fédérale d'Allemagne, le Gouvernement de la République italienne, le Gouvernement du Royaume-Uni de Grande-Bretagne et d'Irlande du Nord portant création de l'organisation conjointe de coopération en matière d'armement (OCCAR) (ensemble quatre annexes), *J.O.R.F.*, 28 janvier 2000, p. 1448.

Loi n° 2000-67 du 27 janvier 2000 autorisant l'approbation du protocole visant à amender le paragraphe 2 de l'article X de la convention internationale pour la conservation des thonidés de l'Atlantique, *J.O.R.F.*, 28 janvier 2000, p. 1449.

Loi n° 2000-174 du 2 mars 2000 autorisant l'approbation de la convention commune sur la sûreté de la gestion du combustible usé et sur la sûreté de la gestion des déchets radioactifs, *J.O.R.F.*, 3 mars 2000, p. 3374.

Loi n° 2000-180 du 3 mars 2000 autorisant la ratification de la convention sur la sécurité du personnel des Nations unies et du personnel associé, *J.O.R.F.*, 4 mars 2000, p. 3423.

Loi n° 2000-210 du 8 mars 2000 autorisant l'approbation d'un accord entre le Gouvernement de la République française et la Ligue des États arabes relatif à l'établissement, à Paris, d'un bureau de la Ligue des États arabes et à ses privilèges et immunités sur le territoire français (ensemble une annexe), *J.O.R.F.*, 9 mars 2000, p. 3672.

Loi n° 2000-282 du 30 mars 2000 autorisant la ratification de la convention portant statut de la Cour pénale internationale, *J.O.R.F.*, 31 mars 2000, p. 4950.

Loi n° 2000-328 du 14 avril 2000 autorisant l'approbation de la convention sur l'évaluation de l'impact sur l'environnement dans un contexte transfrontière (ensemble sept appendices), *J.O.R.F.*, 15 avril 2000, p. 5759.

Loi n° 2000-331 du 14 avril 2000 autorisant l'adhésion de la République française à la convention internationale contre la prise d'otages, *J.O.R.F.*, 15 avril 2000, p. 5760.

Loi n° 2000-534 du 16 juin 2000 autorisant l'approbation de la convention du 15 juillet 1982 portant création de l'Organisation européenne de télécommunications par satellite (EUTELSAT) telle qu'elle résulte des amendements adoptés à Cardiff le 20 mai 1999, *J.O.R.F.*, 20 juin 2000, p. 9239.

Loi n° 2000-645 du 10 juillet 2000 autorisant l'approbation du protocole de Kyoto à la convention-cadre des Nations unies sur les changements climatiques (ensemble deux annexes), *J.O.R.F.*, 11 juillet 2000, p. 10483.

Conventions bilatérales

Loi n° 2000-64 du 27 janvier 2000 autorisant l'approbation d'un accord entre le Gouvernement de la République française et le Gouvernement de la République algérienne démocratique et populaire sur l'encouragement et la protection réciproques des investissements (ensemble un échange de lettres interprétatif), *J.O.R.F.*, 28 janvier 2000, p. 1448.

Loi n° 2000-179 du 3 mars 2000 autorisant l'approbation de la convention d'assistance administrative mutuelle entre le Gouvernement de la République française et le Gouvernement de la Fédération de Russie pour la prévention, la recherche et la poursuite des fraudes douanières, *J.O.R.F.*, 4 mars 2000, p. 3423.

Loi n° 2000-181 du 3 mars 2000 autorisant l'approbation de la convention d'entraide judiciaire en matière pénale entre le Gouvernement de la République française et le Gouvernement du Royaume de Thaïlande, *J.O.R.F.*, 4 mars 2000, p. 3423.

Loi n° 2000-182 du 3 mars 2000 autorisant l'approbation de la convention d'assistance administrative mutuelle entre le Gouvernement de la République française et le Gouvernement de la République slovaque pour la prévention, la recherche et la poursuite des fraudes douanières, *J.O.R.F.*, 4 mars 2000, p. 3424.

Loi n° 2000-183 du 3 mars 2000 autorisant l'approbation de la convention d'assistance administrative mutuelle entre le Gouvernement de la République française et le Gouvernement de la République d'Afrique du Sud pour la prévention, la recherche, la constatation et la répression des infractions douanières, *J.O.R.F.*, 4 mars 2000, p. 3424.

Loi n° 2000-184 du 3 mars 2000 autorisant l'approbation de la convention d'assistance administrative mutuelle entre le Gouvernement français et le Gouvernement macédonien pour la prévention, la recherche, la constatation et la sanction des infractions douanières, *J.O.R.F.*, 4 mars 2000, p. 3424.

Loi n° 2000-185 du 3 mars 2000 autorisant l'approbation de la convention d'assistance administrative mutuelle en matière douanière entre le Gouvernement de la République française et le Gouvernement de la République hongroise, *J.O.R.F.*, 4 mars 2000, p. 3425.

Loi n° 2000-203 du 7 mars 2000 autorisant l'approbation de l'avenant à la convention du 10 mars 1964 entre la France et la Belgique tendant à éviter les doubles impositions et à établir des règles d'assistance administrative et juridique réciproques en matière d'impôts sur les revenus, *J.O.R.F.*, 8 mars 2000, p. 3600.

Loi n° 2000-329 du 14 avril 2000 autorisant l'approbation d'un accord entre le Gouvernement de la République française et le Gouvernement de la République de Slovénie sur l'encouragement et la protection réciproques des investissements (ensemble un protocole), *J.O.R.F.*, 15 avril 2000, p. 5759.

Loi n° 2000-330 du 14 avril 2000 autorisant l'approbation d'un accord entre le Gouvernement de la République française et le Gouvernement de la République du Kazakhstan sur l'encouragement et la protection réciproques des investissements (ensemble un protocole), *J.O.R.F.*, 15 avril 2000, p. 5759.

Loi n° 2000-334 du 14 avril 2000 autorisant l'approbation de l'accord entre le Gouvernement de la République française et le Gouvernement des États-Unis du Mexique sur l'encouragement et la protection réciproques des investissements, *J.O.R.F.*, 15 avril 2000, p. 5761.

Loi n° 2000-335 du 14 avril 2000 autorisant l'approbation de la convention entre le Gouvernement de la République française et le Gouvernement de la République du Kazakhstan en vue d'éviter les doubles impositions et de prévenir l'évasion et la fraude fiscales en matière d'impôts sur le revenu et la fortune (ensemble un protocole), *J.O.R.F.*, 15 avril 2000, p. 5761.

Loi n° 2000-532 du 16 juin 2000 autorisant l'approbation de la convention d'entraide judiciaire en matière pénale entre le Gouvernement de la République française et le Gouvernement de la République orientale de l'Uruguay, *J.O.R.F.*, 20 juin 2000, p. 9239.

Loi n° 2000-533 du 16 juin 2000 autorisant l'approbation de la convention d'extradition entre le Gouvernement de la République française et le Gouvernement de la République orientale de l'Uruguay, *J.O.R.F.*, 20 juin 2000, p. 9239.

Loi n° 2000-536 du 16 juin 2000 autorisant l'approbation de l'accord entre le Gouvernement de la République française et le Conseil fédéral suisse relatif à la coopération transfrontalière en matière judiciaire, policière et douanière (ensemble une déclaration), *J.O.R.F.*, 20 juin 2000, p. 9240.

Loi n° 2000-586 du 29 juin 2000 autorisant la ratification de la convention relative à la coopération en matière d'adoption d'enfants entre la République française et la République socialiste du Vietnam, *J.O.R.F.*, 30 juin 2000, p. 9855.

Convention de l'Union européenne et des Communautés européennes

Loi n° 2000-209 du 8 mars 2000 autorisant la ratification de la convention, établie sur la base de l'article K. 3 du traité sur l'Union européenne, concernant la compétence, la reconnaissance et l'exécution des décisions en matière matrimoniale, *J.O.R.F.*, 9 mars 2000, p. 3672.

Loi n° 2000-211 du 8 mars 2000 autorisant la ratification du protocole, établi sur la base de l'article K. 3 du traité sur l'Union européenne, relatif à l'interprétation, par la Cour de justice des Communautés européennes, de la convention concernant la compétence, la reconnaissance et l'exécution des décisions en matière matrimoniale, *J.O.R.F.*, 9 mars 2000, p. 3672.

Loi n° 2000-332 du 14 avril 2000 autorisant la ratification de la convention relative à l'adhésion de la République d'Autriche, de la République de Finlande et du Royaume de Suède à la convention sur la loi applicable aux obligations contractuelles, ouverte à la signature à Rome le 19 juin 1980, ainsi qu'aux premier et deuxième protocoles concernant son interprétation par la Cour de justice, *J.O.R.F.*, 15 avril 2000, p. 5760.

Loi n° 2000-333 du 14 avril 2000 autorisant la ratification de la convention relative à l'adhésion de la République d'Autriche, de la République de Finlande et du Royaume de Suède à la convention concernant la compétence judiciaire et l'exécution des décisions en matière civile et commerciale, ainsi qu'au protocole concernant son interprétation par la Cour de justice, avec les adaptations y apportées par la convention relative à l'adhésion du Royaume de Danemark, de l'Irlande et du Royaume-Uni de Grande-Bretagne et d'Irlande du Nord, par la convention relative à l'adhésion de la République hellénique et par la convention relative à l'adhésion du Royaume d'Espagne et de la République portugaise, *J.O.R.F.*, 15 avril 2000, p. 5760.

Loi n° 2000-529 du 16 juin 2000 autorisant la ratification du protocole, établi sur la base de l'article K. 3 du traité sur l'Union européenne, concernant l'interprétation, à titre préjudiciel, par la Cour de justice des Communautés européennes de la convention sur l'emploi de l'informatique dans le domaine des douanes, *J.O.R.F.*, 20 juin 2000, p. 9238.

Loi n° 2000-530 du 16 juin 2000 autorisant la ratification du protocole établi sur la base de l'article K. 3 du traité sur l'Union européenne, relatif au champ d'application du blanchiment de revenus dans la convention sur l'emploi de l'informatique dans le domaine des douanes et à l'inclusion du numéro d'immatriculation du moyen de transport dans la convention, *J.O.R.F.*, 20 juin 2000, p. 9238.

Loi n° 2000-531 du 16 juin 2000 autorisant la ratification de la convention établie sur la base de l'article K. 3 du traité sur l'Union européenne, relative à l'assistance mutuelle et à la coopération entre les administrations douanières (ensemble une annexe), *J.O.R.F.*, 20 juin 2000, p. 9238.

Loi n° 2000-535 du 16 juin 2000 autorisant la ratification de l'accord relatif à l'application provisoire entre certains États membres de l'Union européenne de la convention établie sur la base de l'article K. 3 du traité sur l'Union européenne sur l'emploi de l'informatique dans le domaine des douanes, *J.O.R.F.*, 20 juin 2000, p. 9240.

Loi n° 2000-537 du 16 juin 2000 autorisant la ratification de la convention établie sur la base de l'article K. 3 du traité sur l'Union européenne, sur l'emploi de l'informatique dans le domaine des douanes, *J.O.R.F.*, 20 juin 2000, p. 9240.

Conventions entre les Communautés européennes et des États n'y appartenant pas

Loi n° 2000-122 du 16 février 2000 autorisant la ratification de l'accord euro-méditerranéen établissant une association entre les Communautés européennes et leurs États membres, d'une part, et l'État d'Israël, d'autre part, *J.O.R.F.*, 17 février 2000, p. 2494.

ANNÉE 2001

Conventions multilatérales

Loi n° 2001-74 du 30 janvier 2001 autorisant l'adhésion du Gouvernement de la République française à la convention internationale de 1989 sur l'assistance, *J.O.R.F.*, 31 janvier 2001, p. 1649.

Loi n° 2001-79 du 30 janvier 2001 autorisant l'adhésion au protocole additionnel aux conventions de Genève du 12 août 1949 relatif à la protection des victimes des conflits armés internationaux (protocole I) (ensemble deux annexes), *J.O.R.F.*, 31 janvier 2001, p. 1650.

Loi n° 2001-80 du 30 janvier 2001 autorisant l'approbation des amendements au protocole relatif à la protection de la mer Méditerranée contre la pollution d'origine tellurique, *J.O.R.F.*, 31 janvier 2001, p. 1651.

Loi n° 2001-81 du 30 janvier 2001 autorisant l'approbation du protocole relatif aux aires spécialement protégées et à la diversité biologique en Méditerranée (ensemble trois annexes adoptées à Monaco le 24 novembre 1996), *J.O.R.F.*, 31 janvier 2001, p. 1651.

Loi n° 2001-84 du 30 janvier 2001 autorisant l'adhésion de la République française à la convention internationale d'assistance mutuelle administrative en vue de prévenir, de rechercher et de réprimer les infractions douanières (ensemble onze annexes), *J.O.R.F.*, 31 janvier 2001, p. 1652.

Loi n° 2001-85 du 30 janvier 2001 autorisant l'approbation des amendements à la convention pour la protection de la mer Méditerranée contre la pollution, *J.O.R.F.*, 31 janvier 2001, p. 1652.

Loi n° 2001-86 du 30 janvier 2001 autorisant l'approbation des amendements au protocole relatif à la prévention de la pollution de la mer Méditerranée par les opérations d'immersion effectuées par les navires et aéronefs, *J.O.R.F.*, 31 janvier 2001, p. 1652.

Loi n° 2001-337 du 19 avril 2001 autorisant l'approbation de l'instrument d'amendement à la Constitution de l'Organisation internationale du travail, *J.O.R.F.*, 20 avril 2001, p. 6112.

Loi n° 2001-341 du 19 avril 2001 autorisant la ratification de la convention n° 182 de l'Organisation internationale du travail concernant l'interdiction des pires formes de travail des enfants et l'action immédiate en vue de leur élimination, *J.O.R.F.*, 20 avril 2001, p. 6113.

Loi n° 2001-1118 du 28 novembre 2001 autorisant la ratification de la convention internationale pour la répression du financement du terrorisme, *J.O.R.F.*, 29 novembre 2001, p. 18959.

Loi n° 2001-1210 du 20 décembre 2001 autorisant l'approbation du protocole portant amendement à la Convention européenne [du Conseil de l'Europe] sur la télévision transfrontière, *J.O.R.F.*, 21 décembre 2001, p. 20281.

Conventions bilatérales

Loi n° 2001-75 du 30 janvier 2001 autorisant l'approbation de la convention entre le Gouvernement de la République française et le Gouvernement de la République d'Arménie en vue d'éviter les doubles impositions et de prévenir l'évasion et la fraude fiscales en matière d'impôts sur le revenu et sur la fortune (ensemble un protocole), *J.O.R.F.*, 31 janvier 2001, p. 1649.

Loi n° 2001-76 du 30 janvier 2001 autorisant l'approbation de la convention d'établissement entre le Gouvernement de la République française et le Gouvernement de la République togolaise, *J.O.R.F.*, 31 janvier 2001, p. 1649.

Loi n° 2001-77 du 30 janvier 2001 autorisant la ratification de la convention relative à l'entraide judiciaire en matière civile entre la République française et la République socialiste du Vietnam, *J.O.R.F.*, 31 janvier 2001, p. 1650.

Loi n° 2001-78 du 30 janvier 2001 autorisant l'approbation de la convention entre le Gouvernement de la République française et le Gouvernement de la République d'Estonie en vue d'éviter les doubles impositions et de prévenir l'évasion et la fraude fiscales en matière d'impôts sur le revenu et sur la fortune (ensemble un protocole), *J.O.R.F.*, 31 janvier 2001, p. 1650.

Loi n° 2001-82 du 30 janvier 2001 autorisant l'approbation de la convention entre le Gouvernement de la République française et le Gouvernement de la République de Lituanie en vue d'éviter les doubles impositions et de prévenir l'évasion et la fraude fiscales en matière d'impôts sur le revenu et sur la fortune (ensemble un protocole), *J.O.R.F.*, 31 janvier 2001, p. 1651.

Loi n° 2001-83 du 30 janvier 2001 autorisant l'approbation de l'accord entre le Gouvernement de la République française et le Gouvernement de la République du Ghana sur l'encouragement et la protection réciproques des investissements, *J.O.R.F.*, 31 janvier 2001, p. 1651.

Loi n° 2001-87 du 30 janvier 2001 autorisant l'approbation de la convention entre le Gouvernement de la République française et le Gouvernement de la République de Lettonie en vue d'éviter les doubles impositions et de prévenir l'évasion et la fraude fiscales en matière d'impôts sur le revenu et sur la fortune (ensemble un protocole), *J.O.R.F.*, 31 janvier 2001, p. 1653.

Loi n° 2001-338 du 19 avril 2001 autorisant l'approbation de l'accord entre le Gouvernement de la République française et le Gouvernement de la République dominicaine sur l'encouragement et la protection réciproques des investissements, *J.O.R.F.*, 20 avril 2001, p. 6112.

Loi n° 2001-339 du 19 avril 2001 autorisant la ratification du traité d'entraide judiciaire en matière pénale entre la France et les États-Unis d'Amérique (ensemble deux annexes), *J.O.R.F.*, 20 avril 2001, p. 6112.

Loi n° 2001-340 du 19 avril 2001 autorisant la ratification de la convention de sécurité sociale entre la République française et la République du Chili, *J.O.R.F.*, 20 avril 2001, p. 6113.

Loi n° 2001-409 du 11 mai 2001 autorisant l'approbation du protocole additionnel au protocole de Sangatte entre le Gouvernement de la République française et le Gouvernement du Royaume-Uni de Grande-Bretagne et d'Irlande du Nord relatif à la création de bureaux chargés du contrôle des personnes empruntant la liaison ferroviaire reliant la France et le Royaume-Uni, *J.O.R.F.*, 12 mai 2001, p. 7543.

Loi n° 2001-590 du 6 juillet 2001 autorisant la ratification du traité entre la République française et la Principauté d'Andorre portant rectification de la frontière, *J.O.R.F.*, 7 juillet 2001, p. 10828.

Loi n° 2001-1119 du 28 novembre 2001 autorisant la ratification du traité d'extradition entre la France et les États-Unis d'Amérique (ensemble un procès-verbal d'accord sur la représentation), *J.O.R.F.*, 29 novembre 2001, p. 18959.

Loi n° 2001-1211 du 20 décembre 2001 autorisant l'approbation de l'accord sous forme d'échange de notes entre le Gouvernement de la République française et le Conseil fédéral suisse concernant l'interprétation de la convention relative au service militaire des doubles nationaux du 16 novembre 1995, *J.O.R.F.*, 21 décembre 2001, p. 20281.

Loi n° 2001-1212 du 20 décembre 2001 autorisant l'approbation du protocole à l'accord entre le Gouvernement de la République française et le Gouvernement de la Fédération de Russie relatif à la coopération dans le domaine de l'exploration et de l'utilisation de l'espace à des fins pacifiques en date du 26 novembre 1996, *J.O.R.F.*, 21 décembre 2001, p. 20281.

Convention de l'Union européenne et des Communautés européennes

Loi n° 2001-603 du 10 juillet 2001 autorisant la ratification du traité de Nice modifiant le traité sur l'Union européenne, les traités instituant les Communautés européennes et certains actes connexes, *J.O.R.F.*, 11 juillet 2001, p. 11027.

Loi n° 2001-1249 du 21 décembre 2001 autorisant l'approbation de la décision du Conseil de l'Union européenne du 29 septembre 2000 relative au système des ressources propres des Communautés européennes, *J.O.R.F.*, 26 décembre 2001, p. 20581.

Conventions entre les Communautés européennes et des États n'y appartenant pas

Loi n° 2001-589 du 6 juillet 2001 autorisant la ratification de l'accord euro-méditerranéen établissant une association entre les Communautés européennes et leurs États membres, d'une part, et le Royaume hachémite de Jordanie, d'autre part (ensemble sept annexes, quatre protocoles, un acte final, douze déclarations communes et un échange de lettres), *J.O.R.F.*, 7 juillet 2001, p. 10827.

Loi n° 2001-1117 du 28 novembre 2001 autorisant la ratification de l'accord entre la Communauté européenne et ses États membres, d'une part, et la Confédération suisse, d'autre part, sur la libre circulation des personnes, *J.O.R.F.*, 29 novembre 2001, p. 18959.

ANNÉE 2002

Conventions multilatérales

Loi n° 2002-164 du 12 février 2002 autorisant l'approbation du protocole relatif aux zones et à la vie sauvage spécialement protégées à la convention pour la protection et la mise en valeur du milieu marin de la région des Caraïbes (ensemble trois annexes), *J.O.R.F.*, 13 février 2002, p. 2848.

Loi n° 2002-173 du 12 février 2002 autorisant la ratification des amendements à la Constitution de l'Organisation internationale pour les migrations, *J.O.R.F.*, 13 février 2002, p. 2851.

Loi n° 2002-271 du 26 février 2002 autorisant la ratification du protocole facultatif à la convention relative aux droits de l'enfant concernant l'implication d'enfants dans les conflits armés, *J.O.R.F.*, 27 février 2002, p. 3688.

Loi n° 2002-272 du 26 février 2002 autorisant la ratification du protocole facultatif à la convention relative aux droits de l'enfant concernant la vente d'enfants, la prostitution des enfants et la pornographie mettant en scène des enfants, *J.O.R.F.*, 27 février 2002, p. 3688.

Loi n° 2002-285 du 28 février 2002 autorisant l'approbation de la convention sur l'accès à l'information, la participation du public au processus décisionnel et l'accès à la justice en matière d'environnement (ensemble deux annexes), *J.O.R.F.*, 1er mars 2002, p. 3904.

Loi n° 2002-287 du 28 février 2002 autorisant l'approbation de l'accord entre le Gouvernement de la République française et l'Organisation des Nations unies concernant l'exécution des peines prononcées par le Tribunal pénal international pour l'ex-Yougoslavie, *J.O.R.F.*, 1er mars 2002, p. 3905.

Loi n° 2002-1004 du 19 juillet 2002 autorisant l'approbation de la convention pour la protection du Rhin (ensemble une annexe et un protocole de signature), *J.O.R.F.*, 20 juillet 2002, p. 12408.

Loi n° 2002-1005 du 19 juillet 2002 autorisant la ratification des amendements à l'accord portant création de la Commission générale des pêches pour la Méditerranée, *J.O.R.F.*, 20 juillet 2002, p. 12408.

Loi n° 2002-1006 du 19 juillet 2002 autorisant la ratification de la convention de Londres relative à l'aide alimentaire, *J.O.R.F.*, 20 juillet 2002, p. 12408.

Loi n° 2002-1032 du 6 août 2002 autorisant l'approbation du protocole modifiant la convention du 23 juillet 1990 relative à l'élimination des doubles impositions en cas de correction des bénéfices d'entreprises associées, *J.O.R.F.*, 7 août 2002, p. 13519.

Loi n° 2002-1034 du 6 août 2002 autorisant la ratification de l'accord aux fins de l'application des dispositions de la convention des Nations unies sur le droit de la mer du 10 décembre 1982 relatives à la conservation et à la gestion des stocks de poissons dont les déplacements s'effectuent tant à l'intérieur qu'au-delà de zones économiques exclusives (stocks chevauchants) et des stocks de poissons grands migrateurs (ensemble deux annexes), *J.O.R.F.*, 7 août 2002, p. 13520.

Loi n° 2002-1035 du 6 août 2002 autorisant l'approbation à l'avenant à l'accord entre l'Agence de coopération culturelle et technique et le Gouvernement de la République française relatif au siège de l'Agence et à ses privilèges et immunités sur le territoire français, *J.O.R.F.*, 7 août 2002, p. 13520.

Loi n° 2002-1037 du 6 août 2002 autorisant l'approbation de l'accord de siège entre le Gouvernement de la République française et la Commission internationale de l'état civil, *J.O.R.F.*, 7 août 2002, p. 13521.

Loi n° 2002-1038 du 6 août 2002 autorisant l'approbation de l'accord du 20 août 1971 relatif à l'Organisation internationale des télécommunications par satellites « INTELSAT » tel qu'il résulte des amendements adoptés à Washington le 17 novembre 2000, *J.O.R.F.*, 7 août 2002, p. 13521.

Loi n° 2002-1039 du 6 août 2002 autorisant la ratification du protocole contre le trafic illicite de migrants par terre, air et mer, additionnel à la convention des Nations unies contre la criminalité transnationale organisée, *J.O.R.F.*, 7 août 2002, p. 13521.

Loi n° 2002-1040 du 6 août 2002 autorisant la ratification de la convention des Nations unies contre la criminalité transnationale organisée, *J.O.R.F.*, 7 août 2002, p. 13522.

Loi n° 2002-1041 du 6 août 2002 autorisant la ratification du protocole additionnel à la convention des Nations unies contre la criminalité transnationale organisée visant à prévenir, réprimer et punir la traite des personnes, en particulier des femmes et des enfants, *J.O.R.F.*, 7 août 2002, p. 13522.

Loi n° 2002-1042 du 6 août 2002 autorisant l'approbation de l'accord de siège entre le Gouvernement de la République française et l'Organisation européenne de télécommunications par satellite EUTELSAT, *J.O.R.F.*, 7 août 2002, p. 13522.

Loi n° 2002-1043 du 6 août 2002 autorisant la ratification de la convention relative à l'adhésion de la République d'Autriche, de la République de Finlande et du Royaume de Suède à la convention relative à l'élimination des doubles impositions en cas de correction des bénéfices d'entreprises associées, *J.O.R.F.*, 7 août 2002, pp. 13522-13523.

Conventions bilatérales

Loi n° 2002-163 du 12 février 2002 autorisant l'approbation de l'avenant n° 2 à la convention de sécurité sociale du 16 janvier 1985 entre le Gouvernement de la République française et le Gouvernement de la République de Côte d'Ivoire, *J.O.R.F.*, 13 février 2002, p. 2848.

Loi n° 2002-165 du 12 février 2002 autorisant l'approbation de la convention entre le Gouvernement de la République française et le

Gouvernement de la République du Botswana en vue d'éviter les doubles impositions et de prévenir l'évasion et la fraude fiscales en matière d'impôts sur le revenu, *J.O.R.F.*, 13 février 2002, p. 2848.

Loi n° 2002-166 du 12 février 2002 autorisant l'approbation de l'avenant à la convention entre le Gouvernement de la République française et le Gouvernement de la République arabe d'Egypte en vue d'éviter les doubles impositions et de prévenir l'évasion fiscale en matière d'impôts sur le revenu et sur la fortune du 19 juin 1980, *J.O.R.F.*, 13 février 2002, p. 2849.

Loi n° 2002-167 du 12 février 2002 autorisant l'approbation de la convention d'entraide judiciaire en matière pénale entre le Gouvernement de la République française et le Gouvernement de la République dominicaine, *J.O.R.F.*, 13 février 2002, p. 2849.

Loi n° 2002-168 du 12 février 2002 autorisant l'approbation de la convention d'entraide judiciaire en matière pénale entre le Gouvernement de la République française et le Gouvernement de la République argentine, *J.O.R.F.*, 13 février 2002, p. 2849.

Loi n° 2002-169 du 12 février 2002 autorisant l'approbation de l'accord entre le Gouvernement de la République française et le Gouvernement du Grand-Duché de Luxembourg portant rectification de la frontière franco-luxembourgeoise, *J.O.R.F.*, 13 février 2002, p. 2849.

Loi n° 2002-170 du 12 février 2002 autorisant l'approbation de la convention d'extradition entre le Gouvernement de la République française et le Gouvernement de la République dominicaine, *J.O.R.F.*, 13 février 2002, p. 2850.

Loi n° 2002-171 du 12 février 2002 autorisant l'approbation de l'avenant n° 2 à l'entente entre le Gouvernement de la République française et le Gouvernement du Québec en matière de sécurité sociale, *J.O.R.F.*, 13 février 2002, p. 2850.

Loi n° 2002-172 du 12 février 2002 autorisant l'approbation du protocole d'entente entre le Gouvernement de la République française et le Gouvernement du Québec relatif à la protection sociale des élèves et étudiants et des participants à la coopération, *J.O.R.F.*, 13 février 2002, p. 2850.

Loi n° 2002-269 du 26 février 2002 autorisant l'approbation de l'accord entre le Gouvernement de la République française et le Gouvernement de la République de Singapour relatif à la coopération de défense et au statut de leurs forces, *J.O.R.F.*, 27 février 2002, p. 3687.

Loi n° 2002-270 du 26 février 2002 autorisant l'approbation de l'avenant à la convention d'assistance administrative mutuelle internationale du 10 septembre 1985 entre le Gouvernement de la République française et le Gouvernement de la République algérienne démocratique et populaire, visant la prévention, la recherche et la répression des fraudes douanières par les administrations douanières des deux pays, *J.O.R.F.*, 27 février 2002, p. 3688.

Loi n° 2002-283 du 28 février 2002 autorisant l'approbation de la convention d'entraide judiciaire en matière pénale entre le Gouvernement de la République française et le Gouvernement de la République de Cuba, *J.O.R.F.*, 1er mars 2002, p. 3904.

Loi n° 2002-284 du 28 février 2002 autorisant l'approbation de la convention entre le Gouvernement de la République française et le Gouvernement de la République de Cuba relative au transfèrement de personnes condamnées aux fins d'exécution de la peine (ensemble un échange de lettres), *J.O.R.F.*, 1er mars 2002, p. 3904.

Loi n° 2002-286 du 28 février 2002 autorisant l'approbation d'un accord de protection et d'encouragement réciproques des investissements entre le Gouvernement de la République française et le Gouvernement du Royaume du Cambodge, *J.O.R.F.*, 1er mars 2002, p. 3905.

Loi n° 2002-290 du 28 février 2002 autorisant l'approbation de l'accord sous forme d'échange de lettres entre le Gouvernement de la République française et le Gouvernement de la République italienne relatif au contrôle de la circulation dans les tunnels du Mont-Blanc et du Fréjus, *J.O.R.F.*, 1er mars 2002, p. 3906.

Loi n° 2002-291 du 28 février 2002 autorisant l'approbation de l'accord entre le Gouvernement de la République française et le Gouvernement de la République italienne pour la réalisation d'une nouvelle ligne ferroviaire Lyon-Turin, *J.O.R.F.*, 1er mars 2002, p. 3906.

Loi n° 2002-1031 du 6 août 2002 autorisant l'approbation de l'avenant à la convention fiscale du 21 octobre 1976 entre le Gouvernement de la République française et le Gouvernement de la République du Cameroun, *J.O.R.F.*, 7 août 2002, p. 13519.

Loi n° 2002-1033 du 6 août 2002 autorisant l'approbation de l'avenant à la convention du 19 décembre 1980 entre le Gouvernement de la République française et le Gouvernement du Royaume de Norvège en vue d'éviter les doubles impositions, de prévenir l'évasion fiscale et d'établir des règles d'assistance administrative réciproque en matière d'impôts sur le revenu et sur la fortune (ensemble un protocole et un protocole additionnel), modifiée par les avenants du 14 novembre 1984 et du 7 avril 1995, *J.O.R.F.*, 7 août 2002, p. 13519.

Loi n° 2002-1036 du 6 août 2002 autorisant l'approbation de la convention entre le Gouvernement de la République française et le Gouvernement de la République algérienne démocratique et populaire en vue d'éviter les doubles impositions, de prévenir l'évasion et la fraude fiscales et d'établir des règles d'assistance réciproque en matière d'impôts sur le revenu, sur la fortune et sur les successions (ensemble un protocole), *J.O.R.F.*, 7 août 2002, p. 13520.

Loi n° 2002-1044 du 6 août 2002 autorisant l'approbation de la convention sur le transfèrement des personnes condamnées entre le Gouvernement de la République française et le Gouvernement de la République du Paraguay, *J.O.R.F.*, 7 août 2002, p. 13523.

Loi n° 2002-1045 du 6 août 2002 autorisant l'approbation de la convention d'extradition entre le Gouvernement de la République française et le Gouvernement de la République du Paraguay, *J.O.R.F.*, 7 août 2002, p. 13523.

Loi n° 2002-1046 du 6 août 2002 autorisant l'approbation de la convention d'entraide judiciaire en matière pénale entre le Gouvernement de la République française et le Gouvernement de la République du Paraguay, *J.O.R.F.*, 7 août 2002, p. 13523.

Loi n° 2002-1304 du 29 octobre 2002 autorisant l'approbation de l'avenant à l'accord du 17 mars 1988, tel que modifié par l'avenant du 19 décembre 1991, entre le Gouvernement de la République française et le Gouvernement de la République tunisienne en matière de séjour et de travail, *J.O.R.F.*, 29 octobre 2002, p. 17993.

Loi n° 2002-1305 du 29 octobre 2002 autorisant l'approbation du troisième avenant à l'accord du 27 décembre 1968 entre le Gouvernement de la République française et le Gouvernement de la République algérienne démocratique et populaire relatif à la circulation, à l'emploi et au séjour en France des ressortissants algériens et de leurs familles et à son protocole annexe (ensemble un échange de lettres), *J.O.R.F.*, 29 octobre 2002, p. 17993.

Conventions entre les Communautés européennes et des États n'y appartenant pas

Loi n° 2002-288 du 28 février 2002 autorisant la ratification de l'accord interne entre les représentants des gouvernements des États membres, réunis au sein du Conseil, relatif au financement et la gestion des aides de la Communauté dans le cadre du protocole financier de l'accord de partenariat entre les États d'Afrique, des Caraïbes et du Pacifique et la Communauté européenne et ses États membres, signé à Cotonou (Bénin) le 23 juin 2000, et à l'affectation des aides financières destinées aux pays et territoires d'outre-mer auxquels s'appliquent les dispositions de la quatrième partie du traité CE, *J.O.R.F.*, 1er mars 2002, p. 3905.

Loi n° 2002-289 du 28 février 2002 autorisant la ratification de l'accord de partenariat entre les membres du groupe des États d'Afrique, des Caraïbes et du Pacifique, d'une part, et la Communauté européenne et ses États membres, d'autre part, *J.O.R.F.*, 1er mars 2002, p. 3906.

ANNÉE 2003

Conventions multilatérales

Loi n° 2003-3 du 2 janvier 2003 autorisant l'approbation de l'accord entre le Gouvernement de la République française et le Conseil de l'Europe relatif à la protection sociale des membres du personnel employés par ladite organisation sur le territoire français, *J.O.R.F.*, 3 janvier 2003, p. 127.

Loi n° 2003-206 du 12 mars 2003 autorisant l'approbation du protocole de Carthagène sur la prévention des risques biotechnologiques relatif à la convention sur la diversité biologique, *J.O.R.F.*, 13 mars 2003, p. 4328.

Loi n° 2003-217 du 13 mars 2003 autorisant la ratification de la convention entre la République française, le Royaume d'Espagne et la Principauté d'Andorre relative à la circulation et au séjour en Principauté d'Andorre des ressortissants des États tiers, *J.O.R.F.*, 14 mars 2003, p. 4416.

Loi n° 2003-218 du 13 mars 2003 autorisant la ratification de la convention entre la République française, le Royaume d'Espagne et la Principauté d'Andorre relative à l'entrée, à la circulation, au séjour et à l'établissement de leurs ressortissants, *J.O.R.F.*, 14 mars 2003, p. 4416.

Loi n° 2003-233 du 17 mars 2003 autorisant la ratification du traité entre la République française, le Royaume d'Espagne, la République d'Italie et la République portugaise portant statut de l'Eurofor, *J.O.R.F.*, 18 mars 2003, p. 4680.

Loi n° 2003-376 du 24 avril 2003 autorisant la ratification du protocole additionnel à l'accord entre la France, la Communauté européenne de l'énergie atomique et l'Agence internationale de l'énergie atomique relatif à l'application de garanties en France, *J.O.R.F.*, 25 avril 2003, p. 7384.

Loi n° 2003-377 du 24 avril 2003 autorisant l'approbation de l'amendement au protocole de Montréal du 16 septembre 1987 relatif à des substances qui appauvrissent la couche d'ozone, adopté à Montréal le 17 septembre 1997, *J.O.R.F.*, 25 avril 2003, p. 7384.

Loi n° 2003-378 du 24 avril 2003 autorisant l'approbation de l'amendement au protocole de Montréal du 16 septembre 1987 relatif à des substances qui appauvrissent la couche d'ozone, adopté à Pékin le 3 décembre 1999, *J.O.R.F.*, 25 avril 2003, p. 7385.

Loi n° 2003-379 du 24 avril 2003 autorisant la ratification du protocole coordonnant la convention internationale de coopération pour la sécurité de la navigation aérienne « Eurocontrol » du 13 décembre 1960 suite aux différentes modifications intervenues, *J.O.R.F.*, 25 avril 2003, p. 7385.

Loi n° 2003-380 du 24 avril 2003 autorisant la ratification de la convention pour l'unification de certaines règles relatives au transport aérien international, *J.O.R.F.*, 25 avril 2003, p. 7385.

Loi n° 2003-475 du 4 juin 2003 relative aux privilèges et immunités de la délégation du Comité international de la Croix-Rouge en France, *J.O.R.F.*, 5 juin 2003, p. 9561.

Loi n° 2003-556 du 26 juin 2003 autorisant l'adhésion à la convention sur la prévention et la répression des infractions contre les personnes jouissant d'une protection internationale, y compris les agents diplomatiques, *J.O.R.F.*, 27 juin 2003, p. 10792.

Loi n° 2003-623 du 8 juillet 2003 autorisant l'approbation de l'amendement à la convention de Bâle sur le contrôle des mouvements transfrontières de déchets dangereux et leur élimination, *J.O.R.F.*, 9 juillet 2003, p. 11601.

Loi n° 2003-624 du 8 juillet 2003 autorisant l'approbation de la convention sur les effets transfrontières des accidents industriels (ensemble treize annexes), *J.O.R.F.*, 9 juillet 2003, p. 11601.

Loi n° 2003-628 du 8 juillet 2003 autorisant la ratification de la convention européenne pour la protection des animaux de compagnie, *J.O.R.F.*, 9 juillet 2003, p. 11602.

Loi n° 2003-698 du 30 juillet 2003 relative à la chasse (article 5) autorisant la ratification de l'accord sur la conservation des oiseaux d'eau migrateurs d'Afrique-Eurasie (ensemble trois annexes), ouvert à la signature à La Haye le 15 août 1996, *J.O.R.F.*, 31 juillet 2003, p. 13018.

Loi n° 2003-985 du 16 octobre 2003 autorisant l'adhésion de la France au protocole de 1996 à la convention de 1972 sur la prévention de la pollution des mers résultant de l'immersion des déchets, *J.O.R.F.*, 17 octobre 2003, p. 17673.

Loi n° 2003-986 du 16 octobre 2003 autorisant l'approbation de la convention sur les polluants organiques persistants (ensemble six annexes), *J.O.R.F.*, 17 octobre 2003, p. 17673.

Loi n° 2003-987 du 16 octobre 2003 autorisant l'approbation de la convention sur la procédure de consentement préalable en connaissance de cause applicable à certains produits chimiques et pesticides dangereux qui font l'objet d'un commerce international (ensemble cinq annexes), *J.O.R.F.*, 17 octobre 2003, p. 17674.

Loi n° 2003-1224 du 22 décembre 2003 autorisant l'approbation de l'accord portant création de l'Organisation internationale de la vigne et du vin, *J.O.R.F.*, 23 décembre 2003, p. 21983.

Loi n° 2003-1312 du 30 décembre 2003 de finances rectificative (article 82) autorisant l'approbation de l'accord effectué par le ministre des Finances visant à octroyer la garantie de l'État à l'emprunt que souscrira l'Organisation des Nations unies pour l'éducation, la science et la culture pour la rénovation de son siège à Paris, dans la limite d'un encours en principal de 80 millions d'Euros, *J.O.R.F.*, 31 décembre 2003, p. 22625.

Loi n° 2003-1366 du 31 décembre 2003 autorisant l'approbation de l'accord entre le Gouvernement de la République française et la commission préparatoire de l'Organisation du traité d'interdiction complète des essais nucléaires sur la conduite des activités relatives aux installations de surveillance internationale, y compris les activités postérieures à la certification (ensemble une annexe), *J.O.R.F.*, 1er janvier 2004, p. 14.

Loi n° 2003-1367 du 31 décembre 2003 autorisant l'approbation de l'accord sur les privilèges et immunités de la Cour pénale internationale, *J.O.R.F.*, 1er janvier 2004, p. 15.

Conventions bilatérales

Loi n° 2003-1 du 2 janvier 2003 autorisant la ratification du traité entre le Gouvernement de la République française et le Gouvernement de la République fédérale d'Allemagne portant délimitation de la frontière dans les zones aménagées du Rhin, *J.O.R.F.*, 3 janvier 2003, p.127.

Loi n° 2003-2 du 2 janvier 2003 autorisant l'approbation de l'avenant n° 1 à la convention sur la sécurité sociale du 2 octobre 1980 entre le Gouvernement de la République française et le Gouvernement de la République gabonaise, *J.O.R.F.*, 3 janvier 2003, p. 127.

Loi n° 2003-4 du 2 janvier 2003 autorisant l'approbation de la convention d'établissement entre le Gouvernement de la République française et le Gouvernement de la République du Sénégal, *J.O.R.F.*, 3 janvier 2003 p. 128.

Loi n° 2003-5 du 2 janvier 2003 autorisant l'approbation d'un accord entre le Gouvernement de la République française et le Gouvernement fédéral d'Allemagne relatif à la coopération dans l'exercice des missions de police de la navigation sur le secteur franco-allemand du Rhin, *J.O.R.F*, 3 janvier 2003, p. 128.

Loi n° 2003-78 du 30 janvier 2003 autorisant l'approbation de la convention entre le Gouvernement de la République française et le Gouvernement de la Principauté d'Andorre relative à la coopération administrative, *J.O.R.F.*, 31 janvier 2003, p. 1912.

Loi n° 2003-79 du 30 janvier 2003 autorisant l'approbation de l'accord entre le Gouvernement de la République française et le Gouvernement de la Fédération de Russie relatif à la responsabilité civile au titre des dommages nucléaires du fait de fournitures en provenance de la République française destinées à des installations nucléaires en Fédération de Russie, *J.O.R.F.*, 31 janvier 2003, p. 1912.

Loi n° 2003-80 du 30 janvier 2003 autorisant l'approbation de la convention entre le Gouvernement de la République française et le Conseil fédéral suisse relative au raccordement de la Suisse au réseau ferré français, notamment aux liaisons à grande vitesse (ensemble une annexe), *J.O.R.F.*, 31 janvier 2003, p. 1912.

Loi n° 2003-205 du 12 mars 2003 autorisant l'approbation de l'accord entre le Gouvernement de la République française et le Gouvernement de la République fédérale d'Allemagne relatif à la construction et à l'entretien de ponts frontières sur le Rhin dont les Parties contractantes n'assurent pas la maîtrise d'ouvrage, *J.O.R.F.*, 13 mars 2003, p. 4328.

Loi n° 2003-207 du 12 mars 2003 autorisant l'approbation de l'accord entre le Gouvernement de la République française et le Gouvernement de Son Altesse Sérénissime le Prince de Monaco relatif à l'attribution et à l'utilisation par la société Télé Monte-Carlo de fréquences hertziennes terrestres pour la diffusion de son programme à partir d'installations d'émission implantées en territoire français (ensemble une annexe), *J.O.R.F.*, 13 mars 2003, p. 4328.

Loi n° 2003-209 du 12 mars 2003 autorisant l'approbation de l'accord entre le Gouvernement de la République française et le Gouvernement de la République d'Estonie relatif à l'indemnisation de la République d'Estonie pour l'immeuble de son ancienne légation à Paris, *J.O.R.F.*, 13 mars 2003, p. 4328.

Loi n° 2003-210 du 12 mars 2003 autorisant l'approbation de l'accord entre le Gouvernement de la République française et le Gouvernement de la République de Lettonie relatif au statut de l'immeuble de la légation de la République de Lettonie à Paris, *J.O.R.F.*, 13 mars 2003, p. 4329.

Loi n° 2003-211 du 12 mars 2003 autorisant l'approbation de l'accord entre le Gouvernement de la République française et le Gouvernement de la République de Lituanie relatif au statut de l'immeuble de la légation de la République de Lituanie à Paris, *J.O.R.F.*, 13 mars 2003, p. 4330.

Loi n° 2003-214 du 12 mars 2003 autorisant l'approbation de l'avenant à la convention entre la République française et la République fédérale d'Allemagne en vue d'éviter les doubles impositions et d'établir des règles d'assistance administrative et juridique réciproque en matière d'impôts sur le revenu et sur la fortune, ainsi qu'en matière de contributions des patentes et de contributions foncières, du 21 juillet 1959, modifiée par l'avenant du 9 juin 1969 et par l'avenant du 28 septembre 1989, signé à Paris le 20 décembre 2001, *J.O.R.F.*, 13 mars 2003, p. 4331.

Loi n° 2003-216 du 13 mars 2003 autorisant la ratification de la convention de sécurité sociale entre la République française et la Principauté d'Andorre, signée à Andorre-la-Vieille le 12 décembre 2000, *J.O.R.F.*, 14 mars 2003, p. 4416.

Loi n° 2003-231 du 17 mars 2003 autorisant la ratification d'un accord entre la République française et le Royaume-Uni de Grande-Bretagne et d'Irlande du Nord relatif à l'établissement d'une ligne de délimitation maritime entre la France et Jersey, *J.O.R.F.*, 18 mars 2003, p. 4680.

Loi n° 2003-232 du 17 mars 2003 autorisant la ratification de l'accord relatif à la pêche dans la baie de Granville entre la République française et le Royaume-Uni de Grande-Bretagne et d'Irlande du Nord (ensemble quatre échanges de notes), *J.O.R.F.*, 18 mars 2003, p. 4680.

Loi n° 2003-375 du 24 avril 2003 autorisant l'approbation de la convention entre le Gouvernement de la République française et le Gouvernement de la République de Guinée en vue d'éviter les doubles impositions et d'établir des règles d'assistance réciproque en matière d'impôts sur le revenu, la fortune, les successions et les donations, *J.O.R.F.*, 24 avril 2003, p. 7384.

Loi n° 2003-554 du 26 juin 2003 autorisant l'approbation de l'accord entre le Gouvernement de la République française et le Gouvernement du Royaume d'Espagne relatif à l'exploitation, à l'entretien, à la sécurité et, le cas échéant, à l'évolution du tunnel routier du Somport (ensemble un échange de lettres), *J.O.R.F.*, 27 juin 2003, p. 10792.

Loi n° 2003-555 du 26 juin 2003 autorisant la ratification du traité entre la République française et le Royaume d'Espagne relatif à la coopération transfrontalière en matière policière et douanière, *J.O.R.F.*, 27 juin 2003, p. 10792.

Loi n° 2003-557 du 26 juin 2003 autorisant l'approbation de la convention d'établissement entre le Gouvernement de la République française et le Gouvernement de la République gabonaise, *J.O.R.F.*, 27 juin 2003, p. 10793.

Loi n° 2003-625 du 8 juillet 2003 autorisant l'approbation de l'accord entre le Gouvernement de la République française et le Gouvernement de la République fédérative du Brésil relatif à l'emploi salarié des membres des familles des agents des missions officielles de chaque État dans l'autre (ensemble un échange de lettres), *J.O.R.F.*, 9 juillet 2003, p. 11601.

Loi n° 2003-626 du 8 juillet 2003 autorisant l'approbation de la convention entre le Gouvernement de la République française et le Gouvernement de la République d'Ouzbékistan en vue d'éviter les doubles impositions et de prévenir l'évasion et la fraude fiscales en matière d'impôts sur le revenu et la fortune (ensemble un protocole et un échange de lettres, *J.O.R.F.*, 9 juillet 2003, p. 11602.

Loi n° 2003-627 du 8 juillet 2003 autorisant l'approbation de l'accord entre le Gouvernement de la République française et le Gouvernement de la République bolivarienne du Venezuela sur l'encouragement et la protection réciproques des investissements, *J.O.R.F.*, 9 juillet 2003, p. 11602.

Loi n° 2003-1143 du 2 décembre 2003 autorisant l'approbation de l'avenant à la convention entre le Gouvernement de la République française et le Gouvernement du Sultanat d'Oman en vue d'éviter les doubles impositions (ensemble un protocole), *J.O.R.F.*, 3 décembre 2003, p. 20623.

Loi n° 2003-1147 du 2 décembre 2003 autorisant l'approbation de la convention d'entraide judiciaire en matière pénale entre le Gouvernement de la République française et le Gouvernement de la République d'Afrique du Sud, *J.O.R.F.*, 3 décembre 2003, p. 20624.

Loi n° 2003-1211 du 19 décembre 2003 autorisant l'approbation d'un accord sous forme d'échange de lettres complétant l'accord entre le Gouvernement de la République française et le Gouvernement de la République italienne relatif à la coopération transfrontalière en matière policière et douanière du 3 octobre 1997, *J.O.R.F.*, 20 décembre 2003, p. 21793.

Loi n° 2003-1223 du 22 décembre 2003 autorisant l'approbation de l'accord entre le Gouvernement de la République française et le Gouvernement de la République italienne relatif à une coopération sur l'observation de la Terre, *J.O.R.F.*, 23 décembre 2003, p. 21983.

Loi n° 2003-1368 du 31 décembre 2003 autorisant l'approbation du traité entre le Gouvernement de la République française et le Gouvernement du Royaume-Uni de Grande-Bretagne et d'Irlande du Nord relatif à la mise en œuvre de contrôles frontaliers dans les ports maritimes de la Manche et de la mer du Nord des deux pays, *J.O.R.F.*, 1er janvier 2004, p. 15.

Convention de l'Union européenne et des Communautés européennes

Loi n° 2003-234 du 17 mars 2003 autorisant l'approbation de la décision des représentants des gouvernements des États membres de l'Union européenne concernant les privilèges et immunités accordés à l'Institut d'études de sécurité et au Centre satellitaire de l'Union européenne ainsi qu'à leurs organes et aux membres de leur personnel, *J.O.R.F.*, 18 mars 2003, p. 4681.

Loi n° 2003-984 du 16 octobre 2003 autorisant l'approbation de la décision du Conseil modifiant l'Acte portant élection des représentants au Parlement européen au suffrage universel direct, annexé à la décision 76/787/CECA, CEE, Euratom du Conseil du 20 septembre 1976 (ensemble une annexe), *J.O.R.F.*, 17 octobre 2003, p. 17673.

Loi n° 2003-1210 du 19 décembre 2003 autorisant la ratification du traité relatif à l'adhésion à l'Union européenne de la République tchèque, de l'Estonie, de Chypre, de la Lettonie, de la Lituanie, de la Hongrie, de Malte, de la Pologne, de la Slovénie et de la Slovaquie, *J.O.R.F.*, 20 décembre 2003, p. 21793.

Conventions entre les Communautés européennes et des États n'y appartenant pas

Loi n° 2003-208 du 12 mars 2003 autorisant la ratification de l'accord euro-méditerranéen établissant une association entre les Communautés européennes et leurs États membres, d'une part, et la République arabe d'Egypte, d'autre part, *J.O.R.F.*, 13 mars 2003, p. 4329.

Loi n° 2003-212 du 12 mars 2003 autorisant la ratification de l'accord de stabilisation et d'association entre les Communautés européennes et leurs États membres, d'une part, et l'ancienne République yougoslave de Macédoine, d'autre part (ensemble sept annexes et cinq protocoles), *J.O.R.F.*, 13 mars 2003, p. 4330.

Loi n° 2003-213 du 12 mars 2003 autorisant la ratification de l'accord de stabilisation et d'association entre les Communautés européennes et leurs États membres, d'une part, et la République de Croatie, d'autre part (ensemble huit annexes et six protocoles), *J.O.R.F.*, 13 mars 2003, p. 4330.

Loi n° 2003-1144 du 2 décembre 2003 autorisant la ratification de l'accord euroméditerranéen établissant une association entre la Communauté européenne et ses États membres, d'une part, et la République algérienne démocratique et populaire, d'autre part (ensemble six annexes, sept protocoles, un acte final, cinq déclarations communes et neuf déclarations unilatérales), *J.O.R.F.*, 3 décembre 2003, p. 20623.

Loi n° 2003-1145 du 2 décembre 2003 autorisant la ratification de l'accord sur le commerce, le développement et la coopération entre la Communauté européenne et ses États membres, d'une part, et la République d'Afrique du Sud, d'autre part (ensemble dix annexes, deux protocoles, un acte final et quatorze déclarations), *J.O.R.F.*, 3 décembre 2003, p. 20623.

Loi n° 2003-1146 du 2 décembre 2003 autorisant la ratification de l'accord euro-méditerranéen instituant une association entre la Communauté européenne et ses États membres, d'une part, et la République libanaise, d'autre part (ensemble deux annexes, cinq protocoles, un acte final, treize déclarations communes et deux déclarations unilatérales), *J.O.R.F.*, 3 décembre 2003, p. 20624.

ANNÉE 2004

Conventions multilatérales

Loi n° 2004-109 du 6 février 2004 autorisant l'approbation de l'accord sur la conservation des cétacés de la mer Noire, de la Méditerranée et de la zone atlantique adjacente, *J.O.R.F.*, 7 février 2004, p. 2615.

Loi n° 2004-146 du 16 février 2004 autorisant la ratification des conventions de l'Organisation internationale du travail n° 163 concernant le bien-être des gens de mer, en mer et dans les ports, n° 164 concernant la protection de la santé et les soins médicaux des gens de mer, n° 166 concernant le rapatriement des marins, n° 178 concernant l'inspection des conditions de travail et de vie des gens de mer, n° 179 concernant le recrutement et le placement des gens de mer, n° 180 concernant la durée du travail des gens de mer et les effectifs de navires, n° 185 concernant les pièces d'identité des gens de mer (révisée), et du protocole relatif à la convention, n° 147 concernant les normes minima à observer sur les navires marchands, *J.O.R.F.*, 17 février 2004, p. 3167.

Loi n° 2004-149 du 16 février 2004 autorisant la ratification des protocoles au traité de l'Atlantique Nord sur l'accession de la République de Bulgarie, de la République d'Estonie, de la République de Lettonie, de la République de Lituanie, de la Roumanie, de la République slovaque et de la République de Slovénie, *J.O.R.F.*, 17 février 2004, p. 3168.

Loi n° 2004-492 du 7 juin 2004 autorisant l'adhésion de la France au protocole d'amendement à la convention internationale pour la simplification et l'harmonisation des régimes douaniers (ensemble trois appendices), *J.O.R.F.*, 8 juin 2004, p. 10112.

Loi n° 2004-495 du 7 juin 2004 autorisant l'approbation de l'accord entre le Gouvernement de la République française et l'Organisation des Nations unies concernant l'exécution des peines prononcées par le Tribunal pénal international pour le Rwanda, *J.O.R.F.*, 8 juin 2004, p. 10113.

Loi n° 2004-596 du 24 juin 2004 autorisant l'approbation du protocole à la convention du 27 novembre 1992 portant création d'un fonds international d'indemnisation pour les dommages dus à la pollution par les hydrocarbures, *J.O.R.F.*, 25 juin 2004, p. 11522.

Loi n° 2004-1106 du 20 octobre 2004 autorisant l'approbation de l'annexe V à la convention pour la protection du milieu marin de l'Atlantique du Nord-Est sur la protection et la conservation des écosystèmes et de la diversité biologique de la zone maritime (ensemble un appendice 3 sur les critères de détermination des activités humaines aux fins de ladite annexe), *J.O.R.F.*, 21 octobre 2004, p. 17809.

Loi n° 2004-1107 du 20 octobre 2004 autorisant l'approbation de l'accord entre le Gouvernement du Canada, les gouvernements d'États membres de l'Agence spatiale européenne, le Gouvernement du Japon, le

Gouvernement de la Fédération de Russie et le Gouvernement des États-Unis d'Amérique sur la coopération relative à la station spatiale internationale civile (ensemble une annexe), *J.O.R.F.*, 21 octobre 2004, p. 17809.

Conventions bilatérales

Loi n° 2004-53 du 14 janvier 2004 autorisant l'approbation de l'accord entre le Gouvernement de la République française et le Gouvernement de la République d'Afrique du Sud relatif à la coopération dans le domaine de la défense, *J.O.R.F.*, 15 janvier 2004, p.1121.

Loi n° 2004-54 du 14 janvier 2004 autorisant l'approbation de l'accord entre le Gouvernement de la République française et le Gouvernement de la République argentine relatif à la coopération dans le domaine de la défense, *J.O.R.F.*, 15 janvier 2004, p. 1121.

Loi n° 2004-55 du 14 janvier 2004 autorisant l'approbation de la convention entre le Gouvernement français et le Gouvernement macédonien en vue d'éviter les doubles impositions et de prévenir l'évasion et la fraude fiscales en matière d'impôts sur le revenu et sur la fortune, *J.O.R.F..*, 15 janvier 2004, p. 1121.

Loi n° 2004-56 du 14 janvier 2004 autorisant l'approbation de l'accord entre le Gouvernement de la République française et le Gouvernement de l'Australie sur l'emploi des personnes à charge des membres des missions officielles d'un État dans l'autre, *J.O.R.F.*, 15 janvier 2004, p. 1121.

Loi n° 2004-57 du 14 janvier 2004 autorisant l'approbation de l'accord entre le Gouvernement de la République française et le Gouvernement du Royaume d'Arabie saoudite sur l'encouragement et la protection réciproques des investissements (ensemble un protocole), *J.O.R.F.*, 15 janvier 2004, p. 1122.

Loi n° 2004-70 du 19 janvier 2004 autorisant l'approbation du protocole d'accord entre le Gouvernement de la République française et le Gouvernement du Grand-Duché de Luxembourg relatif au raccordement du Grand-Duché de Luxembourg au TGV Est-européen (ensemble trois annexes), *J.O.R.F.*, 20 janvier 2004, p. 1488.

Loi n° 2004-110 du 6 février 2004 autorisant l'approbation de l'accord entre le Gouvernement de la République française et le Gouvernement de la Roumanie relatif à la coopération dans le domaine de la défense, *J.O.R.F.*, 7 février 2004, p. 2615.

Loi n° 2004-111 du 6 février 2004 autorisant la ratification de la convention entre le Gouvernement de la République française et la Confédération suisse portant rectifications de la frontière entre les départements de l'Ain et de la Haute-Savoie et le canton de Genève, *J.O.R.F.*, 7 février 2004, p. 2615.

Loi n° 2004-147 du 16 février 2004 autorisant l'approbation de la convention entre le Gouvernement de la République française et le

Gouvernement de la Principauté d'Andorre relative aux bureaux à contrôles nationaux juxtaposés, *J.O.R.F.*, 17 février 2004, p. 3167.

Loi n° 2004-148 du 16 février 2004 autorisant l'approbation de l'accord entre le Gouvernement de la République française et le Gouvernement du Royaume de Belgique relatif à la coopération transfrontalière en matière policière et douanière (ensemble un échange de lettres), *J.O.R.F.*, 17 février 2004, p. 3168.

Loi n° 2004-339 du 21 avril 2004 autorisant l'approbation de l'avenant à la convention entre le Gouvernement de la République française et le Gouvernement de la République argentine en vue d'éviter les doubles impositions et de prévenir l'évasion fiscale en matière d'impôts sur le revenu et sur la fortune, *J.O.R.F.*, 22 avril 2004, p. 7329.

Loi n° 2004-424 du 19 mai 2004 autorisant l'approbation d'un accord entre le Gouvernement de la République française et le Gouvernement de l'Ukraine relatif à la coopération policière (ensemble un échange de lettres), *J.O.R.F.*, 20 mai 2004, p. 8928.

Loi n° 2004-426 du 19 mai 2004 autorisant l'approbation de l'accord entre le Gouvernement de la République française et le Gouvernement de la République de Slovénie relatif au statut et au fonctionnement des centres culturels, *J.O.R.F.*, 20 mai 2004, p. 8928.

Loi n° 2004-427 du 19 mai 2004 autorisant l'approbation de l'accord entre le Gouvernement de la République française et le Gouvernement de la République populaire de Chine sur la création et les statuts des centres culturels, *J.O.R.F.*, 20 mai 2004, p. 8929.

Loi n° 2004-493 du 7 juin 2004 autorisant l'approbation de l'accord sous forme d'échange de lettres concernant le statut fiscal et douanier des établissements culturels et d'enseignement complétant l'accord de coopération culturelle, scientifique et technique entre le Gouvernement de la République française et le Gouvernement du Royaume d'Espagne, *J.O.R.F.*, 8 juin 2004 p. 10112.

Loi n° 2004-494 du 7 juin 2004 autorisant l'approbation de la convention entre le Gouvernement de la République française et le Gouvernement de la République fédérale d'Allemagne relative aux lycées franco-allemands et au baccalauréat franco-allemand (ensemble une annexe), *J.O.R.F.*, 8 juin 2004, p. 10112.

Loi n° 2004-496 du 7 juin 2004 autorisant l'approbation de l'accord entre le Gouvernement de la République française et le Gouvernement de la République du Tadjikistan sur l'encouragement et la protection réciproques des investissements, *J.O.R.F.*, 8 juin 2004, p. 10113.

Loi n° 2004-497 du 7 juin 2004 autorisant l'approbation de l'accord entre le Gouvernement de la République française et le Gouvernement de la République démocratique fédérale d'Ethiopie sur l'encouragement et la protection réciproques des investissements (ensemble un protocole), *J.O.R.F.*, 8 juin 2004, p. 10113.

Loi n° 2004-498 du 7 juin 2004 autorisant l'approbation de l'accord entre le Gouvernement de la République française et le Gouvernement de la République islamique d'Iran sur l'encouragement et la protection réciproques des investissements, *J.O.R.F.*, 8 juin 2004, p. 10114.

Loi n° 2004-1109 du 20 octobre 2004 autorisant l'approbation de l'accord entre le Gouvernement de la République française et le Gouvernement de la République d'Afrique du Sud concernant la navigation de commerce et autres matières maritimes connexes, *J.O.R.F.*, 21 octobre 2004, p. 17810.

Loi n° 2004-1110 du 20 octobre 2004 autorisant l'approbation de l'accord maritime entre le Gouvernement de la République française et le Gouvernement de la République socialiste du Vietnam, *J.O.R.F.*, 21 octobre 2004, p. 17810.

Loi n° 2004-1111 du 20 octobre 2004 autorisant l'approbation de la convention entre le Gouvernement de la République française et le Gouvernement de Nouvelle-Zélande relative à l'emploi des personnes à charge des membres des missions officielles d'un État dans l'autre (ensemble un échange de lettres), *J.O.R.F.*, 21 octobre 2004, p. 17810.

Loi n° 2004-1112 du 20 octobre 2004 autorisant l'approbation de la convention d'assistance administrative mutuelle entre le Gouvernement de la République française et le Gouvernement de la République du Surinam pour la prévention, la recherche, la constatation et la sanction des infractions douanières, *J.O.R.F.*, 21 octobre 2004, p. 17811

Loi n° 2004-1113 du 20 octobre 2004 autorisant l'approbation de la convention d'assistance administrative mutuelle entre le Gouvernement de la République française et le Gouvernement de la République argentine pour la prévention, la recherche et la sanction des infractions douanières, *J.O.R.F.*, 21 octobre 2004, p. 17811.

Loi n° 2004-1114 du 20 octobre 2004 autorisant l'approbation de l'accord entre le Gouvernement de la République française et le Gouvernement de la République de Zambie sur l'encouragement et la protection réciproques des investissements, *J.O.R.F.*, 21 octobre 2004, p. 17811.

Loi n° 2004-1115 du 20 octobre 2004 autorisant l'approbation de l'accord entre le Gouvernement de la République française et le Gouvernement de la République de l'Ouganda sur l'encouragement et la protection réciproques des investissements, *J.O.R.F.*, 21 octobre 2004, p. 17812.

Loi n° 2004-1116 du 20 octobre 2004 autorisant l'approbation de l'accord entre le Gouvernement de la République française et le Gouvernement de la République du Mozambique sur l'encouragement et la protection réciproques des investissements (ensemble un protocole), *J.O.R.F.*, 21 octobre 2004, p. 17812.

Loi n° 2004-1117 du 20 octobre 2004 autorisant l'approbation de l'accord entre la France et la Russie relatif à la coopération en matière de sécurité intérieure et de lutte contre la criminalité, *J.O.R.F.*, 21 octobre 2004, p. 17812.

Loi n° 2004-1118 du 20 octobre 2004 autorisant l'approbation de l'accord sous forme d'échange de lettres, signées le 26 novembre et le 30 décembre 2002, complétant le traité du 7 juillet 1998 entre la République française et le Royaume d'Espagne relatif à la coopération transfrontalière en matière policière et douanière, *J.O.R.F.*, 21 octobre 2004, p. 17813.

Loi n° 2004-1125 du 21 octobre 2004 autorisant l'approbation de l'accord d'assistance administrative mutuelle entre le Gouvernement de la République française et le Gouvernement de Malte pour la prévention, la recherche, la constatation et la sanction des infractions douanières, *J.O.R.F.*, 22 octobre 2005, p. 17864.

Loi n° 2004-1235 du 22 novembre 2004 autorisant l'approbation de la convention entre le Gouvernement de la République française et le Gouvernement de la République de Djibouti relative à la situation financière et fiscale des forces françaises présentes sur le territoire de la République de Djibouti, *J.O.R.F.*, 23 novembre 2004, p. 19681.

Convention de l'Union européenne et des Communautés européennes

Loi n° 2004-340 du 21 avril 2004 autorisant la ratification de l'accord entre la République française, la Communauté européenne de l'énergie atomique et l'Agence internationale de l'énergie atomique relatif à l'application de garanties dans le cadre du traité visant l'interdiction des armes nucléaires en Amérique latine et dans les Caraïbes (ensemble deux protocoles), *J.O.R.F.*, 22 avril 2004, p. 7330.

Loi n° 2004-351 du 23 avril 2004 autorisant la ratification de la décision du Conseil réuni au niveau des chefs d'État ou de Gouvernement du 21 mars 2003 relative à une modification de l'article 10.2 des statuts du Système européen de banques centrales et de la Banque centrale européenne (1), *J.O.R.F.*, 24 avril 2004 p. 7480.

Loi n° 2004-1108 du 20 octobre 2004 autorisant la ratification du protocole relatif à l'adhésion de la Communauté européenne à la convention internationale de coopération pour la sécurité de la navigation aérienne « Eurocontrol » du 13 décembre 1960, telle qu'amendée à plusieurs reprises et coordonnée par le protocole du 27 juin 1997, fait à Bruxelles le 8 octobre 2002, *J.O.R.F.*, 21 octobre 2004, p. 17809.

Loi n° 2004-1344 du 9 décembre 2004 autorisant la ratification de la convention établie sur la base de l'article K. 3 du traité sur l'Union européenne, relative à la procédure simplifiée d'extradition entre les États membres de l'Union européenne, *J.O.R.F.*, 10 décembre 2004, p. 20876.

Loi n° 2004-1345 du 9 décembre 2004 autorisant la ratification de la convention établie sur la base de l'article K. 3 du traité sur l'Union européenne, relative à l'extradition entre les États membres de l'Union européenne (ensemble une annexe comportant six déclarations), *J.O.R.F.*, 10 décembre 2004, p. 20876.

Conventions entre les Communautés européennes et des États n'y appartenant pas

Loi n° 2004-425 du 19 mai 2004 autorisant la ratification de l'accord établissant une association entre la Communauté européenne et ses États membres, d'une part, et la République du Chili, d'autre part, *J.O.R.F.*, 20 mai 2004, p. 8928.

ANNÉE 2005

Conventions multilatérales

Loi n° 2005-103 du 11 février 2005 autorisant la ratification de la convention civile sur la corruption, *J.O.R.F.*, 12 février 2005, p. 2388.

Loi n° 2005-104 du 11 février 2005 autorisant la ratification de la convention pénale sur la corruption, *J.O.R.F.*, 12 février 2005, p. 2388.

Loi n° 2005-109 du 11 février 2005 autorisant l'adhésion au protocole de 1997 modifiant la convention internationale de 1973 pour la prévention de la pollution par les navires, telle que modifiée par le protocole de 1978 y relatif (ensemble une annexe et cinq appendices), *J.O.R.F.*, 12 février 2005, p. 2390.

Loi n° 2005-149 du 21 février 2005 autorisant l'approbation du traité international sur les ressources phytogénétiques pour l'alimentation et l'agriculture (ensemble deux annexes), *J.O.R.F.*, 22 février 2005, p. 2945.

Loi n° 2005-153 du 21 février 2005 autorisant l'approbation de la Convention internationale pour la protection des végétaux (ensemble une annexe), telle qu'elle résulte des amendements adoptés à Rome par la vingt-neuvième session de la conférence de l'Organisation des Nations unies pour l'alimentation et l'agriculture, *J.O.R.F.*, 22 février 2005, p. 2946.

Loi n° 2005-154 du 21 février 2005 autorisant l'approbation de l'accord international de 2001 sur le café (ensemble une annexe), *J.O.R.F.*, 22 février 2005, p. 2946.

Loi n° 2005-225 du 14 mars 2005 autorisant l'approbation de la convention concernant l'assistance administrative mutuelle en matière fiscale, *J.O.R.F.*, 15 mars 2005, p. 4392.

Loi n° 2005-250 du 18 mars 2005 autorisant l'approbation de l'accord entre le Gouvernement de la République française, d'une part, et le Gouvernement du Royaume de Belgique, le Gouvernement de la Communauté française, le Gouvernement de la Région wallonne et le Gouvernement flamand, d'autre part, sur la coopération transfrontalière entre les collectivités territoriales et organismes publics locaux, *J.O.R.F.*, 19 mars 2005, p. 4673.

Loi n° 2005-251 du 18 mars 2005 autorisant l'approbation de l'instrument amendant la convention du 23 juin 1993 relative à la création du Bureau européen des radiocommunications, *J.O.R.F.*, 19 mars 2005, p. 4673.

Loi n° 2005-252 du 18 mars 2005 autorisant l'adhésion à la convention relative à la conservation et à la gestion des stocks de poissons grands migrateurs dans le Pacifique occidental et central (ensemble quatre annexes), *J.O.R.F.*, 19 mars 2005, p. 4673.

Loi n° 2005-289 du 30 mars 2005 autorisant l'approbation du protocole sur l'eau et la santé à la convention de 1992 sur la protection et l'utilisation des cours d'eau transfrontières et des lacs internationaux, *J.O.R.F.*, 31 mars 2005, p. 5793.

Loi n° 2005-492 du 19 mai 2005 autorisant l'approbation des protocoles d'application de la convention alpine du 7 novembre 1991 dans le domaine de la protection de la nature et de l'entretien des paysages, de l'aménagement du territoire et du développement durable, des forêts de montagne, de l'énergie, du tourisme, de la protection des sols et des transports, *J.O.R.F.*, 20 mai 2005, p. 8729.

Loi n° 2005-493 du 19 mai 2005 autorisant l'approbation de la convention sur la cybercriminalité et du protocole additionnel à cette convention relatif à l'incrimination d'actes de nature raciste et xénophobe commis par le biais de systèmes informatiques, *J.O.R.F.*, 20 mai 2005, p. 8729.

Loi n° 2005-495 du 19 mai 2005 autorisant l'approbation de l'accord sur la conservation des albatros et des pétrels (ensemble deux annexes), *J.O.R.F.*, 20 mai 2005, p. 8730.

Loi n° 2005-497 du 19 mai 2005 autorisant l'approbation du protocole additionnel à la convention sur le transfèrement des personnes condamnées, *J.O.R.F.*, 20 mai 2005, p. 8731.

Loi n° 2005-498 du 19 mai 2005 autorisant l'approbation de l'accord international sur l'Escaut, *J.O.R.F.*, 20 mai 2005, p. 8731.

Loi n° 2005-499 du 19 mai 2005 autorisant l'approbation de l'accord international sur la Meuse, *J.O.R.F.*, 20 mai 2005, p. 8731.

Loi n° 2005-501 du 19 mai 2005 autorisant l'approbation de l'annexe V au protocole au traité sur l'Antarctique, relatif à la protection de l'environnement, protection et gestion des zones, *J.O.R.F.*, 20 mai 2005, p. 8732.

Loi n° 2005-743 du 4 juillet 2005 autorisant la ratification de la convention des Nations unies contre la corruption, *J.O.R.F.*, 5 juillet 2005, p. 11072.

Loi n° 2005-753 du 4 juillet 2005 autorisant l'approbation de l'amendement à l'accord portant création de la Banque européenne pour la reconstruction et le développement, signé à Paris le 29 mai 1990, en vue d'admettre la Mongolie comme pays d'opérations, adopté à Londres le 30 janvier 2004, *J.O.R.F.*, 5 juillet 2005, p. 11141.

Loi n° 2005-756 du 4 juillet 2005 autorisant l'adhésion à l'accord sur la conservation des petits cétacés de la mer Baltique, de l'Atlantique du Nord-Est et des mers d'Irlande et du Nord, *J.O.R.F.*, 5 juillet 2005, p. 11142.

Loi n° 2005-1272 du 13 octobre 2005 autorisant l'approbation de la convention européenne du paysage, *J.O.R.F.*, 14 octobre 2005, p. 16297.

Loi n° 2005-1276 du 13 octobre 2005 autorisant l'approbation de l'accord concernant la coopération en vue de la répression du trafic illicite maritime et aérien de stupéfiants et de substances psychotropes dans la région des Caraïbes, *J.O.R.F.*, 14 octobre 2005, p. 16298.

Loi n° 2005-1277 du 13 octobre 2005 autorisant l'approbation de la Mesure relative à l'institution du secrétariat du Traité sur l'Antarctique, *J.O.R.F.*, 14 octobre 2005, p. 16298.

Loi n° 2005-1409 du 16 novembre 2005 autorisant l'approbation de l'accord entre les gouvernements de la République française, de la République fédérale d'Allemagne, du Royaume-Uni de Grande-Bretagne et d'Irlande du Nord et du Royaume des Pays-Bas relatif à la coopération dans le domaine de la technologie et de la centrifugation, *J.O.R.F.*, 15 novembre 2005, p. 17921.

Conventions bilatérales

Loi n° 2005-105 du 11 février 2005 autorisant l'approbation de la convention entre le Gouvernement de la République française et le Gouvernement de la République de l'Inde en matière d'extradition, *J.O.R.F.*, 12 février 2005, p. 2388.

Loi n° 2005-106 du 11 février 2005 autorisant l'approbation de la convention d'entraide judiciaire en matière pénale entre le Gouvernement de la République française et le Gouvernement de la République de l'Inde (ensemble un avenant sous forme d'échange de lettres), *J.O.R.F.*, 12 février 2005, p. 2389.

Loi n° 2005-107 du 11 février 2005 autorisant l'approbation de l'avenant à la convention du 29 janvier 1951 entre le Gouvernement de la République française et le Gouvernement de la République italienne relative aux gares internationales de Modane et de Vintimille et aux sections de chemins de fer comprises entre ces gares et les frontières d'Italie et de France, *J.O.R.F.*, 12 février 2005, p. 2389.

Loi n° 2005-108 du 11 février 2005 autorisant la ratification de la convention sur le transfèrement des personnes condamnées à une peine privative de liberté entre la République française et la Fédération de Russie, *J.O.R.F.*, 12 février 2005, p. 2389.

Loi n° 2005-110 du 11 février 2005 autorisant l'approbation de l'accord entre le Gouvernement de la République française et le Gouvernement de la République de Madagascar sur l'encouragement et la protection réciproques des investissements, *J.O.R.F.*, 12 février 2005, p. 2390.

Loi n° 2005-150 du 21 février 2005 autorisant l'approbation de l'accord entre le Gouvernement de la République française et le Gouvernement de la République du Tadjikistan relatif à la coopération en matière de sécurité intérieure, *J.O.R.F.*, 22 février 2005, p. 2945.

Loi n° 2005-151 du 21 février 2005 autorisant l'approbation de l'accord entre le Gouvernement de la République française et le Gouvernement de la République slovaque relatif à la coopération en matière d'affaires intérieures, *J.O.R.F.*, 22 février 2005, p. 2945.

Loi n° 2005-152 du 21 février 2005 autorisant l'approbation de l'accord entre le Gouvernement de la République française et le Gouvernement de la

République de Bulgarie relatif à la coopération en matière de sécurité intérieure, *J.O.R.F.*, 22 février 2005, p. 2946.

Loi n° 2005-224 du 14 mars 2005 autorisant l'approbation de l'avenant à l'entente fiscale entre le Gouvernement de la République française et le Gouvernement du Québec en vue d'éviter les doubles impositions et de prévenir l'évasion fiscale en matière d'impôts sur le revenu, *J.O.R.F.*, 15 mars 2005, p. 4392.

Loi n° 2005-226 du 14 mars 2005 autorisant l'approbation d'une convention entre le Gouvernement de la République française et le Gouvernement de la République tchèque en vue d'éviter les doubles impositions et de prévenir l'évasion et la fraude fiscales en matière d'impôts sur le revenu et sur la fortune (ensemble un protocole), *J.O.R.F.*, 15 mars 2005, p. 4392.

Loi n° 2005-227 du 14 mars 2005 autorisant l'approbation de l'avenant à la convention fiscale entre le Gouvernement de la République française et le Gouvernement de Son Altesse Sérénissime le Prince de Monaco, signée à Paris le 18 mai 1963 et modifiée par l'avenant du 25 juin 1969 (ensemble un échange de lettres), *J.O.R.F.*, 15 mars 2005, p. 4393.

Loi n° 2005-290 du 30 mars 2005 autorisant l'approbation de l'accord entre le Gouvernement de la République française et le Gouvernement de la Roumanie sur l'emploi salarié des personnes à charge des membres des missions officielles d'un État dans l'autre, *J.O.R.F.*, 31 mars 2005, p. 5794.

Loi n° 2005-494 du 19 mai 2005 autorisant l'approbation de la convention entre le Gouvernement de la République française et le Gouvernement de la République azerbaïdjanaise en vue d'éviter les doubles impositions et de prévenir l'évasion et la fraude fiscales en matière d'impôts sur le revenu et sur la fortune (ensemble un protocole), *J.O.R.F.*, 20 mai 2005, p. 8730.

Loi n° 2005-500 du 19 mai 2005 autorisant l'approbation de l'avenant à la convention entre le Gouvernement de la République française et le Gouvernement du Royaume des Pays-Bas tendant à éviter les doubles impositions et à prévenir l'évasion fiscale en matière d'impôts sur le revenu et sur la fortune, *J.O.R.F.*, 20 mai 2005, p. 8731.

Loi n° 2005-680 du 21 juin 2005 autorisant l'approbation de la convention entre le Gouvernement de la République française et le Gouvernement de la République d'Albanie en vue d'éviter les doubles impositions en matière d'impôts sur le revenu et sur la fortune et de prévenir l'évasion et la fraude fiscales (ensemble un protocole), *J.O.R.F.*, 22 juin 2005, p. 10447.

Loi n° 2005-681 du 21 juin 2005 autorisant l'approbation de la convention entre le Gouvernement de la République française et le Gouvernement de la République de Croatie en vue d'éviter les doubles impositions et de prévenir l'évasion et la fraude fiscales en matière d'impôts sur le revenu (ensemble un protocole), *J.O.R.F.*, 22 juin 2005, p. 10447.

Loi n° 2005-751 du 4 juillet 2005 autorisant l'approbation de l'accord entre le Gouvernement de la République française et le Gouvernement de la République d'Estonie relatif au statut et au fonctionnement des centres culturels, *J.O.R.F.*, 6 juillet 2005, p. 11140.

Loi n° 2005-752 du 4 juillet 2005 autorisant l'approbation de l'accord entre le Gouvernement de la République française et la Bosnie-Herzégovine sur l'encouragement et la protection réciproques des investissements, *J.O.R.F.*, 6 juillet 2005, 6 juillet 2005, p. 11140.

Loi n° 2005-754 du 4 juillet 2005 autorisant l'approbation de l'accord entre le Gouvernement de la République française et le Gouvernement de la Principauté d'Andorre dans le domaine de l'enseignement, *J.O.R.F.*, 6 juillet 2005, p. 11141.

Loi n° 2005-755 du 4 juillet 2005 autorisant l'approbation de l'accord entre le Gouvernement de la République française et le Gouvernement de Bahreïn sur l'encouragement et la protection réciproques des investissements, *J.O.R.F.*, 6 juillet 2005, p. 11141.

Loi n° 2005-1271 du 13 octobre 2005 autorisant la ratification du traité destiné à adapter et à confirmer les rapports d'amitié et de coopération entre la République française et la Principauté de Monaco, *J.O.R.F.*, 14 octobre 2005, p. 16297.

Loi n° 2005-1273 du 13 octobre 2005 autorisant l'approbation de la convention de sécurité sociale entre le Gouvernement de la République française et le Gouvernement de la République tunisienne signée à Tunis le 26 juin 2003, ainsi que de l'avenant n° 1 à cette convention, signé à Tunis le 4 décembre 2003, *J.O.R.F.*, 14 octobre 2005, p. 16297.

Loi n° 2005-1274 du 13 octobre 2005 autorisant l'approbation de l'entente en matière de sécurité sociale entre le Gouvernement de la République française et le Gouvernement du Québec, *J.O.R.F.*, 14 octobre 2005, p. 16298.

Loi n° 2005-1275 du 13 octobre 2005 autorisant l'approbation de l'accord entre le Gouvernement de la République française et le Conseil fédéral suisse relatif à la procédure simplifiée d'extradition et complétant la Convention européenne d'extradition du 13 décembre 1957, *J.O.R.F.*, 14 octobre 2005, p. 16298.

Loi n° 2005-1330 du 28 octobre 2005 autorisant l'approbation de l'accord entre le Gouvernement de la République française et le Gouvernement de la République de Macédoine relatif à la coopération en matière de sécurité intérieure, *J.O.R.F.*, 29 octobre 2005, p. 17075.

Loi n° 2005-1331 du 28 octobre 2005 autorisant l'approbation de l'accord entre le Gouvernement de la République française et la Grande Jamahiriya arabe libyenne populaire et socialiste sur l'encouragement et la protection réciproques des investissements, *J.O.R.F.*, 29 octobre 2005, p. 17075.

Convention de l'Union européenne et des Communautés européennes

Loi n° 2005-111 du 11 février 2005 autorisant l'approbation de l'accord entre les États membres de l'Union européenne relatif au statut du personnel militaire et civil détaché auprès des institutions de l'Union européenne, des quartiers généraux et des forces pouvant être mis à la disposition de l'Union européenne dans le cadre de la préparation et de l'exécution des missions visées à l'article 17, paragraphe 2, du traité sur l'Union européenne, y compris lors d'exercices, et du personnel militaire et civil des États membres mis à la disposition de l'Union européenne pour agir dans ce cadre (SOFA UE), *J.O.R.F.*, 12 février 2005, p. 2390.

Loi n° 2005-287 du 30 mars 2005 autorisant l'approbation de la convention établie par le Conseil conformément à l'article 34 du traité sur l'Union européenne relative à l'entraide judiciaire en matière pénale entre les États membres de l'Union européenne, *J.O.R.F.*, 31 mars 2005, p. 5793.

Loi n° 2005-288 du 30 mars 2005 autorisant l'approbation du protocole à la convention relative à l'entraide judiciaire en matière pénale entre les États membres de l'Union européenne, établi par le Conseil conformément à l'article 34 du traité sur l'Union européenne, *J.O.R.F.*, 31 mars 2005, p. 5793.

Loi n° 2005-496 du 19 mai 2005 autorisant l'approbation du protocole modifiant la convention portant création d'un Office européen de police (convention Europol) et le protocole sur les privilèges et immunités d'Europol, des membres de ses organes, de ses directeurs adjoints et de ses agents, *J.O.R.F.*, 20 mai 2005, p. 8730.

ANNÉE 2006

Conventions multilatérales

Loi n° 2006-243 du 2 mars 2006 autorisant l'approbation du protocole portant modification de la convention relative aux transports internationaux ferroviaires du 9 mai 1980 (ensemble une annexe), *J.O.R.F.*, 3 mars 2006, p. 3225.

Loi n° 2006-244 du 2 mars 2006 autorisant la ratification de l'Acte de Genève de l'arrangement de La Haye de 1925 concernant l'enregistrement international des dessins et modèles industriels, *J.O.R.F.*, 3 mars 2006, p. 3226.

Loi n° 2006-245 du 2 mars 2006 autorisant la ratification de la révision de la Convention internationale pour la protection des obtentions végétales, *J.O.R.F.*, 3 mars 2006, p. 3226

Loi n° 2006-611 du 29 mai 2006 autorisant l'approbation de l'accord de siège entre le Gouvernement de la République française et la Communauté du Pacifique, *J.O.R.F.*, 30 mai 2006, p. 8019.

Loi n° 2006-614 du 29 mai 2006 autorisant l'approbation de l'accord entre le Gouvernement de la République française et l'Agence spatiale européenne relatif aux ensembles de lancement et aux installations associées de l'agence au Centre spatial guyanais (ensemble trois annexes), *J.O.R.F.*, 30 mai 2006, p. 8020.

Loi n° 2006-615 du 29 mai 2006 autorisant l'approbation de l'accord entre le Gouvernement de la République française et l'Agence spatiale européenne relatif au Centre spatial guyanais (ensemble trois annexes), *J.O.R.F.*, 30 mai 2006, p. 8020.

Loi n° 2006-616 du 29 mai 2006 autorisant l'approbation du protocole n° 14 à la convention de sauvegarde des droits de l'homme et des libertés fondamentales, amendant le système de contrôle de la convention, *J.O.R.F.*, 30 mai 2006, p. 8020.

Loi n° 2006-785 du 5 juillet 2006 autorisant l'approbation de la convention européenne relative à la protection du patrimoine audiovisuel et de son protocole sur la protection des productions télévisuelles, *J.O.R.F.*, 6 juillet 2006, p. 10114.

Loi n° 2006-786 du 5 juillet 2006 autorisant l'approbation d'accords internationaux sur la responsabilité civile dans le domaine de l'énergie nucléaire, *J.O.R.F.*, 6 juillet 2006, p. 10115.

Loi n° 2006-787 du 5 juillet 2006 autorisant l'approbation de la convention européenne sur la protection juridique des services à accès conditionnel et des services d'accès conditionnel, *J.O.R.F.*, 6 juillet 20006, p. 10115.

Loi n° 2006-823 du 10 juillet 2006 autorisant l'approbation de la Charte européenne de l'autonomie locale, adoptée à Strasbourg le 15 octobre 1985, *J.O.R.F.*, 11 juillet 2006, p. 10335.

Loi n° 2006-788 du 5 juillet 2006 autorisant l'approbation du traité sur le droit des marques, *J.O.R.F.*, 6 juillet 2006, p. 10115.

Loi n° 2006-789 du 5 juillet 2006 autorisant l'adhésion au protocole modifiant la convention de 1976 sur la limitation de la responsabilité en matière de créances maritimes, *J.O.R.F.*, 6 juillet 2006, p. 10116.

Loi n° 2006-791 du 5 juillet 2006 autorisant l'approbation de la convention internationale pour la sauvegarde du patrimoine culturel immatériel, *J.O.R.F.*, 6 juillet 2006, p. 10116.

Loi n° 2006-792 du 5 juillet 2006 autorisant l'adhésion à la convention sur la protection et la promotion de la diversité des expressions culturelles, *J.O.R.F.*, 6 juillet 2006, p. 10116.

Loi n° 2006-824 du 10 juillet 2006 autorisant l'approbation de la convention relative au renforcement de la Commission interaméricaine du Thon Tropical établie par la Convention de 1949 entre les États-Unis d'Amérique et la République du Costa Rica (ensemble quatre annexes), *J.O.R.F.*, 11 juillet 2006, p. 10335.

Loi n° 2006-1407 du 17 novembre 2006 autorisant l'approbation de l'accord entre le Gouvernement de la République française, le Gouvernement du Royaume de Norvège et le Gouvernement du Royaume-Uni de Grande-Bretagne et d'Irlande du Nord relatif à la propriété commune d'un système de sauvetage sous-marin, *J.O.R.F.*, 21 novembre 2006, p. 17424.

Conventions bilatérales

Loi n° 2006-67 du 25 janvier 2006 autorisant l'approbation de l'accord entre le Gouvernement de la République française et le Gouvernement de la République algérienne démocratique et populaire relatif à la coopération en matière de sécurité et de lutte contre la criminalité organisée, *J.O.R.F.*, 26 janvier 2006, p. 1305.

Loi n° 2006-70 du 25 janvier 2006 autorisant l'approbation de l'accord entre le Gouvernement de la République française et le Gouvernement de la Fédération de Russie relatif à certaines questions immobilières, *J.O.R.F.*, 26 janvier 2006, p. 1306.

Loi n° 2006-71 du 25 janvier 2006 autorisant l'approbation de l'accord sur l'Office franco-allemand pour la jeunesse, *J.O.R.F.*, 26 janvier 20006, p. 1306.

Loi n° 2006-242 du 2 mars 2006 autorisant l'approbation de l'accord entre le Gouvernement de la République française et le Gouvernement de la République de Colombie relatif à la coopération en matière de sécurité intérieure, *J.O.R.F.*, 3 mars 2006, p. 3225.

Loi n° 2006-612 du 29 mai 2006 autorisant l'approbation de la convention entre le Gouvernement de la République française et le Gouvernement de la République du Chili en vue d'éviter les doubles impositions et de prévenir l'évasion et la fraude fiscales en matière d'impôts sur le revenu et sur la fortune (ensemble un protocole), *J.O.R.F.*, 30 mai 2006, p. 8019.

Loi n° 2006-613 du 29 mai 2006 autorisant l'approbation de l'accord sous forme d'échange de lettres entre le Gouvernement de la République française et le Gouvernement de la République italienne visant à compléter la liste des établissements culturels et d'enseignement auxquels s'appliquent les dispositions de la convention culturelle du 4 novembre 1949 et de l'accord par échange de lettres du 9 novembre et du 6 décembre 1954 relatif aux exemptions fiscales en faveur des établissements culturels, *J.O.R.F.*, 30 mai 2006, p. 8019.

Loi n° 2006-790 du 5 juillet 2006 autorisant l'approbation de l'accord entre le Gouvernement de la République française et le Gouvernement de la République populaire de Chine relatif à la coopération en matière de sécurité intérieure, *J.O.R.F.*, 6 juillet 2006, p. 10116.

Loi n° 2006-825 du 10 juillet 2006 autorisant l'approbation de l'accord entre le Gouvernement de la République française et le Gouvernement de la Principauté d'Andorre concernant les transports routiers internationaux de marchandises (ensemble une annexe), *J.O.R.F.*, 11 juillet 2006, p. 10335.

Loi n° 2006-1249 du 13 octobre 2006 autorisant l'approbation de la convention entre le Gouvernement de la République française et le Gouvernement de la République de Slovénie en vue d'éviter les doubles impositions en matière d'impôts sur le revenu et sur la fortune et de prévenir l'évasion et la fraude fiscales, *J.O.R.F.*, 14 octobre 2006, p. 15257.

Loi n° 2006-1250 du 13 octobre 2006 autorisant l'approbation de l'avenant sous forme d'échange de lettres modifiant la convention entre le Gouvernement de la République française et le Gouvernement de la République d'Arménie en vue d'éviter les doubles impositions et de prévenir l'évasion et la fraude fiscales en matière d'impôts sur le revenu et sur la fortune, *J.O.R.F.*, 14 octobre 2006, p. 15257.

Loi n° 2006-1251 du 13 octobre 2006 autorisant l'approbation de l'avenant à la convention entre le Gouvernement de la République française et le Gouvernement des États-Unis d'Amérique en vue d'éviter les doubles impositions et de prévenir l'évasion et la fraude fiscales en matière d'impôts sur le revenu et sur la fortune, *J.O.R.F.*, 14 octobre 2006, p. 15257.

Loi n° 2006-1252 du 13 octobre 2006 autorisant l'approbation de l'avenant à la convention entre la République française et les États-Unis d'Amérique tendant à éviter les doubles impositions et à prévenir l'évasion fiscale en matière d'impôts sur les successions et sur les donations, *J.O.R.F.*, 14 octobre 2006, p. 15258.

Loi n° 2006-1253 du 13 octobre 2006 autorisant l'approbation de l'accord entre le Gouvernement de la République française et le

Gouvernement de la République de Bulgarie relatif à la mise à disposition d'un immeuble à des fins de coopération culturelle, *J.O.R.F.*, 14 octobre 2006, p. 15258.

Loi n° 2006-1255 du 13 octobre 2006 autorisant l'approbation de l'accord-cadre entre le Gouvernement de la République française et le Gouvernement de la République fédérale d'Allemagne sur la coopération sanitaire transfrontalière, *J.O.R.F.*, 14 octobre 2006, p. 15259.

Loi n° 2006-1408 du 17 novembre 2006 autorisant l'approbation de l'accord entre le Gouvernement de la République française et le Conseil fédéral suisse relatif au raccordement de l'autoroute A 35 à la route nationale N 2 entre Bâle et Saint-Louis, *J.O.R.F.*, 21 novembre 2006, p. 17424.

Convention de l'Union européenne et des Communautés européennes

Loi n° 2006-68 du 25 janvier 2006 autorisant l'approbation du protocole établi conformément à l'article 34 du traité sur l'Union européenne modifiant, en ce qui concerne la création d'un fichier d'identification des dossiers d'enquêtes douanières, la convention sur l'emploi de l'informatique dans le domaine des douanes, *J.O.R.F.*, 26 janvier 2006, p. 1305.

Loi n° 2006-69 du 25 janvier 2006 autorisant l'approbation de la décision des représentants des Gouvernements des États membres, réunis au sein du Conseil le 28 avril 2004, concernant les privilèges et immunités accordés à ATHENA, *J.O.R.F.*, 26 janvier 2006, 21p. 1305.

Loi n° 2006-1254 du 13 octobre 2006 autorisant la ratification du traité relatif à l'adhésion de la République de Bulgarie et de la Roumanie à l'Union européenne, *J.O.R.F.*, 14 octobre 2006, p. 15258.

Loi n° 2006-1406 du 17 novembre 2006 autorisant l'approbation du protocole du 27 novembre 2003 établi sur la base de l'article 43, paragraphe 1, de la convention portant création d'un Office européen de police (convention Europol), modifiant ladite convention, *J.O.R.F.*, 21 novembre 2006, p. 17424.

ANNÉE 2007

Conventions multilatérales

Loi n° 2007-9 du 4 janvier 2007 autorisant l'adhésion à la convention internationale sur le contrôle des systèmes antisalissure nuisibles sur les navires (ensemble quatre annexes et deux appendices), adoptée à Londres le 5 octobre 2001, *J.O.R.F.*, 5 janvier 2007, p. 167.

Loi n° 2007-11 du 4 janvier 2007 autorisant l'approbation de l'accord entre le Gouvernement de la République française et l'Agence pour la sécurité de la navigation aérienne en Afrique et à Madagascar relatif à l'établissement à Paris d'une délégation de l'Agence pour la sécurité de la navigation aérienne en Afrique et à Madagascar et à ses privilèges et immunités sur le territoire français (ensemble une annexe) et de l'avenant n° 1 à cet accord, *J.O.R.F.*, 5 janvier 2007, p. 168.

Loi n° 2007-129 du 31 janvier 2007 autorisant la ratification de la convention internationale contre le dopage dans le sport, *J.O.R.F.*, 1er février 2007, p. 1943.

Loi n° 2007-272 du 1er mars 2007 autorisant l'approbation du protocole à la convention de 1979 sur la pollution atmosphérique transfrontière à longue distance relatif à la réduction de l'acidification, de l'eutrophisation et de l'ozone troposphérique (ensemble neuf annexes), *J.O.R.F.*, 2 mars 2007, p. 3962.

Loi n° 2007-299 du 5 mars 2007 autorisant l'approbation de l'accord entre l'Agence spatiale européenne et certains de ses États membres concernant le lancement de fusées-sondes et de ballons, *J.O.R.F.*, 7 mars 2007, p. 4322.

Loi n° 2007-300 du 5 mars 2007 autorisant la ratification de la convention de Budapest relative au contrat de transport de marchandises en navigation intérieure (CMNI), *J.O.R.F.*, 7 mars 2007, p. 4323.

Loi n° 2007-301 du 5 mars 2007 autorisant l'approbation du protocole additionnel à la convention pour la protection des personnes à l'égard du traitement automatisé des données à caractère personnel concernant les autorités de contrôle et les flux transfrontières de données, *J.O.R.F.*, 7 mars 2007, p. 4323.

Loi n° 2007-302 du 5 mars 2007 autorisant la ratification du traité relatif au Corps européen et au statut de son Quartier général entre la République française, la République fédérale d'Allemagne, le Royaume de Belgique, le Royaume d'Espagne et le Grand-Duché de Luxembourg, *J.O.R.F.*, 7 mars 2007, p. 4323.

Loi n° 2007-303 du 5 mars 2007 autorisant la ratification du protocole additionnel au traité entre la République française, le Royaume d'Espagne, la République italienne, la République portugaise portant statut de l'EUROFOR, *J.O.R.F.*, 7 mars 2007, p. 4324.

Loi n° 2007-1154 du 1er août 2007 autorisant l'approbation du protocole additionnel à la convention pénale sur la corruption, *J.O.R.F.*, 2 août 2007, p. 12985.

Loi n° 2007-1155 du 1er août 2007 autorisant l'approbation de la convention européenne sur l'exercice des droits des enfants, *J.O.R.F.*, 2 août 2007, p. 12986.

Loi n° 2007-1158 du 1er août 2007 autorisant l'approbation du protocole visant à modifier la convention relative à l'Organisation hydrographique internationale, *J.O.R.F.*, 2 août 2007, p. 12987.

Loi n° 2007-1160 du 1er août 2007 autorisant la ratification du traité entre le Royaume de Belgique, la République fédérale d'Allemagne, le Royaume d'Espagne, la République française, le Grand-Duché de Luxembourg, le Royaume des Pays-Bas et la République d'Autriche, relatif à l'approfondissement de la coopération transfrontalière, notamment en vue de lutter contre le terrorisme, la criminalité transfrontalière et la migration illégale, *J.O.R.F.*, 2 août 2007, p. 12987.

Loi n° 2007-1161 du 1er août 2007 autorisant l'adhésion à la convention de La Haye du 19 octobre 1996 concernant la compétence, la loi applicable, la reconnaissance, l'exécution et la coopération en matière de responsabilité parentale et de mesures de protection des enfants, *J.O.R.F.*, 2 août 2007, p. 12988.

Loi n° 2007-1162 du 1er août 2007 autorisant la ratification de la convention du Conseil de l'Europe sur la lutte contre la traite des êtres humains, *J.O.R.F.*, 2 août 2007, p. 12988.

Loi n° 2007-1163 du 1er août 2007 autorisant l'adhésion de la France à la convention sur le consentement au mariage, l'âge minimum du mariage et l'enregistrement des mariages, *J.O.R.F.*, 2 août 2007, p. 12988.

Loi n° 2007-1164 du 1er août 2007 autorisant l'adhésion au deuxième protocole facultatif se rapportant au Pacte international relatif aux droits civils et politiques, visant à abolir la peine de mort, *J.O.R.F.*, 2 août 2007, p. 12988.

Loi n° 2007-1165 du 1er août 2007 autorisant la ratification du protocole n° 13 à la Convention de sauvegarde des droits de l'homme et des libertés fondamentales, relatif à l'abolition de la peine de mort en toutes circonstances, *J.O.R.F.*, 2 août 2007, p. 12989.

Loi n° 2007-1200 du 10 août 2007 autorisant l'adhésion au protocole relatif à la convention internationale de Torremolinos sur la sécurité des navires de pêche, *J.O.R.F.*, 11 août 2007, p. 13476.

Loi n° 2007-1201 du 10 août 2007 autorisant l'approbation des amendements à la constitution et à la convention de l'Union internationale des télécommunications, adoptés à Marrakech le 18 octobre 2002, *J.O.R.F.*, 11 août 2007, p. 13477.

Loi n° 2007-1416 du 3 octobre 2007 autorisant l'approbation de l'accord entre le Gouvernement de la République française et l'Agence spatiale européenne relatif à l'Ensemble de lancement Soyouz (ELS) au Centre spatial guyanais (CSG) et lié à la mise en œuvre du programme facultatif de l'Agence spatiale européenne intitulé « Soyouz au CSG » et à l'exploitation de Soyouz à partir du CSG, *J.O.R.F.*, p. 16298.

Loi n° 2007-1417 du 3 octobre 2007 autorisant l'approbation du septième protocole additionnel à la Constitution de l'Union postale universelle, *J.O.R.F.*, 4 octobre 2007, p. 16298.

Loi n° 2007-1418 du 3 octobre 2007 autorisant la ratification de l'acte constitutif de l'Organisation des Nations unies pour l'alimentation et l'agriculture (ensemble une annexe), *J.O.R.F.*, 4 octobre 2007, p. 16298.

Loi n° 2007-1474 du 17 octobre 2007 autorisant la ratification du protocole portant amendement à la convention européenne pour la répression du terrorisme, *J.O.R.F.*, 18 octobre 2007, p. 17169.

Loi n° 2007-1475 du 17 octobre 2007 autorisant la ratification de l'acte portant révision de la convention sur la délivrance de brevets européens, *J.O.R.F.*, 18 octobre 2007, p. 17169.

Loi n° 2007-1476 du 17 octobre 2007 autorisant l'approbation du protocole sur la modification de l'accord instituant une Commission internationale pour le Service international de recherches, *J.O.R.F.*, 18 octobre 2007, p. 17169.

Loi n° 2007-1477 du 17 octobre 2007 autorisant la ratification de l'accord sur l'application de l'article 65 de la convention sur la délivrance de brevets européens, *J.O.R.F.*, 18 octobre 2007, p. 17170.

Loi n° 2007-1813 du 24 décembre 2007 autorisant l'adhésion à la convention sur la mise à disposition de ressources de télécommunication pour l'atténuation des effets des catastrophes et pour les opérations de secours en cas de catastrophe, *J.O.R.F.*, 18 octobre 2007, p. 21004.

Conventions bilatérales

Loi n° 2007-8 du 4 janvier 2007 autorisant l'approbation de la convention d'assistance administrative mutuelle entre le Gouvernement de la République française et le Gouvernement de la République azerbaïdjanaise pour la prévention, la recherche, la constatation et la sanction des infractions douanières, *J.O.R.F.*, 5 janvier 2007, p. 167.

Loi n° 2007-10 du 4 janvier 2007 autorisant l'approbation de l'avenant à la convention entre le Gouvernement de la République française et le Gouvernement de la République tunisienne relative aux obligations de service national en cas de double nationalité, ainsi qu'à l'échange de lettres franco-tunisien du 17 juin 1982 relatif à cette convention, *J.O.R.F.*, 5 janvier 2007, p. 167.

Loi n° 2007-65 du 18 janvier 2007 autorisant l'approbation de l'accord entre le Gouvernement de la République française et le Gouvernement de la République fédérative du Brésil relatif à la construction d'un pont routier sur le fleuve Oyapock reliant la Guyane française et l'État de l'Amapá, *J.O.R.F.*, 20 janvier 2007, p. 1201.

Loi n° 2007-167 du 7 février 2007 autorisant l'approbation des accords sous forme d'échange de lettres relatifs à la fiscalité des revenus de l'épargne entre le Gouvernement de la République française et les territoires dépendants et associés du Royaume-Uni et des Pays-Bas, *J.O.R.F.*, 9 février 2007, p. 2475.

Loi n° 2007-247 du 26 février 2007 autorisant l'approbation de l'accord de sécurité sociale entre le Gouvernement de la République française et le Gouvernement de la République de Corée, *J.O.R.F.*, 27 février 2007, p. 3503.

Loi n° 2007-273 du 1er mars 2007 autorisant l'approbation de la convention entre le Gouvernement de la République française et le Gouvernement du Grand-Duché de Luxembourg portant rectification de la frontière franco-luxembourgeoise suite, d'une part, à la convention-cadre instituant la coopération relative au développement transfrontalier liée au projet Esch-Belval et, d'autre part, à la convention relative à la réalisation d'infrastructures liées au site de Belval-Ouest, *J.O.R.F.*, 2 mars 2007, p. 3962.

Loi n° 2007-304 du 5 mars 2007 autorisant l'approbation d'un accord entre le Gouvernement de la République française et le Gouvernement de la Fédération de Russie relatif à une coopération en matière de destruction des stocks d'armes chimiques en Fédération de Russie, *J.O.R.F.*, 7 mars 2007, p. 4324.

Loi n° 2007-305 du 5 mars 2007 autorisant la ratification de l'accord entre la République française et la République fédérale d'Allemagne relatif à la construction d'un pont ferroviaire sur le Rhin à Kehl, *J.O.R.F.*, 7 mars 2007, p. 4324.

Loi n° 2007-307 du 5 mars 2007 autorisant l'approbation de l'accord de sécurité sociale entre le Gouvernement de la République française et le Gouvernement du Japon, *J.O.R.F.*, 7 mars 2007, p. 4325.

Loi n° 2007-1152 du 1er août 2007 autorisant l'approbation de l'accord de coopération entre le Gouvernement de la République française et le Gouvernement des États-Unis du Mexique en vue de lutter contre l'usage et le trafic illicites de stupéfiants et de substances psychotropes, *J.O.R.F.*, 2 août 2007, p. 12985.

Loi n° 2007-1153 du 1er août 2007 autorisant l'approbation de l'accord de coopération mutuelle entre le Gouvernement de la République française et le Gouvernement des États-Unis du Mexique pour l'échange d'informations relatives à des opérations financières effectuées par l'entremise d'institutions financières pour prévenir et combattre les opérations provenant d'activités illicites ou de blanchiment d'argent, *J.O.R.F.*, 2 août 2007, p. 12985.

Loi n° 2007-1156 du 1er août 2007 autorisant l'approbation de l'accord d'entraide judiciaire en matière pénale entre le Gouvernement de la

République française et le Gouvernement de la République populaire de Chine, *J.O.R.F.*, 2 août 2007, p. 12986.

Loi n° 2007-1202 du 10 août 2007 autorisant l'approbation de l'accord entre le Gouvernement de la République française et le Gouvernement du Royaume du Maroc relatif au statut de leurs forces, *J.O.R.F.*, 11 août 2007, p. 13477.

Loi n° 2007-1203 du 10 août 2007 autorisant l'approbation d'un accord entre le Gouvernement de la République française et le Gouvernement de la République de Chypre relatif à la coopération en matière de sécurité intérieure, *J.O.R.F.*, 11 août 2007, p. 13477.

Loi n° 2007-1204 du 10 août 2007 autorisant l'approbation de l'accord entre la France et les États-Unis du Mexique sur le mécanisme de développement propre dans le cadre du protocole de Kyoto, *J.O.R.F.*, 11 août 2007, p. 13478.

Loi n° 2007-1419 du 3 octobre 2007 autorisant l'approbation de l'accord-cadre entre le Gouvernement de la République française et le Gouvernement du Royaume de Belgique sur la coopération sanitaire transfrontalière, *J.O.R.F.*, 4 octobre 2007, p. 16299.

Loi n° 2007-1420 du 3 octobre 2007 autorisant l'approbation de l'accord entre le Gouvernement de la République française et le Gouvernement du Canada sur l'exploration et l'exploitation des champs d'hydrocarbures transfrontaliers, *J.O.R.F.*, 4 octobre 2007, p. 16299.

Loi n° 2007-1421 du 3 octobre 2007 autorisant l'approbation de l'accord entre le Gouvernement de la République française et le Gouvernement de la République algérienne démocratique et populaire relatif aux transports routiers internationaux et au transit des voyageurs et des marchandises, *J.O.R.F.*, 4 octobre 2007, p. 16299.

Loi n° 2007-1422 du 3 octobre 2007 autorisant l'approbation de l'accord-cadre entre le Gouvernement de la République française et le Gouvernement de la République fédérale d'Allemagne relatif aux implantations communes de missions diplomatiques et de postes consulaires, *J.O.R.F.*, 4 octobre 2007, p. 16300.

Loi n° 2007-1478 du 17 octobre 2007 autorisant l'approbation d'accords entre le Gouvernement de la République française et le Gouvernement des Emirats arabes unis relatifs au musée universel d'Abou Dabi, *J.O.R.F.*, 18 octobre 2007, p. 17170.

Loi n° 2007-1484 du 18 octobre 2007 autorisant l'approbation de l'avenant à la convention entre le Gouvernement de la République française et le Gouvernement du Japon en vue d'éviter les doubles impositions et de prévenir l'évasion et la fraude fiscales en matière d'impôts sur le revenu, *J.O.R.F.*, 19 octobre 2007, p. 17217.

Loi n° 2007-1485 du 18 octobre 2007 autorisant l'approbation de l'accord entre le Gouvernement de la République française et le Gouvernement de la République italienne relatif au tunnel routier de Tende, *J.O.R.F.*, 19 octobre 2007, p. 17217.

Loi n° 2007-1814 du 24 décembre 2007 autorisant l'approbation de la convention entre le Gouvernement de la République française et la Grande Jamahiriya Arabe Libyenne Populaire Socialiste en vue d'éviter les doubles impositions en matière d'impôts sur le revenu et de prévenir l'évasion fiscale, *J.O.R.F.*, 26 décembre 2007, p. 21004.

Loi n° 2007-1815 du 24 décembre 2007 autorisant l'approbation du deuxième avenant à la convention entre la France et le Grand-Duché de Luxembourg tendant à éviter les doubles impositions et à établir des règles d'assistance administrative réciproque en matière d'impôts sur le revenu et sur la fortune, *J.O.R.F.*, 26 décembre 2007, p. 21004.

Convention de l'Union européenne et des Communautés européennes

Loi n° 2007-298 du 5 mars 2007 autorisant l'approbation du protocole n° 2 à la convention-cadre européenne sur la coopération transfrontalière des collectivités ou autorités territoriales relatif à la coopération interterritoriale, *J.O.R.F.*, 7 mars 2007, p. 4322.

Conventions entre les Communautés européennes et des États n'y appartenant pas

Loi n° 2007-166 du 7 février 2007 autorisant l'approbation de l'accord de coopération entre la Communauté européenne et ses États membres, d'une part, et la Confédération suisse, d'autre part, pour lutter contre la fraude et toute autre activité illégale portant atteinte à leurs intérêts financiers, *J.O.R.F.*, 9 février 2007 p. 2475 et rectificatif *J.O.R.F.*, 21 février 2007, p. 3061.

Loi n° 2007-306 du 5 mars 2007 autorisant la ratification de l'accord euro-méditerranéen relatif aux services aériens entre la Communauté européenne et ses États membres, d'une part, et le Royaume du Maroc, d'autre part, *J.O.R.F.*, 7 mars 2007, p. 4325.

Loi n° 2007-1157 du 1er août 2007 autorisant la ratification de l'accord de dialogue politique et de coopération entre la Communauté européenne et ses États membres, d'une part, et les Républiques du Costa Rica, d'El Salvador, du Guatemala, du Honduras, du Nicaragua et du Panama, d'autre part, *J.O.R.F.*, 2 août 2007, p. 12986.

Loi n° 2007-1159 du 1er août 2007 autorisant la ratification de l'accord de dialogue politique et de coopération entre la Communauté européenne et ses États membres, d'une part, et la Communauté andine et ses pays membres (Bolivie, Colombie, Equateur, Pérou et Venezuela), d'autre part, *J.O.R.F.*, 2 août 2007, p. 12987.

Loi n° 2007-1645 du 23 novembre 2007 autorisant la ratification de l'accord modifiant l'accord de partenariat, signé à Cotonou le 23 juin 2000, entre les membres du groupe des États d'Afrique, des Caraïbes et du

Pacifique et la Communauté européenne et ses États membres, *J.O.R.F.*, p. 19201.

Loi n° 2007-1646 du 23 novembre 2007 autorisant l'approbation de l'accord interne entre les représentants des gouvernements des États membres, réunis au sein du Conseil, relatif au financement des aides de la Communauté au titre du cadre financier pluriannuel pour la période 2008-2013 conformément à l'accord de partenariat ACP-CE et à l'affectation des aides financières destinées aux pays et territoires d'outre-mer auxquels s'appliquent les dispositions de la quatrième partie du traité CE, *J.O.R.F.*, 24 novembre 2007, p. 19201.

ANNÉE 2008

Conventions multilatérales

Loi n° 2008-129 du 13 février 2008 autorisant la ratification d'une convention relative à l'adhésion de la République tchèque, de la République d'Estonie, de la République de Chypre, de la République de Lettonie, de la République de Lituanie, de la République de Hongrie, de la République de Malte, de la République de Pologne, de la République de Slovénie et de la République slovaque à la convention relative à l'élimination des doubles impositions en cas de correction des bénéfices d'entreprises associées, *J.O.R.F.*, 15 février 2008, p. 2776.

Loi n° 2008-134 du 13 février 2008 autorisant la ratification d'une convention du Conseil de l'Europe pour la prévention du terrorisme, *J.O.R.F.*, 15 février 2008, p. 2777.

Loi n° 2008-135 du 13 février 2008 autorisant l'approbation d'un accord entre le Gouvernement de la République française et l'Organisation internationale ITER pour l'énergie de fusion relatif au siège de l'Organisation ITER et aux privilèges et immunités de l'Organisation ITER sur le territoire français, *J.O.R.F.*, 15 février 2008, p. 2778.

Loi n° 2008-141 du 15 février 2008 autorisant l'approbation de l'accord européen relatif au transport international des marchandises dangereuses par voies de navigation intérieures (ADN), *J.O.R.F.*, 16 février 2008, p. 2825.

Loi n° 2008-475 du 22 mai 2008 autorisant l'approbation d'un règlement de la Commission intergouvernementale concernant la sécurité de la liaison fixe trans-Manche, *J.O.R.F.*, 23 mai 2008, p. 8378.

Loi n° 2008-476 du 22 mai 2008 autorisant l'adhésion à la convention internationale pour le contrôle et la gestion des eaux de ballast et de sédiments des navires, *J.O.R.F.*, 23 mai 2008, p. 8378.

Loi n° 2008-573 du 19 juin 2008 autorisant la ratification du Traité de l'Organisation mondiale de la propriété intellectuelle sur les interprétations et exécutions et les phonogrammes, *J.O.R.F.*, 20 juin 2008, p. 9947.

Loi n° 2008-574 du 19 juin 2008 autorisant la ratification du traité de l'Organisation mondiale de la propriété intellectuelle sur le droit d'auteur, *J.O.R.F.*, 20 juin 2008, p. 9947.

Loi n° 2008-704 du 17 juillet 2008 autorisant la ratification de la convention internationale pour la protection de toutes les personnes contre les disparitions forcées, *J.O.R.F.*, 18 juillet 2008, p. 11488.

Loi n° 2008-736 du 17 juillet 2008 autorisant l'approbation d'un accord relatif au siège du Bureau international des poids et des mesures et à ses privilèges et immunités sur le territoire français, *J.O.R.F.*, 18 juillet 2008, p. 12202.

Loi n° 2008-737 du 28 juillet 2008 autorisant la ratification de la convention de la Haye du 13 janvier 2000 sur la protection internationale des adultes, *J.O.R.F.*, 30 juillet 2008, p. 12202.

Loi n° 2008-738 du 28 juillet 2008 autorisant l'approbation de l'accord entre le Gouvernement de la République française et le Comité international des poids et des mesures portant amendement de l'accord du 25 avril 1969 relatif au siège du Bureau international des poids et des mesures et à ses privilèges et immunités sur le territoire français, *J.O.R.F.*, 30 juillet 2008, p. 12202.

Loi n° 2008-739 du 28 juillet 2008 autorisant l'approbation du protocole facultatif se rapportant à la convention contre la torture et autres peines ou traitements inhumains ou dégradants, *J.O.R.F.*, 30 juillet 2008, p. 12203.

Conventions bilatérales

Loi n° 2008-73 du 24 janvier 2008 autorisant l'approbation d'un accord entre le Gouvernement de la République française et le Gouvernement de la République du Suriname relatif à la coopération transfrontalière en matière policière, *J.O.R.F.*, 25 janvier 2008, p. 1321.

Loi n° 2008-130 du 13 février 2008 autorisant l'approbation de la convention entre le Gouvernement de la République française et le Gouvernement de la République fédérale démocratique d'Ethiopie en vue d'éviter les doubles impositions et de prévenir l'évasion et la fraude fiscales en matière d'impôts sur le revenu, *J.O.R.F.*, 15 février 2008, p. 2776.

Loi n° 2008-131 du 13 février 2008 autorisant l'approbation de la convention d'extradition entre le Gouvernement de la République française et le Gouvernement de la République de Corée, *J.O.R.F.*, 15 février 2008, p. 2776.

Loi n° 2008-132 du 13 février 2008 autorisant l'approbation d'un accord entre le Gouvernement de la République française et le Gouvernement de la région administrative spéciale de Hong Kong de la République populaire de Chine sur le transfèrement des personnes condamnées, *J.O.R.F.*, 15 février 2008, p. 2777.

Loi n° 2008-133 du 13 février 2008 autorisant l'approbation d'un accord-cadre entre le Gouvernement de la République française et le Gouvernement des États-Unis d'Amérique relatif à la coopération dans le domaine de l'exploration et de l'utilisation de l'espace extra-atmosphérique à des fins pacifiques, *J.O.R.F.*, 15 février 2008, p. 2777.

Loi n° 2008-142 du 15 février 2008 autorisant l'approbation de l'accord entre le Gouvernement de la République française et le Gouvernement de la République de Turquie sur l'encouragement et la protection réciproques des investissements, *J.O.R.F.*, 16 février 2008, p. 2825.

Loi n° 2008-471 du 22 mai 2008 autorisant l'approbation d'un accord entre le Gouvernement de la République française et le Gouvernement de son Altesse Sérénissime le Prince de Monaco relatif à la mise à disposition de personnels de la police nationale française au profit de la Principauté de Monaco à l'occasion d'évènements particuliers, *J.O.R.F.*, 23 mai 2008, p. 8377.

Loi n° 2008-472 du 22 mai 2008 autorisant l'approbation de la convention entre le Gouvernement de la République française et le Gouvernement du Grand-Duché de Luxembourg sur la sécurité sociale, *J.O.R.F.*, 23 mai 2008, p. 8377.

Loi n° 2008-473 du 22 mai 2008 autorisant l'approbation de la convention de partenariat pour la coopération culturelle et le développement entre le Gouvernement de la République française et le Gouvernement du Royaume du Maroc, *J.O.R.F.*, 23 mai 2008, p. 8377.

Loi n° 2008-474 du 22 mai 2008 autorisant l'approbation l'accord entre le Gouvernement de la République française et le Gouvernement de l'Australie relatif à la coopération en matière d'application de la législation relative à la pêche dans les zones maritimes adjacentes aux Terres australes et antarctiques françaises, à l'île de Heard et aux îles McDonald, *J.O.R.F.*, 23 mai 2008, p. 8378.

Loi n° 2008-569 du 19 juin 2008 autorisant l'approbation de l'accord entre le Gouvernement de la République française et le Gouvernement de la République gabonaise relatif à la gestion concertée des flux migratoires et au codéveloppement, *J.O.R.F.*, 20 juin 2008, p. 9946.

Loi n° 2008-571 du 19 juin 2008 autorisant l'approbation de la convention d'entraide judiciaire pénale entre le Gouvernement de la République française et le Gouvernement de son Altesse Sérénissime le Prince de Monaco, *J.O.R.F.*, 20 juin 2008, p. 9946.

Loi n° 2008-572 du 19 juin 2008 autorisant la ratification de la convention destinée à adapter et à approfondir la coopération administrative entre la République française et la Principauté de Monaco, *J.O.R.F.*, 20 juin 2008, p. 9947.

Loi n° 2008-575 du 19 juin 2008 autorisant l'approbation de la convention entre le Gouvernement de la République française et le Gouvernement de la République italienne relative au tunnel routier sous le Mont-Blanc, *J.O.R.F.*, 20 juin 2008, p. 9948.

Loi n° 2008-662 du 4 juillet 2008 autorisant l'approbation de l'accord relatif aux services de transport aérien entre le Gouvernement de la République française et le Gouvernement de la République de Madagascar, *J.O.R.F.*, 5 juillet 2008, p. 10822.

Loi n° 2008-703 du 17 juillet 2008 autorisant l'approbation de l'accord entre le Gouvernement de la République française et le Gouvernement du Costa Rica sur l'emploi salarié des personnes à charge des membres des missions officielles, *J.O.R.F.*, 18 juillet 2008, p. 11488.

Loi n° 2008-706 du 17 juillet 2008 autorisant l'approbation de l'accord entre le Gouvernement de la République française et le Gouvernement de la République algérienne démocratique et populaire relatif à la coopération dans le domaine de l'étude et de l'utilisation extra-atmosphérique à des fins pacifiques, *J.O.R.F.*, 18 juillet 2008, p. 11489.

Loi n° 2008-1074 du 23 octobre 2008 autorisant l'approbation de l'accord relatif aux services aériens entre le Gouvernement de la République française et le Gouvernement de la Région administrative spéciale de Macao de la République populaire de Chine, *J.O.R.F.*, 24 octobre 2008, p. 16200.

Loi n° 2008-1075 du 23 octobre 2008 autorisant l'approbation de l'accord relatif aux transports aériens entre le Gouvernement de la République française et le Gouvernement de la Mongolie, *J.O.R.F.*, 24 octobre 2008, p. 16200.

Loi n° 2008-1076 du 23 octobre 2008 autorisant l'approbation de l'accord relatif aux services de transport aérien entre le Gouvernement de la République française et le Gouvernement de la République algérienne démocratique et populaire, *J.O.R.F.*, 24 octobre 2008, p. 16200.

Loi n° 2008-1431 du 27 décembre 2008 autorisant l'approbation de l'accord sous forme d'échange de lettres entre le Gouvernement de la République française et le Conseil fédéral suisse relatif à la création de bureaux à contrôles nationaux juxtaposés en gares de Pontarlier et de Vallorbe, *J.O.R.F.*, 30 décembre 2008, p. 20379.

Loi n° 2008-1432 du 27 décembre 2008 autorisant la ratification de l'accord entre la République française et le Royaume d'Espagne relatif aux bureaux à contrôles nationaux juxtaposés de Biriatou, *J.O.R.F.*, 30 décembre 2008, p. 20379.

Loi n° 2008-1433 du 27 décembre 2008 autorisant l'approbation d'un accord entre le Gouvernement de la République française et le Gouvernement de la République fédérative du Brésil relatif à la coopération dans le domaine de la défense et au statut de leurs forces, *J.O.R.F.*, 30 décembre 2008, p. 20379.

Convention de l'Union européenne et des Communautés européennes

Loi n° 2008-125 du 13 février 2008 autorisant la ratification du traité de Lisbonne modifiant le traité sur l'Union européenne, le traité instituant la Communauté européenne et certains actes connexes, *J.O.R.F.*, 14 février 2008, p. 2712.

Loi n° 2008-570 du 19 juin 2008 autorisant l'approbation de la décision du Conseil relative au système des ressources propres des Communautés européennes, *J.O.R.F.*, 20 juin 2008, p. 9946.

Loi n° 2008-661 du 4 juillet 2008 autorisant la ratification de l'accord multilatéral entre la Communauté européenne et ses États membres, la République d'Albanie, l'ancienne République de yougoslave de Macédoine, la Bosnie-et-Herzégovine, la République de Bulgarie, la République de Croatie, la République d'Islande, la République du Monténégro, le Royaume de Norvège, la Roumanie, la République de Serbie et la Mission d'administration intérimaire des Nations Unies au Kosovo pour la création d'un espace aérien commun européen, *J.O.R.F.*, 5 juillet 2008, p. 10822.

Loi n° 2008-705 du 17 juillet 2008 autorisant la ratification de la convention relative à l'adhésion des nouveaux États membres de l'Union européenne à la convention sur la loi applicable aux obligations contractuelles, ouverte à la signature à Rome le 19 juin 1980, ainsi qu'aux premier et deuxième protocoles concernant son interprétation par la Cour de Justice des Communautés européennes, *J.O.R.F.*, 18 juillet 2008, p. 11488.

Conventions entre les Communautés européennes et des États n'y appartenant pas

Loi n° 2008-325 du 7 avril 2008 autorisant la ratification de l'accord de transport aérien entre la Communauté européenne et ses États membres, d'une part, et les États-Unis d'Amérique, d'autre part, *J.O.R.F.*, 8 avril 2008, p. 5922.

Loi n° 2008-1295 du 11 décembre 2008 autorisant la ratification de l'accord de stabilisation et d'association entre les Communautés européennes et leurs États membres, d'une part, et la République d'Albanie, d'autre part, *J.O.R.F.*, 12 décembre 2008, p. 18946.

Loi n° 2008-1434 du 27 décembre 2008 autorisant la ratification de l'accord de partenariat et de coopération entre les Communautés européennes et leurs États membres, d'une part, et la République du Tadjikistan, d'autre part, *J.O.R.F.*, 30 décembre 2008, p. 20380.

ANNÉE 2009

Conventions multilatérales

Loi n° 2009-175 du 16 février 2009 autorisant la ratification des protocoles du Traité de l'Atlantique Nord sur l'accession de la République d'Albanie et de la République de Croatie, *J.O.R.F.*, 17 février 2009, p. 2801.

Loi n° 2009-411 du 16 avril 2009 autorisant l'approbation de l'accord entre le Gouvernement de la République française et l'Organisation internationale de police criminelle - Interpol (OIPC-Interpol) relatif au siège de l'organisation sur le territoire français, *J.O.R.F.*, 17 avril 2009, p. 6626.

Loi n° 2009-432 du 21 avril 2009 autorisant la ratification du protocole additionnel aux conventions de Genève du 12 août 1949 relatif à l'adoption d'un signe distinctif additionnel (protocole III), *J.O.R.F.*, 22 avril 2009, p. 6884.

Loi n° 2009-433 du 21 avril 2009 autorisant l'approbation du protocole portant amendement de l'accord entre le Gouvernement de la République française et l'Agence spatiale européenne relatif au Centre spatial guyanais (CSG), *J.O.R.F.*, 22 avril 2009, p. 6884.

Loi n° 2009-434 du 21 avril 2009 autorisant l'approbation de la déclaration de certains gouvernements européens relative à la phase d'exploitation des lanceurs Ariane, Vega et Soyouz au Centre spatial guyanais, *J.O.R.F.*, 22 avril 2009, p. 6884.

Loi n° 2009-582 du 25 mai 2009 autorisant la ratification du traité de Singapour sur le droit des marques, *J.O.R.F.*, 26 mai 2009, p. 8706.

Loi n° 2009-584 du 25 mai 2009 autorisant l'approbation du protocole sur les registres des rejets et transferts de polluants se rapportant à la convention de 1998 sur l'accès à l'information, la participation du public à la prise de décision et l'accès à la justice dans le domaine de l'environnement, *J.O.R.F.*, 26 mai 2009, p. 8706.

Loi n° 2009-709 du 18 juin 2009 autorisant l'approbation de l'avenant à l'accord de siège du 11 janvier 1965 entre le Gouvernement de la République française et le Bureau international des expositions relatif au siège du Bureau international des expositions et à ses privilèges et immunités sur le territoire français, *J.O.R.F.*, 19 juin 2009, p. 9969.

Loi n° 2009-710 du 18 juin 2009 autorisant l'approbation des amendements aux articles 25 et 26 de la convention sur la protection et l'utilisation des cours d'eau transfrontières et des lacs internationaux, *J.O.R.F.*, 19 juin 2009, p. 9969.

Loi n° 2009-892 du 24 juillet 2009 autorisant la ratification du traité sur le droit des brevets, *J.O.R.F.*, 25 juillet 2009, p. 12409.

Loi n° 2009-893 du 24 juillet 2009 autorisant l'approbation de la convention entre le Gouvernement de la République française et l'Organisation internationale de la Francophonie relative à la mise à disposition de locaux pour installer la Maison de la Francophonie à Paris, *J.O.R.F.*, 25 juillet 2009, p. 12410.

Loi n° 2009-1133 du 21 septembre 2009 autorisant la ratification de la convention sur les armes à sous-munitions, *J.O.R.F.*, 22 septembre 2009, p. 15375.

Loi n° 2009-1186 du 7 octobre 2009 autorisant l'approbation du protocole relatif à la gestion intégrée des zones de la Méditerranée, *J.O.R.F.*, 8 octobre 2009, p. 16384.

Loi n° 2009-1188 du 7 octobre 2009 autorisant la ratification de l'accord entre l'Irlande, le Royaume des Pays-Bas, le Royaume d'Espagne, la République italienne, la République portugaise, la République française et le Royaume-Uni de Grande-Bretagne et d'Irlande du Nord établissant un centre opérationnel d'analyse du renseignement maritime pour les stupéfiants, *J.O.R.F.*, 8 octobre 2009, p. 16384.

Loi n° 2009-1791 du 31 décembre 2009 autorisant la ratification de la convention relative aux droits des personnes handicapées, *J.O.R.F.*, 3 janvier 2010, p. 121.

Conventions bilatérales

Loi n° 2009-225 du 26 février 2009 autorisant la ratification de la convention entre la République française et la République fédérale d'Allemagne en vue d'éviter les doubles impositions en matière d'impôts sur les successions et sur les donations (ensemble un protocole), *J.O.R.F.*, 27 février 2009, p. 3465.

Loi n° 2009-226 du 26 février 2009 autorisant l'approbation de la convention entre le Gouvernement de la République française et le Gouvernement de la République arabe syrienne en vue d'éviter les doubles impositions et de prévenir l'évasion et la fraude fiscales en matière d'impôts sur le revenu, *J.O.R.F.*, 27 février 2009, p. 3465.

Loi n° 2009-227 du 26 février 2009 autorisant l'approbation de la convention entre le Gouvernement de la République française et le Gouvernement de l'Australie tendant à éviter les doubles impositions en matière d'impôts sur le revenu et à prévenir l'évasion fiscale, *J.O.R.F.*, 27 février 2009, p. 3465.

Loi n° 2009-228 du 26 février 2009 autorisant l'approbation de l'avenant entre le Gouvernement de la République française et le Gouvernement de l'État du Qatar amendant la convention du 4 décembre 1990 en vue d'éviter les doubles impositions et l'accord sous forme d'échange de lettres du 12 janvier 1993, *J.O.R.F.*, 27 février 2009, p. 3466.

Loi n° 2009-412 du 16 avril 2009 autorisant l'approbation de l'accord entre le Gouvernement de la République française et le Gouvernement de la République du Kenya sur l'encouragement et la protection réciproques des investissements, *J.O.R.F.*, 17 avril 2009, p. 6626.

Loi n° 2009-413 du 16 avril 2009 autorisant l'approbation de l'accord entre le Gouvernement de la République française et le Gouvernement de la République de Guinée sur la promotion et la protection réciproques des investissements, *J.O.R.F.*, 17 avril 2009, p. 6628.

Loi n° 2009-435 du 21 avril 2009 autorisant l'approbation de l'accord entre le Gouvernement de la République française et le Conseil fédéral suisse relatif à la coopération transfrontalière en matière judiciaire, policière et douanière, *J.O.R.F.*, 22 avril 2009, p. 6885.

Loi n° 2009-579 du 25 mai 2009 autorisant l'approbation de l'accord entre le Gouvernement de la République française et le Gouvernement de l'Australie concernant la coopération en matière de défense et le statut des forces, *J.O.R.F.*, 26 mai 2009, p. 8705.

Loi n° 2009-580 du 25 mai 2009 autorisant l'approbation de l'accord entre le Gouvernement de la République française et le Gouvernement de la République du Congo relatif à la gestion concertée des flux migratoires et au codéveloppement, *J.O.R.F.*, 26 mai 2009, p. 8705.

Loi n° 2009-581 du 25 mai 2009 autorisant l'approbation de l'accord entre le Gouvernement de la République française et le Gouvernement de la République du Bénin relatif à la gestion concertée des flux migratoires et au codéveloppement, *J.O.R.F.*, 26 mai 2009, p. 8705.

Loi n° 2009-583 du 25 mai 2009 autorisant l'approbation de l'accord entre le Gouvernement de la République française et le Gouvernement de la République orientale de l'Uruguay sur l'emploi salarié des personnes à charge des membres des missions officielles, *J.O.R.F.*, 26 mai 2009, p. 8706.

Loi n° 2009-585 du 25 mai 2009 autorisant l'approbation de l'accord relatif à la gestion concertée des flux migratoires entre le Gouvernement de la République française et le Gouvernement de la République du Sénégal et de son avenant, *J.O.R.F.*, 26 mai 2009, p. 8707.

Loi n° 2009-586 du 25 mai 2009 autorisant l'approbation de l'accord-cadre relatif à la gestion concertée des migrations et au développement solidaire, du protocole relatif à la gestion concertée des migrations et du protocole en matière de développement solidaire entre le Gouvernement de la République française et le Gouvernement de la République tunisienne, *J.O.R.F.*, 26 mai 2009, p. 8707.

Loi n° 2009-711 du 18 juin 2009 autorisant l'approbation de l'accord entre le Gouvernement de la République française et le Gouvernement de la République de Croatie relatif à la coopération en matière de sécurité intérieure, *J.O.R.F.*, 19 juin 2009, p. 9969.

Loi n° 2009-712 du 18 juin 2009 autorisant l'approbation de la convention d'entraide judiciaire en matière pénale entre le Gouvernement de la République française et le Gouvernement de l'État des Emirats arabes unis, *J.O.R.F.*, 19 juin 2009, p. 9970.

Loi n° 2009-714 du 18 juin 2009 autorisant l'approbation de l'accord sous forme d'échange de lettres relatives à la garantie des investisseurs entre le Gouvernement de la République française et le Gouvernement de Son Altesse Sérénissime le Prince de Monaco, *J.O.R.F.*, 19 juin 2009, p. 9970.

Loi n° 2009-891 du 24 juillet 2009 autorisant l'approbation de l'accord-cadre entre le Gouvernement de la République française et le Gouvernement du Royaume d'Espagne sur les dispositifs éducatifs, linguistiques et culturels dans les établissements de l'enseignement scolaire des deux États, *J.O.R.F.*, 25 juillet 2009, p. 12409.

Loi n° 2009-1187 du 7 octobre 2009 autorisant l'approbation de l'accord sous forme d'échange de lettres entre le Gouvernement de la République française et le Gouvernement de la République italienne visant à compléter l'accord relatif à la coopération transfrontalière en matière policière et douanière, *J.O.R.F.*, 8 octobre 2009, p. 16384.

Loi n° 2009-1292 du 26 octobre 2009 autorisant l'approbation de l'accord sur l'enseignement bilingue entre le Gouvernement de la République française et le Gouvernement de la Roumanie, *J.O.R.F.*, 27 octobre 2009, p. 18102.

Loi n° 2009-1470 du 2 décembre 2009 autorisant l'approbation de la convention entre le Gouvernement de la République française et le Gouvernement du Royaume-Uni de Grande-Bretagne et d'Irlande du Nord en vue d'éviter les doubles impositions et de prévenir l'évasion et la fraude fiscales en matière d'impôts sur le revenu et sur les gains en capital, *J.O.R.F.*, 3 décembre 2009, p. 20882.

Loi n° 2009-1471 du 2 décembre 2009 autorisant l'approbation de l'avenant à la convention entre le Gouvernement de la République française et le Gouvernement des États-Unis d'Amérique en vue d'éviter les doubles impositions et de prévenir l'évasion et la fraude fiscales en matière d'impôts sur le revenu et sur la fortune, *J.O.R.F.*, 3 décembre 2009, p. 20882.

Loi n° 2009-1472 du 2 décembre 2009 autorisant l'approbation de l'avenant à la convention entre la France et la Belgique tendant à éviter les doubles impositions et à établir des règles d'assistance administrative et juridique réciproque en matière d'impôts sur les revenus, *J.O.R.F.*, 3 décembre 2009, p. 20882.

Loi n° 2009-1492 du 4 décembre 2009 autorisant l'approbation de l'accord de coopération entre le Gouvernement de la République française et le Gouvernement de la République de l'Inde pour le développement des utilisations pacifiques de l'énergie nucléaire, *J.O.R.F.*, 5 décembre 2009, p. 21056.

Loi n° 2009-1792 du 31 décembre 2009 autorisant l'approbation de l'accord de coopération en matière de sécurité intérieure entre le Gouvernement de la République française et le Gouvernement de la République de Slovénie, *J.O.R.F.*, 3 janvier 2010, p. 121.

Loi n° 2009-1793 du 31 décembre 2009 autorisant l'approbation de l'accord de coopération administrative pour la lutte contre le travail illégal et le respect du droit social en cas de circulation transfrontalière de travailleurs et de services entre le Gouvernement de la République française et le Gouvernement du Royaume des Pays-Bas, *J.O.R.F.*, 3 janvier 2010, p. 121.

Loi n° 2009-1794 du 31 décembre 2009 autorisant l'approbation de l'accord entre le Gouvernement de la République française et le Gouvernement de la République de Djibouti sur l'encouragement et la protection réciproques des investissements, *J.O.R.F.*, 3 janvier 2010, p. 122.

Loi n° 2009-1795 du 31 décembre 2009 autorisant l'approbation de la convention entre le Gouvernement de la République française et le Gouvernement de la République de l'Inde sur le transfèrement des personnes condamnées, *J.O.R.F.*, 3 janvier 2010, p. 122.

Loi n° 2009-1796 du 31 décembre 2009 autorisant l'approbation du protocole à l'accord du 3 juillet 1995 entre le Gouvernement de la République française et le Gouvernement du Royaume de Bahreïn relatif aux services aériens, *J.O.R.F.*, 3 janvier 2010, p. 122.

Conventions entre les Communautés européennes et des États n'y appartenant pas

Loi n° 2009-713 du 18 juin 2009 autorisant la ratification de l'accord de stabilisation et d'association entre les Communautés européennes et leurs États membres, d'une part, et la République du Monténégro, d'autre part, *J.O.R.F.*, 19 juin 2009, p. 9970.

ANNÉE 2010

Conventions multilatérales

Loi n° 2010-206 du 2 mars 2010 autorisant l'approbation de l'accord international de 2006 sur les bois tropicaux, *J.O.R.F.*, 3 mars 2010, p. 4309.

Loi n° 2010-384 du 16 avril 2010 autorisant l'approbation du protocole additionnel à l'accord de siège entre le Gouvernement de la République française et l'Organisation internationale pour l'énergie de fusion en vue de la mise en œuvre conjointe du projet I.T.E.R. relatif au rôle de l'inspection du travail sur le site de l'Organisation internationale I.T.E.R. et portant sur la santé et la sécurité au travail, *J.O.R.F.*, 17 avril 2010, p. 7211.

Loi n° 2010-608 du 7 juin 2010 autorisant la ratification de la convention du Conseil de l'Europe pour la protection des enfants contre l'exploitation et les abus sexuels, *J.O.R.F.*, 8 juin 2010, p. 10482.

Loi n° 2010-831 du 22 juillet 2010 autorisant l'adhésion à la convention internationale de 2001 sur la responsabilité civile pour les dommages dus à la pollution par les hydrocarbures de soute, *J.O.R.F.*, 23 juillet 2010, p. 13567.

Conventions bilatérales

Loi n° 2010-159 du 22 février 2010 autorisant l'approbation de la convention relative à la coopération en matière de sécurité et de lutte contre la criminalité organisée entre le Gouvernement de la République française et la Grande Jamahiriya arabe, libyenne, populaire et socialiste, *J.O.R.F.*, 23 février 2010, p. 3321.

Loi n° 2010-160 du 22 février 2010 autorisant l'approbation de l'accord-cadre entre le Gouvernement de la République française et le Gouvernement de la République du Botswana sur l'éducation et la langue française, *J.O.R.F.*, 23 février 2010, p. 3321.

Loi n° 2010-161 du 22 février 2010 autorisant l'approbation de l'accord entre le Gouvernement de la République française et le Conseil des ministres de la République d'Albanie relatif à la coopération en matière de sécurité intérieure, *J.O.R.F.*, 23 février 2010, p. 3321.

Loi n° 2010-162 du 22 février 2010 autorisant l'approbation de la convention de partenariat entre le Gouvernement de la République française et le Gouvernement de la République algérienne démocratique et populaire, *J.O.R.F.*, 23 février 2010, p. 3322.

Loi n° 2010-202 du 2 mars 2010 autorisant l'approbation de la convention entre le Gouvernement de la République française et le Gouvernement de la Géorgie en vue d'éviter les doubles impositions et de prévenir l'évasion fiscale en matière d'impôts sur le revenu et sur la fortune, *J.O.R.F.*, 3 mars 2010, p. 4307.

Loi n° 2010-203 du 2 mars 2010 autorisant l'approbation de l'accord entre le Gouvernement de la République française et le Gouvernement de la République du Sénégal sur la promotion et la protection réciproques des investissements, *J.O.R.F.*, 3 mars 2010, p. 4308.

Loi n° 2010-204 du 2 mars 2010 autorisant l'approbation de l'accord entre le Gouvernement de la République française et le Gouvernement de la République d'Angola sur l'encouragement et la protection réciproques des investissements, *J.O.R.F.*, 3 mars 2010, p. 4308.

Loi n° 2010-205 du 2 mars 2010 autorisant l'approbation de l'accord entre le Gouvernement de la République française et le Gouvernement de la République des Seychelles sur la promotion et la protection réciproques des investissements, *J.O.R.F.*, 3 mars 2010, p. 4308.

Loi n° 2010-207 du 2 mars 2010 autorisant l'approbation de l'avenant à l'accord entre le Gouvernement de la République française et le Gouvernement de la République de Malte tendant à éviter les doubles impositions et de prévenir l'évasion fiscale en matière d'impôts sur le revenu et sur la fortune, *J.O.R.F.*, 3 mars 2010, p. 4309.

Loi n° 2010-208 du 2 mars 2010 autorisant l'approbation de la convention sur le transfèrement des personnes condamnées entre le Gouvernement de la République française et le Gouvernement de la République dominicaine, *J.O.R.F.*, 3 mars 2010, p. 4309.

Loi n° 2010-381 du 16 avril 2010 autorisant l'approbation de l'accord entre le Gouvernement de la République française et le Gouvernement de la République de Maurice relatif à la coopération en matière de sécurité intérieure, *J.O.R.F.*, 17 avril 2010, p. 7210.

Loi n° 2010-382 du 16 avril 2010 autorisant l'approbation de l'accord entre le Gouvernement de la République française et le Gouvernement du Royaume de Bahreïn relatif à la coopération en matière de sécurité intérieure et de défense civile, *J.O.R.F.*, 17 avril 2010, p. 7210.

Loi n° 2010-383 du 16 avril 2010 autorisant l'approbation de l'accord entre le Gouvernement de la République française et le Gouvernement de la République de Maurice relatif au séjour et à la migration circulaire de professionnels, *J.O.R.F.*, 17 avril 2010, p. 7210.

Loi n° 2010-486 du 14 mai 2010 autorisant l'approbation de l'accord entre le Gouvernement de la République française et le Gouvernement de la République populaire de Chine sur l'encouragement et la protection réciproques des investissements, *J.O.R.F.*, 15 mai 2010, p. 9001.

Loi n° 2010-487 du 14 mai 2010 autorisant l'approbation de l'accord entre le Gouvernement de la République française et le Gouvernement du Royaume de Belgique pour le développement de la coopération et de l'entraide administrative en matière de sécurité sociale, *J.O.R.F.*, 15 mai 2010, p. 9001.

Loi n° 2010-609 du 7 juin 2010 autorisant l'approbation de la convention d'entraide judiciaire en matière pénale entre le Gouvernement de la

République française et le Gouvernement du Royaume du Maroc, *J.O.R.F.*, 8 juin 2010, p. 10483.

Loi n° 2010-610 du 7 juin 2010 autorisant l'approbation de la convention d'extradition entre la République française et le Royaume du Maroc, *J.O.R.F.*, 8 juin 2010, p. 10483.

Loi n° 2010-611 du 7 juin 2010 autorisant la ratification de l'accord entre la République française et le Royaume d'Espagne relatif à la sélection, à la mise en œuvre et au financement de deux projets d'autoroutes de la mer entre la France et l'Espagne sur la façade Atlantique-Manche-mer du Nord, *J.O.R.F.*, 8 juin 2010, p. 10483.

Loi n° 2010-612 du 7 juin 2010 autorisant l'approbation de l'accord entre le Gouvernement de la République française et le Gouvernement de la République italienne relatif à la mise en place d'un service de ferroutage entre la France et l'Italie, *J.O.R.F.*, 8 juin 2010, p. 10484.

Loi n° 2010-839 du 23 juillet 2010 autorisant l'approbation de l'accord entre le Gouvernement de la République française et le Gouvernement du Royaume d'Arabie saoudite relatif à la coopération en matière de sécurité intérieure et de défense civile, *J.O.R.F.*, 24 juillet 2010, p. 13646.

Loi n° 2010-840 du 23 juillet 2010 autorisant l'approbation de la convention entre le Gouvernement de la République française et le Gouvernement de la République du Kenya en vue d'éviter les doubles impositions et de prévenir l'évasion et la fraude fiscales en matière d'impôts sur le revenu, *J.O.R.F.*, 24 juillet 2010, p. 13646.

Loi n° 2010-841 du 23 juillet 2010 autorisant l'approbation de l'accord sous forme d'échange de lettres entre le Gouvernement de la République française et le Gouvernement de Jersey relatif à l'échange de renseignements en matière fiscale et à l'imposition des pensions, *J.O.R.F.*, 24 juillet 2010, p. 13646.

Loi n° 2010-842 du 23 juillet 2010 autorisant l'approbation de l'accord sous forme d'échange de lettres entre le Gouvernement de la République française et le Gouvernement du Commonwealth des Bahamas relatif à l'échange de renseignements en matière fiscale, *J.O.R.F.*, 24 juillet 2010, p. 13647.

Loi n° 2010-843 du 23 juillet 2010 autorisant l'approbation de l'accord sous forme d'échange de lettres entre le Gouvernement de la République française et le Gouvernement des Iles Turques et Caïques relatif à l'échange de renseignements en matière fiscale, *J.O.R.F.*, 24 juillet 2010, p. 13647.

Loi n° 2010-844 du 23 juillet 2010 autorisant l'approbation de l'accord sous forme d'échange de lettres entre le Gouvernement de la République française et le Gouvernement des Bermudes relatif à l'échange de renseignements en matière fiscale, *J.O.R.F.*, 24 juillet 2010, p. 13647.

Loi n° 2010-845 du 23 juillet 2010 autorisant l'approbation de l'accord sous forme d'échange de lettres entre le Gouvernement de la République française et le Gouvernement des Iles Caïmans relatif à l'échange de renseignements en matière fiscale, *J.O.R.F.*, 24 juillet 2010, p. 13648.

Loi n° 2010-846 du 23 juillet 2010 autorisant l'approbation de l'accord sous forme d'échange de lettres entre le Gouvernement de la République française et le Gouvernement de Gibraltar relatif à l'échange de renseignements en matière fiscale, *J.O.R.F.*, 24 juillet 2010, p. 13648.

Loi n° 2010-847 du 23 juillet 2010 autorisant l'approbation de l'accord entre le Gouvernement de la République française et le Gouvernement de Saint-Marin relatif à l'échange de renseignements en matière fiscale, *J.O.R.F.*, 24 juillet 2010, p. 13648.

Loi n° 2010-848 du 23 juillet 2010 autorisant l'approbation de l'accord entre le Gouvernement de la République française et le Gouvernement du Liechtenstein relatif à l'échange de renseignements en matière fiscale, *J.O.R.F.*, 24 juillet 2010, p. 13649.

Loi n° 2010-849 du 23 juillet 2010 autorisant l'approbation de l'accord entre le Gouvernement de la République française et le Gouvernement de la Principauté d'Andorre relatif à l'échange de renseignements en matière fiscale, *J.O.R.F.*, 24 juillet 2010, p. 13649.

Loi n° 2010-850 du 23 juillet 2010 autorisant l'approbation de l'accord entre le Gouvernement de la République française et le Gouvernement de Guernesey relatif à l'échange de renseignements en matière fiscale, *J.O.R.F.*, 24 juillet 2010, p. 13649.

Loi n° 2010-851 du 23 juillet 2010 autorisant l'approbation de l'accord entre le Gouvernement de la République française et le Gouvernement de l'Ile de Man relatif à l'échange de renseignements en matière fiscale, *J.O.R.F.*, 24 juillet 2010, p. 13650.

Loi n° 2010-852 du 23 juillet 2010 autorisant l'approbation de l'accord entre le Gouvernement de la République française et le Gouvernement des Iles Vierges britanniques relatif à l'échange de renseignements en matière fiscale, *J.O.R.F.*, 24 juillet 2010, p. 13650.

Loi n° 2010-1193 du 12 octobre 2010 autorisant l'approbation de l'avenant à la convention entre le Gouvernement de la République française et le Gouvernement de la République de Singapour tendant à éviter les doubles impositions et de prévenir l'évasion et la fraude fiscales en matière d'impôts sur les revenus, *J.O.R.F.*, 13 octobre 2010, p. 18384.

Loi n° 2010-1194 du 12 octobre 2010 autorisant l'approbation de l'avenant à la convention entre le Gouvernement de la République française et le Gouvernement de la Malaisie tendant à éviter les doubles impositions et de prévenir l'évasion et la fraude fiscales en matière d'impôts sur le revenu, *J.O.R.F.*, 13 octobre 2010, p. 18384.

Loi n° 2010-1195 du 12 octobre 2010 autorisant l'approbation de l'avenant à la convention entre la France et la Belgique tendant à éviter les doubles impositions et à établir des règles d'assistance administrative et juridique réciproque en matière d'impôts sur les revenus, *J.O.R.F.*, 13 octobre 2010, p. 18384.

Loi n° 2010-1196 du 12 octobre 2010 autorisant l'approbation de l'avenant à la convention entre le Gouvernement de la République française et le Gouvernement du Royaume de Bahreïn en vue d'éviter les doubles impositions, *J.O.R.F.*, 13 octobre 2010, p. 18385.

Loi n° 2010-1197 du 12 octobre 2010 autorisant l'approbation de l'avenant à la convention entre la France et le Grand-Duché de Luxembourg tendant à éviter les doubles impositions et à établir des règles d'assistance administrative et juridique réciproque en matière d'impôts sur le revenu et sur la fortune, *J.O.R.F.*, 13 octobre 2010, p. 18385.

Loi n° 2010-1198 du 12 octobre 2010 autorisant l'approbation de l'avenant à la convention entre la France et la Suisse en vue d'éviter les doubles impositions en matière d'impôts sur le revenu et sur la fortune, *J.O.R.F.*, 13 octobre 2010, p. 18385.

Loi n° 2010-1199 du 12 octobre 2010 autorisant la ratification de la convention entre la République française et le Royaume des Pays-Bas, relative à l'assistance mutuelle et à la coopération entre leurs administrations douanières, en vue d'appliquer correctement la législation douanière, de prévenir, de rechercher, de constater et de réprimer les infractions douanières dans la région des Caraïbes, et notamment sur l'île de Saint-Martin, *J.O.R.F.*, 13 octobre 2010, p. 18386.

Loi n° 2010-1381 du 13 novembre 2010 autorisant l'approbation de l'accord entre le Gouvernement de la République française et le Gouvernement de la République orientale de l'Uruguay relatif à l'échange de renseignements en matière fiscale, *J.O.R.F.*, 16 novembre 2010, p. 20347.

Loi n° 2010-1382 du 13 novembre 2010 autorisant l'approbation de l'accord sous forme d'échange de lettres entre le Gouvernement de la République française et le Gouvernement de la République du Vanuatu relatif à l'échange de renseignements en matière fiscale, *J.O.R.F.*, 16 novembre 2010, p. 20347.

Loi n° 2010-1383 du 13 novembre 2010 autorisant l'approbation de l'accord sous forme d'échange de lettres entre le Gouvernement de la République française et le Gouvernement d'Antigua-et-Barbuda relatif à l'échange de renseignements en matière fiscale, *J.O.R.F.*, 16 novembre 2010, p. 20348.

Loi n° 2010-1384 du 13 novembre 2010 autorisant l'approbation de l'accord sous forme d'échange de lettres entre le Gouvernement de la République française et le Gouvernement de la Grenade relatif à l'échange de renseignements en matière fiscale, *J.O.R.F.*, 16 novembre 2010, p. 20348.

Loi n° 2010-1385 du 13 novembre 2010 autorisant l'approbation de l'accord sous forme d'échange de lettres entre le Gouvernement de la République française et le Gouvernement de Sainte-Lucie relatif à l'échange de renseignements en matière fiscale, *J.O.R.F.*, 16 novembre 2010, p. 20349.

Loi n° 2010-1386 du 13 novembre 2010 autorisant l'approbation de l'accord sous forme d'échange de lettres entre le Gouvernement de la République française et le Gouvernement de Saint-Vincent-les-Grenadines relatif à l'échange de renseignements en matière fiscale, *J.O.R.F.*, 16 novembre 2010, p. 20349.

Loi n° 2010-1387 du 13 novembre 2010 autorisant l'approbation de l'accord sous forme d'échange de lettres entre le Gouvernement de la République française et le Gouvernement de Saint-Christophe-et-Niévès relatif à l'échange de renseignements en matière fiscale, *J.O.R.F.*, 16 novembre 2010, p. 20349.

ANNÉE 2011

Conventions multilatérales

Loi n° 2011-1 du 3 janvier 2011 autorisant l'adhésion à la convention des Nations unies de 1997 sur le droit relatif aux utilisations des cours d'eau internationaux à des fins autres que la navigation, *J.O.R.F.*, 4 janvier 2011, p. 233.

Loi n° 2011-207 du 25 février 2011 autorisant la ratification des statuts de l'Agence internationale pour les énergies renouvelables (IRENA), *J.O.R.F.*, 26 février 2011, p. 3544.

Loi n° 2011-300 du 22 mars 2011 autorisant l'adhésion à l'accord sur les privilèges et immunités du Tribunal international du droit de la mer, *J.O.R.F.*, 23 mars 2011, p. 5186.

Loi n° 2011-734 du 28 juin 2011 autorisant la ratification de la convention des Nations unies sur les immunités juridictionnelles des États et de leurs biens, *J.O.R.F.*, 29 juin 2011, p. 10953.

Loi n° 2011-854 du 20 juillet 2011 autorisant la ratification du protocole additionnel n° 6 à la convention révisée pour la navigation du Rhin, *J.O.R.F.*, 22 juillet 2011, p. 12530.

Loi n° 2011-855 du 20 juillet 2011 autorisant la ratification du deuxième protocole additionnel à la convention européenne d'entraide judiciaire en matière pénale, *J.O.R.F.*, 22 juillet 2011, p. 12530.

Loi n° 2011-1370 du 27 octobre 2011 autorisant l'approbation du protocole d'amendement à la convention du Conseil de l'Europe concernant l'assistance administrative mutuelle en matière fiscale, *J.O.R.F.*, 28 octobre 2011, p. 18185.

Loi n° 2011-1709 du 2 décembre 2011 autorisant l'adhésion au protocole sur les privilèges et immunités de l'Autorité internationale des fonds marins, *J.O.R.F.*, 3 décembre 2011, p. 20465.

Conventions bilatérales

Loi n° 2011-2 du 3 janvier 2011 autorisant l'approbation de l'accord entre le Gouvernement de la République française et le Gouvernement de la République fédérale d'Allemagne concernant l'échange de renseignements sur les titulaires de certificat d'immatriculation de véhicules contenus dans les fichiers nationaux d'immatriculation des véhicules dans le but de sanctionner les infractions aux règles de la circulation, *J.O.R.F.*, 4 janvier 2011, p. 233.

Loi n° 2011-3 du 3 janvier 2011 autorisant l'approbation de l'accord entre le Gouvernement de la République française et le Gouvernement de la Roumanie relatif à l'assistance et à la coopération en matière de protection et de sécurité civiles dans les situations d'urgence, *J.O.R.F.*, 4 janvier 2011, p. 233.

Loi n° 2011-4 du 3 janvier 2011 autorisant l'approbation de l'accord entre le Gouvernement de la République française et le Gouvernement de la République tchèque sur l'échange de données et la coopération en matière de cotisations et de lutte contre la fraude aux prestations de sécurité sociale, *J.O.R.F.*, 4 janvier 2011, p. 234.

Loi n° 2011-6 du 3 janvier 2011 autorisant l'approbation de l'accord entre le Gouvernement de la République française et le Gouvernement de la République du Cap-Vert relatif à la gestion concertée des flux migratoires et au développement solidaire, *J.O.R.F.*, 4 janvier 2011, p. 234.

Loi n° 2011-7 du 3 janvier 2011 autorisant l'approbation de l'accord entre le Gouvernement de la République française et le Gouvernement du Burkina Faso relatif à la gestion concertée des flux migratoires et au développement solidaire, *J.O.R.F.*, 4 janvier 2011, p. 235.

Loi n° 2011-8 du 3 janvier 2011 autorisant l'approbation de l'accord de coopération dans le domaine de défense entre le Gouvernement de la République française et le Gouvernement de la République libanaise, *J.O.R.F.*, 4 janvier 2011, p. 235.

Loi n° 2011-9 du 3 janvier 2011 autorisant l'approbation de la convention de sécurité sociale entre le Gouvernement de la République française et le Gouvernement du Royaume du Maroc, *J.O.R.F.*, 4 janvier 2011, p. 235.

Loi n° 2011-297 du 22 mars 2011 autorisant l'approbation de l'accord entre le Gouvernement de la République française et le Gouvernement de la République hellénique relatif à la coopération en matière de sécurité intérieure, *J.O.R.F.*, 23 mars 2011, p. 5185.

Loi n° 2011-298 du 22 mars 2011 autorisant l'approbation de l'accord de sécurité sociale entre le Gouvernement de la République française et le Gouvernement de la République de l'Inde, *J.O.R.F.*, 23 mars 2011, p. 5185.

Loi n° 2011-299 du 22 mars 2011 autorisant l'approbation de l'accord-cadre entre le Gouvernement de la République française et le Gouvernement de la République de l'Inde relatif à la coopération dans le domaine de l'utilisation de l'espace extra-atmosphérique à des fins pacifiques, *J.O.R.F.*, 23 mars 2011, p. 5185.

Loi n° 2011-301 du 22 mars 2011 autorisant l'approbation de l'accord entre le Gouvernement de la République française et le Gouvernement de la République d'Irak relatif à la coopération dans le domaine de la défense, *J.O.R.F.*, 23 mars 2011, p. 5186.

Loi n° 2011-422 du 20 avril 2011 autorisant l'approbation de l'accord entre le Gouvernement de la République française et le Gouvernement de la République bolivarienne du Venezuela sur l'emploi des personnes à charge des membres des missions officielles, *J.O.R.F.*, 21 avril 2011, p. 7033.

Loi n° 2011-423 du 20 avril 2011 autorisant l'approbation de l'accord entre le Gouvernement de la République française et le Gouvernement de la République du Cameroun instituant un partenariat de défense, *J.O.R.F.*, 21 avril 2011, p. 7033.

Loi n° 2011-424 du 20 avril 2011 autorisant l'approbation de l'accord entre le Gouvernement de la République française et le Gouvernement de la République togolaise instituant un partenariat de défense, *J.O.R.F.*, 21 avril 2011, p. 7033.

Loi n° 2011-425 du 20 avril 2011 autorisant la ratification du traité instituant un partenariat de défense entre la République française et la République gabonaise, *J.O.R.F.*, 21 avril 2011, p. 7034.

Loi n° 2011-426 du 20 avril 2011 autorisant l'approbation de l'accord entre le Gouvernement de la République française et le Gouvernement de la République centrafricaine instituant un partenariat de défense, *J.O.R.F.*, 21 avril 2011, p. 7034.

Loi n° 2011-589 du 26 mai 2011 autorisant la ratification du traité entre la République française et le Royaume-Uni de Grande-Bretagne et d'Irlande du Nord relatif à des installations radiographiques et hydrodynamiques communes, *J.O.R.F.*, 28 mai 2011, p. 9234.

Loi n° 2011-690 du 20 juin 2011 autorisant l'approbation de la convention de sécurité sociale entre le Gouvernement de la République française et le Gouvernement de la République argentine, *J.O.R.F.*, 21 juin 2011, p. 10512.

Loi n° 2011-691 du 20 juin 2011 autorisant l'approbation de l'accord entre le Gouvernement de la République française et le Gouvernement de la République bolivarienne du Venezuela relatif au statut de leurs forces armées dans le cadre de la coopération militaire, *J.O.R.F.*, 21 juin 2011, p. 10512.

Loi n° 2011-692 du 20 juin 2011 autorisant l'approbation de l'accord de coopération en matière militaire entre le Gouvernement de la République française et le Gouvernement de la République du Kazakhstan, *J.O.R.F.*, 21 juin 2011, p. 10512.

Loi n° 2011-693 du 20 juin 2011 autorisant l'approbation de l'accord entre le Gouvernement de la République française et le Gouvernement du Royaume de Belgique concernant l'échange d'informations et de données à caractère personnel relatives aux titulaires du certificat d'immatriculation de véhicules contenues dans les fichiers nationaux d'immatriculation des véhicules dans le but de sanctionner les infractions aux règles de la circulation, *J.O.R.F.*, 21 juin 2011, p. 10513.

Loi n° 2011-735 du 28 juin 2011 autorisant l'approbation de l'accord entre le Gouvernement de la République française et le Gouvernement de la République slovaque relatif à la coopération dans le domaine de la défense, *J.O.R.F.*, 29 juin 2011, p. 10953.

Loi n° 2011-856 du 20 juillet 2011 autorisant l'approbation de l'accord entre le Gouvernement de la République française et le Gouvernement de la République fédérative du Brésil dans le domaine de la lutte contre l'exploitation aurifère illégale dans les zones protégées ou d'intérêt patrimonial, *J.O.R.F.*, 22 juillet 2011, p. 12530.

Loi n° 2011-857 du 20 juillet 2011 autorisant l'approbation de l'accord entre le Gouvernement de la République française et le Gouvernement de la République italienne relatif à la restauration du patrimoine architectural de la ville de L'Aquila, *J.O.R.F.*, 22 juillet 2011, p. 12531.

Loi n° 2011-858 du 20 juillet 2011 autorisant l'approbation de l'accord entre le Gouvernement de la République française et le Gouvernement des Émirats arabes unis relatif à la coopération en matière de défense ainsi qu'un échange de lettres, *J.O.R.F.*, 22 juillet 2011, p. 12531.

Loi n° 2011-1279 du 13 octobre 2011 autorisant l'approbation de l'accord entre le Gouvernement de la République française et le Gouvernement de l'Ile de Man en vue d'éviter la double imposition des entreprises exploitant, en trafic international, des navires ou des aéronefs, *J.O.R.F.*, 14 octobre 2011, p. 17306.

Loi n° 2011-1280 du 13 octobre 2011 autorisant l'approbation de l'accord entre le Gouvernement de la République française et le Gouvernement du Royaume des Pays-Bas, au titre des Antilles néerlandaises, relatif à l'échange de renseignements en matière fiscale, *J.O.R.F.*, 14 octobre 2011, p. 17306.

Loi n° 2011-1281 du 13 octobre 2011 autorisant l'approbation de l'accord sous forme d'échange de lettres entre le Gouvernement de la République française et le Gouvernement du Belize relatif à l'échange de renseignements en matière fiscale, *J.O.R.F.*, 14 octobre 2011, p. 17306.

Loi n° 2011-1282 du 13 octobre 2011 autorisant l'approbation de l'accord sous forme d'échange de lettres entre le Gouvernement de la République française et le Gouvernement des îles Cook relatif à l'échange de renseignements en matière fiscale, *J.O.R.F.*, 14 octobre 2011, p. 17307.

Loi n° 2011-1283 du 13 octobre 2011 autorisant l'approbation de l'accord entre le Gouvernement de la République française et le Gouvernement de la Région administrative spéciale de Hong Kong de la République populaire de Chine en vue d'éviter les doubles impositions en matière d'impôts sur le revenu et sur la fortune et de prévenir l'évasion et la fraude fiscales, *J.O.R.F.*, 14 octobre 2011, p. 17307.

Loi n° 2011-1284 du 13 octobre 2011 autorisant l'approbation de l'accord sous forme d'échange de lettres entre le Gouvernement de la République française et le Gouvernement de la République du Costa Rica relatif à l'échange de renseignements en matière fiscale, *J.O.R.F.*, 14 octobre 2011, p. 17307.

Loi n° 2011-1285 du 13 octobre 2011 autorisant l'approbation de l'accord entre le Gouvernement de la République française et le Gouvernement de Sa Majesté le Sultan et Yang Di-Pertuan de Brunei Darussalam relatif à l'échange de renseignements en matière fiscale, *J.O.R.F.*, 14 octobre 2011, p. 17308.

Loi n° 2011-1286 du 13 octobre 2011 autorisant l'approbation de l'accord sous forme d'échange de lettres entre le Gouvernement de la République française et le Gouvernement de la République du Libéria relatif à l'échange de renseignements en matière fiscale, *J.O.R.F.*, 14 octobre 2011, p. 17308.

Loi n° 2011-1287 du 13 octobre 2011 autorisant l'approbation de l'accord sous forme d'échange de lettres entre le Gouvernement de la République française et le Gouvernement d'Anguilla relatif à l'échange de renseignements en matière fiscale, *J.O.R.F.*, 14 octobre 2011, p. 17308.

Loi n° 2011-1288 du 13 octobre 2011 autorisant l'approbation de l'accord sous forme d'échange de lettres entre le Gouvernement de la République française et le Gouvernement du Commonwealth de la Dominique relatif à l'échange de renseignements en matière fiscale, *J.O.R.F.*, 14 octobre 2011, p. 17309.

Loi n° 2011-1979 du 28 décembre 2011 autorisant l'approbation de l'accord entre le Gouvernement de la République française et le Gouvernement de la République socialiste du Vietnam relatif à la coopération en matière de sécurité intérieure, *J.O.R.F.*, 29 décembre 2011, p. 22561.

Loi n° 2011-2013 du 29 décembre 2011 autorisant l'approbation de la convention entre le Gouvernement de la République française et le Gouvernement de la République de Panama en vue d'éviter les doubles impositions et de prévenir l'évasion et la fraude fiscales en matière d'impôts sur le revenu, *J.O.R.F.*, 30 décembre 2011, p. 22683.

Convention de l'Union européenne et des Communautés européennes

Loi n° 2011-563 du 24 mai 2011 autorisant la ratification du protocole modifiant le protocole sur les dispositions transitoires annexé au traité sur l'Union européenne, au traité sur le fonctionnement de l'Union européenne et au traité instituant la Communauté européenne de l'énergie atomique, *J.O.R.F.*, 25 mai 2011, p. 8993.

Loi n° 2011-1980 du 28 décembre 2011 autorisant la ratification de l'accord monétaire entre la République française et l'Union européenne relatif au maintien de l'euro à Saint-Barthélemy à la suite de son changement de statut au regard de l'Union européenne, *J.O.R.F.*, 29 décembre 2011, p. 22561.

Loi n° 2011-2014 du 29 décembre 2011 autorisant la ratification de l'accord de passation conjointe de marché en vue de la désignation par adjudication de plates-formes d'enchères communes, *J.O.R.F.*, 30 décembre 2011, p. 22684.

Loi n° 2011-2015 du 29 décembre 2011 autorisant la ratification de l'accord de passation conjointe de marché en vue de la désignation par adjudication d'une Instance de surveillance des enchères, *J.O.R.F.*, 30 décembre 2011, p. 22684.

Conventions entre les Communautés européennes et des États n'y appartenant pas

Loi n° 2011-5 du 3 janvier 2011 autorisant la ratification de stabilisation et d'association entre les Communautés européennes et leurs États membres, d'une part, et la Bosnie-et-Herzégovine, d'autre part, *J.O.R.F.*, 4 janvier 2011, p. 234.

Loi n° 2011-1710 du 2 décembre 2011 autorisant la ratification de l'accord de stabilisation et d'association entre la Communauté européenne et ses États membres, d'une part, et la Serbie, d'autre part, *J.O.R.F.*, 3 décembre 2011, p. 20465.

ANNÉE 2012

Conventions multilatérales

Loi n° 2012-344 du 12 mars 2012 autorisant la ratification du traité entre le Royaume d'Espagne, la République française, la République italienne, le Royaume des Pays-Bas et la République portugaise, portant création de la force de gendarmerie européenne EUROGENDFOR, *J.O.R.F.*, 13 mars 2012, p. 4497.

Loi n° 2012-1188 du 26 octobre 2012 autorisant la ratification du traité relatif à l'établissement du bloc d'espace aérien fonctionnel « Europe Central » entre la République fédérale d'Allemagne, le Royaume de Belgique, la République française, le Grand-Duché de Luxembourg, le Royaume des Pays-Bas et la Confédération suisse, *J.O.R.F.*, 27 octobre 2012, p. 16688.

Loi n° 2012-1288 du 22 novembre 2012 autorisant la ratification de l'accord relatif aux pêches dans le Sud de l'océan Indien, *J.O.R.F.*, 24 novembre 2012, p. 18513.

Loi n° 2012-1289 du 22 novembre 2012 autorisant la ratification de la convention relative à l'Agence pour la sécurité de la navigation aérienne en Afrique et à Madagascar (ASECNA), *J.O.R.F.*, 24 novembre 2012, p. 18513.

Loi n° 2012-1290 du 22 novembre 2012 autorisant la ratification de la convention de Hong Kong pour le recyclage sûr et écologiquement rationnel des navires, *J.O.R.F.*, 24 novembre 2012, p. 18513.

Loi n° 2012-1320 du 29 novembre 2012 autorisant la ratification de la convention du travail maritime de l'Organisation internationale du travail, *J.O.R.F.*, 30 novembre 2012, p. 18786.

Loi n° 2012-1473 du 28 décembre 2012 autorisant l'approbation de l'amendement à la convention sur la protection physique des matières nucléaires, *J.O.R.F.*, 29 décembre 2012, p. 20786.

Loi n° 2012-1476 du 28 décembre 2012 autorisant la ratification de la convention sur la protection du patrimoine culturel subaquatique, *J.O.R.F.*, 29 décembre 2012, p. 20787.

Conventions bilatérales

Loi n° 2012-226 du 17 février 2012 autorisant l'approbation de l'avenant à la convention entre le Gouvernement de la République française et le Gouvernement du Royaume du Maroc sur l'assistance aux personnes détenues et sur le transfèrement des condamnés, *J.O.R.F.*, 18 février 2012, p. 2825.

Loi n° 2012-227 du 17 février 2012 autorisant l'approbation de la convention entre le Gouvernement de la République française et le Gouvernement de la Principauté de Monaco relative à l'approvisionnement de la Principauté de Monaco en électricité, *J.O.R.F.*, 18 février 2012, p. 2825.

Loi n° 2012-316 du 7 mars 2012 autorisant l'approbation de la convention d'entraide judiciaire en matière pénale entre le Gouvernement de la République française et le Gouvernement de la République libanaise, *J.O.R.F.*, 8 mars 2012, p. 4312.

Loi n° 2012-317 du 7 mars 2012 autorisant l'approbation de l'accord entre le Gouvernement de la République française et le Gouvernement de l'Union des Comores instituant un partenariat de défense, *J.O.R.F.*, 8 mars 2012, p. 4312.

Loi n° 2012-318 du 7 mars 2012 autorisant l'approbation de l'accord entre le Gouvernement de la République française et le Gouvernement de la République fédérale d'Allemagne relatif à la Brigade franco-allemande, *J.O.R.F.*, 8 mars 2012, p. 4312.

Loi n° 2012-319 du 7 mars 2012 autorisant l'approbation de l'avenant à la convention entre le Gouvernement de la République française et le Gouvernement du Royaume d'Arabie saoudite en vue d'éviter les doubles impositions en matière d'impôts sur le revenu, sur les successions et sur la fortune, *J.O.R.F.*, 8 mars 2012, p. 4313.

Loi n° 2012-320 du 7 mars 2012 autorisant l'approbation de l'avenant à la convention entre le Gouvernement de la République française et le Gouvernement de l'île Maurice tendant à éviter les doubles impositions en matière d'impôts sur le revenu et sur la fortune, *J.O.R.F.*, 8 mars 2012, p. 4313.

Loi n° 2012-321 du 7 mars 2012 autorisant la ratification de l'avenant à la convention entre la République française et la République d'Autriche en vue d'éviter les doubles impositions et de prévenir l'évasion fiscale en matière d'impôts sur le revenu et sur la fortune, *J.O.R.F.*, 8 mars 2012, p. 4313.

Loi n° 2012-338 du 9 mars 2012 autorisant l'approbation de l'accord entre le Gouvernement de la République française et le Gouvernement de la République slovaque relatif à la coopération en matière administrative, *J.O.R.F.*, 10 mars 2012, p. 4424.

Loi n° 2012-345 du 12 mars 2012 autorisant l'approbation de l'accord entre le Gouvernement de la République française et le Conseil des ministres de Bosnie-Herzégovine relatif à la coopération en matière de sécurité intérieure, *J.O.R.F.*, 13 mars 2012, p. 4497.

Loi n° 2012-916 du 27 juillet 2012 autorisant l'approbation de l'accord sous forme d'échange de notes verbales entre le Gouvernement de la République française et le Conseil fédéral suisse concernant l'interprétation de la convention relative au service militaire des double-nationaux du 16 novembre 1995 et mettant fin au dispositif mis en place par l'accord sous forme d'échange de notes des 28-29 décembre 1999, *J.O.R.F.*, 28 juillet 2012, p. 12338.

Loi n° 2012-917 du 27 juillet 2012 autorisant l'approbation de l'accord entre le Gouvernement de la République française et le Gouvernement de la République du Kazakhstan relatif à la coopération en matière de lutte contre la criminalité, *J.O.R.F.*, 28 juillet 2012, p. 12338.

Loi n° 2012-918 du 27 juillet 2012 autorisant l'approbation du protocole d'amendement et d'adhésion de la Principauté d'Andorre au traité entre la République française et le Royaume d'Espagne relatif à la coopération transfrontalière entre collectivités territoriales, *J.O.R.F.*, 28 juillet 2012, p. 12338.

Loi n° 2012-919 du 27 juillet 2012 autorisant l'approbation de l'accord de coopération entre le Gouvernement de la République française et le Gouvernement de la République du Kazakhstan dans le domaine de la protection civile, de la prévention et de l'élimination des situations d'urgence, *J.O.R.F.*, 28 juillet 2012, p. 12339.

Loi n° 2012-919 du 27 juillet 2012 autorisant l'approbation de l'accord de coopération entre le Gouvernement de la République française et le Gouvernement de la République du Kazakhstan dans le domaine de la protection civile, de la prévention et de l'élimination des situations d'urgence (rectificatif), *J.O.R.F.*, 1er août 2012, p. 12564.

Loi n° 2012-946 du 2 août 2012 autorisant l'approbation du protocole additionnel à l'accord relatif aux rapports intellectuels et artistiques du 19 décembre 1938 entre le Gouvernement de la République française et le Gouvernement de la République hellénique, *J.O.R.F.*, 4 août 2012, p. 12811.

Loi n° 2012-947 du 2 août 2012 autorisant la ratification du traité d'amitié et de coopération entre la République française et la République islamique d'Afghanistan, *J.O.R.F.*, 4 août 2012, p. 12811.

Loi n° 2012-1166 du 19 octobre 2012 autorisant l'approbation du protocole additionnel à l'accord de partenariat et de coopération entre le Gouvernement de la République française et le Gouvernement de la République fédérative du Brésil relatif à la création d'un centre de coopération policière, *J.O.R.F.*, 20 octobre 2012, p. 16345.

Loi n° 2012-1167 du 19 octobre 2012 autorisant l'approbation de l'accord d'entraide judiciaire en matière pénale entre le Gouvernement de la République française et le Gouvernement de la République fédérale du Nigeria, *J.O.R.F.*, 20 octobre 2012, p. 16345.

Loi n° 2012-1321 du 29 novembre 2012 autorisant l'approbation de l'avenant à la convention entre le Gouvernement de la République française et le Gouvernement de la République des Philippines tendant à éviter les doubles impositions et à prévenir l'évasion fiscale en matière d'impôts sur le revenu, *J.O.R.F.*, 30 novembre 2012, p. 18786.

Loi n° 2012-1360 du 6 décembre 2012 autorisant l'approbation de l'accord de coopération dans le domaine de la défense entre le Gouvernement de la République française et le Gouvernement de la République algérienne démocratique et populaire, *J.O.R.F.*, 7 décembre 2012, p. 19161.

Loi n° 2012-1472 du 28 décembre 2012 autorisant l'approbation de l'accord de coopération entre le Gouvernement de la République française et le Gouvernement de la République du Kazakhstan dans le domaine de l'exploration et de l'utilisation de l'espace extra-atmosphérique à des fins pacifiques, *J.O.R.F.*, 29 décembre 2012, p. 20786.

Loi n° 2012-1475 du 28 décembre 2012 autorisant l'approbation de l'accord entre le Gouvernement de la République française et le Gouvernement de la République socialiste du Vietnam pour la création et le développement de l'Université des sciences et des technologies de Hanoi, *J.O.R.F.*, 29 décembre 2012, p. 20787.

Convention de l'Union européenne et des Communautés européennes

Loi n° 2012-322 du 7 mars 2012 autorisant l'approbation des amendements à l'article 1er et à l'article 18 de l'accord portant création de la Banque européenne pour la reconstruction et le développement, *J.O.R.F.*, 8 mars 2012, p. 4314.

Loi n° 2012-323 du 7 mars 2012 autorisant la ratification de la décision du Conseil européen modifiant l'article 136 du traité sur le fonctionnement de l'Union européenne en ce qui concerne un mécanisme de stabilité pour les États membres dont la monnaie est l'Euro, *J.O.R.F.*, 8 mars 2012, p. 4314.

Loi n° 2012-324 du 7 mars 2012 autorisant la ratification du traité instituant le mécanisme européen de stabilité, *J.O.R.F.*, 8 mars 2012, p. 4314.

Loi n° 2012-1171 du 22 octobre 2012 autorisant la ratification du traité sur la stabilité, la coordination et la gouvernance au sein de l'Union économique et monétaire, *J.O.R.F.*, 23 octobre 2012, p. 16432.

Loi n° 2012-1471 du 28 décembre 2012 autorisant l'approbation du protocole n° 3 à la convention-cadre européenne sur la coopération transfrontalière des collectivités ou autorités territoriales relatif aux groupements eurorégionaux de coopération (GEC), *J.O.R.F.*, 29 décembre 2012, p. 20786.

Conventions entre les Communautés européennes et des États n'y appartenant pas

Loi n° 2012-1291 du 22 novembre 2012 autorisant la ratification de l'accord sur le transport aérien entre le Canada et la Communauté européenne et ses États membres, *J.O.R.F.*, 24 novembre 2012, p. 18514.

Loi n° 2012-1474 du 28 décembre 2012 autorisant la ratification de l'accord de partenariat économique entre la Communauté européenne et ses États membres, d'une part, et les États du Cariforum, d'autre part, *J.O.R.F.*, 29 décembre 2012, p. 20787.

ANNÉE 2013

Conventions multilatérales

Loi n° 2013-325 du 19 avril 2013 autorisant l'approbation de l'accord sous forme d'échange de lettres entre le Gouvernement de la République française et l'Institut international des ressources phytogénétiques (IPGRI) relatif à l'établissement d'un bureau de l'IPGRI en France et à ses privilèges et immunités sur le territoire français, *J.O.R.F.*, 20 avril 2013, p. 6944.

Loi n° 2013-327 du 19 avril 2013 autorisant la ratification de la convention internationale pour la répression des actes de terrorisme nucléaire, *J.O.R.F.*, 20 avril 2013, p. 6944.

Loi n° 2013-582 du 4 juillet 2013 autorisant l'approbation de l'accord entre le Gouvernement de la République française, le Conseil fédéral suisse et l'Organisation européenne pour la recherche nucléaire sur le droit applicable aux entreprises intervenant sur le domaine de l'Organisation afin d'y réaliser des prestations de services revêtant un caractère transnational, *J.O.R.F.*, 6 juillet 2013, p. 11266.

Loi n° 2013-583 du 4 juillet 2013 autorisant l'approbation du protocole d'amendement de la convention entre le Gouvernement de la République française et le Conseil fédéral suisse relative à l'extension en territoire français du domaine de l'Organisation européenne pour la recherche nucléaire conclue le 13 septembre 1965, *J.O.R.F.*, 6 juillet 2013, p. 11267.

Loi n° 2013-584 du 4 juillet 2013 autorisant l'approbation de l'accord de sécurité sociale sous forme d'échange de lettres entre le Gouvernement de la République française et l'Organisation internationale pour l'énergie de fusion en vue de la mise en œuvre conjointe du projet I.T.E.R., *J.O.R.F.*, 6 juillet 2013, p. 11267.

Loi n° 2013-708 du 5 août 2013 autorisant la ratification de la convention relative à la construction et à l'exploitation d'un laser européen à électrons libres dans le domaine des rayons X, *J.O.R.F.*, 6 août 2013, p. 13337.

Loi n° 2013-709 du 5 août 2013 autorisant l'approbation de la convention relative à la construction et à l'exploitation d'une infrastructure pour la recherche sur les antiprotons et les ions en Europe, *J.O.R.F.*, 6 août 2013, p. 13337.

Loi n° 2013-1202 du 23 décembre 2013 autorisant la ratification du traité sur le commerce des armes, *J.O.R.F.*, 24 décembre 2013, p. 21034.

Conventions bilatérales

Loi n° 2013-98 du 28 janvier 2013 autorisant la ratification de l'accord entre la République française et la République fédérale d'Allemagne instituant un régime matrimonial optionnel de la participation aux acquêts, *J.O.R.F.*, 29 janvier 2013, p. 1721.

Loi n° 2013-154 du 21 février 2013 autorisant l'approbation de l'accord entre le Gouvernement de la République française et le Gouvernement du Royaume des Pays-Bas pour ce qui est d'Aruba relatif à l'échange de renseignements en matière fiscale, *J.O.R.F.*, 22 février 2013, p. 3001.

Loi n° 2013-155 du 21 février 2013 autorisant l'approbation de l'avenant à la convention entre le Gouvernement de la République française et le Gouvernement du Sultanat d'Oman en vue d'éviter les doubles impositions, *J.O.R.F.*, 22 février 2013, p. 3001.

Loi n° 2013-241 du 25 mars 2013 autorisant l'approbation de l'accord entre le Gouvernement de la République française et le Gouvernement de la République de Serbie relatif à la mobilité des jeunes, *J.O.R.F.*, 26 mars 2013, p. 5058.

Loi n° 2013-242 du 25 mars 2013 autorisant l'approbation de l'accord entre le Gouvernement de la République française et le Gouvernement du Monténégro relatif à la mobilité des jeunes, *J.O.R.F.*, 26 mars 2013, p. 5058.

Loi n° 2013-243 du 25 mars 2013 autorisant l'approbation de l'accord entre le Gouvernement de la République française et le Gouvernement de la République libanaise relatif à la mobilité des jeunes et des professionnels, *J.O.R.F.*, 26 mars 2013, p. 5058.

Loi n° 2013-326 du 19 avril 2013 autorisant l'approbation de l'accord entre le Gouvernement de la République française et le Gouvernement de la République de Serbie portant sur la coopération policière, *J.O.R.F.*, 20 avril 2013, p. 6944.

Loi n° 2013-354 du 24 avril 2013 autorisant l'approbation de l'accord entre le Gouvernement de la République française et le Gouvernement de la République de l'Inde relatif à la répartition des droits de propriété intellectuelle dans les accords de développement des utilisations pacifiques de l'énergie nucléaire, *J.O.R.F.*, 27 avril 2013, p. 7337.

Loi n° 2013-580 du 4 juillet 2013 autorisant l'approbation de l'accord entre le Gouvernement de la République française et le Gouvernement de la Principauté de Monaco relatif à la prise en charge sur le territoire français de déchets radioactifs monégasques, *J.O.R.F.*, 6 juillet 2013, p. 11266.

Loi n° 2013-581 du 4 juillet 2013 autorisant l'approbation de l'accord entre le Gouvernement de la République française et le Gouvernement du Royaume de Norvège sur l'enseignement dispensé en France aux élèves norvégiens et le fonctionnement des sections norvégiennes établies dans les académies de Rouen, Caen et Lyon, *J.O.R.F.*, 6 juillet 2013, p. 11266.

Loi n° 2013-614 du 11 juillet 2013 autorisant l'approbation de l'accord entre le Gouvernement de la République française et le Gouvernement de la République socialiste du Vietnam relatif aux centres culturels, *J.O.R.F.*, 13 juillet 2013, p. 11682.

Loi n° 2013-1009 du 13 novembre 2013 autorisant l'approbation de l'accord-cadre entre le Gouvernement de la République française et le Gouvernement de la région wallonne du Royaume de Belgique sur l'accueil des personnes handicapées, *J.O.R.F.*, 14 novembre 2013, p. 18450.

Loi n° 2013-1089 du 2 décembre 2013 autorisant l'approbation de l'accord entre le Gouvernement de la République française et le Gouvernement de la République italienne pour la réalisation et l'exploitation d'une nouvelle ligne ferroviaire Lyon-Turin, *J.O.R.F.*, 3 décembre 2013, p. 19624.

Loi n° 2013-1158 du 16 décembre 2013 autorisant la ratification du traité entre la République française et la Fédération de Russie relatif à la coopération dans le domaine de l'adoption, *J.O.R.F.*, 17 décembre 2013, p. 20456.

Loi n° 2013-1201 du 23 décembre 2013 autorisant l'approbation de l'avenant à la convention entre le Gouvernement de la République française et le Gouvernement du Canada tendant à éviter les doubles impositions et à prévenir l'évasion fiscale en matière d'impôts sur le revenu et la fortune, *J.O.R.F.*, 24 décembre 2013, p. 21034.

Loi n° 2013-1226 du 27 décembre 2013 autorisant la ratification du traité instituant un partenariat de défense entre la République française et la République de Côte d'Ivoire, *J.O.R.F.*, 28 décembre 2013, p. 21588.

Loi n° 2013-1227 du 27 décembre 2013 autorisant la ratification du traité de coopération en matière de défense entre la République française et la République de Djibouti, *J.O.R.F.*, 28 décembre 2013, p. 21588.

Loi n° 2013-1228 du 27 décembre 2013 autorisant la ratification du traité instituant un partenariat en matière de coopération militaire entre la République française et la République du Sénégal, *J.O.R.F.*, 28 décembre 2013, p. 21588.

Convention de l'Union européenne et des Communautés européennes

Loi n° 2013-99 du 28 janvier 2013 autorisant la ratification du traité relatif à l'adhésion de la République de Croatie à l'Union européenne, *J.O.R.F.*, 29 janvier 2013, p. 1721.

Conventions entre les Communautés européennes ou l'U.E. et des États n'y appartenant pas

Loi n° 2013-710 du 5 août 2013 autorisant la ratification de l'accord-cadre global de partenariat et de coopération entre la Communauté européenne et ses États membres, d'une part, et la République d'Indonésie, d'autre part, *J.O.R.F.*, 6 août 2013, p. 13337.

Loi n° 2013-1007 du 13 novembre 2013 autorisant la ratification de l'accord de libre-échange entre l'Union européenne et ses États membres, d'une part, et la République de Corée, d'autre part, *J.O.R.F.*, 14 novembre 2013, p. 18450.

Loi n° 2013-1008 du 13 novembre 2013 autorisant la ratification de l'accord-cadre entre l'Union européenne et ses États membres, d'une part, et la République de Corée, d'autre part, *J.O.R.F.*, 14 novembre 2013, p. 18450.

ANNÉE 2014

Conventions multilatérales

Loi n° 2014-199 du 24 février 2014 autorisant la ratification de l'accord relatif à une juridiction unifiée du brevet, *J.O.R.F.*, 25 février 2014, p. 3249.

Loi n° 2014-200 du 24 février 2014 autorisant la ratification de la convention n° 187 de l'Organisation internationale du travail relative au cadre promotionnel pour la sécurité et la santé au travail, *J.O.R.F.*, 25 février 2014, p. 3249.

Loi n° 2014-307 du 7 mars 2014 autorisant l'approbation des amendements des annexes II et III à la convention OSPAR pour la protection du milieu marin de l'Atlantique du nord-est relatifs au stockage des flux de dioxyde de carbone dans des structures géologiques, *J.O.R.F.*, 9 mars 2014, p. 5023.

Loi n° 2014-308 du 7 mars 2014 autorisant l'approbation du protocole commun relatif à l'application de la convention de Vienne et de la convention de Paris, *J.O.R.F.*, 9 mars 2014, p. 5024.

Loi n° 2014-476 du 14 mai 2014 autorisant la ratification de la convention du Conseil de l'Europe sur la prévention et la lutte contre les violences à l'égard des femmes et la violence domestique, *J.O.R.F.*, 15 mai 2014, p. 8083.

Loi n° 2014-546 du 28 mai 2014 autorisant l'approbation de l'accord entre le Gouvernement de la République française et le Consortium des centres internationaux de recherche agricole relatif au siège du Consortium et à ses privilèges et immunités sur le territoire français, *J.O.R.F.*, 29 mai 2014, p. 8961.

Loi n° 2014-547 du 28 mai 2014 autorisant l'approbation de l'accord instituant le Consortium des centres internationaux de recherche agricole en qualité d'organisation internationale, *J.O.R.F.*, 29 mai 2014, p. 8961.

Loi n° 2014-548 du 28 mai 2014 autorisant l'approbation de l'accord relatif à l'hébergement et au fonctionnement du centre de sécurité Galileo, *J.O.R.F.*, 29 mai 2014, p. 8961.

Loi n° 2014-777 du 8 juillet 2014 autorisant l'approbation de l'accord entre le Gouvernement de la République française, le Gouvernement du Royaume de Belgique, le Gouvernement de la République fédérale d'Allemagne et le Gouvernement du Grand-Duché de Luxembourg concernant la mise en place et l'exploitation d'un centre commun de coopération policière et douanière dans la zone frontalière commune, *J.O.R.F.*, 9 juillet 2014, p. 11362.

Loi n° 2014-1352 du 13 novembre 2014 autorisant la ratification du protocole facultatif se rapportant au pacte international relatif aux droits économiques, sociaux et culturels, *J.O.R.F.*, 14 novembre 2014, p. 19162.

Loi n° 2014-1401 du 26 novembre 2014 autorisant l'adhésion de la France à l'accord portant création de la Facilité africaine de soutien juridique, *J.O.R.F.*, 27 novembre 2014, p. 19794.

Loi n° 2014-1753 du 30 décembre 2014 autorisant la ratification de l'amendement au protocole de Kyoto du 11 décembre 1997, *J.O.R.F.*, 1er janvier 2015, p. 7.

Conventions bilatérales

Loi n° 2014-198 du 24 février 2014 autorisant l'approbation de l'entente entre le Gouvernement de la République française et le Gouvernement du Québec relative à l'Office franco-québécois pour la jeunesse, *J.O.R.F.*, 25 février 2014, p. 3249.

Loi n° 2014-305 du 7 mars 2014 autorisant l'approbation de l'accord de coopération administrative entre le Gouvernement de la République française et le Gouvernement de la République de Bulgarie relatif à la lutte contre l'emploi non déclaré et au respect du droit social en cas de circulation transfrontalière de travailleurs et de services, *J.O.R.F.*, 9 mars 2014, p. 5023.

Loi n° 2014-306 du 7 mars 2014 autorisant l'approbation de l'accord de sécurité sociale entre le Gouvernement de la République française et le Gouvernement de la République orientale de l'Uruguay, *J.O.R.F.*, 9 mars 2014, p. 5023.

Loi n° 2014-426 du 28 avril 2014 autorisant la ratification de l'accord-cadre entre la République française et le Royaume d'Espagne sur la coopération sanitaire transfrontalière, *J.O.R.F.*, 29 avril 2014, p. 7400.

Loi n° 2014-427 du 28 avril 2014 autorisant la ratification de l'accord entre la République française et la République fédérative du Brésil en matière de sécurité sociale, *J.O.R.F.*, 29 avril 2014, p. 7400.

Loi n° 2014-534 du 27 mai 2014 autorisant l'approbation de l'accord entre le Gouvernement de la République française et le Gouvernement du Canada relatif à la mobilité des jeunes, *J.O.R.F.*, 28 mai 2014, p. 8864.

Loi n° 2014-770 du 7 juillet 2014 autorisant l'approbation de l'accord entre le Gouvernement de la République française et le Gouvernement de la République de Serbie relatif à la coopération dans le domaine de la défense et au statut de leurs forces, *J.O.R.F.*, 8 juillet 2014, p. 11241.

Loi n° 2014-771 du 7 juillet 2014 autorisant l'approbation de l'accord entre le Gouvernement de la République française et le Gouvernement de la République du Kosovo relatif à la réadmission des personnes en séjour irrégulier et de son protocole d'application, *J.O.R.F.*, 8 juillet 2014, p. 11241.

Loi n° 2014-772 du 7 juillet 2014 autorisant l'approbation du protocole entre le Gouvernement de la République française et le Gouvernement de la République de Serbie portant sur l'application de l'accord entre la Communauté européenne et la République de Serbie concernant la réadmission des personnes en séjour irrégulier, *J.O.R.F.*, 8 juillet 2014, p. 11241.

Loi n° 2014-776 du 8 juillet 2014 autorisant l'approbation de l'accord sous forme d'échange de lettres entre le Gouvernement de la République française et le Gouvernement du Grand-Duché de Luxembourg pour le développement de la coopération et de l'entraide administrative en matière de sécurité sociale, *J.O.R.F.*, 9 juillet 2014, p. 11362.

Loi n° 2014-778 du 8 juillet 2014 autorisant l'approbation de l'accord entre le Gouvernement de la République française et le Gouvernement du Grand-Duché de Luxembourg relatif à la coopération dans leurs zones frontalières entre les autorités de police et les autorités douanières, *J.O.R.F.*, 9 juillet 2014, p. 11363.

Loi n° 2014-874 du 4 août 2014 autorisant l'approbation de l'accord entre le Gouvernement de la République française et le Gouvernement de la République libanaise relatif à la coopération en matière de sécurité intérieure, de sécurité civile et d'administration, *J.O.R.F.*, 6 août 2014, p. 13009.

Loi n° 2014-875 du 4 août 2014 autorisant l'approbation de l'accord de coopération en matière de sécurité intérieure entre le Gouvernement de la République française et le Gouvernement de l'État des Emirats arabes unis, *J.O.R.F.*, 6 août 2014, p. 13009.

Loi n° 2014-876 du 4 août 2014 autorisant l'approbation de l'accord entre le Gouvernement de la République française et le Gouvernement de Géorgie relatif à la coopération en matière de sécurité intérieure, *J.O.R.F.*, 6 août 2014, p. 13009.

Loi n° 2014-1098 du 29 septembre 2014 autorisant l'approbation de l'accord entre le Gouvernement de la République française et le Gouvernement des États-Unis d'Amérique en vue d'améliorer le respect des obligations fiscales à l'échelle internationale et de mettre en œuvre la loi relative au respect des obligations fiscales concernant les comptes étrangers (dite « loi FATCA »), *J.O.R.F.*, 30 septembre 2014, p. 15810.

Loi n° 2014-1402 du 26 novembre 2014 autorisant l'approbation de l'accord entre le Gouvernement de la République française et le Gouvernement de la République populaire de Chine en vue d'éviter les doubles impositions et de prévenir l'évasion et la fraude fiscales en matière d'impôts sur le revenu, *J.O.R.F.*, 27 novembre 2014, p. 19714.

Convention de l'Union européenne et des Communautés européennes

Loi n° 2014-1755 du 30 décembre 2014 autorisant l'approbation de l'accord interne entre les représentants des Gouvernements des États membres de l'Union européenne, réunis au sein du Conseil, relatif au financement de l'aide de l'Union européenne au titre du cadre financier pluriannuel pour la période 2014-2020 conformément à l'accord de partenariat ACP-UE et à l'affectation des aides financières destinées aux pays et territoires d'outre-mer auxquels s'appliquent les dispositions de la quatrième partie du traité sur le fonctionnement de l'Union européenne, *J.O.R.F.*, 1er janvier 2015, p. 7.

Conventions entre les Communautés européennes ou l'U.E. et des États n'y appartenant pas

Loi n° 2014-1349 du 13 novembre 2014 autorisant la ratification du protocole modifiant l'accord de transport aérien entre la Communauté européenne et ses États membres, d'une part, et les États-Unis d'Amérique, d'autre part, *J.O.R.F.*, 14 novembre 2014, p. 19161.

Loi n° 2014-1350 du 13 novembre 2014 autorisant la ratification de l'accord sur la création d'un espace aérien commun entre l'Union européenne et ses États membres, d'une part, et la Géorgie, d'autre part, *J.O.R.F.*, 14 novembre 2014, p. 19161.

Loi n° 2014-1351 du 13 novembre 2014 autorisant la ratification de l'accord euro-méditerranéen relatif aux services aériens entre l'Union européenne et ses États membres, d'une part, et le Royaume hachémite de Jordanie, d'autre part, *J.O.R.F.*, 14 novembre 2014, p. 19161.

Loi n° 2014-1754 du 30 décembre 2014 autorisant la ratification de l'accord établissant une association entre l'Union européenne et ses États membres, d'une part, et l'Amérique centrale, d'autre part, *J.O.R.F.*, 1er janvier 2015, p. 7.

ANNÉE 2015

Conventions multilatérales

Loi n° 2015-278 du 13 mars 2015 autorisant la ratification de la convention n° 181 de l'Organisation internationale du travail relative aux agences d'emploi privées, *J.O.R.F.*, 14 mars 2015, p. 4833.

Loi n° 2015-359 du 30 mars 2015 autorisant l'approbation du cinquième avenant à la convention du 19 janvier 1967, modifiée par l'avenant du 6 juillet 1971 entre le Gouvernement de la République française et le Gouvernement de la République fédérale d'Allemagne sur la construction et l'exploitation d'un réacteur à très haut flux et modifiée ultérieurement par la convention du 19 juillet 1974 entre les deux Gouvernements susmentionnés et le Gouvernement du Royaume-Uni de Grande-Bretagne et d'Irlande du Nord relative à l'adhésion de ce dernier Gouvernement à la convention et par l'avenant du 27 juillet 1976, le deuxième avenant du 9 décembre 1981, le troisième avenant du 25 mars 1993 et le quatrième avenant du 4 décembre 2002 entre les trois Gouvernements susmentionnés, *J.O.R.F.*, 31 mars 2015, p. 5825.

Loi n° 2015-470 du 27 avril 2015 autorisant la ratification de la convention n° 188 de l'Organisation internationale du travail relative au travail dans la pêche, *J.O.R.F.*, 28 avril 2015, p. 7376.

Loi n° 2015-533 du 15 mai 2015 autorisant la ratification de l'accord concernant le transfert et la mutualisation des contributions au Fonds de résolution unique, *J.O.R.F.*, 16 mai 2015, p. 8280.

Loi n° 2015-552 du 20 mai 2015 autorisant l'approbation de l'arrangement concernant les services postaux de paiement, *J.O.R.F.*, 21 mai 2015, p. 8551.

Loi n° 2015-553 du 20 mai 2015 autorisant l'approbation de la convention postale universelle, *J.O.R.F.*, 21 mai 2015, p. 8551.

Loi n° 2015-820 du 7 juillet 2015 autorisant la ratification de la convention internationale de Nairobi sur l'enlèvement des épaves, *J.O.R.F.*, 8 juillet 2015, p. 11457.

Loi n° 2015-1197 du 30 septembre 2015 autorisant la ratification de la convention du Conseil de l'Europe relative au blanchiment, au dépistage, à la saisie et à la confiscation des produits du crime et au financement du terrorisme, *J.O.R.F.*, 1er octobre 2015, p. 17569.

Loi n° 2015-1198 du 30 septembre 2015 autorisant l'approbation de l'accord entre le Gouvernement de la République française et le secrétariat de la convention-cadre des Nations unies sur les changements climatiques et son protocole de Kyoto concernant la vingt et unième session de la conférence des parties à la convention-cadre des Nations unies sur les changements climatiques, la onzième session de la conférence des parties agissant comme réunion des parties au protocole de Kyoto et les sessions des organes subsidiaires, *J.O.R.F.*, 1er octobre 2015, p. 17569.

Loi n° 2015-1350 du 26 octobre 2015 autorisant la ratification du protocole pour éliminer le commerce illicite des produits du tabac, *J.O.R.F.*, 27 octobre 2015, p. 20000.

Loi n° 2015-1463 du 12 novembre 2015 autorisant la ratification du protocole facultatif à la convention relative aux droits de l'enfant établissant une procédure de présentation de communications, *J.O.R.F.*, 13 novembre 2015, p. 21100.

Loi n° 2015-1704 du 21 décembre 2015 autorisant l'approbation de l'accord entre le Gouvernement de la République française et l'Organisation internationale pour les migrations portant sur l'exonération fiscale des agents de cette organisation qui résident en France, *J.O.R.F.*, 22 décembre 2015, p. 23683.

Loi n° 2015-1705 du 21 décembre 2015 autorisant l'approbation de l'accord entre le Gouvernement de la République française et l'Agence spatiale européenne relatif au centre spatial guyanais et aux prestations associées, *J.O.R.F.*, 22 décembre 2015, p. 23684.

Loi n° 2015-1714 du 22 décembre 2015 autorisant la ratification du protocole n° 15 portant amendement à la convention de sauvegarde des droits de l'homme et des libertés fondamentales, *J.O.R.F.*, 23 décembre 2015, p. 23806.

Loi n° 2015-1778 du 28 décembre 2015 autorisant l'approbation de l'accord multilatéral entre autorités compétentes concernant l'échange automatique de renseignements relatifs aux comptes financiers, *J.O.R.F.*, 29 décembre 2015, p. 24318.

Conventions bilatérales

Loi n° 2015-104 du 3 février 2015 autorisant l'approbation de l'accord entre le Gouvernement de la République française et le Gouvernement de la République d'Azerbaïdjan relatif à la création et aux conditions d'activités des centres culturels, *J.O.R.F.*, 4 février 2015, p. 1656.

Loi n° 2015-105 du 3 février 2015 autorisant l'approbation de l'accord de partenariat pour la coopération culturelle, scientifique et technique et pour le développement entre le Gouvernement de la République française et le Gouvernement de la République d'Irak, *J.O.R.F.*, 4 février 2015, p. 1656.

Loi n° 2015-274 du 13 mars 2015 autorisant la ratification du traité d'extradition entre la République française et la République argentine, *J.O.R.F.*, 14 mars 2015, p. 4832.

Loi n° 2015-275 du 13 mars 2015 autorisant l'approbation de la convention d'extradition entre le Gouvernement de la République française et le Gouvernement du Royaume hachémite de Jordanie, *J.O.R.F.*, 14 mars 2015, p. 4832.

Loi n° 2015-276 du 13 mars 2015 autorisant l'approbation de la convention d'extradition entre le Gouvernement de la République française et le Gouvernement de la République bolivarienne du Venezuela, *J.O.R.F.*, 14 mars 2015, p. 4832.

Loi n° 2015-277 du 13 mars 2015 autorisant la ratification du traité d'extradition entre la République française et la République du Pérou, *J.O.R.F.*, 14 mars 2015, p. 4833.

Loi n° 2015-279 du 13 mars 2015 autorisant l'approbation de la convention entre le Gouvernement de la République française et le Gouvernement de la Principauté d'Andorre en vue d'éviter les doubles impositions et de prévenir l'évasion et la fraude fiscales en matière d'impôts sur le revenu, *J.O.R.F.*, 14 mars 2015, p. 4833.

Loi n° 2015-291 du 16 mars 2015 autorisant l'approbation de la convention d'entraide judiciaire en matière pénale entre le Gouvernement de la République française et le Gouvernement du Royaume hachémite de Jordanie, *J.O.R.F.*, 17 mars 2015, p. 4921.

Loi n° 2015-468 du 27 avril 2015 autorisant la ratification du traité d'extradition entre la République française et la République populaire de Chine, *J.O.R.F.*, 28 avril 2015, p. 7376.

Loi n° 2015-469 du 27 avril 2015 autorisant l'approbation du protocole entre le Gouvernement de la République française et le conseil des ministres de la République d'Albanie portant sur l'application de l'accord entre la Communauté européenne et la République d'Albanie concernant la réadmission des personnes en séjour irrégulier, *J.O.R.F.*, 28 avril 2015, p. 7376.

Loi n° 2015-471 du 27 avril 2015 autorisant l'approbation de l'accord entre le Gouvernement de la République française et le Gouvernement du Royaume des Pays-Bas relatif à la coopération insulaire en matière policière à Saint-Martin, *J.O.R.F.*, 28 avril 2015, p. 7377.

Loi n° 2015-736 du 25 juin 2015 autorisant la ratification de l'accord entre le Gouvernement de la République française et le Gouvernement du Turkménistan relatif aux services aériens, *J.O.R.F.*, 27 juin 2015, p. 10841.

Loi n° 2015-821 du 7 juillet 2015 autorisant l'approbation de l'accord entre le Gouvernement de la République française et le Gouvernement de la Principauté d'Andorre relatif à la gestion commune de la ressource en eau dans le bassin hydrographique des sources de l'Ariège, *J.O.R.F.*, 8 juillet 2015, p. 11457.

Loi n° 2015-822 du 7 juillet 2015 autorisant l'approbation de l'accord entre le Gouvernement de la République française et le Gouvernement de la Principauté d'Andorre portant délimitation de la frontière, *J.O.R.F.*, 8 juillet 2015, p. 11458.

Loi n° 2015-824 du 7 juillet 2015 autorisant l'approbation de l'accord sous forme d'échange de notes verbales entre le Gouvernement de la République française et le Gouvernement de la Principauté d'Andorre relatif à la création d'un bureau à contrôles nationaux juxtaposés à Porta, *J.O.R.F.*, 8 juillet 2015, p. 11458.

Loi n° 2015-854 du 15 juillet 2015 autorisant l'approbation de la convention entre le Gouvernement de la République française et le Gouvernement de la Principauté d'Andorre dans le domaine de l'enseignement, *J.O.R.F.*, 16 juillet 2015, p. 12052.

Loi n° 2015-891 du 23 juillet 2015 autorisant l'approbation de l'accord entre le Gouvernement de la République française et le Gouvernement du Royaume de Belgique relatif à la coopération transfrontalière en matière policière et douanière, *J.O.R.F.*, 24 juillet 2015, p. 12585.

Loi n° 2015-892 du 23 juillet 2015 autorisant l'approbation de l'accord entre le Gouvernement de la République française et le Gouvernement des États-Unis d'Amérique sur l'indemnisation de certaines victimes de la Shoah déportées depuis la France, non couvertes par des programmes français, *J.O.R.F.*, 24 juillet 2015, p. 12585.

Loi n° 2015-905 du 24 juillet 2015 autorisant l'approbation du protocole additionnel à la convention d'entraide judiciaire en matière pénale entre le Gouvernement de la République française et le Gouvernement du Royaume du Maroc, *J.O.R.F.*, 25 juillet 2015, p. 12666.

Loi n° 2015-1254 du 9 octobre 2015 autorisant l'approbation de l'accord sous forme d'échange de lettres entre le Gouvernement de la République française et le Gouvernement de la Fédération de Russie sur le règlement des obligations complémentaires liées à la cessation de l'accord du 25 janvier 2011 relatif à la coopération dans le domaine de la construction de bâtiments de projection et de commandement, *J.O.R.F.*, 10 octobre 2015, p. 18872.

Loi n° 2015-1706 du 21 décembre 2015 autorisant l'approbation du protocole additionnel à la convention entre le Gouvernement de la République française et le Gouvernement de la République italienne relative au tunnel routier sous le Mont-Blanc, *J.O.R.F.*, 22 décembre 2015, p. 23684.

Loi n° 2015-1707 du 21 décembre 2015 autorisant l'approbation de l'accord entre le Gouvernement de la République française et le Gouvernement du Canada sur la sécurité sociale, *J.O.R.F.*, 22 décembre 2015, p. 23684.

Loi n° 2015-1715 du 22 décembre 2015 autorisant l'approbation du quatrième avenant à la convention entre la France et le Grand-Duché de Luxembourg tendant à éviter les doubles impositions et à établir des règles d'assistance administrative réciproque en matière d'impôts sur le revenu et sur la fortune, *J.O.R.F.*, 23 décembre 2015, p. 23685.

Loi n° 2015-1716 du 22 décembre 2015 autorisant l'approbation de l'avenant à la convention du 21 juillet 1959 entre la République française et la République fédérale d'Allemagne en vue d'éviter les doubles impositions et d'établir des règles d'assistance administrative et juridique réciproque en matière d'impôts sur le revenu et sur la fortune, ainsi qu'en matière de contribution des patentes et de contributions foncières, modifiée par les avenants des 9 juin 1969, 28 septembre 1989 et 20 décembre 2001, *J.O.R.F.*, 23 décembre 2015, p. 23807.

Convention de l'Union européenne et des Communautés européennes

Loi n° 2015-1236 du 7 octobre 2015 autorisant la ratification de l'accord entre la République française et l'Union européenne visant à l'application, en ce qui concerne la collectivité de Saint-Barthélemy, de la législation de l'Union sur la fiscalité de l'épargne et la coopération administrative dans le domaine de la fiscalité, *J.O.R.F.*, 8 octobre 2015, p. 18265.

Loi n° 2015-1672 du 16 décembre 2015 autorisant l'approbation de la décision du Conseil du 26 mai 2014 relative au système des ressources propres de l'Union européenne, *J.O.R.F.*, 17 décembre 2015, p. 23228.

Conventions entre les Communautés européennes ou l'U.E. et des États n'y appartenant pas

Loi n° 2015-106 du 3 février 2015 autorisant la ratification de l'accord de partenariat et de coopération entre l'Union européenne et ses États membres, d'une part, et la République d'Irak, d'autre part, *J.O.R.F.*, 4 février 2015, p. 1656.

Loi n° 2015-472 du 27 avril 2015 autorisant la ratification de l'accord d'association entre l'Union européenne et la Communauté européenne de l'énergie atomique et leurs États membres, d'une part, et la République de Moldavie, d'autre part, *J.O.R.F.*, 28 avril 2015, p. 7377.

Loi n° 2015-735 du 25 juin 2015 autorisant la ratification d'un accord de partenariat et de coopération établissant un partenariat entre les Communautés européennes et leurs États membres, d'une part, et le Turkménistan, d'autre part, *J.O.R.F.*, 27 juin 2015, p. 10741.

Loi n° 2015-823 du 7 juillet 2015 autorisant la ratification de l'accord d'association entre l'Union européenne et la Communauté européenne de l'énergie atomique et leurs États membres, d'une part, et l'Ukraine, d'autre part, *J.O.R.F.*, 8 juillet 2015, p. 11458.

Loi n° 2015-1302 du 19 octobre 2015 autorisant la ratification de l'accord entre la Communauté européenne et ses États membres, d'une part, et la République d'Afrique du Sud, d'autre part, modifiant l'accord sur le commerce, le développement et la coopération, *J.O.R.F.*, 20 octobre 2015, p. 19465.

Loi n° 2015-1303 du 19 octobre 2015 autorisant la ratification de l'accord de partenariat économique d'étape entre la Côte d'Ivoire, d'une part, et la Communauté européenne et ses États membres, d'autre part, *J.O.R.F.*, 20 octobre 2015, p. 19465.

Loi n° 2015-1448 du 9 novembre 2015 autorisant la ratification de l'accord d'association entre l'Union européenne et la Communauté européenne de l'énergie atomique et leurs États membres, d'une part, et la Géorgie, d'autre part, *J.O.R.F.*, 10 novembre 2015, p. 20938.

Loi n° 2015-1777 du 28 décembre 2015 autorisant la ratification de l'accord commercial entre l'Union européenne et ses États membres, d'une part, et la Colombie et le Pérou, d'autre part, *J.O.R.F.*, 29 décembre 2015, p. 24318.

ANNÉE 2016

Conventions multilatérales

Loi n° 2016-366 du 30 mars 2016 portant approbation du deuxième protocole d'amendement à l'accord relatif au groupe aérien européen, *J.O.R.F.*, 31 mars 2016.

Loi n° 2016-367 du 30 mars 2016 autorisant l'approbation de l'accord entre le Gouvernement de la République française et l'Organisation européenne pour la recherche nucléaire (CERN) sur l'exonération de droits d'enregistrement des acquisitions immobilières destinées à être utilisées par le CERN en tant que locaux officiels, *J.O.R.F.*, 31 mars 2016.

Loi n° 2016-368 du 30 mars 2016 autorisant l'approbation de l'accord relatif aux mesures du ressort de l'État du port visant à prévenir, contrecarrer et éliminer la pêche illicite, non déclarée et non réglementée, *J.O.R.F.*, 31 mars 2016.

Loi n° 2016-369 du 30 mars 2016 autorisant l'approbation de l'amendement à la convention sur l'accès à l'information, la participation du public au processus décisionnel et l'accès à la justice en matière d'environnement, pris par décision II/1 adoptée dans le cadre de la deuxième réunion des Parties à la convention, *J.O.R.F.*, 31 mars 2016.

Loi n° 2016-372 du 30 mars 2016 autorisant la ratification du protocole relatif à la convention n° 29 de l'Organisation internationale du travail sur le travail forcé, 1930, *J.O.R.F.*, 31 mars 2016.

Loi n° 2016-482 du 20 avril 2016 autorisant l'accession de la France au protocole sur le statut des quartiers généraux militaires internationaux créés en vertu du Traité de l'Atlantique Nord, *J.O.R.F.*, 21 avril 2016.

Loi n° 2016-655 du 23 mai 2016 autorisant la ratification de l'accord portant création de la Banque asiatique d'investissement dans les infrastructures, *J.O.R.F.*, 24 mai 2016.

Loi n° 2016-699 du 30 mai 2016 autorisant l'approbation des amendements de Manille à l'annexe de la convention internationale de 1978 sur les normes de formation des gens de mer, de délivrance des brevets et de veille (convention STCW) et au code de formation des gens de mer, de délivrance des brevets et de veille (code STCW), *J.O.R.F.*, 31 mai 2016.

Loi n° 2016-700 du 30 mai 2016 autorisant l'adhésion de la France au protocole à la convention d'Athènes de 1974 relative au transport par mer de passagers et de leurs bagages, *J.O.R.F.*, 31 mai 2016.

Loi n° 2016-701 du 30 mai 2016 autorisant la ratification de la convention du Conseil de l'Europe sur la contrefaçon des produits médicaux et les infractions similaires menaçant la santé publique, *J.O.R.F.*, 31 mai 2016.

Loi n° 2016-786 du 15 juin 2016 autorisant la ratification de l'accord de Paris adopté le 12 décembre 2015, *J.O.R.F.*, 16 juin 2016.

Loi n° 2016-911 du 4 juillet 2016 autorisant l'approbation de l'amendement à la convention sur la future coopération multilatérale dans les pêches de l'Atlantique du Nord-Ouest du 24 octobre 1978, *J.O.R.F.*, 5 juillet 2016.

Loi n° 2016-1032 du 28 juillet 2016 autorisant la ratification de la convention de Minamata sur le mercure, *J.O.R.F.*, 29 juillet 2016.

Loi n° 2016-1323 du 7 octobre 2016 autorisant la ratification de la convention sur la répression des actes illicites dirigés contre l'aviation civile internationale et du protocole complémentaire à la convention pour la répression de la capture illicite d'aéronefs, *J.O.R.F.*, 8 octobre 2016.

Conventions bilatérales

Loi n° 2016-232 du 1er mars 2016 autorisant l'approbation de l'accord entre le Gouvernement de la République française et le Conseil fédéral suisse modifiant le protocole additionnel à la convention entre la France et la Suisse du 9 septembre 1966 modifiée, en vue d'éliminer les doubles impositions en matière d'impôts sur le revenu et sur la fortune et de prévenir la fraude et l'évasion fiscales, *J.O.R.F.*, 2 mars 2016.

Loi n° 2016-233 du 1er mars 2016 autorisant l'approbation de la convention entre le Gouvernement de la République française et le Gouvernement de la République de Singapour en vue d'éviter les doubles impositions et de prévenir l'évasion et la fraude fiscales en matière d'impôts sur le revenu, *J.O.R.F.*, 2 mars 2016.

Loi n° 2016-338 du 22 mars 2016 autorisant l'approbation de la convention d'entraide judiciaire en matière pénale entre le Gouvernement de la République française et le Gouvernement de la République du Pérou, *J.O.R.F.*, 23 mars 2016.

Loi n° 2016-365 du 30 mars 2016 autorisant la ratification du traité entre la République française et la République tchèque sur la coopération dans le domaine de la protection civile, de la prévention et de la gestion des situations d'urgence, *J.O.R.F.*, 31 mars 2016.

Loi n° 2016-653 du 23 mai 2016 autorisant l'approbation de l'avenant n° 6 entre le Gouvernement de la République française et le Gouvernement de la Principauté de Monaco à la convention du 28 février 1952 entre la France et la Principauté de Monaco sur la sécurité sociale, *J.O.R.F.*, 24 mai 2016.

Loi n° 2016-654 du 23 mai 2016 autorisant l'approbation de l'accord entre le Gouvernement de la République française et le Gouvernement de la République d'Irak sur l'encouragement et la protection réciproques des investissements, *J.O.R.F.*, 24 mai 2016.

Loi n° 2016-702 du 30 mai 2016 autorisant l'approbation de l'accord sous forme d'échange de lettres entre le Gouvernement de la République française et le Gouvernement du Royaume-Uni de Grande-Bretagne et d'Irlande du Nord (ensemble un règlement transférant la compétence de régulation économique ferroviaire de la Commission intergouvernementale aux organismes de contrôle nationaux, établissant les principes de la coopération entre ceux-ci et portant établissement d'un cadre de tarification pour la liaison fixe transmanche, et une annexe), *J.O.R.F.*, 31 mai 2016.

Loi n° 2016-909 du 4 juillet 2016 autorisant l'approbation de l'accord entre le Gouvernement de la République française et le Gouvernement de la République de Croatie relatif à la coopération dans le domaine de la défense, *J.O.R.F.*, 5 juillet 2016.

Loi n° 2016-910 du 4 juillet 2016 autorisant l'approbation de l'accord entre le Gouvernement de la République française et le Gouvernement de la République de Lituanie relatif à la coopération dans le domaine de la défense et de la sécurité, *J.O.R.F.*, 5 juillet 2016.

Loi n° 2016-912 du 4 juillet 2016 autorisant l'approbation de l'accord entre le Gouvernement de la République française et le Gouvernement de la Nouvelle-Zélande concernant le statut des forces en visite et la coopération en matière de défense, *J.O.R.F.*, 5 juillet 2016.

Loi n° 2016-913 du 4 juillet 2016 autorisant la ratification du traité de coopération en matière de défense entre la République française et la République du Mali, *J.O.R.F.*, 5 juillet 2016.

Loi n° 2016-946 du 12 juillet 2016 autorisant l'approbation de l'accord entre le Gouvernement de la République française et le Gouvernement de la République de Colombie sur l'encouragement et la protection réciproques des investissements, *J.O.R.F.*, 13 juillet 2016.

Loi n° 2016-947 du 12 juillet 2016 autorisant l'approbation de l'accord entre le Gouvernement de la République française et le Gouvernement de la République fédérative du Brésil concernant les transports routiers internationaux de voyageurs et de marchandises, *J.O.R.F.*, 13 juillet 2016.

Loi n° 2016-948 du 12 juillet 2016 autorisant l'approbation de l'accord entre le Gouvernement de la République française et le Gouvernement de la République fédérative du Brésil en vue de l'établissement d'un régime spécial transfrontalier concernant des produits de subsistance entre les localités de Saint-Georges-de-l'Oyapock (France) et Oiapoque (Brésil), *J.O.R.F.*, 13 juillet 2016.

Loi n° 2016-962 du 15 juillet 2016 autorisant l'approbation de l'accord entre le Gouvernement de la République française et le Gouvernement de la République de Guinée relatif à la coopération en matière de défense et au statut des forces, *J.O.R.F.*, 16 juillet 2016.

Loi n° 2016-1033 du 28 juillet 2016 autorisant l'approbation de l'accord entre le Gouvernement de la République française et le Gouvernement du Japon relatif au transfert d'équipements et de technologies de défense, *J.O.R.F.*, 29 juillet 2016.

Loi n° 2016-1324 du 7 octobre 2016 autorisant l'approbation de l'accord entre le Gouvernement de la République française et le Gouvernement du Royaume-Uni de Grande-Bretagne et d'Irlande du Nord concernant les centres d'excellence mis en œuvre dans le cadre de la stratégie de rationalisation du secteur des systèmes de missiles, *J.O.R.F.*, 8 octobre 2016.

Loi n° 2016-1325 du 7 octobre 2016 autorisant l'approbation de la convention entre le Gouvernement de la République française et le Gouvernement de la République de Colombie en vue d'éviter les doubles impositions et de prévenir l'évasion et la fraude fiscales en matière d'impôts sur le revenu et sur la fortune, *J.O.R.F.*, 8 octobre 2016.

Loi n° 2016-1548 du 18 novembre 2016 autorisant l'approbation de l'accord entre le Gouvernement de la République française et le Gouvernement de la République d'Autriche relatif au statut juridique des personnels de l'armée fédérale autrichienne au cours de leur séjour dans la collectivité territoriale française de Guyane, *J.O.R.F.*, 19 novembre 2016.

Loi n° 2016-1973 du 30 décembre 2016 autorisant l'approbation de l'accord entre le Gouvernement de la République française et le Gouvernement de la République du Congo relatif aux services aériens, *J.O.R.F.*, 31 décembre 2016.

Loi n° 2016-1974 du 30 décembre 2016 autorisant l'approbation de l'accord relatif aux services de transport aérien entre le Gouvernement de la République française et le Gouvernement de la République démocratique du Congo, *J.O.R.F.*, 31 décembre 2016.

Loi n° 2016-1975 du 30 décembre 2016 autorisant l'approbation de l'accord entre le Gouvernement de la République française et le Gouvernement de la République du Panama relatif aux services aériens, *J.O.R.F.*, 31 décembre 2016.

Loi n° 2016-1976 du 30 décembre 2016 autorisant l'approbation de l'accord entre le Gouvernement de la République française et le Gouvernement de la République du Tadjikistan relatif à la construction d'une tour de contrôle sur l'aéroport de Douchanbé, *J.O.R.F.*, 31 décembre 2016.

Loi n° 2016-1977 du 30 décembre 2016 autorisant l'approbation de l'avenant portant première modification à l'entente en matière de sécurité sociale du 17 décembre 2003 entre le Gouvernement de la République française et le Gouvernement du Québec et de l'avenant portant seconde modification au protocole d'entente du 19 décembre 1998 entre le Gouvernement de la République française et le Gouvernement du Québec relatif à la protection sociale des élèves et étudiants et des participants à la coopération, *J.O.R.F.*, 31 décembre 2016.

Convention de l'Union européenne et des Communautés européennes

Loi n° 2016-113 du 5 février 2016 portant application du protocole additionnel à l'accord entre la France, la Communauté européenne de l'énergie atomique et l'Agence internationale de l'énergie atomique relatif à l'application de garanties en France, signé à Vienne le 22 septembre 1998, *J.O.R.F.*, 6 février 2016.

Loi n° 2016-784 du 14 juin 2016 autorisant l'approbation de l'accord relatif au site technique de l'Agence européenne pour la gestion opérationnelle des systèmes d'information à grande échelle au sein de l'espace de liberté, de sécurité et de justice entre le Gouvernement de la République française et l'Agence européenne pour la gestion opérationnelle des systèmes d'information à grande échelle au sein de l'espace de liberté, de sécurité et de justice, *J.O.R.F.*, 15 juin 2016.

Conventions entre les Communautés européennes ou l'U.E. et des États n'y appartenant pas

Loi n° 2016-370 du 30 mars 2016 autorisant la ratification de l'accord-cadre de partenariat et de coopération entre l'Union européenne et ses États membres, d'une part, et la République des Philippines, d'autre part, *J.O.R.F.*, 31 mars 2016.

Loi n° 2016-371 du 30 mars 2016 autorisant la ratification de l'accord-cadre global de partenariat et de coopération entre l'Union européenne et ses États membres, d'une part, et la République socialiste du Viêt Nam, d'autre part, *J.O.R.F.*, 31 mars 2016.

Loi n° 2016-945 du 12 juillet 2016 autorisant la ratification de l'accord sur la création d'un espace aérien commun entre l'Union européenne et ses États membres et la République de Moldavie, *J.O.R.F.*, 13 juillet 2016.

Loi n° 2016-1322 du 7 octobre 2016 autorisant la ratification de l'accord-cadre de partenariat et de coopération entre l'Union européenne et ses États membres, d'une part, et la Mongolie, d'autre part, *J.O.R.F.*, 8 octobre 2016.

ANNÉE 2017

Conventions multilatérales

Loi n° 2017-114 du 1er février 2017 autorisant la ratification de la convention relative à l'assistance alimentaire, *J.O.R.F.*, 2 février 2017.

Loi n° 2017-115 du 1er février 2017 autorisant la ratification de l'accord de passation conjointe de marché en vue de l'acquisition de contre-mesures médicales, *J.O.R.F.*, 2 février 2017.

Loi n° 2017-117 du 1er février 2017 autorisant l'approbation de l'accord multilatéral entre autorités compétentes portant sur l'échange des déclarations pays par pays, *J.O.R.F.*, 2 février 2017.

Loi n° 2017-118 du 1er février 2017 autorisant la ratification du protocole au traité de l'Atlantique Nord sur l'accession du Monténégro, *J.O.R.F.*, 2 février 2017.

Loi n° 2017-226 du 24 février 2017 autorisant l'adhésion de la France au deuxième protocole relatif à la convention de La Haye de 1954 pour la protection des biens culturels en cas de conflit armé, *J.O.R.F.*, 25 février 2017.

Loi n° 2017-1215 du 2 août 2017 autorisant l'approbation de l'accord entre le Gouvernement de la République française et le Secrétariat de l'accord relatif aux pêches dans le Sud de l'océan Indien portant sur le siège du Secrétariat et ses privilèges et immunités sur le territoire français, *J.O.R.F.*, 3 août 2017.

Loi n° 2017-1248 du 9 août 2017 autorisant la ratification du protocole additionnel à la convention du Conseil de l'Europe pour la prévention du terrorisme, *J.O.R.F.*, 10 août 2017.

Loi n° 2017-1576 du 17 novembre 2017 autorisant la ratification du protocole relatif à la convention pour la répression d'actes illicites contre la sécurité de la navigation maritime et du protocole relatif au protocole pour la répression d'actes illicites contre la sécurité des plates-formes fixes situées sur le plateau continental, *J.O.R.F.*, 18 novembre 2017.

Loi n° 2017-1840 du 30 décembre 2017 autorisant la ratification du protocole sur les privilèges et immunités de la juridiction unifiée du brevet, *J.O.R.F.*, 31 décembre 2017.

Conventions bilatérales

Loi n° 2017-68 du 26 janvier 2017 autorisant la ratification de l'accord relatif aux services de transport aérien entre le Gouvernement de la République française et le Gouvernement de la République gabonaise, *J.O.R.F.*, 27 janvier 2017.

Loi n° 2017-116 du 1er février 2017 autorisant l'approbation de l'accord entre le Gouvernement de la République française et le Gouvernement de la République italienne signé le 24 février 2015 pour l'engagement des travaux définitifs de la section transfrontalière de la nouvelle ligne ferroviaire Lyon-Turin, *J.O.R.F.*, 2 février 2017.

Loi n° 2017-224 du 24 février 2017 autorisant l'approbation de la convention entre le Gouvernement de la République française et le Conseil fédéral suisse relative aux travaux et au cofinancement par la Suisse de l'opération de réactivation du trafic ferroviaire sur la ligne Belfort-Delle ainsi qu'à l'exploitation de la ligne Belfort-Delle-Delémont, *J.O.R.F.*, 25 février 2017.

Loi n° 2017-225 du 24 février 2017 autorisant l'approbation de la convention entre le Gouvernement de la République française et le Conseil fédéral suisse concernant la modernisation et l'exploitation de la ligne ferroviaire d'Annemasse à Genève (ensemble un échange de lettres interprétatif), *J.O.R.F.*, 25 février 2017.

Loi n° 2017-1212 du 2 août 2017 autorisant l'approbation de l'accord relatif aux services de transport aérien entre le Gouvernement de la République française et le Gouvernement de l'Union des Comores, *J.O.R.F.*, 3 août 2017.

Loi n° 2017-1213 du 2 août 2017 autorisant l'approbation de l'accord entre le Gouvernement de la République française et le Gouvernement de la République des Philippines relatif aux services aériens, *J.O.R.F.*, 3 août 2017.

Loi n° 2017-1214 du 2 août 2017 autorisant la ratification du traité entre la République française et la République tchèque relatif à la coopération dans le domaine de l'exploration et de l'utilisation de l'espace extra-atmosphérique à des fins pacifiques, *J.O.R.F.*, 3 août 2017.

Loi n° 2017-1249 du 9 août 2017 autorisant l'approbation de l'accord entre le Gouvernement de la République française et le Gouvernement de la République algérienne démocratique et populaire relatif aux échanges de jeunes actifs, *J.O.R.F.*, 10 août 2017.

Loi n° 2017-1477 du 18 octobre 2017 autorisant l'approbation de l'accord entre le Gouvernement de la République française et le Gouvernement du Royaume hachémite de Jordanie relatif au statut de leurs forces, *J.O.R.F.*, 19 octobre 2017.

Loi n° 2017-1478 du 18 octobre 2017 autorisant la ratification de l'accord entre la République française et la République portugaise relatif à l'assistance et à la coopération dans le domaine de la sécurité civile et l'approbation de l'accord entre le Gouvernement de la République française et le Gouvernement du Grand-Duché de Luxembourg relatif à l'assistance et à la coopération dans le domaine de la protection et de la sécurité civiles, *J.O.R.F.*, 19 octobre 2017.

Loi n° 2017-1479 du 18 octobre 2017 autorisant la ratification de l'avenant modifiant la convention du 14 janvier 1971 entre la France et le Portugal tendant à éviter les doubles impositions et à établir des règles d'assistance administrative réciproque en matière d'impôts sur le revenu, *J.O.R.F.*, 19 octobre 2017.

Loi n° 2017-1575 du 17 novembre 2017 autorisant l'approbation de la convention d'entraide judiciaire en matière pénale entre le Gouvernement de la République française et le Gouvernement de la République algérienne démocratique et populaire, *J.O.R.F.*, 18 novembre 2017.

Loi n° 2017-1742 du 22 décembre 2017 autorisant l'approbation de l'accord entre le Gouvernement de la République française et le Conseil fédéral suisse relatif à la fiscalité applicable dans l'enceinte de l'aéroport de Bâle-Mulhouse, *J.O.R.F.*, 24 décembre 2017.

Loi n° 2017-1752 du 25 décembre 2017 autorisant l'approbation de la convention d'extradition entre le Gouvernement de la République française et le Gouvernement de la République du Costa Rica, *J.O.R.F.*, 27 décembre 2017.

Loi n° 2017-1753 du 25 décembre 2017 autorisant l'approbation de la convention d'entraide judiciaire en matière pénale entre le Gouvernement de la République française et le Gouvernement de la République du Costa Rica, *J.O.R.F.*, 27 décembre 2017.

ANNÉE 2018

Conventions multilatérales

Loi n° 2018-151 du 2 mars 2018 autorisant l'approbation de l'amendement au protocole de Montréal du 16 septembre 1987 relatif à des substances qui appauvrissent la couche d'ozone, *J.O.R.F.*, 3 mars 2018.

Loi n° 2018-237 du 3 avril 2018 autorisant la ratification du protocole n° 16 à la convention de sauvegarde des droits de l'homme et des libertés fondamentales, *J.O.R.F.*, 4 avril 2018.

Loi n° 2018-604 du 12 juillet 2018 autorisant la ratification de la convention multilatérale pour la mise en œuvre des mesures relatives aux conventions fiscales pour prévenir l'érosion de la base d'imposition et le transfert de bénéfices, *J.O.R.F.*, 13 juillet 2018.

Conventions bilatérales

Loi n° 2018-52 du 31 janvier 2018 autorisant l'approbation de l'accord entre le Gouvernement de la République française et le Gouvernement de la Principauté d'Andorre relatif à la coopération technique et à l'assistance mutuelle en matière de sécurité civile, *J.O.R.F.*, 1er février 2018.

Loi n° 2018-53 du 31 janvier 2018 autorisant l'approbation de l'accord entre le Gouvernement de la République française et le Gouvernement de la Principauté d'Andorre relatif à la coopération transfrontalière en matière policière et douanière, *J.O.R.F.*, 1er février 2018.

Loi n° 2018-149 du 2 mars 2018 autorisant l'approbation du protocole annexe à la convention générale entre le Gouvernement de la République française et le Gouvernement de la République algérienne démocratique et populaire sur la sécurité sociale du 1er octobre 1980 relatif aux soins de santé programmés dispensés en France aux ressortissants algériens assurés sociaux et démunis non assurés sociaux résidant en Algérie, *J.O.R.F.*, 3 mars 2018.

Loi n° 2018-180 du 15 mars 2018 autorisant l'approbation de la convention d'extradition signée le 2 mai 2007 entre le Gouvernement de la République française et le Gouvernement de l'État des Emirats arabes unis, *J.O.R.F.*, 16 mars 2018.

Loi n° 2018-185 du 16 mars 2018 autorisant l'approbation de la convention d'entraide judiciaire en matière pénale entre le Gouvernement de la République française et le Gouvernement de l'Union des Comores, *J.O.R.F.*, 17 mars 2018.

Loi n° 2018-281 du 19 avril 2018 autorisant l'approbation du protocole additionnel à l'accord du 9 octobre 1997 entre le Gouvernement de la République française et le Gouvernement de la République fédérale d'Allemagne relatif à la coopération dans leurs zones frontalières entre les autorités de police et les autorités douanières concernant l'emploi transfrontalier d'aéronefs, *J.O.R.F.*, 20 avril 2018.

Loi n° 2018-305 du 27 avril 2018 autorisant l'approbation de l'accord entre le Gouvernement de la République française et le Gouvernement de la Principauté d'Andorre concernant l'amélioration de la viabilité des routes nationales 20, 320 et 22 entre Tarascon-sur-Ariège et la frontière franco-andorrane, *J.O.R.F.*, 28 avril 2018.

Loi n° 2018-581 du 6 juillet 2018 autorisant l'approbation de l'accord entre le Gouvernement de la République française et le Gouvernement de la République du Chili relatif à l'emploi rémunéré des personnes à charge des agents des missions officielles de chaque Etat dans l'autre et de l'accord entre le Gouvernement de la République française et le Gouvernement de l'Etat plurinational de Bolivie relatif à l'emploi salarié des membres des familles des agents des missions officielles de chaque Etat dans l'autre, *J.O.R.F.*, 7 juillet 2018.

Loi n° 2018-582 du 6 juillet 2018 autorisant l'approbation de la convention d'entraide judiciaire en matière pénale entre le Gouvernement de la République française et le Gouvernement de Sainte-Lucie et de la convention d'extradition entre le Gouvernement de la République française et le Gouvernement de Sainte-Lucie, *J.O.R.F.*, 7 juillet 2018.

Loi n° 2018-692 du 3 août 2018 autorisant l'approbation de l'accord entre le Gouvernement de la République française et le Gouvernement fédéral autrichien relatif à la réadmission des personnes en situation irrégulière, *J.O.R.F.*, 4 août 2018.

Conventions entre les Communautés européennes ou l'U.E. et des États n'y appartenant pas

Loi n° 2018-150 du 2 mars 2018 autorisant la ratification de l'accord de partenariat et de coopération renforcé entre l'Union européenne et ses États membres, d'une part, et la République du Kazakhstan, d'autre part, *J.O.R.F.*, 3 mars 2018.

Loi n° 2018-181 du 15 mars 2018 autorisant la ratification de l'accord de transport aérien entre les États-Unis d'Amérique, premièrement, l'Union européenne et ses États membres, deuxièmement, l'Islande, troisièmement, et le Royaume de Norvège, quatrièmement, *J.O.R.F.*, 16 mars 2018.

Loi n° 2018-182 du 15 mars 2018 autorisant la ratification de l'accord euro-méditerranéen relatif aux services aériens entre l'Union européenne et ses États membres, d'une part, et le Gouvernement de l'État d'Israël, d'autre part, *J.O.R.F.*, 16 mars 2018.

INDEX

Index thématique des engagements multilatéraux signés par la France

ACTIVITÉS SPATIALES

AGENTS DIPLOMATIQUES

- Prévention et répression des infractions contre les personnes jouissant d'une protection internationale, y compris les agents diplomatiques : convention (2003-556).
- Privilèges et immunités des institutions spécialisées approuvées par l'Assemblée générale des Nations unies : convention (2000-65).

AGRICULTURE

- Bananes : Réseau international pour l'amélioration de la production de la banane et de la banane plantain (I.N.I.B.A.P.) : création (90-605), siège (94-586).
- Blé : conventions sur le commerce du blé et sur l'aide alimentaire issues de l'arrangement international de 1967 (69-966), conventions sur le commerce du blé et sur l'aide alimentaire issues de l'accord international sur le blé de 1971 (72-599), 1ère prorogation (75-458), 2ème prorogation (76-466), 3ème prorogation (77-656), 4ème prorogation (78-692), 5ème prorogation (79-1144), 6ème prorogation (82-550), 7ème prorogation (84-513), conventions sur le commerce du blé et sur l'aide alimentaire issues de l'accord international sur le blé de 1986 (87-537).
- Bois tropicaux : accord international de 1983 (85-640), accord international de 1994 (98-472), accord international de 2006 (2010-206).
- Café : accord international de 1976 (77-658), accord international de 1983 (84-540), accord international de 1994 (96-131), accord international de 2001 (2005-154).
- Cacao : accord international de 1972 (73-638), accord international de 1975 (77-645), accord international de 1980 (82-548), accord international de 1986 (88-10), accord international de 1993 (96-244).
- Caoutchouc : accord international de 1979 (81-990), accord international de 1987 (90-585), accord international de 1995 (98-238).
- Centre international des hautes études agronomiques méditerranéennes : création (64-1224).
- Consortium des centres internationaux de recherche agricole : création (2014-547), siège, privilèges et immunités (2014-546).
- Fonds international de développement agricole : création (77-1355).
- Jute : accord international de 1982 (84-548), accord international de 1989 (94-544).
- Office international de la vigne et du vin : siège (66-293), devient en 2003 l'Organisation internationale de la vigne et du vin (2003-1224).
- Organisation interafricaine du café : siège (66-1014).
- Organisation internationale du café : bureau, privilèges et immunités (89-386).
- Organisation des Nations unies pour l'alimentation et l'agriculture : création (2007-1418).
- Tabac : lutte contre le commerce illicite (2015-1350).
- Voir aussi à : ENVIRONNEMENT.

AIDE ALIMENTAIRE

- Conventions sur le commerce du blé et sur l'aide alimentaire issues de l'arrangement international de 1967 (69-966).
- Conventions sur le commerce du blé et sur l'aide alimentaire issues de l'accord international sur le blé de 1971 (72-599), 1ère prorogation (75-458), 2ème prorogation (76-466), 3ème prorogation (77-656), 4ème prorogation (78-692), 5ème prorogation (79-1144), 6ème prorogation (82-550), 7ème prorogation (84-513).
- Conventions sur le commerce du blé et sur l'aide alimentaire issues de l'accord international sur le blé de 1986 (87-537).

ANIMAUX

- Commission européenne de lutte contre la fièvre aphteuse : adhésion (83-348).
- Conservation des albatros et des pétrels : accord (2005-495).
- Conservation des espèces migratrices appartenant à la faune sauvage : convention (89-1005).
- Conservation de la vie sauvage et du milieu naturel de l'Europe : convention de Berne (89-1004).
- Espèces de faune et de flore sauvages menacées d'extinction : commerce (77-1423), commerce international (89-402).
- Protection des animaux de compagnie : convention européenne (2003-628).
- Protection des phoques en Antarctique : convention (74-1016).

ANTARCTIQUE

- Conservation de la faune et de la flore marines de l'Antarctique : convention de 1980 (82-347).
- Protection de l'environnement : traité sur l'Antarctique (92-1318), annexe V (2005-501), Mesure relative à l'institution du secrétariat (2005-1277).
- Protection des phoques en Antarctique : convention (74-1016).

ARBITRAGE

- Arbitrage commercial international : convention européenne (66-480).
- Conciliation et arbitrage au sein de la Conférence sur la sécurité et la coopération en Europe (C.S.C.E) : convention (93-916).

ARMES

- Armes bactériologiques ou à toxines : interdiction de la mise au point, de la fabrication et du stockage et de la destruction (84-547).

- Armes chimiques : interdiction de la mise au point, de la fabrication, du stockage et de l'emploi des armes chimiques et de leur destruction (94-1098).
- Armes nucléaires : traité de non-prolifération des armes nucléaires (92-574), interdiction complète des essais nucléaires (98-217), conduite des activités relatives aux installations de surveillance internationale (2003-1366).
- Armes produisant des effets traumatiques excessifs ou frappant sans discrimination : interdiction ou limitation (87-1134), interdiction ou limitation de l'emploi de mines, pièges et autres dispositifs (98-537).
- Armes et sous-munitions : convention (2009-1133).
- Commerce des armes : traité (2013-1202).
- Mines : interdiction ou limitation de l'emploi de mines, pièges et autres dispositifs (98-537), interdiction de l'emploi, du stockage, de la production et du transfert des mines antipersonnel et leur destruction (98-542).
- Organisation conjointe de coopération en matière d'armement (O.C.C.A.R.) : création (2000-66).

AVIATION CIVILE ET MILITAIRE

- Aviation civile internationale : amendements à la convention du 7 décembre 1944 (64-444), protocoles (64-646), amendements (77-644), amendement (79-548), amendement (82-480), amendement (85-612).
- Espace aérien fonctionnel « Europe Central » : traité (2012-1188).
- Groupe aérien européen : protocole (2016-366).
- Prévention de la pollution maritime par des opérations d'immersion effectuées par les aéronefs : convention de 1972 (73-1198).
- Prévention de la pollution de la mer Méditerranée par les opérations d'immersion effectuées par les navires et aéronefs : amendements (2001-86).
- Régime « ciel ouvert » (navigation aérienne militaire) : traité (93-845).
- Répression des actes illicites dirigés contre la sécurité de l'aviation civile : convention (75-1132), convention pour la répression des actes illicites dirigés contre l'aviation civile internationale, dite convention de Pékin (2016-1323).
- Répression de la capture illicite d'aéronefs : convention (72-568), protocole de Pékin (2016-1323).
- Répression des actes illicites de violence dans les aéroports : protocole (89-435).

BREVETS

- Coopération en matière de brevets : traité (77-503).
- Délivrance des brevets européens : convention de Munich (77-504), révision de la convention (94-541), révision de la convention (2007-1475), application de l'article 65 (2007-1477).

- Droit des brevets : traité (2009-892).
- Juridiction unifiée du brevet : accord (2014-199), privilèges et immunités (2017-1840).

COLLECTIVITÉS TERRITORIALES

- Charte européenne de l'autonomie locale : (2006-823).
- Coopération transfrontalière des collectivités ou autorités territoriales : convention cadre-européenne (83-1131).
- Coopération transfrontalière entre les collectivités territoriales et organismes publics locaux : accord (97-103).

COMMERCE

- Accord commercial (convention de Lomé de 1975) : accession et financement (78-644), nouvelle convention et accords internes (85-1124), nouvelle convention (91-4).
- Admission temporaire (biens importés et destinés à être exportés) : conventions (97-101).
- Echantillons commerciaux et matériels publicitaires : convention (62-1583).
- Commerce des armes : traité (2013-1202).
- Commerce international des espèces de faune et de flore sauvages menacées d'extinction : convention (77-1423), amendement à l'article XI (89-402).
- Commerce illicite des produits du tabac : protocole (2015-1350).
- Commerce des services : accord général sur le commerce des services (94-1137), 2e protocole (96-574), 3e protocole (96-575), 4e protocole (97-1098), 5e protocole (99-56).
- Contrats d'intermédiaire et représentation (loi applicable) : convention de 1978 (85-8).
- Contrats de transport de marchandises en navigation intérieure : convention de Budapest (2007-300).
- Contrats de vente internationale de marchandises : convention des Nations unies (82-842).
- Créances maritimes : convention (79-1146), protocole (2006-789).
- Marine marchande (connaissement) : unification des règles (72-602), amendements à la convention (86-798).
- Objets mobiliers corporels : convention (62-704).
- Représentation en matière de vente internationale de marchandises : convention (87-485).

CONFLITS ARMÉS

- Allemagne : règlement définitif (90-1159).

- Implication d'enfants dans les conflits armés : protocole facultatif (2002-271).
- Protection des biens culturels en cas de conflit armé : deuxième protocole relatif à la convention de La Haye de 1954 (2017-226).
- Protection des victimes des conflits armés non internationaux : adhésion au protocole additionnel II aux conventions de Genève du 12 août 1949 (83-1130), adhésion au protocole additionnel I aux conventions de Genève du 12 août 1949 (2001-79), adhésion au protocole additionnel III aux conventions de Genève du 12 août 1949 (2009-432).
- Voir aussi à ARMES et DROIT INTERNATIONAL HUMANITAIRE.

CONSEIL DE L'EUROPE

- Conventions élaborées sous l'égide du Conseil de l'Europe :
  - Arbitrage commercial international : (66-480).
  - Assistance administrative mutuelle en matière fiscale : (2005-225) et (2011-1370).
  - Charte européenne de l'autonomie locale : (2006-823).
  - Charte sociale européenne : (72-1205), protocole additionnel prévoyant un système de réclamation collective (99-173), révision de la Charte (99-174).
  - Contrefaçon des produits médicaux : (2016-701).
  - Coopération transfrontalière des collectivités ou autorités territoriales : (83-1131), (2005-250).
  - Entraide judiciaire en matière pénale : (66-1041), protocole additionnel (90-1146), deuxième protocole additionnel (2011-855).
  - Etablissement d'un système d'inscription des testaments : (73-511).
  - Exercice des droits des enfants : (2007-1155).
  - Extradition : (85-1478).
  - Financement du terrorisme : (2015-1197).
  - Infractions routières : (68-550).
  - Infractions violentes : dédommagement (88-1251).
  - Lutte contre la traite des êtres humains : (2007-1162).
  - Prévention et lutte contre les violences à l'égard des femmes et la violence domestique : (2014-476).
  - Prévention du terrorisme : (2008-134), protocole additionnel (2017-1248).
  - Protection des enfants contre l'exploitation et les abus sexuels : (2010-608).
  - Protection juridique des services à accès conditionnel et des services d'accès conditionnel dans le cadre des diffusions télévisuelles : (2006-787).
  - Protection du patrimoine archéologique : (94-926).
  - Protection du patrimoine audiovisuel et protection des productions télévisuelles : (2006-785).

  - Protection du paysage : (2005-1272).
  - Reconnaissance et exécution des décisions en matière de garde des enfants et de rétablissement de la garde des enfants : (82-485).
  - Reconnaissance de la personnalité juridique des organisations internationales non gouvernementales : (98-1166).
  - Réduction des cas de pluralité de nationalités, et, obligations militaires en cas de pluralité de nationalités : (64-1328), protocole modificatif (94-1080).
  - Répression des infractions routières : (68-550).
  - Répression du terrorisme : (87-542).
  - Responsabilité des hôteliers : (67-553).
  - Statut juridique du travailleur migrant : (83-560).
  - Surveillance des personnes condamnées ou libérées sous conditions : (68-452).
  - Télévision transfrontière : (94-542), protocole (2001-1210).
  - Transfèrement des personnes condamnées : (84-1143).
- Code élaboré sous l'égide du Conseil de l'Europe :
  - Code européen de sécurité sociale : (85-1480).
- Privilèges et immunités du Conseil de l'Europe : (77-1406), protocole additionnel (98-992).
- Protection sociale des membres du personnel employés par le Conseil de l'Europe sur le territoire français : (2003-3).

CONTRATS

- Connaissement (contrat de transport maritime) : unification des règles (72-602), amendements à la convention (86-798).
- Contrats d'intermédiaire et représentation (loi applicable) : convention de 1978 (85-8).
- Contrats de transport de marchandises en navigation intérieure : convention de Budapest (2007-300).
- Contrats de vente internationale de marchandises : convention des Nations unies (82-842).
- Loi applicable aux obligations contractuelles : convention (82-523).

COOPÉRATION TRANSFRONTALIÈRE

- Contrôle des mouvements transfrontières de déchets dangereux et de leur élimination : amendement à la convention de Bâle (2003-623).
- Coopération transfrontalière des collectivités ou autorités territoriales : convention-cadre européenne (83-1131), accord (2005-250).
- Coopération transfrontalière en vue de lutter contre le terrorisme, la criminalité transfrontalière et la migration illégale : traité (2007-1160).

CRIMINALITÉ

- Actes terroristes : Voir à TERRORISME.
- Blanchiment, dépistage, saisie et confiscation des produits du crime : convention (96-130), convention (2015-1197).
- Centre opérationnel d'analyse du renseignement maritime pour les stupéfiants : création (2009-1188).
- Commission internationale pour le service international de recherche : protocole (2007-1476).
- Coopération transfrontalière en vue de lutter contre le terrorisme, la criminalité transfrontalière et la migration illégale : traité (2007-1160).
- Corruption :
  - Corruption des agents publics étrangers dans les transactions internationales : convention (99-424).
  - Convention des Nations unies contre la corruption : convention (2005-743).
  - Convention civile sur la corruption : (2005-103).
  - Convention pénale sur la corruption : (2005-104), protocole additionnel (2007-1154).
- Cour pénale internationale : statut (2000-282), privilèges et immunités (2003-1367).
- Criminalité relative aux enfants : voir à DROITS DE L'ENFANT
- Criminalité transfrontalière : traité (2007-1160).
- Criminalité transnationale organisée : convention des Nations unies (2002-1040), trafic illicite de migrants par terre, air et mer (2002-1039), prévenir, réprimer et punir la traite des personnes (2002-1041).
- Cybercriminalité : convention (2005-493), protocole additionnel relatif à l'incrimination des actes de nature raciste et xénophobe commis par le biais de systèmes informatiques (2005-493).
- Dopage dans le sport : convention internationale (2007-129).
- Infractions douanières : convention internationale (2001-84).
- Infractions routières : convention européenne (68-550).
- Infractions violentes : convention du Conseil de l'Europe relative au dédommagement (88-1251).
- Substances psychotropes : convention (74-1009).
- Stupéfiants : amendement de la convention de 1961 (75-581).
- Stupéfiants et psychotropes : convention des Nations unies contre le trafic illicite (90-584).
- Prise d'otages : convention internationale (2000-331).
- Protection et répression des infractions contre les personnes jouissant d'une protection internationale, y compris les agents diplomatiques : convention (2003-556).
- Prostitution : convention des Nations Unies (60-754).
- Répression de la capture illicite d'aéronefs : convention (72-568), protocole de Pékin (2016-1323).

- Répression des actes illicites contre la sécurité de la navigation maritime : convention (90-1140), protocole (2017-1576).
- Répression d'actes illicites contre la sécurité des plates-formes fixes situées sur le plateau continental : protocole (90-1141), protocole (2017-1576).
- Répression des actes illicites dirigés contre la sécurité de l'aviation civile : convention (75-1132), convention pour la répression des actes illicites dirigés contre l'aviation civile internationale, dite convention de Pékin (2016-1323).
- Répression des actes illicites de violence dans les aéroports : protocole de Montréal (89-435).
- Répression des émissions de radiodiffusion effectuées par des stations hors des territoires nationaux : accord européen (67-1206).
- Répression des infractions routières : convention européenne (68-550).
- Répression du trafic illicite maritime et aérien de stupéfiants et de substances psychotropes dans la région des Caraïbes : accord (2005-1276).
- Stupéfiants : convention (68-1124).
- Surveillance des personnes condamnées ou libérées sous conditions : convention européenne (68-452).
- Torture : convention européenne pour la prévention de la torture et des peines ou traitements inhumains ou dégradants : convention de New York de 1984 (88-1243), protocole facultatif de 2002 (2008-739).
- Traitre de êtres humains : convention des Nations unies (60-754).
- Transfèrement des personnes condamnées : convention du Conseil de l'Europe (84-1143).

CULTURE

- Agence de coopération culturelle et technique : convention (70-593), siège, privilèges et immunités (73-1143), garantie financière de la France (78-1240), accord de siège (81-943), siège, privilèges et immunités (2002-1035).
- Biens culturels : interdire et empêcher l'importation, l'exportation et le transfert de propriété illicites des biens culturels (83-347).
- Chaîne culturelle européenne : traité (91-594).
- Enregistrement international des œuvres audiovisuelles : traité (90-547).
- Importation d'objets à caractère éducatif, scientifique et culturel : protocole (84-541).
- Organisation internationale de la Francophonie : maison de la Francophonie à Paris (2009-893).
- Organisation des Nations unies pour l'éducation, la science et la culture (U.N.E.S.C.O.) : emprunt (59-958), emprunt (60-1384), emprunt (72-1147), création et fonctionnement d'un centre international

d'enregistrement des publications en séries (75-1224), emprunts (75-1242), emprunt (2003-1312).
- Protection des biens culturels en cas de conflit armé : deuxième protocole à la convention de La Haye de 1954 (2017-226).
- Protection du patrimoine archéologique : convention du Conseil de l'Europe (94-926).
- Protection du patrimoine audiovisuel et protection des productions télévisuelles : convention du Conseil de l'Europe (2006-785).
- Protection du patrimoine culturel subaquatique : convention (2012-1476).
- Protection du patrimoine mondial culturel et naturel : convention (75-377).
- Protection et promotion de la diversité des expressions culturelles : convention (2006-792).
- Sauvegarde du patrimoine architectural de l'Europe : convention (86-1298).
- Sauvegarde du patrimoine culturel et immatériel : convention (2006-791).

DÉFENSE

- Centre de sécurité Galileo : hébergement et fonctionnement (2014-548).
- Corps européen : création (2007-302).
- Forces armées conventionnelles en Europe : traité (91-1399), conduite des inspections (93-893).
- Force de gendarmerie européenne (EuroGendFor ou F.G.E.) : création (2012-344).
- Force d'intervention rapide européenne (Eurofor) : statut (2003-233), protocole additionnel (2007-303).
- Force multinationale et d'observateurs : accord (82-376).
- Navigation aérienne militaire : traité « ciel ouvert » (93-845).
- Organisation du traité de l'Atlantique Nord (O.T.A.N.) : accession de l'Espagne (82-374), statut des forces stationnées en Allemagne (97-280), accession de la Hongrie (98-475), accession de la Pologne (98-476), accession de la République tchèque (98-477), statut des forces (99-987), accession de la Bulgarie, de l'Estonie, de la Lettonie, de la Lituanie, de la Roumanie, de la Slovaquie et de la Slovénie (2004-149), accession de l'Albanie et de la Croatie (2009-175), statut des quartiers généraux militaires internationaux (2016-482), accession du Monténégro (2017-118).
- Union de l'Europe occidentale (U.E.O.) : adhésion de l'Espagne et du Portugal (89-877), adhésion de la Grèce (94-585).

DESSINS ET MODÈLES

- Enregistrement international des dessins et modèles industriels : Acte de Genève de 1999 de l'arrangement de La Haye de 1925 (2006-244).

DIPLOMATIE

- Convention de Vienne sur les relations consulaires : (69-1039).
- Convention de Vienne sur les relations diplomatiques : (69-1039).
- Immunités juridictionnelles des États et de leurs biens : convention des Nations unies (2011-734).
- Prévention et répression des infractions contre les personnes jouissant d'une protection internationale, y compris les agents diplomatiques : convention (2003-556).
- Privilèges et immunités des institutions spécialisées approuvées par l'Assemblée générale des Nations unies : convention (2000-65).

DOUANES

- Admission temporaire (biens importés et destinés à être exportés) : convention (97-101).
- Assistance mutuelle entre administrations douanières : convention (69-994).
- Centre commun de coopération policière et douanière : création et exploitation (2014-777).
- Marchandises destinées à être présentées ou utilisées à une exposition ou une foire : convention (64-322).
- Prévention, recherche et répression des infractions douanières : convention (2001-84).
- Simplification et harmonisation des régimes douaniers : protocole (2004-492).

DROIT INTERNATIONAL HUMANITAIRE

- Aide alimentaire : protocole (75-458), convention de 1995 (98-538), convention de Londres (2002-1006), assistance alimentaire (2017-114).
- Comité international de la Croix-Rouge (C.I.C.R.) : privilèges et immunités de la délégation du C.I.C.R. en France (2003-475).
- Fonds de solidarité africain : création (91-1401).
- Implication d'enfants dans les conflits armés : protocole facultatif à la convention des Nations Unies relative aux droits de l'enfant de 1989 (2002-271).
- Protection des victimes des conflits armés non internationaux : adhésion au protocole additionnel II aux conventions de Genève du 12 août 1949 (83-1130), adhésion au protocole additionnel I aux conventions de Genève du 12 août 1949 (2001-79), adhésion au protocole additionnel III (2009-432).
- Statut des réfugiés : convention des Nations unies de 1967 (70-1076).
- Violations du droit humanitaire commises sur le territoire du Rwanda : accord (2004-495).

- Violations du droit humanitaire commises sur le territoire de l'ex-Yougoslavie : accord (2002-287).

DROITS DE L'ENFANT

- Compétence des autorités et loi applicable en matière de protection des mineurs : convention de la conférence La Haye (72-621).
- Convention relative aux droits de l'enfant : convention des Nations Unies de 1989 (90-548), implication d'enfants dans les conflits armés (2002-271), protocole (2015-1463).
- Enlèvement international d'enfants (aspects civils) : convention (82-486).
- Exercice des droits des enfants : convention européenne (2007-1155).
- Implication d'enfants dans les conflits armés : protocole facultatif (2002-271).
- Loi applicable aux obligations alimentaires : convention de la conférence de La Haye (77-409).
- Obligations alimentaires envers les enfants : convention (62-704).
- Pornographie mettant en scène des enfants : protocole facultatif (2002-272).
- Prostitution des enfants : protocole facultatif (2002-272).
- Protection des enfants et coopération en matière d'adoption internationale : convention (98-147).
- Protection des enfants contre l'exploitation et les abus sexuels : convention européenne (2010-608).
- Reconnaissance volontaire des enfants nés hors mariage : convention de 1980 (85-14).
- Reconnaissance et exécution des décisions en matière de garde des enfants et de rétablissement de la garde des enfants : convention européenne (82-485).
- Reconnaissance et exécution de décisions relatives aux obligations alimentaires : convention de la conférence de La Haye de 1973 (77-410).
- Responsabilité parentale : convention de La Haye de 1996 (2007-1161).
- Travail des enfants :
  - Interdiction des pires formes de travail des enfants et l'action immédiate en vue de leur élimination : convention internationale du travail n° 182 (2001-341) ;
  - Travail de nuit des enfants dans l'industrie : convention internationale du travail n° 90 (85-609).
- Vente d'enfants : protocole facultatif (2002-272).

DROITS FONDAMENTAUX

- Abolition de l'esclavage : convention (63-811).

- Charte sociale européenne : convention sous l'égide du Conseil de l'Europe (72-1205), protocole additionnel prévoyant un système de réclamation collective (99-173), révision de la Charte (99-174).
- Convention de sauvegarde des droits de l'homme et des libertés fondamentales (73-1227), protocoles additionnels n° 1, 2, 3, 4 et 5 (73-1227), protocole n° 7 (85-1475), protocole n° 6 (85-1485), protocole n° 8 (88-1250), protocole n° 11 (96-127), protocole n° 14 (2006-616), protocole n° 13 (2007-1165), protocole n° 15 (2015-1714), protocole n° 16 (2018-237).
- Cour européenne des droits de l'homme (C.E.D.H.) : procédures devant la Cour (83-1024), personnes participant aux procédures devant la Cour (98-993).
- Discrimination raciale : convention (71-392).
- Droits civils et politiques : adhésion au pacte international (80-460), adhésion au protocole facultatif (83-1127), adhésion au protocole facultatif (2007-1164), adhésion au protocole facultatif (2014-1352).
- Enfants : voir à DROITS DE L'ENFANT.
- Extradition : convention européenne (85-1478).
- Lutte contre la traite des êtres humains : convention du Conseil de l'Europe (2007-1162).
- Pacte international relatif aux droits économiques, sociaux et culturels : adhésion (80-461).
- Protection internationale des adultes : (2008-737).
- Statut des réfugiés : convention des Nations unies de 1967 (70-1076).
- Torture : convention européenne pour la prévention de la torture et des peines ou traitements inhumains ou dégradants : convention de New York de 1984 (88-1243), protocole facultatif de 2002 (2008-739).
- Torture et autres peines ou traitements cruels, inhumains ou dégradants : convention (85-1173).
- Traitre des êtres humains : convention des Nations unies (60-754).
- Travail :
  - Abolition du travail forcé : convention internationale du travail n° 105 (69-1045), convention internationale du travail n° 29 (2016-372).
  - Discrimination en matière d'emploi et de profession : convention internationale du travail n° 111 (81-357).
  - Egalité des chances et de traitement pour les travailleurs des deux sexes : convention internationale du travail n° 156 (88-1241).
- Voir aussi à MIGRANTS.

ENVIRONNEMENT

- Accès à l'information et à la justice en matière d'environnement : convention (2002-285), protocole (2009-584), amendement (2016-369).
- Accord de Paris sur le climat : (2016-786).

- Agence internationale pour les énergies renouvelables (I.R.E.N.A.) : statuts (2011-207).
- Aires spécialement protégées et diversité biologique en Méditerranée : protocole (2001-81).
- Antarctique : traité sur l'Antarctique (92-1318), annexe V (2005-501), Mesure relative à l'institution du secrétariat (2005-1277).
- Bois tropicaux : accord international de 1983 (85-640), accord international de 1994 (98-472), accord international de 2006 (2010-206).
- Caoutchouc : accord international de 1979 (81-990), accord international de 1987 (90-585), accord international de 1995 (98-238).
- Changements climatiques : convention cadre des Nations Unies (94-106), protocole de Kyoto (2000-645), amendement au protocole de Kyoto (2014-1753), accord (2015-1198).
- Charte de l'énergie : traité (99-425).
- Contrôle des mouvements transfrontières de déchets dangereux et de leur élimination : convention de Bâle de 1989 (90-1078), amendement (2003-623).
- Conservation de la vie sauvage et du milieu naturel de l'Europe : convention de Berne (89-1004).
- Effets transfrontières des accidents industriels : convention (2003-624).
- Espèces de faune et de flore sauvages menacées d'extinction : commerce (77-1423), commerce international (89-402).
- Evaluation de l'impact sur l'environnement dans un contexte transfrontière : convention (2000-328).
- Climat : accord de Paris (2016-786).
- Commission internationale pour la protection de la Moselle contre la pollution : création (91-1400).
- Commission internationale pour la protection de la Sarre contre la pollution : création (91-1400).
- Conservation de la faune et de la flore marines de l'Antarctique : création (82-347).
- Conservation des cétacés de la mer Noire : accord (2004-109).
- Conservation des oiseaux d'eau migrateurs d'Afrique-Eurasie : accord (2003-698).
- Déchets radioactifs : convention (2000-174).
- Diversité biologique : convention (94-477), prévention des risques biotechnologiques (2003-206).
- Lutte contre la désertification dans les pays gravement touchés par la sécheresse et la désertification, en particulier en Afrique : convention des Nations unies (97-281).
- Ozone : substances appauvrissant la couche d'ozone – Protocole de Montréal (88-1128), amendement (91-1289), amendement (95-1225), amendement (2003-377), amendement (2003-378), amendement (2018-151).
- Polluants organiques persistants : convention (2003-986).

- Pollution atmosphérique transfrontière : protocole additionnel à la convention de 1979 sur la pollution atmosphérique transfrontière à longue distance (87-486), protocole (2007-272).
- Pollution par les hydrocarbures :
  - Fonds international d'indemnisation pour les dommages dus à la pollution par hydrocarbures : adhésion (77-1407), modification de la convention (87-273), protocole (94-479), protocole (2004-596).
  - Intervention en haute mer en cas d'accident entraînant ou pouvant entraîner une pollution par les hydrocarbures : convention de Bruxelles de 1969 (71-1002), protocole (87-272), protocole (94-478).
  - Pollution des eaux de la mer par les hydrocarbures : amendements (71-1001), responsabilité civile (79-1148), convention de 2001 sur la responsabilité civile (2010-831).
  - Responsabilité civile pour les dommages dus à la pollution par les hydrocarbures : protocole modifiant la convention de Bruxelles de 1969 (87-272), protocole (94-478).
- Pollution de la mer du Nord : coopération en matière de lutte (85-1476).
- Prévention de la pollution des mers résultant de l'immersion de déchets : convention d'Oslo de 1972 (76-1182), protocole de 1996 (2003-985), fusion avec la convention de Paris de 1974 et devenant la convention O.S.P.A.R. (97-1274) : voir désormais à « Protection du milieu marin de l'Atlantique du Nord-Est ».
- Prévention de la pollution maritime d'origine tellurique : convention de Paris de 1974 (76-1180), fusion avec la convention d'Oslo de 1972 et devenant la convention O.S.P.A.R. (97-1274) : voir désormais à « Protection du milieu marin de l'Atlantique du Nord-Est ».
- Prévention de la pollution par les navires : convention Marpol de 1973 (81-742), protocole de 1997 (2005-109).
- Produits chimiques et pesticides dangereux : convention (2003-987).
- Protection des Alpes : convention (95-1270), protocoles d'application (2005-492).
- Protection des côtes et des eaux de l'Atlantique : accord de coopération (93-804).
- Protection des cours d'eau transfrontières et des lacs : convention (97-1101) :
  - Protection de l'Escaut : accord (97-1099), accord (2005-498).
  - Protection de la Meuse : accord (97-1100), accord (2005-499).
  - Protection de la Moselle : protocole (91-1400).
  - Protection de la Sarre : protocole (91-1400).
  - Protection du Rhin : convention (83-983), protocole additionnel (93-937), convention (2002-1004).
- Protection des eaux du littoral méditerranéen : accord (77-581).
- Protection de la faune et de la flore sauvages dans la région de l'Afrique orientale : convention (89-401).

- Protection, gestion et mise en valeur du milieu marin et des zones côtières de la région de l'Afrique orientale : convention (89-401).
- Protection de la mer Méditerranée contre la pollution : convention (77-1424), amendement (2001-85).
- Protection du milieu marin de l'Atlantique du Nord-Est : convention OSPAR fusionnant la convention d'Oslo de 1972 et la convention de Paris de 1974 (97-1274), annexe V (2004-1106), amendements des annexes II et III (2014-307).
- Protection de la nature dans le Pacifique Sud : convention (88-999).
- Protection des obtentions végétales : convention (67-1184), modification de la convention (74-632), nouvelle convention (82-1049), révision de la convention (2006-245).
- Protection du patrimoine culturel subaquatique : convention (2012-1476).
- Protection du patrimoine mondial culturel et naturel : convention (75-377).
- Protection du paysage : convention européenne (2005-1272).
- Protection des phoques en Antarctique : convention (74-1016).
- Protection des travailleurs contre les risques professionnels dus à la pollution de l'air, au bruit et aux vibrations sur les lieux de travail : convention internationale du travail n° 148 (85-610).
- Protection et utilisation des cours d'eau transfrontières et des lacs internationaux : convention (97-1101), protocole sur l'eau et la santé (2005-289), amendements aux articles 25 et 26 (2009-710).
- Protection des végétaux : convention des Nations Unies (2005-153).
- Protocole relatif à la gestion intégrée des zones de la Méditerranée (G.I.Z.C.) : protocole (2009-1186).
- Recyclage sûr et écologiquement rationnel des navires : convention de Hong Kong (2012-1290).
- Responsabilité civile pour les dommages dus à la pollution par les hydrocarbures : convention de Bruxelles de 1969 (71-1002), protocole (87-272), protocole (94-478).
- Ressources phytogénétiques pour l'alimentation et l'agriculture : traité international (2005-149).
- Zones humides d'importance internationale : amendement à la convention de Ramsar de 1971 (94-480).

FISCALITÉ

- Assistance administrative mutuelle en matière fiscale : convention (2005-225), convention du Conseil de l'Europe (2011-1370).
- Echange automatique de renseignements relatifs aux comptes financiers : accord (2015-1778).
- Echange des déclarations pays par pays : accord (2017-117).
- Elimination des doubles impositions en cas de correction des bénéfices d'entreprises associées : protocole à la convention de 1990 (2002-1032),

adhésion de l'Autriche, de la Finlande et de la Suède (2002-1043), adhésion de la République tchèque, de l'Estonie, de Chypre, de Malte, de la Pologne, de la Slovénie et de la Slovaquie (2008-129).
- Lutte contre l'érosion de la base d'imposition et le transfert de bénéfices (2018-604).

FLEUVES ET COURS D'EAU

- Canalisation de la Moselle : protocole portant amendement de la convention de 1956 (77-414), deuxième protocole (84-514).
- Commission internationale pour la protection de la Moselle contre la pollution : protocole (91-1400).
- Commission internationale pour la protection de la Sarre contre la pollution : protocole (91-1400).
- Implantations industrielles sur la Moselle : convention (86-1294).
- Protection des cours d'eau transfrontières et des lacs : convention (97-1101).
- Protection de l'Escaut : accord (97-1099), accord (2005-498).
- Protection de la Moselle : protocole (91-1400).
- Protection de la Sarre : protocole (91-1400).
- Protection du Rhin : contre la pollution des chlorures (83-983), protocole additionnel (93-937), convention pour la protection du Rhin (2002-1004).
- Utilisation des cours d'eau internationaux à des fins autre que la navigation : convention des Nations unies de 1997 (2011-1).

FRONTIÈRES

- Accords de Schengen (suppression graduelle des contrôles aux frontières communes) : convention d'adhésion (91-642), convention d'application (91-737), adhésion de l'Espagne (93-1421), adhésion du Portugal (93-1422)[124].
- Circulation et séjour en Principauté d'Andorre pour les ressortissants Français et Espagnols : convention (2003-217) ; entrée, séjour et établissement des ressortissants Français et Espagnols (2003-233).
- Centre commun de coopération policière et douanière : création et exploitation (2014-777).
- Coopération transfrontalière des collectivités ou autorités territoriales : convention-cadre européenne (83-1131), accord (2005-250).

[124] Les adhésions ultérieures ne figurent pas dans cet index des engagements internationaux multilatéraux puisque à partir du traité d'Amsterdam, le régime de Schengen a été intégré à l'Union européenne. Ainsi, ces nouvelles adhésions figurent dans l'index des conventions de l'Union européenne.

INSTRUMENTS BANCAIRES ET FINANCIERS

- Affacturage international : convention (91-640).
- Créances maritimes : convention (79-1146), protocole (2006-789).
- Crédit-bail international : convention (91-636).
- Opposition sur titres au porteur à circulation internationale : convention (78-655).
- Services postaux de paiement : arrangement (2015-552).

JUSTICE ET CONTENTIEUX

- Accès à l'information et à la justice en matière d'environnement : convention (2002-285), protocole (2009-584), amendement (2016-369).
- Compétence judiciaire et exécution des décisions en matière civile et commerciale : convention (69-1064), adhésion de la Grèce à la convention (83-1132), adhésion du Danemark, de l'Irlande et du Royaume-Uni à la convention (83-1133), protocoles à la convention ratifiée en 1969 (90-563), adhésion de l'Espagne et du Portugal, et, interprétation par la Cour de justice (90-977).
- Entraide judiciaire en matière pénale : convention européenne (66-1041), protocole additionnel (90-1146), deuxième protocole additionnel (2011-855).
- Exécution des peines prononcées par le Tribunal pénal international pour l'ex-Yougoslavie : accord (2002-287).
- Extradition : convention européenne (85-1478).
- Faciliter l'accès international à la Justice : convention (82-524).
- Juridiction unifiée du brevet : accord (2014-199), privilèges et immunités (2017-1840).
- Reconnaissance et exécution des décisions en matière de garde des enfants et de rétablissement de la garde des enfants : convention européenne (82-485).
- Reconnaissance et exécution de décisions relatives aux obligations alimentaires : convention de la conférence de La Haye de droit international privé (77-410).
- Règlement des différends relatifs aux investissements : convention (67-551).
- Tribunal international du droit de la mer : adhésion (2011-300).
- Tribunal pénal international pour le Rwanda : exécution des peines (2004-495).

MARCHÉS PUBLICS

- Accord de passation conjointe de marché en vue de l'acquisition de contre-mesures médicales : (2017-115).

MARQUES

- Droit des marques : traité (2006-788), traité de Singapour (2009-582).
- Enregistrement international des marques : protocole relatif à l'arrangement de Madrid (97-741).

MATIÈRES PREMIÈRES

- Fonds commun pour les produits de base : création (82-549).

Matières premières minérales

- Cuivre : Conseil intergouvernemental des pays exportateurs de cuivre : siège, privilèges et immunités (71-1013), Groupe d'étude international du cuivre (92-580).
- Etain : accord international de 1975 (77-705), accord international de 1981 (83-410), Groupe d'étude international de l'étain (92-581).
- Mercure : convention de Minamata (2016-1032).
- Nickel : Groupe d'étude international du nickel (92-582).

Matières premières végétales

- Bananes : Réseau international pour l'amélioration de la production de la banane et de la banane plantain (I.N.I.B.A.P.) : création (90-605), siège (94-586).
- Blé : conventions sur le commerce du blé et sur l'aide alimentaire issues de l'arrangement international de 1967 (69-966), conventions sur le commerce du blé et sur l'aide alimentaire issues de l'accord international sur le blé de 1971 (72-599), 1ère prorogation (75-458), 2ème prorogation (76-466), 3ème prorogation (77-656), 4ème prorogation (78-692), 5ème prorogation (79-1144), 6ème prorogation (82-550), 7ème prorogation (84-513), conventions sur le commerce du blé et sur l'aide alimentaire issues de l'accord international sur le blé de 1986 (87-537).
- Bois tropicaux : accord international de 1983 (85-640), accord international de 1994 (98-472), accord international de 2006 (2010-206).
- Café : accord international de 1976 (77-658), accord international de 1983 (84-540), accord international de 1994 (96-131), accord international de 2001 (2005-154).
- Cacao : accord international de 1972 (73-638), accord international de 1975 (77-645), accord international de 1980 (82-548), accord international de 1986 (88-10), accord international de 1993 (96-244).
- Caoutchouc : accord international de 1979 (81-990), accord international de 1987 (90-585), accord international de 1995 (98-238).
- Jute : accord international de 1982 (84-548), accord international de 1989 (94-544).
- Tabac : lutte contre le commerce illicite (2015-1350).

MERS ET OCÉANS

- Assistance en mer : convention de Londres de 1989 (2001-74).
- Autorité internationale des fonds marins : adhésion (2011-1709).
- Code de conduite des conférences maritimes : création (85-537), application (85-541).
- Connaissement (contrat de transport maritime) : unification des règles (72-602), amendements à la convention (86-798).
- Contrôle des systèmes antisalissure nuisibles sur les navires : convention (2007-9).
- Convention de Montego Bay sur le droit de la mer : (95-1311), conservation et gestion des stocks de poissons (2002-1034).
- Contrôle et gestion des eaux de ballast et de sédiments des navires : convention (2008-476).
- Enlèvement des épaves : convention de Nairobi (2015-820).
- Fonds international d'indemnisation pour les dommages dus à la pollution par hydrocarbures : adhésion (77-1407), modification de la convention (87-273), protocole (94-479), protocole (2004-596),
- Gens de mer : amendements de Manille à l'annexe de la convention internationale de 1978 (convention S.T.C.W.) et au Code de formation des gens de mer, de délivrance des brevets et de veille (Code S.T.C.W.) (2016-699).
- Faune maritime :
  - Conservation des albatros et des pétrels : accord (2005-495).
  - Conservation des cétacés de la mer Noire : accord (2004-109).
  - Conservation des petits cétacés de la mer Baltique, de l'Atlantique du Nord-Est et des mers d'Irlande et du Nord : accord (2005-756).
  - Conservation des thonidés de l'Atlantique : protocole (2000-67).
  - Conservation et gestion des stocks de poissons : accord (2002-1034).
  - Commission interaméricaine du thon tropical : adhésion (75-582), renforcement de la Commission (2006-824).
  - Commission des thons de l'océan Indien : création (96-1025).
  - Protection des phoques en Antarctique : convention (74-1016).
- Flore maritime :
  - Conservation de la faune et de la flore marines de l'Antarctique : convention (82-347).
- Mer des Caraïbes :
  - Lutte contre les déversements d'hydrocarbures dans la région des Caraïbes : convention (85-675).
  - Protection et mise en valeur du milieu marin de la région des Caraïbes : convention (85-675), protocole (2002-164).
  - Mer méditerranée :
  - Aires spécialement protégées et diversité biologique en Méditerranée : protocole (2001-81).
  - Commission générale des pêches pour la Méditerranée : amendements (2002-1005).

- Prévention de la pollution de la mer Méditerranée par les opérations d'immersion effectuées par les navires et aéronefs : amendement au protocole (2001-86).
- Protection des eaux du littoral méditerranéen : accord (77-581).
- Protection de la mer Méditerranée contre la pollution : convention (77-1424), amendement (2001-85).
- Protection de la mer Méditerranée contre la pollution d'origine tellurique : amendement au protocole (2001-80).
- Protocole relatif à la gestion intégrée des zones de la Méditerranée (G.I.Z.C.) : protocole (2009-1186).

- Mer du Nord :
  - Pollution de la mer du Nord : coopération en matière de lutte : accord (85-1476).
- Océan Atlantique :
  - Coopération multilatérale dans les pêches de l'Atlantique du Nord-Ouest : convention (96-599), amendement (2016-911).
  - Organisation des pêches dans l'Atlantique du Nord-Ouest : convention (96-599), amendement (2016-911), amendement (2016-911).
  - Prévention de la pollution maritime d'origine tellurique : convention de Paris de 1974 (76-1180), fusion avec la convention d'Oslo de 1972 et devenant la convention O.S.P.A.R. (97-1274) : voir désormais à « Protection du milieu marin de l'Atlantique du Nord-Est ».
  - Prévention de la pollution des mers résultant de l'immersion de déchets : convention d'Oslo de 1972 (76-1182), protocole de 1996 (2003-985), fusion avec la convention de Paris de 1974 et devenant la convention O.S.P.A.R. (97-1274) : voir désormais à « Protection du milieu marin de l'Atlantique du Nord-Est ».
  - Protection des côtes et des eaux de l'Atlantique : (93-804).
  - Protection du milieu marin de l'Atlantique du Nord-Est : convention O.S.P.A.R. fusionnant la convention d'Oslo de 1972 et la convention de Paris de 1974 (97-1274), annexe V (2004-1106), amendements des annexes II et III (2014-307).
  - Stations océaniques de l'Atlantique Nord : financement (75-1134).
- Océan Indien :
  - Commission des thons de l'océan Indien : création (96-1025).
  - Coopération dans la lutte contre la pollution des mers en cas de situation critique dans la région de l'Afrique orientale : convention (89-401).
  - Pêches dans le Sud de l'océan Indien : accord (2012-1288).
  - Protection, gestion et mise en valeur du milieu marin et des zones côtières de la région de l'Afrique orientale : convention (89-401).
  - Secrétariat de l'accord relatif aux pêches dans le Sud de l'océan Indien (A.P.S.O.I.) : siège, privilèges et immunités (2017-1215).
- Océan Pacifique :
  - Communauté du Pacifique : siège (2006-611).

- Conservation et gestion des stocks de poissons grands migrateurs dans le Pacifique occidental et central : convention (2005-252).
- Coopération dans les interventions d'urgence contre les incidents générateurs de pollution dans la région du Pacifique Sud résultant de l'immersion de déchets : convention (90-423).
- Programme régional océanien de l'environnement : création (93-543).
- Protection de la nature dans le Pacifique Sud : convention (88-999).
- Protection des ressources naturelles et de l'environnement dans la région du Pacifique Sud : convention (90-423).

- Pollution des eaux de la mer par les hydrocarbures : amendements (71-1001), responsabilité civile (79-1148), convention de 2001 sur la responsabilité civile (2010-831).
- Pollution par des substances autres que les hydrocarbures (intervention en haute mer) : protocole (85-1172).
- Prévention de la pollution maritime par des opérations d'immersion effectuées par les navires et les aéronefs : convention (73-1198), protocole de 1997 (2005-109).
- Prévention de la pollution des mers résultant de l'immersion de déchets : convention (73-1182).
- Prévention de la pollution par les navires : convention Marpol de 1973 (81-742), protocole de 1997 (2005-109).
- Protection du patrimoine culturel subaquatique : convention (2012-1476).
- Répression d'actes illicites contre la sécurité de la navigation maritime : convention (90-1140), protocole (2017-1576).
- Répression d'actes illicites contre la sécurité des plates-formes fixes situées sur le plateau continental : protocole (90-1141), protocole (2017-1576).
- Réseau européen expérimental de stations océaniques : création (80-1046), mise en place (85-676).
- Responsabilité civile dans le domaine du transport maritime de matières nucléaires : convention (72-1164).
- Responsabilité civile pour les dommages dus à la pollution par les hydrocarbures : protocole (87-272).
- Responsabilité en matière de créances maritimes : convention (79-1146), protocole (2006-789).
- Recyclage sûr et écologiquement rationnel des navires : convention de Hong Kong (2012-1290).
- Sécurité des navires de pêche : convention de Torremolinos (2007-1200).
- Système de sauvetage sous-marin : accord (2006-1407).
- Travail maritime :
  - conventions de l'Organisation internationale du travail (O.I.T.) : n° 152 sécurité et hygiène du travail dans les manutentions portuaires (85-611), n° 163 bien-être des gens de mer, en mer et dans les ports, n° 164 protection de la santé et les soins médicaux des gens de mer, n° 166 rapatriement des marins, n° 178 inspection des conditions de

travail et de vie des gens de mer, n° 179 recrutement et le placement des gens de mer, n° 180 durée du travail des gens de mer et les effectifs de navires, n° 185 pièces d'identité des gens de mer et n° 147 normes minima à observer sur les navires marchands (2004-146), n° 188 travail dans la pêche (2015-470).
  - convention de l'Organisation mondiale du travail (O.M.T.) : travail maritime (2012-1320).
- Tribunal international du droit de la mer : adhésion (2011-300).

MIGRATIONS ET FRONTIÈRES

- Accords de Schengen (suppression graduelle des contrôles aux frontières communes des États membres à ces accords) : convention d'adhésion (91-642), convention d'application (91-737), adhésion de l'Espagne (93-1421), adhésion du Portugal (93-1422).
- Coopération transfrontalière en vue de lutter contre le terrorisme, la criminalité transfrontalière et la migration illégale : traité (2007-1160).
- Criminalité transnationale organisée : convention des Nations unies (2002-1040), protocole portant sur le trafic illicite de migrants par terre, air et mer (2002-1039), protocole additionnel visant à prévenir, réprimer et punir la traite des personnes (2002-1041).
- Migration illégale : coopération transfrontalière (2007-1161).
- Organisation internationale pour les migrations : adhésion (94-401), exonération fiscale des agents de l'Organisation résidant en France (2015-1704).
- Protection des personnes à l'égard du traitement automatisé des données à caractère personnel : convention (82-890), protocole additionnel (2007-301).
- Statut juridique du travailleur migrant : convention européenne de 1977 (83-560).

NUCLÉAIRE

- Accidents nucléaires ou situations d'urgence radiologique : assistance (88-1252).
- Agence internationale de l'énergie atomique : application de garanties en France (2003-376).
- Interdiction complète des essais nucléaires : traité (98-217).
- Organisation européenne pour la recherche nucléaire (C.E.R.N.) : statut juridique sur le territoire français (66-832), amendements (69-1066), statut juridique sur le territoire français (72-1133), droit applicable aux entreprises intervenant pour l'Organisation (2013-582), extension en France du domaine de l'Organisation (2013-583), exonération fiscale (2016-367).

- Organisation internationale pour l'énergie de fusion (I.T.E.R.) : siège, privilèges et immunités (2008-135), santé et sécurité au travail (2010-384), accord de sécurité sociale (2013-584).
- Programme international de l'énergie : accord (92-576).
- Protection physique des matières nucléaires : convention (89-433), protocole (89-434), amendement (2012-1473).
- Répression des actes de terrorisme nucléaire : convention (2013-327).
- Responsabilité civile dans le domaine de l'énergie nucléaire : convention de Vienne de 1960 (65-954), protocole (90-397), accords internationaux (2006-786), protocole (2014-308).
- Responsabilité civile dans le domaine maritime du transport de matières nucléaires : convention (72-1164).
- Société Eurodif (enrichissement de l'uranium) : convention (80-870).
- Sûreté de la gestion du combustible usé et sur la sûreté de la gestion des déchets radioactifs : (2000-174).
- Sûreté nucléaire : convention (95-865).
- Technologie de la centrifugation : accord (2005-1409).

ORGANISATIONS ET ENTITÉS INTERNATIONALES

Agences

- Agence de coopération culturelle et technique : convention (70-593), siège, privilèges et immunités (73-1143), garantie financière de la France (78-1240), accord de siège (81-943).
- Agence internationale de l'énergie atomique : application de garanties en France (2003-376).
- Agence internationale pour les énergies renouvelables (I.R.E.N.A.) : statuts (2011-207).
- Agence multilatérale de la garantie des investissements : création (89-832).
- Agence pour la sécurité de la navigation aérienne en Afrique et à Madagascar : établissement, privilèges et immunités (2007-11), convention (2012-1289).
- Agence spatiale européenne : création (80-494), centre spatial guyanais (2006-614), centre spatial guyanais (2006-615), lancement de fusées sondes et de ballons (2007-299), programme Soyouz (2007-1416), centre spatial guyanais (2009-433), exploitation des lanceurs Ariane, Vega et Soyouz (2009-434), centre spatial guyanais (2015-1705).

Associations

- Association des États de la Caraïbe : création (97-1272), modalités de participation de la France (97-1271).
- Association internationale de développement : constitution (60-1374).

- Association internationale des parlementaires de langue française : reconnaissance (88-3).

Autorité

- Autorité internationale des fonds marins : adhésion (2011-1709).

Banques

- Banque africaine de développement : adhésion (80-1054).
- Banque asiatique de développement : création (70-585).
- Banque asiatique d'investissement dans les infrastructures : création (2016-655).
- Banque centrale des États de l'Afrique de l'Ouest : création, privilèges et immunités (80-455).
- Banque de développement des Caraïbes : création (84-320).
- Banque des États de l'Afrique centrale : coopération monétaire (72-1163), avenant (78-1156), protocole additionnel (84-1164), établissement d'un bureau à Paris, privilèges et immunités (89-385).
- Banque européenne d'investissement : traité portant modifications (77-710).
- Banque européenne pour la reconstruction et le développement : création (90-604), amendement (2005-753).
- Banque interaméricaine de développement : siège (66-1015), adhésion (76-1197).
- Banque internationale pour la reconstruction et le développement : amendement aux statuts (65-957).

Bureaux

- Bureau européen des radiocommunications : création (2005-251).
- Bureau international des expositions : siège (66-294), siège, privilèges et immunités (2009-709).
- Bureau international des poids et mesures : siège, privilèges et immunités (70-469), siège, privilèges et immunités (2008-736), accord avec le Comité international des poids et mesures (2008-738).

Centres

- Centre commun de coopération policière et douanière : création et exploitation (2014-777).
- Centre européen pour les prévisions météorologiques à moyen terme : création (75-421).
- Centre international des hautes études agronomiques méditerranéennes : création (64-1224).

- Centre opérationnel d'analyse du renseignement maritime pour les stupéfiants : création (2009-1188).
- Centre de sécurité Galileo : hébergement et fonctionnement (2014-548).

Conférence

- Conférence sur la sécurité et la coopération en Europe (C.S.C.E) : convention (93-916).

Conseils

- Conseil de l'Europe : privilèges et immunités (77-1406), protocole additionnel (98-992), protection sociale des membres du personnel employés sur le territoire français (2003-3).
- Conseil intergouvernemental des pays exportateurs de cuivre : siège, privilèges et immunités (71-1013).

Comités

- Comité international de la Croix-Rouge (C.I.C.R.) : privilèges et immunités de la délégation du C.I.C.R. en France (2003-475).
- Comité international des poids et mesures : siège, privilèges et immunités (70-469), bureau international des poids et mesures à Paris (2008-736), accord portant amendement (2008-738).

Commissions

- Commission centrale pour la navigation du Rhin : création, privilèges et immunités (79-365).
- Commission européenne de lutte contre la fièvre aphteuse : adhésion (83-348).
- Commission générale des pêches pour la Méditerranée : amendements (2002-1005).
- Commission interaméricaine du thon tropical : adhésion (75-582), renforcement de la Commission (2006-824).
- Commission internationale de l'état civil : siège (2002-1037).
- Commission internationale pour la protection de la Moselle contre la pollution : protocole (91-1400).
- Commission internationale pour la protection de la Sarre contre la pollution : protocole (91-1400).
- Commission internationale pour le service international de recherche : protocole (2007-1476).
- Commission de l'océan Indien : accord général de coopération (95-1310).
- Commission des thons de l'océan Indien : création (96-1025).

Communauté

- Communauté du Pacifique : siège (2006-611).

Conférences

- Conférence européenne de biologie moléculaire : création (69-1172).
- Conférence internationale des contrôles d'assurances des États africains, français et malgache : accord (67-536).

Consortium

- Consortium des centres internationaux de recherche agricole : création (2014-547), siège, privilèges et immunités (2014-546).

Corps

- Corps européen : création (2007-302).

Cours

- Cour européenne des droits de l'homme (C.E.D.H.) : procédures devant la Cour (83-1024), personnes participant aux procédures devant la Cour (98-993).
- Cour pénale internationale : statut (2000-282), privilèges et immunités (2003-1367).

Fédération

- Fédération du Mali : accords particuliers (60-569), conciliation, arbitrage et droits fondamentaux (60-683).

Facilité

- Facilité africaine de soutien juridique : création (2014-1401).

Fondation

- Fondation européenne : création (84-542), privilèges et immunités (85-670), immunités (85-674).

Fonds

- Fonds africain de développement : création (77-1422).
- Fonds commun pour les produits de base : création (82-549).
- Fonds international de développement agricole : création (77-1355).

- Fonds international d'indemnisation pour les dommages dus à la pollution par hydrocarbures : adhésion (77-1407), modification de la convention (87-273), protocole (94-479), protocole (2004-596).
- Fonds monétaire international (F.M.I.) : participation financière (62-643), augmentation de la quote-part de la France (70-1162), augmentation de la quote-part de la France (78-567), révision générale des quotes-parts des pays membres (80-30), augmentation de la quote-part de la France (83-967).
- Fonds de résolution unique : accord (2015-533).
- Fonds de solidarité africain : création (77-732).

Forces

- Forces armées conventionnelles en Europe : traité (91-1399), conduite des inspections (93-893).
- Force de gendarmerie européenne (EuroGendFor ou F.G.E.) : création (2012-344).
- Force d'intervention rapide européenne (Eurofor) : statut (2003-233), protocole additionnel (2007-303).
- Force multinationale et d'observateurs : accord (82-376).

Groupes d'étude internationaux

- Groupe d'étude international du cuivre : statuts (92-580).
- Groupe d'étude international de l'étain : statuts (92-581).
- Groupe d'étude international du nickel : statuts (92-582).

Installation

- Installation européenne de rayonnement synchrotron : construction et exploitation (89-871).

Instituts

- Institut de développement de la radiodiffusion pour l'Asie et le Pacifique : création (88-998).
- Institut international du froid : siège (66-1016).
- Institut international des ressources phytogénétiques (I.P.G.R.I.) : établissement, privilèges et immunités (2013-325).
- Institut universitaire européen : création, privilèges et immunités (73-597).

Juridiction

- Juridiction unifiée du brevet : accord (2014-199), privilèges et immunités (2017-1840).

Laboratoire

- Laboratoire européen de biologie moléculaire : création (74-625), privilèges et immunités (77-412).

Ligue

- Ligue des États arabes : établissement, privilèges et immunités (2000-210).

Offices

- Office central des transports internationaux par chemin de fer : contributions aux dépenses (72-601).
- Office international des épizooties : siège, privilèges et immunités (78-657).
- Office international de la vigne et du vin : siège (66-293), devient en 2003 l'Organisation internationale de la vigne et du vin (2003-1224).

Organisations

- Organisation africaine et malgache du café : siège (68-1024).
- Organisation de l'aviation civile internationale : statuts (84-539).
- Organisation conjointe de coopération en matière d'armement (O.C.C.A.R.) : création (2000-66).
- Organisation de coopération et de développement économiques (O.C.D.E.) : création (61-692), création d'un fonds de soutien financier (75-1228), protection sociale des membres du personnel (92-577).
- Organisation européenne des brevets : convention de Munich (77-504).
- Organisation européenne pour l'exploitation des satellites météorologiques (EUMETSAT) : création (84-1165), privilèges, exemptions et immunités (89-454), amendement (94-319).
- Organisation européenne et méditerranéenne pour la protection des plantes : siège (65-493).
- Organisation européenne pour la mise au point et la construction de lanceurs d'engins spatiaux : création (63-1250), privilèges et immunités (66-831), protocole (67-1087).
- Organisation européenne pour des recherches astronomiques dans l'hémisphère austral : création (63-1292), privilèges et immunités (75-561).
- Organisation européenne pour la recherche nucléaire (C.E.R.N.) : statut juridique sur le territoire français (66-832), amendements (69-1066), statut juridique sur le territoire français (72-1133), droit applicable aux entreprises intervenant pour l'Organisation (2013-582), extension en France du domaine de l'Organisation (2013-583), exonération fiscale (2016-367).

- Organisation européenne de recherche spatiale : création (63-1250), privilèges et immunités (66-831), exécution du programme de lanceur Ariane (73-1201).
- Organisation européenne pour la sécurité de la navigation aérienne « Eurocontrol » : accords (83-320), protocole additionnel (2003-379).
- Organisation européenne de télécommunications par satellite (EUTELSAT) : création (83-1128), siège (85-1471), privilèges, exemptions et immunités (88-997), amendements (2000-534), siège (2002-1042).
- Organisation hydrographique internationale : protocole (2007-1158).
- Organisation interafricaine du café : siège (66-1014).
- Organisation internationale du café : bureau, privilèges et immunités (89-386).
- Organisation internationale pour l'énergie de fusion (I.T.E.R.) : siège, privilèges et immunités (2008-135), santé et sécurité au travail (2010-384).
- Organisation internationale de la Francophonie : maison de la Francophonie à Paris (2009-893).
- Organisation internationale de Météorologie légale : siège (65-494).
- Organisation internationale pour les migrations : adhésion (94-401), amendements (2002-173), exonération fiscale des agents de cette organisation résidant en France (2015-1704).
- Organisation internationale de la police criminelle (Interpol) : siège (72-1165), privilèges et immunités (83-1023), protection sociale des agents employés en France (89-459), siège (2009-411).
- Organisation internationale de télécommunications maritimes par satellites (INMARSAT) : création et exploitation (79-912), privilèges et immunités (85-671), utilisation des stations terriennes INMARSAT (90-14), amendements (90-15), amendements (90-16), amendement (99-990).
- Organisation internationale de télécommunications par satellites (INTELSAT) : création et exploitation (72-597), amendements (2002-1038).
- Organisation internationale du travail (O.I.T.) : amendement (2001-337).
- Organisation internationale de la vigne et du vin : création (2003-1224).
- Organisation mondiale du commerce (O.M.C.) : création (94-1137).
- Organisation mondiale de la propriété intellectuelle (O.M.P.I.) : interprétations et exécutions et phonogrammes (2008-573), droit d'auteur (2008-574).
- Organisation mondiale de la santé (O.M.S.) : amendements à la convention (60-1339), privilèges et immunités (69-427), amendements (69-1171), amendements aux articles 34 et 35 (74-1008).
- Organisation mondiale du tourisme (O.M.T.) : création (75-1222).
- Organisation des Nations unies (O.N.U.) : composition du Conseil de sécurité et du Conseil économique et social (65-492), Conférence générale des membres (67-535), élargissement de la composition du Conseil économique et social (72-567), privilèges et immunités des

institutions spécialisées (2000-65), sécurité du personnel (2000-180), immunités juridictionnelles des États et de leurs biens (2011-734).
- Organisation des Nations unies pour l'alimentation et l'agriculture : création (2007-1418).
- Organisation des Nations unies pour le développement industriel : création (81-747).
- Organisation des Nations unies pour l'éducation, la science et la culture (U.N.E.S.C.O.) : emprunt (59-958), emprunt (60-1384), emprunt (72-1147), création et fonctionnement d'un centre international d'enregistrement des publications en séries (75-1224), emprunts (75-1242), emprunt (2003-1312).
- Organisation des pêches dans l'Atlantique du Nord-Ouest : convention (96-599), amendement (2016-911), amendement (2016-911).
- Organisation du traité de l'Atlantique Nord (O.T.A.N.) : accession de l'Espagne (82-374), statut des forces stationnées en Allemagne (97-280), accession de la Hongrie (98-475), accession de la Pologne (98-476), accession de la République tchèque (98-477), statut des forces (99-987), accession de la Bulgarie, de l'Estonie, de la Lettonie, de la Lituanie, de la Roumanie, de la Slovaquie et de la Slovénie (2004-149), accession de l'Albanie et de la Croatie (2009-175), statut des quartiers généraux militaires internationaux (2016-482), accession du Monténégro (2017-118).
- Organisation du traité d'interdiction complète des essais nucléaires : création (98-217), conduite des activités relatives aux installations de surveillance internationale (2003-1366).

Programme

- Programme régional océanien de l'environnement : création (93-543).

Réseau

- Réseau international pour l'amélioration de la production de la banane et de la banane plantain (I.N.I.B.A.P.) : création (90-605), siège (94-586).

Secrétariat

- Secrétariat de l'accord relatif aux pêches dans le Sud de l'océan Indien (A.P.S.O.I.) : siège, privilèges et immunités (2017-1215).

Sociétés

- Société Eurodif : convention (80-870).
- Société financière internationale : amendements aux statuts (65-957).
- Société interaméricaine d'investissement : création (85-1479).

Tribunaux

- Tribunal international du droit de la mer : adhésion (2011-300).
- Tribunal pénal international pour le Rwanda : exécution des peines (2004-495).
- Tribunal pénal international pour l'ex-Yougoslavie : exécution des peines (2002-287).

Unions

- Union de l'Europe occidentale (U.E.O.) : adhésion de l'Espagne et du Portugal (89-877), adhésion de la Grèce (94-585).
- Union internationale des télécommunications (U.I.T) : tenue, organisation et financement d'une conférence (89-322), amendements (2007-1201).
- Union latine : création (71-431), établissement à Paris du secrétariat, privilèges et immunités (89-455).
- Union monétaire Ouest-africaine : coopération (63-222), coopération (74-626).
- Union postale universelle (U.P.U.) : protocole additionnel (2007-1417).

PENSION

- Transfert des droits à pension : accord (94-427).

PÊCHE MARITIME

- Commission générale des pêches pour la Méditerranée : amendements (2002-1005).
- Conservation des thonidés de l'Atlantique : protocole (2000-67).
- Coopération multilatérale dans les pêches de l'Atlantique du Nord-Ouest : convention (96-599), amendement (2016-911).
- Exercice de la pêche dans l'Atlantique Nord : convention (70-591).
- Organisation des pêches dans l'Atlantique du Nord-Ouest : convention (96-599), amendement (2016-911), amendement (2016-911).
- Pêche illicite : accord (2016-368).
- Secrétariat de l'accord relatif aux pêches dans le Sud de l'océan Indien (A.P.S.O.I.) : siège, privilèges et immunités (2017-1215).
- Sécurité des navires de pêche : convention de Torremolinos (2007-1200).
- Travail maritime :
  - conventions de l'Organisation internationale du travail (O.I.T.) : n° 152 sécurité et hygiène du travail dans les manutentions portuaires (85-611), n° 163 bien-être des gens de mer, en mer et dans les ports, n° 164 protection de la santé et les soins médicaux des gens de mer, n° 166 rapatriement des marins, n° 178 inspection des conditions de travail et de vie des gens de mer, n° 179 recrutement et le placement des gens de mer, n° 180 durée du travail des gens de mer et les effectifs de navires, n° 185 pièces d'identité des gens de mer et n° 147

normes minima à observer sur les navires marchands (2004-146), n° 188 travail dans la pêche (2015-470).
- convention de l'Organisation mondiale du travail (O.M.T.) : travail maritime (2012-1320).

PERSONNES

- Commission internationale de l'état civil : siège (2002-1037).
- Convention de La Haye de droit international privé du 31 octobre 1951 : statuts (62-684).
- Décisions de rectification d'actes de l'état civil : convention (83-406).
- Disparitions forcées des personnes : convention (2008-704).
- Données à caractère personnel : convention (82-890), protocole additionnel (2007-301).
- Droits des personnes handicapées : convention (2009-1791).
- Extradition et transfèrement des personnes condamnées :
  - Convention européenne d'extradition : (85-1478).
  - Transfèrement des personnes condamnées : protocole additionnel (2005-497).
- Femmes :
  - Discrimination à l'égard des femmes : convention (83-561).
  - Prévention et lutte contre les violences à l'égard des femmes et la violence domestique : convention du Conseil de l'Europe (2014-476).
- Mariage :
  - Consentement, âge minimum et enregistrement : convention (2007-1163).
  - Légitimation du mariage : convention (74-922).
  - Régimes matrimoniaux : convention de La Haye de 1978 (79-550).
- Migrants et réfugiés :
  - Coopération transfrontalière en vue de lutter contre la migration illégale : traité (2007-1160).
  - Organisation internationale pour les migrations : adhésion (94-401), exonération fiscale des agents de l'Organisation résidant en France (2015-1704).
  - Statut juridique du travailleur migrant : convention européenne de 1977 (83-560).
  - Statut des réfugiés : protocole (70-1076).
- Protection des mineurs : convention de la conférence de La Haye de 1961 (72-621).
- Protection des majeurs : convention de la Haye de 2000 (2008-737).
- Reconnaissance et l'exécution des décisions en matière de garde des enfants et de rétablissement de la garde des enfants : convention européenne : (82-485).

- Reconnaissance et exécution de décisions relatives aux obligations alimentaires : convention de la conférence de La Haye de droit international privé de 1973 (77-410), convention européenne (82-485).
- Testament :
  - Etablissement d'un système d'inscription des testaments : convention du Conseil de l'Europe (73-511).
  - Conflits de lois en matière de forme des dispositions (66-1040), forme du testament international (94-320).
- Voir aussi à DROITS FONDAMENTAUX.

PROPRIÉTÉ INTELLECTUELLE

- Convention d'union de Paris de 1883 relative à la protection internationale de la propriété industrielle : actes de Lisbonne de 1958 (60-1352), arrangement (60-1352).
- Droit des brevets : traité (2009-892).
- Organisation mondiale de la propriété intellectuelle (O.M.P.I.) : interprétations et exécutions et phonogrammes (2008-573), droit d'auteur (2008-574).
- Protection des artistes interprètes ou exécutants, des producteurs de phonogrammes et des organismes de radiodiffusion : convention (86-1300).
- Protection des caractère typographiques et leur dépôt international : convention (75-1133).
- Protection des obtentions végétales : convention (67-1184), modification de la convention (74-632), nouvelle convention (82-1049), révision de la convention (2006-245).

SANTÉ

- Commission européenne de lutte contre la fièvre aphteuse : création (83-348).
- Contrefaçon des produits médicaux : convention du Conseil de l'Europe (2016-701).
- Laboratoire européen de biologie moléculaire : création (74-625).
- Office international des épizooties : siège, privilèges et immunités (78-657).
- Organisation mondiale de la santé (O.M.S.) : amendements à la convention (60-1339), privilèges et immunités (69-427), amendements (69-1171), amendements aux articles 34 et 35 (74-1008).
- Prévention et contrôle des risques professionnels causés par les substances et agents cancérogènes : convention internationale du travail n° 139 (93-880).
- Produits pharmaceutiques : reconnaissance mutuelle des inspections concernant la fabrication (92-579).

- Protection des travailleurs contre les risques professionnels dus à la pollution de l'air, au bruit et aux vibrations sur les lieux de travail : convention internationale du travail n° 148 (85-610).
- Responsabilité du fait des produits : convention (77-411).
- Santé et sécurité au travail dans le cadre de l'Organisation internationale I.T.E.R. pour l'énergie de fusion : protocole additionnel (2010-384).

SCIENCES

- Agence internationale de l'énergie atomique : application de garanties en France (2003-376).
- Bureau international des poids et mesures : siège, privilèges et immunités (70-469), siège, privilèges et immunités (2008-736), accord avec le Comité international des poids et mesures (2008-738).
- Centre européen pour les prévisions météorologiques à moyen terme : création (75-421).
- Comité international des poids et mesures : siège, privilèges et immunités (70-469), bureau international des poids et mesures à Paris (2008-736), accord portant amendement (2008-738).
- Conférence européenne de biologie moléculaire : création (69-1172).
- Consortium des centres internationaux de recherche agricole : création (2014-547), siège, privilèges et immunités (2014-546).
- Construction et installation d'un laser européen : convention (2013-708).
- Construction et installation d'une infrastructure pour la recherche sur les antiprotons et les ions en Europe : convention (2013-709).
- Exploitation d'un réacteur à très haut flux (Institut Laue-Langevin) : avenant (2015-359).
- Installation européenne de rayonnement synchrotron : construction et exploitation (89-871).
- Institut international du froid : siège (66-1016).
- Institut international des ressources phytogénétiques (I.P.G.R.I.) : établissement, privilèges et immunités (2013-325).
- Laboratoire européen de biologie moléculaire : création (74-625), privilèges et immunités (77-412).
- Office international des épizooties : siège, privilèges et immunités (78-657).
- Organisation européenne pour la recherche nucléaire (C.E.R.N.) : statut juridique sur le territoire français (66-832), amendements (69-1066), statut juridique sur le territoire français (72-1133), droit applicable aux entreprises intervenant pour l'Organisation (2013-582), extension en France du domaine de l'Organisation (2013-583), exonération fiscale (2016-367).
- Organisation hydrographique internationale : protocole (2007-1158).

- Organisation internationale pour l'énergie de fusion (I.T.E.R.) : siège, privilèges et immunités (2008-135), santé et sécurité au travail (2010-384), accord de sécurité sociale (2013-584).
- Organisation internationale de Météorologie légale : siège (65-494).
- Organisation des Nations unies pour l'éducation, la science et la culture (U.N.E.S.C.O.) : emprunt (59-958), emprunt (60-1384), emprunt (72-1147), création et fonctionnement d'un centre international d'enregistrement des publications en séries (75-1224), emprunts (75-1242), emprunt (2003-1312).
- Voir aussi à ACTIVITES SPATIALES.

SÉCURITÉ SOCIALE

- Code européen de sécurité sociale : élaboration sous l'égide du Conseil de l'Europe (85-1480).
- Sécurité sociale des travailleurs salariés ou assimilés (Pays-Bas et Pologne) : accord (67-416).
- Sécurité sociale pour les bateliers rhénans : accord (84-516).

SERVICE POSTAL

- Convention postale universelle : (2015-553).
- Services postaux de paiement : arrangement (2015-552).

SOCIÉTÉS, ASSOCIATIONS ET FONDATIONS

- Reconnaissance de la personnalité juridique des sociétés, associations et fondations étrangères : convention (62-704).
- Reconnaissance mutuelle des sociétés et des personnes morales : convention (69-1134).

SPORT

- Dopage : convention contre le dopage (90-1144).
- Dopage dans le sport : convention internationale (2007-129).

TÉLÉCOMMUNICATION

- Convention internationale des télécommunications : (62-633).
- Institut de développement de la radiodiffusion pour l'Asie et le Pacifique : création (88-998).
- Mise à disposition des ressources de télécommunication en cas de catastrophe : convention (2007-1813).
- Organisation européenne de télécommunications par satellite (EUTEL-SAT) : création (83-1128), siège (85-1471), privilèges, exemptions et immunités (88-997), amendements (2000-534), siège (2002-1042).

- Organisation internationale de télécommunications maritimes par satellites (INMARSAT) : création et exploitation (79-912), privilèges et immunités (85-671), utilisation des stations terriennes INMARSTAT (90-14), amendements (90-15), amendements (90-16), amendement (99-990).
- Organisation internationale de télécommunications par satellites (INTELSAT) : création et exploitation (72-597), amendements (2002-1038).
- Régime provisoire applicable à un système mondial de télécommunications par satellites : accord (64-1327).
- Répression des émissions de radiodiffusion effectuées par des stations hors des territoires nationaux : accord (67-1206).
- Union internationale des télécommunications (U.I.T) : tenue, organisation et financement d'une conférence (89-322), amendements (2007-1201).

TÉLÉVISION

- Chaîne culturelle européenne : traité (91-594).
- Protection juridique des services à accès conditionnel et des services d'accès conditionnel dans le cadre des diffusions télévisuelles : convention du Conseil de l'Europe (2006-787).
- Protection du patrimoine audiovisuel et protection des productions télévisuelles : convention du Conseil de l'Europe (2006-785).
- Télévision transfrontière : convention européenne (94-542), protocole portant amendement (2001-1210).

TERRORISME

- Coopération transfrontalière pour la lutte contre le terrorisme : traité (2007-1160).
- Financement du terrorisme : convention du Conseil de l'Europe (2015-1197).
- Prévention du terrorisme : convention du Conseil de l'Europe (2008-134), protocole additionnel (2017-1248).
- Répression des actes de terrorisme nucléaire : convention (2013-327).
- Répression du financement du terrorisme : convention (2001-1118).
- Répression du terrorisme : convention du Conseil de l'Europe (87-542), répression des attentats terroristes à l'explosif (99-349), amendement (2007-1474).

TOURISME

- Responsabilité des hôteliers : convention du conseil de l'Europe (67-553).

TRANSPORT

Transport aérien

- Agence pour la sécurité de la navigation aérienne en Afrique et à Madagascar : établissement, privilèges et immunités (2007-11).
- Aviation civile internationale : protocole (62-697), amendements (72-595).
- Infractions et certains autres actes survenant à bord des aéronefs : convention (70-490).
- Navigation aérienne « Eurocontrol » : convention (63-69), protocole additionnel (71-1000).
- Navigation aérienne au Groenland et en Islande : convention de 1956 (62-631), amendement (83-1106), financement (83-1107).
- Organisation de l'aviation civile internationale : statuts (84-539).
- Organisation européenne pour la sécurité de la navigation aérienne « Eurocontrol » : accords (83-320).
- Reconnaissance internationale des droits sur aéronefs : convention (63-1350).
- Répression des actes illicites dirigés contre la sécurité de l'aviation civile : convention (75-1132), convention pour la répression des actes illicites dirigés contre l'aviation civile internationale, dite convention de Pékin (2016-1323).
- Répression des actes illicites de violence dans les aéroports : protocole (89-435).
- Répression de la capture illicite d'aéronefs : convention (72-568), protocole de Pékin (2016-1323).
- Répression du trafic illicite maritime et aérien de stupéfiants et de substances psychotropes dans la région des Caraïbes : accord (2005-1276).
- Transport aérien international : convention complémentaire à la convention de Varsovie (63-809), modifications (81-1079).
- Unification de certaines règles relatives au transport aérien international : convention (2003-380).

Transport ferroviaire

- Liaison fixe transmanche : circulation des trains entre la Belgique et le Royaume-Uni (94-403), règlement de la Commission intergouvernementale concernant la sécurité (2008-475).
- Office central des transports internationaux par chemin de fer : convention (72-601).
- Responsabilité du chemin de fer pour la mort et les blessures des voyageurs : convention (67-1088).

- Transport par chemin de fer des marchandises, des voyageurs et des bagages : convention internationale (72-601), disposition complémentaire : (82-488).
- Transports internationaux ferroviaires : convention (82-520), protocole (2006-243).

Transport maritime et fluvial

- Connaissement (contrat de transport maritime) : unification des règles (72-602), amendements à la convention (86-798).
- Contrat de transport de marchandises en navigation intérieure : convention de Budapest (2007-300).
- Créances maritimes : convention (79-1146), protocole (2006-789).
- Immatriculation des bateaux de navigation intérieure : convention (70-961).
- Navigation sur le Rhin : protocole additionnel (74-1015), protocoles additionnels (80-1048), protocole additionnel n° 4 (90-455), protocole additionnel n° 6 (2011-854).
- Répression d'actes illicites contre la sécurité de la navigation maritime : convention (90-1140), protocole (2017-1576).
- Répression du trafic illicite maritime et aérien de stupéfiants et de substances psychotropes dans la région des Caraïbes : accord (2005-1276).
- Responsabilité civile dans le domaine maritime du transport de matières nucléaires : convention (72-1164).
- Sécurité sociale pour les bateliers rhénans : accord (84-516).
- Transport international des marchandises dangereuses par voies de navigation intérieures : convention européenne sous l'égide de la Commission des Nations unies pour l'Europe (2008-141).
- Transport de marchandises par mer : convention des Nations unies (81-348).
- Transport par mer des passagers et de leurs bagages : protocole à la convention d'Athènes (2016-700).
- Transport des passagers par mer : convention internationale de Bruxelles (64-1274).

Transport routier

- Accidents de circulation (Conférence de La Haye de droit international privé) : convention (71-1036).
- Répression des infractions routières : convention du Conseil de l'Europe (68-550).
- Transport international de marchandises par route : protocole (81-1140).

TRAVAIL

- Conventions internationales du travail réalisées sous l'égide de l'Organisation internationale du travail concernant : n° 105 abolition du travail forcé (69-1045), n° 122 politique de l'emploi (71-408), n° 111 discrimination en matière d'emploi et de profession (81-357), n° 141 organisations de travailleurs ruraux et leur rôle dans le développement économique et social (84-515), n° 142 rôle de l'orientation et de la formation professionnelle dans la mise en valeur des ressources humaines (84-552), n° 149 emploi et conditions de travail et de vie du personnel (84-549), n° 90 travail de nuit des enfants dans l'industrie (85-609), n° 148 protection des travailleurs contre les risques professionnels dus à la pollution de l'air, au bruit et aux vibrations sur les lieux de travail (85-610), n° 152 sécurité et hygiène du travail dans les manutentions portuaires (85-611), n° 156 égalité des chances et de traitement pour les travailleurs des deux sexes (88-1241), n° 158 cessation de la relation de travail à l'initiative de l'employeur (88-1242), n° 159 réadaptation professionnelle et emploi des personnes handicapées (89-24), n° 138 âge minimum d'admission à l'emploi (90-356), n° 139 prévention et contrôle des risques professionnels causés par les substances et agents cancérogènes (93-880), n° 182 interdiction des pires formes de travail des enfants et l'action immédiate en vue de leur élimination (2001-341) ; n° 163 bien-être des gens de mer, en mer et dans les ports, n° 164 protection de la santé et les soins médicaux des gens de mer, n° 166 rapatriement des marins, n° 178 inspection des conditions de travail et de vie des gens de mer, n° 179 recrutement et placement des gens de mer, n° 180 durée du travail des gens de mer et effectifs de navires, n° 185 pièces d'identité des gens de mer et n° 147 normes minima à observer sur les navires marchands (2004-146), n° 187 cadre professionnel pour la sécurité et la santé au travail (2014-200), n°181 agences d'emploi privées (2015-278), n° 188 travail dans la pêche (2015-470), n° 29 travail forcé (2016-372).
- Organisation internationale du travail (O.I.T.) : amendement (2001-337), convention du travail maritime (2012-1320).
- Travail maritime : convention de l'Organisation mondiale du travail (2012-1320).

VIN

- Office international de la vigne et du vin : siège (66-293), devient en 2003 l'Organisation internationale de la vigne et du vin (2003-1224).
- Organisation internationale de la vigne et du vin : création (2003-1224).

INDEX DES ÉTATS AYANT SIGNÉ UN ENGAGEMENT BILATÉRAL AVEC LA FRANCE

Afghanistan		
Année	*Numéro de la loi*	*Objet de la loi*
1960	60-1338	Coopération économique
2012	2012-947	Amitié et coopération

Afrique du Sud		
Année	*Numéro de la loi*	*Objet de la loi*
1994	94-882	Eviter les doubles impositions et prévenir l'évasion fiscale en matière d'impôts sur le revenu et sur la fortune
1997	97-252	Encouragement et protection réciproques des investissements
2000	2000-183	Assistance administrative mutuelle pour la prévention, la recherche, la constatation et la répression des infractions douanières
2003	2003-1147	Entraide judiciaire en matière pénale
2004	2004-53	Coopération dans le domaine de la défense
2004	2004-1109	Navigation de commerce et autres matières maritimes connexes

Albanie		
Année	*Numéro de la loi*	*Objet de la loi*
1964	64-1277	Traité commercial et de navigation
1996	96-277	Encouragement et protection réciproques des investissements
1998	98-75	Entente, amitié et coopération
2005	2005-680	Eviter les doubles impositions en matière d'impôts sur le revenu et sur la fortune et prévenir l'évasion et la fraude fiscales
2010	2010-161	Coopération en matière de sécurité intérieure
2015	2015-469	Réadmission des personnes en séjour irrégulier

Algérie		
Année	*Numéro de la loi*	*Objet de la loi*
1965	65-991	Règlement de questions concernant les hydrocarbures et le développement industriel de l'Algérie
1969	69-1135	Eliminer les doubles impositions et établir des règles d'assistance mutuelle administrative en matière fiscale
1975	75-1179	Convention consulaire
1980	80-937	- Retour en Algérie de travailleurs et de leur famille – Sécurité sociale
1980	80-965	Transport de la Société nationale des chemins de fer algériens et de certains pensionnés au titre des lois françaises
1983	83-491	Eviter les doubles impositions et établir des règles d'assistance réciproque en matière d'impôts sur le revenu, d'impôts sur les successions, de droits d'enregistrement et de droit de timbre
1984	84-563	Obligations du service national
1986	86-829	Assistance administrative mutuelle visant la prévention, la recherche et la répression des fraudes douanières
1988	88-7	Coopération scientifique et technique
1988	88-809	Enfants issus de couples mixtes séparés franco-algériens
2000	2000-64	Encouragement et protection réciproques des investissements
2002	2002-270	Prévention, recherche et répression des fraudes douanières par les administrations des deux pays
2002	2002-1036	Eviter les doubles impositions et prévenir l'évasion et la fraude fiscales en matière d'impôts sur le revenu, sur la fortune et sur les successions
2002	2002-1305	Circulation, emploi et séjour en France des ressortissants algériens et de leurs familles
2006	2006-67	Coopération en matière de sécurité et de lutte contre la criminalité organisée
2007	2007-1421	Transports routiers internationaux et transit des voyageurs et des marchandises
2008	2008-706	Coopération dans le domaine de l'étude et de l'utilisation extra-atmosphérique à des fins pacifiques
2008	2008-1076	Services de transport aérien
2010	2010-162	Partenariat
2012	2012-1360	Coopération dans le domaine de la défense
2017	2017-1249	Echanges de jeunes actifs
2017	2017-1575	Entraide judiciaire en matière pénale
2018	2018-149	Sécurité sociale (santé)

Allemagne (R.F.A.)		
Année	*Numéro de la loi*	*Objet de la loi*
1959	1959-1477	Compétence du Tribunal de grande instance de Sarreguemines pour connaître sur le territoire de la Sarre de certaines infractions de douane et de change
1961	61-713	Eviter les doubles impositions (convention signée le 21 juillet 1959)
1961	61-804	Cession d'un immeuble du domaine (Paris)
1961	1961-1393	Insaisissabilité et incessibilité des sommes allouées aux ressortissants français ayant été l'objet de mesures de persécutions par le régime national-socialiste
1963	63-604	Traité de coopération
1963	63-818	Règlement de problèmes transfrontaliers Transfert de propriété d'un immeuble
1969	69-1170	Eviter les doubles impositions et établir les règles d'assistance administrative et juridique réciproque en matière d'impôts sur le revenu et sur la fortune ainsi qu'en matière de contributions des patentes et de contributions foncières
1970	70-617	Aménagement du Rhin
1970	70-619	Aménagement du Rhin
1975	75-583	Mise en œuvre dans le domaine fiscal et douanier d'un accord culturel de 1954
1976	76-498	Aménagement du Rhin
1978	78-1187	Construction d'un pont autoroutier sur le Rhin
1978	78-1188	Construction d'un pont autoroutier sur le Rhin
1980	80-451	Assistance mutuelle en cas de catastrophes ou accidents graves
1980	80-565	Entraide judiciaire en matière pénale
1982	82-1048	Dispositions fiscales et douanières relatives aux travaux de construction du barrage Kehl-Strasbourg
1983	83-493	Construction d'un pont routier sur le Rhin
1988	88-1240	Coopération franco-allemande
1989	89-1016	Eviter les doubles impositions et établir des règles d'assistance administrative et juridique réciproque en matière d'impôts sur le revenu et sur la fortune, ainsi qu'en matière de contribution des patentes et de contributions foncières
1990	90-1159	Règlement définitif concernant l'Allemagne suite à la réunification
1993	93-1275	Coopération entre les établissements portuaires (Land Bade-Wurtemberg)
1997	97-1102	Construction d'un pont routier sur le Rhin
1999	99-386	Création de l'Université franco-allemande
1999	99-993	Coopération dans les zones frontalières entre les autorités de police et les autorités douanières
2003	2003-1	Délimitation de la frontière dans les zones aménagées du Rhin

Allemagne (R.F.A) – (suite)		
2003	2003-5	Coopération dans l'exercice des missions de police de navigation sur le secteur franco-allemand du Rhin
2003	2003-205	Construction et entretien de ponts frontières sur le Rhin
2003	2003-214	Eviter les doubles impositions et établir des règles d'assistance administrative et juridique réciproque en matière d'impôts sur le revenu et sur la fortune, et en matière de contributions des patentes et de contributions foncières
2004	2004-494	Lycées et baccalauréat franco-allemands
2006	2006-71	Création de l'Office franco-allemand pour la jeunesse
2006	2006-1255	Coopération sanitaire transfrontalière
2007	2007-305	Construction d'un pont ferroviaire sur le Rhin à Kehl
2007	2007-1422	Implantations communes de missions diplomatiques et de postes consulaires
2009	2009-225	Eviter les doubles impositions en matière d'impôts sur les successions et sur les donations
2011	2011-2	Echange de renseignements sur les titulaires de véhicules dans le but de sanctionner les infractions aux règles de circulation
2012	2012-318	Brigade franco-allemande
2013	2013-98	Régime matrimonial optionnel de la participation aux acquêts
2015	2015-1716	Avenant à la convention fiscale du 21 juillet 1959
2018	2018-281	Coopération frontalière entre les autorités de police et les autorités douanières concernant l'emploi transfrontalier d'aéronefs

Allemagne (R.D.A.)		
Année	*Numéro de la loi*	*Objet de la loi*
1981	81-751	Statut et modalités de fonctionnement des centres culturels
1981	81-752	Convention consulaire
1987	87-927	Entraide judiciaire en matière civile

Andorre		
Année	*Numéro de la loi*	*Objet de la loi*
1994	94-539	Bon voisinage, amitié et coopération
2001	2001-1119	Rectification de la frontière
2003	2003-78	Coopération administrative
2003	2003-216	Sécurité sociale
2004	2004-147	Bureaux à contrôles nationaux juxtaposés
2005	2005-754	Enseignement
2006	2006-825	Transports routiers internationaux de marchandises
2010	2010-849	Echange de renseignements en matière fiscale
2015	2015-279	Eviter les doubles impositions et prévenir l'évasion et la fraude fiscales en matière d'impôts sur le revenu
2015	2015-821	Gestion commune de la ressource en eau dans le bassin hydrographique des sources de l'Ariège
2015	2015-822	Délimitation de la frontière
2015	2015-824	Création d'un bureau à contrôles nationaux juxtaposés à Porta
2015	2015-854	Enseignement
2018	2018-52	Coopération technique et à l'assistance mutuelle en matière de sécurité civile
2018	2018-53	Coopération transfrontalière en matière policière et douanière
2018	2018-305	Amélioration du réseau routier

Angola		
Année	*Numéro de la loi*	*Objet de la loi*
2010	2010-204	Encouragement et protection réciproques des investissements

Antigua-et-Barbuda		
Année	*Numéro de la loi*	*Objet de la loi*
2010	2010-1383	Echange de renseignements en matière fiscale

Arabie saoudite		
Année	*Numéro de la loi*	*Objet de la loi*
1970	70-467	Eviter la double imposition des revenus tirés du transport aérien international
1982	82-1092	Eviter les doubles impositions en matière d'impôts sur le revenu et sur les successions
1994	94-883	Eviter les doubles impositions en matière d'impôts sur le revenu et sur les successions
2004	2004-57	Encouragement et protection réciproques des investissements
2010	2010-839	Coopération en matière de sécurité intérieure et de défense civile
2012	2012-319	Eviter les doubles impositions en matière d'impôts sur le revenu, sur les successions et sur la fortune

Argentine		
Année	*Numéro de la loi*	*Objet de la loi*
1967	67-1182	Exemptions fiscales
1980	80-1044	Eviter les doubles impositions et prévenir l'évasion fiscale en matière d'impôts sur le revenu et sur la fortune
1992	92-427	Coopération judiciaire
1992	92-1316	Encouragement et protection réciproques des investissements
1997	97-100	Emploi des personnes à charge des membres des missions officielles
2002	2002-168	Entraide judiciaire en matière pénale
2004	2004-54	Coopération dans le domaine de la défense
2004	2004-339	Eviter les doubles impositions et prévenir l'évasion fiscale en matière d'impôts sur le revenu et sur la fortune
2004	2004-1113	Prévention, recherche et sanction des infractions douanières
2011	2011-690	Sécurité sociale
2015	2015-274	Traité d'extradition

Arménie		
Année	*Numéro de la loi*	*Objet de la loi*
1994	94-923	Entente, amitié et coopération
1997	97-253	Encouragement et protection réciproques des investissements
2001	2001-75	Eviter les doubles impositions et prévoir l'évasion et la fraude fiscales en matière d'impôts sur le revenu et sur la fortune
2006	2006-1250	Eviter les doubles impositions et prévenir l'évasion et la fraude fiscales en matière d'impôts sur le revenu et sur la fortune

Australie		
1970	70-465	Eviter la double imposition des revenus tirés du transport aérien international
1989	89-387	Convention d'extradition
1990	90-512	Eviter les doubles impositions et prévenir l'évasion fiscale en matière d'impôts sur le revenu
1993	93-1424	Entraide judiciaire en matière pénale
2004	2004-56	Emploi des personnes à charge des membres des missions officielles
2008	2008-474	Coopération en matière de législation relative à la pêche
2009	2009-227	Eviter les doubles impositions en matière d'impôts sur le revenu et prévenir l'évasion fiscale
2009	2009-579	Coopération en matière de défense, et, statut des forces

Autriche		
Année	*Numéro de la loi*	*Objet de la loi*
1961	61-714	Eviter les doubles impositions Assistance réciproque (impôt sur la fortune, sur les revenus et sur les successions)
1971	71-1039	Eviter les doubles impositions et prévoir une assistance réciproque en matière d'impôts sur le revenu et sur la fortune
1972	72-622	Sécurité sociale
1976	76-417	Convention d'extradition
1979	79-1143	Compétence judiciaire, reconnaissance et exécution des décisions en matière de faillite
1982	82-348	Coopération douanière
1983	83-409	Sécurité sociale (accord supplémentaire)
1983	83-1134	Régime fiscal des véhicules routiers utilisés pour le transport international
1985	85-13	Entraide judiciaire en matière pénale
1986	86-1296	Eviter les doubles impositions et prévoir une assistance réciproque dans le domaine des impôts sur le revenu et sur la fortune, et celui de l'impôt sur les successions
1994	94-428	Eviter les doubles impositions et prévenir l'évasion fiscale en matière d'impôts sur le revenu et sur la fortune
1994	94-429	Eviter les doubles impositions et prévenir l'évasion fiscale en matière d'impôts sur les successions et les donations
2012	2012-321	Eviter les doubles impositions et prévenir l'évasion fiscale en matière d'impôts sur le revenu et sur la fortune
2016	2016-1548	Statut juridique des personnels de l'armée fédérale autrichienne au cours de leur séjour en Guyane
2018	2018-692	Réadmission des personnes en situation irrégulière

Azerbaïdjan		
Année	*Numéro de la loi*	*Objet de la loi*
1998	98-539	Amitié, entente et coopération
1999	99-398	Liberté de circulation
1999	99-1001	Encouragement et protection réciproques des investissements
2005	2005-494	Eviter les doubles impositions et prévenir l'évasion et la fraude fiscales en matière d'impôts sur le revenu et sur la fortune
2007	2007-8	Prévention, recherche, constatation et sanction des infractions douanières
2015	2015-104	Création et conditions d'activités des centres culturels

Bahamas		
Année	*Numéro de la loi*	*Objet de la loi*
2010	2010-842	Echange de renseignements en matière fiscale

Bahreïn		
Année	*Numéro de la loi*	*Objet de la loi*
1994	94-324	Eviter les doubles impositions
2005	2005-755	Encouragement et protection réciproques des investissements
2009	2009-1796	Services aériens
2010	2010-382	Coopération en matière de sécurité intérieure et de défense civile
2010	2010-1196	Eviter les doubles impositions

Bangladesh		
Année	*Numéro de la loi*	*Objet de la loi*
1986	86-828	Encouragement et protection réciproques des investissements
1988	88-5	Eviter les doubles impositions et prévenir l'évasion fiscale en matière d'impôts sur les revenus
1988	88-1259	Coopération culturelle, scientifique et technique

Belgique		
Année	*Numéro de la loi*	*Objet de la loi*
1959	59-855	Eviter les doubles impositions Impôts sur les successions Droits d'enregistrement
1964	64-494	Service militaire
1964	64-1324	Eviter les doubles impositions Etablir des règles d'assistance administrative en matière d'impôts sur les revenus
1972	72-1132	Convention d'extradition
1976	76-578	Frontière
1982	82-1095	Assistance mutuelle en cas de catastrophes ou d'accidents graves
1982	82-1096	Amélioration de la Lys
1994	94-425	Allocations de naissance
1997	97-1099	Protection de l'Escaut (accord conclu avec la région Bruxelles-capitale, la région wallonne et la région flamande)
1997	97-1100	Protection de la Meuse (accord conclu avec la région Bruxelles-capitale, la région wallonne et la région flamande)
2000	2000-203	Eviter les doubles impositions et établir des règles d'assistance administrative et juridique réciproques en matière d'impôts sur les revenus
2004	2004-148	Coopération transfrontalière en matière policière et douanière
2007	2007-1419	Coopération sanitaire transfrontalière
2009	2009-1472	Eviter les doubles impositions et établir des règles d'assistance administrative et juridique réciproque en matière d'impôts sur les revenus
2010	2010-487	Développement de la coopération et de l'entraide administrative en matière de sécurité sociale
2010	2010-1195	Eviter les doubles impositions et établir des règles d'assistance administrative et juridique réciproque en matière d'impôts sur les revenus
2011	2011-693	Echange de renseignements sur les titulaires de véhicules dans le but de sanctionner les infractions aux règles de circulation
2013	2013-1009	Accueil des personnes handicapées (accord avec la **région wallonne**)
2015	2015-891	Coopération transfrontalière en matière policière et douanière

Belize		
Année	*Numéro de la loi*	*Objet de la loi*
2011	2011-1281	Echange de renseignements en matière fiscale

Bénin		
Année	*Numéro de la loi*	*Objet de la loi*
1977	77-555	Coopération culturelle
1977	77-556	Coopération technique (personnel)
1977	77-557	Coopération (enseignement supérieur)
1977	77-558	Pêche maritime
1977	77-559	Convention fiscale
1977	77-560	Coopération militaire technique
1977	77-561	Coopération judiciaire
1977	77-562	Coopération scientifique et technique
1977	77-563	Circulation des personnes
1977	77-564	Coopération commerciale
1980	80-1045	Sécurité sociale
1985	85-1481	Répartition de l'indemnité versée par le Bénin
1994	94-535	Circulation et séjour des personnes
2009	2009-581	Gestion concertée des flux migratoires et codéveloppement

Bolivie		
Année	*Numéro de la loi*	*Objet de la loi*
1996	96-249	Encouragement et protection réciproques des investissements
1996	96-507	Eviter les doubles impositions en matière d'impôts sur le revenu et sur la fortune
2003	2003-627	Encouragement et protection réciproques des investissements

Bosnie-Herzégovine		
Année	*Numéro de la loi*	*Objet de la loi*
2005	2005-752	Encouragement et protection réciproques des investissements
2012	2012-345	Coopération en matière de sécurité intérieure

Botswana		
Année	*Numéro de la loi*	*Objet de la loi*
2002	2002-165	Eviter les doubles impositions et prévenir l'évasion et la fraude fiscales en matière d'impôts sur le revenu
2010	2010-160	Education et langue française

Brésil		
Année	*Numéro de la loi*	*Objet de la loi*
1971	71-1035	Eviter les doubles impositions et prévenir l'évasion fiscale en matière d'impôts sur le revenu et sur la fortune
1977	77-1275	Accord maritime
1982	82-487	Coopération judiciaire en matière civile, commerciale, sociale et administrative
1996	96-243	Encouragement et protection réciproques des investissements
1999	99-979	Entraide judiciaire en matière civile
1999	99-985	Entraide judiciaire en matière pénale
1999	99-986	Convention d'extradition
2003	2003-625	Emploi salarié des membres des familles des agents des missions officielles
2007	2007-65	Construction d'un pont routier entre la Guyane française et le Brésil (État de l'Amapa)
2008	2008-1433	Coopération dans le domaine de la défense et statut des forces
2011	2011-856	Lutte contre l'exploitation aurifère illégale
2012	2012-1166	Création d'un centre de coopération policière
2014	2014-427	Sécurité sociale
2016	2016-947	Transports routiers internationaux de voyageurs et de marchandises
2016	2016-948	Etablissement d'un régime transfrontalier

Brunei		
Année	*Numéro de la loi*	*Objet de la loi*
2011	2011-1285	Echange de renseignements en matière fiscale

Bulgarie		
Année	*Numéro de la loi*	*Objet de la loi*
1969	69-1040	Convention consulaire
1988	88-4	Eviter les doubles impositions et prévenir l'évasion fiscale en matière d'impôts sur les revenus
1989	89-457	Entraide judiciaire en matière civile
1989	89-873	Encouragement et protection réciproques des engagements
1990	90-1139	Statut et modalités de fonctionnement des centres culturels
1993	93-844	Entente, amitié et coopération
2005	2005-152	Coopération en matière de sécurité intérieure
2006	2006-1253	Mise à disposition d'un immeuble à des fins de coopération culturelle
2014	2014-305	Lutte contre l'emploi non déclaré et respect du droit social en cas de circulation transfrontalière de travailleurs et de services

Burkina Faso		
Année	*Numéro de la loi*	*Objet de la loi*
1987	87-488	Coopération scientifique et technique
1987	87-489	Coopération économique et financière
1987	87-490	Assistance administrative mutuelle en matière de lutte contre la fraude douanière
1991	91-595	Coopération en matière d'enseignement, de culture, de sport, de communication audiovisuelle et de presse
1994	94-533	Circulation et séjour des personnes
2011	2011-7	Gestion concertée des flux migratoires et développement solidaire

Cambodge		
Année	*Numéro de la loi*	*Objet de la loi*
1965	65-495	Coopération économique et financière
2002	2002-286	Encouragement et protection réciproques des investissements

Cameroun		
Année	*Numéro de la loi*	*Objet de la loi*
1960	60-1435	Coopération judiciaire et consulaire
1966	66-399	Eliminer les doubles impositions Etablir une assistance mutuelle administrative en matière fiscale
1975	75-378	Coopération judiciaire
1975	75-379	Convention consulaire
1975	75-380	Coopération militaire
1975	75-381	Coopération technique
1977	77-708	Circulation des personnes
1978	78-658	Convention fiscale (signée en 1976)
1991	91-1242	Sécurité sociale
1995	95-1142	Avenant à la convention fiscale de 1976
1996	96-248	Circulation et séjour des personnes
2002	2002-1031	Avenant à la convention fiscale de 1976
2011	2011-423	Partenariat de défense

Canada		
Année	*Numéro de la loi*	*Objet de la loi*
1976	76-532	Eviter les doubles impositions et prévenir l'évasion fiscale en matière d'impôts sur le revenu et sur la fortune
1980	80-868	Sécurité sociale (**Canada**) Entente (**Québec**)
1984	84-545	Transfèrement des détenus et la surveillance de certains condamnés
1985	85-1473	Entente en matière de sécurité sociale (**Québec**)
1986	86-855	Protection sociale des étudiants et des participants à la coopération de la France et du **Québec**
1988	88-803	Eviter les doubles impositions et prévenir l'évasion fiscale en matière d'impôts sur les revenus (**Québec**)
1988	88-1258	Emploi des membres des familles des agents des missions officielles de chaque État dans l'autre
1989	89-456	Convention d'extradition
1990	90-1150	Entraide judiciaire en matière pénale
1998	98-470	Eviter les doubles impositions et prévenir l'évasion fiscale en matière d'impôts sur le revenu et sur la fortune
2002	2002-171	Sécurité sociale : avenant à l'entente (**Québec**)
2002	2002-172	Protection sociale des élèves et étudiants et des participants à la coopération (**Québec**)
2005	2005-224	Eviter les doubles impositions et prévenir l'évasion fiscale en matière d'impôts sur le revenu (**Québec**)
2005	2005-1274	Entente en matière de sécurité sociale (**Québec**)
2007	2007-1420	Exploration et exploitation des champs d'hydrocarbures transfrontaliers
2013	2013-1201	Eviter les doubles impositions et prévenir l'évasion fiscale en matière d'impôts sur le revenu et sur la fortun
2014	2014-198	Office franco-québécois pour la jeunesse (**Québec**)
2014	2014-534	Mobilité des jeunes
2015	2015-1707	Sécurité sociale
2016	2016-1977	Sécurité sociale (avenants)

Cap-Vert		
Année	*Numéro de la loi*	*Objet de la loi*
1978	78-643	Coopération culturelle, scientifique, technique et économique
1980	80-1052	Sécurité sociale
2011	2011-6	Gestion concertée des flux migratoires et développement solidaire

Centrafrique		
Année	*Numéro de la loi*	*Objet de la loi*
1960	60-1225	Accords particuliers
1966	66-1043	Accord de coopération
1970	70-1178	Convention fiscale
1995	95-1308	Convention d'établissement
1995	95-1309	Circulation et séjour des personnes
2011	2011-426	Partenariat de défense

Chili		
Année	*Numéro de la loi*	*Objet de la loi*
1980	80-459	Exonération réciproque des revenus des compagnies de navigation aériennes
1994	94-424	Encouragement et protection réciproques des investissements
2001	2001-340	Sécurité sociale
2006	2006-612	Eviter les doubles impositions et prévenir l'évasion fiscale en matière d'impôts sur le revenu et sur la fortune
2018	2018-581	Emploi rémunéré des personnes à charge des agents des missions officielles

Chine		
Année	*Numéro de la loi*	*Objet de la loi*
1976	76-1183	Navigation maritime
1979	79-1145	Exonération réciproque des impôts et taxes dus par des entreprises de navigation aérienne
1981	81-748	Etablissement de postes consulaires
1984	84-1146	Encouragement et protection réciproques des investissements
1984	84-1166	Eviter les doubles impositions et prévenir l'évasion fiscale en matière d'impôts sur le revenu
1987	87-991	Entraide judiciaire en matière civile et commerciale
2004	2004-427	Création et statuts des centres culturels
2006	2006-790	Coopération en matière de sécurité intérieure
2007	2007-1156	Entraide judiciaire en matière pénale
2008	2008-132	Transfèrement des personnes condamnées (Hong Kong)
2008	2008-1074	Services aériens (Macao)
2010	2010-486	Encouragement et protection réciproques des investissements
2011	2011-1283	Eviter les doubles impositions en matière d'impôts sur le revenu et sur la fortune et prévenir l'évasion et la fraude fiscales
2014	2014-1402	Eviter les doubles impositions et prévenir l'évasion et la fraude fiscales en matière d'impôts sur le revenu
2015	2015-468	Traité d'extradition

Chypre		
Année	*Numéro de la loi*	*Objet de la loi*
1982	82-1093	Eviter les doubles impositions et prévenir l'évasion fiscale en matière d'impôts sur le revenu et sur la fortune
2007	2007-1203	Coopération en matière de sécurité intérieure

Colombie		
Année	*Numéro de la loi*	*Objet de la loi*
1999	99-1002	Entraide judiciaire en matière pénale
2006	2006-242	Coopération en matière de sécurité
2016	2016-946	Encouragement et protection réciproques des investissements
2016	2016-1325	Eviter les doubles impositions et de prévenir l'évasion et la fraude fiscales en matière d'impôts sur le revenu et sur la fortune

Comores		
Année	*Numéro de la loi*	*Objet de la loi*
1971	71-475	Convention fiscale
1981	81-349	Coopération économique, monétaire et financière
1981	81-350	Coopération technique
1988	88-8	Assistance administrative mutuelle sur la prévention, la recherche et la répression des fraudes douanières
1988	88-9	Coopération monétaire
2012	2012-317	Partenariat de défense
2017	2017-1212	Services de transport aérien
2018	2018-185	Entraide judiciaire en matière pénale

Congo		
Année	*Numéro de la loi*	*Objet de la loi*
1960	60-733	Accords particuliers
1960	60-1225	Accords particuliers
1964	64-1067	Coopération judiciaire
1969	69-965	Convention fiscale
1975	75-382	Coopération judiciaire
1975	75-383	Coopération technique (formation et militaire)
1975	75-384	Coopération technique (personnel)
1975	75-385	Coopération en matière de marine marchande
1977	77-413	Droits fondamentaux
1979	79-1132	Circulation des personnes
1987	87-929	Convention générale
1988	88-1260	Eviter les doubles impositions et prévenir l'évasion fiscale en matière d'impôts sur les revenus, d'impôts sur les successions, de droits d'enregistrement et de droits de timbre
1994	94-532	Circulation et séjour des personnes
1996	96-425	Convention d'établissement
2009	2009-580	Gestion concertée des flux migratoires et codéveloppement
2016	2016-1973	Services aériens
2016	2016-1974	Services de transport aérien

Cook (Iles)		
Année	*Numéro de la loi*	*Objet de la loi*
2011	2011-1282	Echange de renseignements en matière fiscale

Corée du Sud		
Année	*Numéro de la loi*	*Objet de la loi*
1979	79-14	Encouragement et protection des investissements
1980	80-869	Eviter les doubles impositions et prévenir l'évasion fiscale en matière d'impôts sur le revenu
1991	91-1396	Eviter les doubles impositions et prévenir l'évasion fiscale en matière d'impôts sur le revenu
1996	96-948	Entraide judiciaire en matière pénale
2007	2007-247	Sécurité sociale
2008	2008-131	Convention d'extradition

Costa Rica		
Année	*Numéro de la loi*	*Objet de la loi*
1984	84-1142	Encouragement et protection réciproques des investissements
2008	2008-703	Emploi salarié des personnes à charge des membres des missions officielles
2011	2011-1284	Echange de renseignements en matière fiscale
2017	2017-1752	Convention d'extradition
2017	2017-1753	Entraide judiciaire en matière pénale

Côte d'Ivoire		
Année	*Numéro de la loi*	*Objet de la loi*
1960	60-735	Accords particuliers
1961	61-768	Traité et accord de coopération
1961	61-769	Accord de défense
1967	67-1186	Convention fiscale
1977	77-707	Circulation des personnes
1985	85-1477	Sécurité sociale
1985	85-1482	Eviter les doubles impositions et établir des règles d'assistance réciproque en matière fiscale
1989	89-458	Coopération en matière de recherche scientifique
1994	94-543	Circulation et séjour des personnes
1994	94-924	Eviter les doubles impositions et établir des règles d'assistance en matière fiscale
2002	2002-163	Sécurité sociale (avenant à la convention de 1985)
2013	2013-1226	Partenariat de défense

Croatie		
Année	*Numéro de la loi*	*Objet de la loi*
1997	97-1103	Encouragement et protection réciproques des investissements
2005	2005-681	Eviter les doubles impositions et prévenir l'évasion et la fraude fiscales en matière d'impôts sur le revenu
2009	2009-711	Coopération en matière de sécurité intérieure
2016	2016-909	Coopération dans le domaine de la défense

Cuba		
Année	*Numéro de la loi*	*Objet de la loi*
1998	98-235	Assistance administrative mutuelle pour la prévention, la recherche et la poursuite des fraudes douanières
1999	99-385	Encouragement et protection réciproques des investissements
2002	2002-283	Entraide judiciaire en matière pénale
2002	2002-284	Transfèrement de personnes condamnées aux fins d'exécution de la peine

Danemark		
Année	*Numéro de la loi*	*Objet de la loi*
1964	64-1211	Service militaire des doubles nationaux

Dahomey		
Année	*Numéro de la loi*	*Objet de la loi*
1960	60-735	Accords particuliers
1961	61-769	Accord de défense
1961	61-771	Traité et accord de coopération
1966	66-963	Convention fiscale

Djibouti		
Année	*Numéro de la loi*	*Objet de la loi*
1979	79-357	Transfert du privilège de l'émission monétaire
1979	79-358	Coopération militaire
1979	79-359	Coopération technique (personnel)
1979	79-360	Coopération économique et financière
1987	87-923	Coopération judiciaire en matière civile
1987	87-924	Transfèrement des condamnés
1987	87-925	Entraide judiciaire en matière pénale
1987	87-926	Convention d'extradition
2004	2004-1235	Situation financière et fiscale des forces françaises présentes sur le territoire de Djibouti
2009	2009-1794	Encouragement et protection réciproques des investissements
2013	2013-1227	Coopération en matière de défense

Dominique		
Année	*Numéro de la loi*	*Objet de la loi*
2001	2001-338	Encouragement et protection réciproques des investissements
2002	2002-167	Entraide judiciaire en matière pénale
2002	2002-170	Convention d'extradition
2011	2011-1288	Echange de renseignements en matière fiscale

Egypte		
Année	*Numéro de la loi*	*Objet de la loi*
1975	75-575	Encouragement et protection réciproques des investissements
1978	78-574	Accord maritime
1982	82-522	Convention fiscale
1983	83-405	Coopération judiciaire en matière pénale
1983	83-407	Coopération judiciaire en matière civile
1992	92-595	Régime de protection sociale des étudiants
2002	2002-166	Eviter les doubles impositions et prévenir l'évasion fiscale en matière d'impôts sur le revenu et sur la fortune

Emirats arabes unis		
Année	*Numéro de la loi*	*Objet de la loi*
1990	90-333	Eviter les doubles impositions
1992	92-1313	Entraide judiciaire, reconnaissance et exécution des décisions en matière civile et commerciale
1992	92-1315	Encouragement et protection réciproques des investissements
1994	94-881	Eviter les doubles impositions
2007	2007-1478	Musée universel d'Abou Dabi
2009	2009-712	Entraide judiciaire en matière pénale
2011	2011-858	Coopération en matière de défense
2014	2014-875	Coopération en matière de sécurité intérieure
2018	2018-	Convention d'extradition

Equateur		
Année	*Numéro de la loi*	*Objet de la loi*
1960	60-1338	Traité de commerce
1990	90-331	Eviter la double imposition et prévenir l'évasion fiscale en matière d'impôts sur le revenu
1996	96-278	Encouragement et protection réciproques des investissements

Espagne		
Année	*Numéro de la loi*	*Objet de la loi*
1962	62-849	Construction du pont international Hendaye-Irun
1962	62-850	Construction du tunnel transpyrénéen Aragnouet-Bielsa
1963	63-1177	- Eviter les doubles impositions – Etablir des règles d'assistance administrative réciproque en matière d'impôts sur le revenu et d'impôts sur les successions
1964	64-457	Aménagement du cours de la Garonne
1964	64-1223	Pêche (Bidassoa et baie du Figuier)
1966	66-295	Destruction et construction de ponts (Bidassoa)
1969	69-1173	Délimitation de la frontière
1970	70-466	Entraide judiciaire en matière pénale
1970	70-468	Service national des doubles-nationaux
1971	71-294	Exemptions fiscales accordées aux institutions culturelles
1971	71-1037	Allocations familiales et sécurité sociale
1974	74-1011	Eviter les doubles impositions en matière d'impôts sur le revenu et sur la fortune
1974	74-1012	Abornement et entretien de la frontière
1975	75-1177	Sécurité sociale
1977	77-1223	Statut fiscal et douanier des établissements culturels d'enseignement
1978	78-1184	Importation en France de livres scolaires en langue espagnole
1979	79-366	Fiscalité des locaux de l'État français en Espagne
1979	79-549	Nouveau tracé routier frontalier
1982	82-478	Fiscalité des véhicules routiers utilisés pour le transport international
1983	83-1105	Sécurité sociale
1984	84-544	Modification de la frontière
1991	91-1290	Construction du tunnel routier du Somport
1994	94-539	Bon voisinage, amitié et coopération
1996	96-1239	Coopération transfrontalière entre collectivités territoriales
1997	97-206	Eviter les doubles impositions et prévenir l'évasion et la fraude fiscales en matière d'impôts sur le revenu et sur la fortune
1997	97-968	Construction et exploitation d'une ligne ferroviaire à grande vitesse entre la France et l'Espagne
2003	2003-554	Exploitation, entretien, sécurité et évolution du tunnel routier du Somport
2003	2003-555	Coopération transfrontalière en matière policière et douanière

2004	2004-493	Statut fiscal et douanier des établissements culturels et d'enseignement
2004	2004-1118	Coopération transfrontalière en matière policière et douanière
2008	2008-1432	Bureaux à contrôle nationaux juxtaposés de Biriatou
2009	2009-891	Dispositifs éducatifs, linguistiques et culturels dans les établissements de l'enseignement scolaire
2010	2010-611	Mise en œuvre et financement de deux projets d'autoroutes de la mer
2012	2012-918	Coopération transfrontalière entre collectivités territoriales
2014	2014-426	Coopération sanitaire transfrontalière

Estonie		
Année	*Numéro de la loi*	*Objet de la loi*
1994	94-1073	Encouragement, protection et garantie réciproques des investissements
1994	94-1076	
2001	2001-78	Eviter les doubles impositions et prévenir l'évasion et la fraude fiscales en matière d'impôts sur le revenu et sur la fortune
2003	2003-209	Indemnisation de l'Estonie pour un immeuble de son ancienne légation à Paris
2005	2005-751	Statut et fonctionnement des centres culturels

États-Unis d'Amérique		
Année	*Numéro de la loi*	*Objet de la loi*
1960	60-753	Convention d'établissement
1967	67-534	Convention consulaire et protocole
1967	67-1185	Eviter les doubles impositions en matière d'impôts sur le revenu et sur la fortune
1970	70-1077	Extradition entre la France et les États-Unis
1979	79-551	Impôts sur le revenu et sur la fortune
1980	80-452	Eviter les doubles impositions et prévenir l'évasion fiscale en matière d'impôts sur les successions et les donations
1983	83-1129	Transfèrement des condamnés détenus
1987	87-521	Sécurité sociale
1994	94-1206	Modalités de transfert de propriété du système oléoduc Donges-Melun-Metz à la France
1995	95-1318	Eviter les doubles impositions et prévenir l'évasion et la fraude fiscales en matière d'impôts sur le revenu et sur la fortune
2001	2001-339	Entraide judiciaire en matière pénale
2001	2001-1119	Traité d'extradition
2006	2006-1251	Eviter les doubles impositions et prévenir l'évasion et la fraude fiscales en matière d'impôts sur le revenu et sur la fortune
2006	2006-1252	Eviter les doubles impositions et prévenir l'évasion fiscale en matière d'impôts sur les successions et sur les donations
2008	2008-133	Coopération dans le domaine de l'exploration et de l'utilisation de l'espace extra-atmosphérique à des fins pacifiques
2009	2009-1471	Eviter les doubles impositions et prévenir l'évasion et la fraude fiscales en matière d'impôts sur le revenu et sur la fortune
2014	2014-1098	Améliorer le respect des obligations fiscales à l'échelle internationale et mettre en œuvre la loi relative au respect des obligations fiscales concernant les comptes étrangers (dite « loi FACTA »)
2015	2015-892	Indemnisation de certaines victimes de la Shoah

Ethiopie		
Année	*Numéro de la loi*	*Objet de la loi*
1959	59-1558	Compagnie du chemin de fer franco-éthiopien
1991	91-1114	Eviter la double imposition en matière de transport aérien
2004	2004-497	Encouragement et protection réciproques des investissements
2008	2008-130	Eviter les doubles impositions et prévenir l'évasion et la fraude fiscales en matière d'impôts sur le revenu

Finlande		
Année	*Numéro de la loi*	*Objet de la loi*
1971	71-1034	Eviter les doubles impositions et prévenir l'évasion fiscale en matière d'impôts sur le revenu et sur la fortune
1989	89-384	Assistance administrative mutuelle en matière douanière

Gabon		
Année	*Numéro de la loi*	*Objet de la loi*
1960	60-734	Accords particuliers
1960	60-1226	Accords particuliers
1964	64-1065	Aide mutuelle judiciaire, exequatur des jugements et extradition
1968	68-1173	Convention fiscale
1975	75-1145	Coopération technique (concours en personnel)
1975	75-1146	Assistance mutuelle en matière de douane
1976	76-997	Convention d'établissement
1985	85-673	Coopération technique (concours en personnel)
1985	85-1483	Coopération économique et financière
1987	87-928	Eviter les doubles impositions et établir des règles d'assistance réciproques en matière fiscale
1994	94-531	Circulation et séjour des personnes
1998	98-120	Eviter les doubles impositions et prévenir l'évasion et la fraude fiscales
2003	2003-2	Sécurité sociale (avenant à la convention du 2 octobre 1980)
2003	2003-557	Convention d'établissement
2008	2008-569	Gestion concertée des flux migratoires et codéveloppement
2011	2011-425	Partenariat de défense
2017	2017-68	Services de transport aérien

Géorgie		
Année	*Numéro de la loi*	*Objet de la loi*
1999	99-348	Entente, amitié et coopération
1999	99-980	Encouragement et protection réciproques des investissements
2010	2010-202	Eviter les doubles impositions et prévenir l'évasion fiscale en matière d'impôts sur le revenu et sur la fortune
2014	2014-876	Coopération en matière de sécurité intérieure

Ghana		
Année	*Numéro de la loi*	*Objet de la loi*
1994	94-925	Eviter les doubles impositions et prévenir l'évasion et la fraude fiscale en matière d'impôts sur le revenu et sur les gains en capital
2001	2001-83	Encouragement et protection réciproques des investissements

Grèce		
Année	*Numéro de la loi*	*Objet de la loi*
1964	64-1275	Eviter les doubles impositions Etablir des règles d'assistance administrative réciproque en matière d'impôts sur le revenu.
1966	66-960	Règlement des créances financières françaises
1985	85-1472	Convention sur les obligations contractuelles
2011	2011-297	Coopération en matière de sécurité intérieure
2012	2012-946	Protocole additionnel à l'accord du 19 décembre 1938 portant sur les rapports intellectuels et artistiques

Grenade		
Année	*Numéro de la loi*	*Objet de la loi*
2010	2010-1384	Echange de renseignements en matière fiscale

Guatemala		
Année	*Numéro de la loi*	*Objet de la loi*
1975	75-564	Coopération culturelle, scientifique et technique
1999	99-998	Encouragement et protection réciproques des investissements

Guinée		
Année	*Numéro de la loi*	*Objet de la loi*
1977	77-1438	Règlement du contentieux financier
1981	81-745	Coopération culturelle, scientifique et technique
1982	82-414	Règlement du contentieux financier
1987	87-931	Coopération militaire technique
2003	2003-375	Eviter les doubles impositions et établir des règles d'assistance réciproque en matière d'impôts sur le revenu, la fortune, les successions et les donations
2009	2009-413	Promotion et protection réciproques des investissements
2016	2016-962	Coopération en matière de défense et statut des forces

Guinée-Bissau		
Année	*Numéro de la loi*	*Objet de la loi*
1978	78-642	Coopération culturelle, scientifique, technique et économique

Guinée-Equatoriale		
Année	*Numéro de la loi*	*Objet de la loi*
1980	80-1051	Coopération économique, technique, scientifique et culturelle
1983	83-408	Encouragement et protection réciproques des investissements
1987	97-930	Coopération militaire technique

Haïti		
Année	*Numéro de la loi*	*Objet de la loi*
1961	61-745	Traité commercial
1985	85-7	Encouragement et protection réciproques des investissements

Haute-Volta		
Année	*Numéro de la loi*	*Objet de la loi*
1960	60-735	Accords particuliers
1961	61-767	Traité et accord de coopération
1966	66-964	Convention fiscale

Honduras		
Année	*Numéro de la loi*	*Objet de la loi*
1999	99-1000	Encouragement et protection réciproques des investissements

Hong Kong		
Année	*Numéro de la loi*	*Objet de la loi*
1997	97-102	Encouragement et protection réciproques des investissements
1999	99-347	Entraide judiciaire en matière pénale

Hongrie		
Année	*Numéro de la loi*	*Objet de la loi*
1967	67-533	Convention consulaire
1981	81-749	Eviter les doubles impositions en matière d'impôts sur le revenu et sur la fortune
1981	81-942	Entraide judiciaire en matière civile, pénale et d'extradition
1985	85-597	Exemption fiscale des instituts hongrois à Paris et français à Budapest
1987	87-522	Encouragement et protection réciproques des investissements
1992	92-591	Traité d'entente et d'amitié
2000	2000-185	Assistance administrative mutuelle en matière douanière

Inde		
Année	*Numéro de la loi*	*Objet de la loi*
1962	62-862	Cession de comptoirs français (Pondichéry, Karikal, Mahe et Yanaon)
1969	69-1136	Eviter la double imposition en matière d'impôts sur les revenus
1994	94-321	Eviter les doubles impositions et prévenir l'évasion et la fraude fiscales en matière d'impôts sur le revenu et sur la fortune
1999	99-344	Encouragement et protection réciproques des investissements
2005	2005-105	Convention en matière d'extradition
2005	2005-106	Entraide judiciaire en matière pénale
2009	2009-1492	Coopération pour le développement des utilisations pacifiques de l'énergie nucléaire
2009	2009-1795	Transfèrement des personnes condamnées
2011	2011-298	Sécurité sociale
2011	2011-299	Coopération dans le domaine de l'utilisation de l'espace extra-atmosphérique
2013	2013-354	Répartition des droits de propriété intellectuelle dans les accords de développement des utilisations pacifiques de l'énergie nucléaire

Indonésie		
Année	*Numéro de la loi*	*Objet de la loi*
1980	80-1049	Eviter les doubles impositions et prévenir l'évasion fiscale en matière d'impôts sur le revenu et sur la fortune

Irak		
Année	*Numéro de la loi*	*Objet de la loi*
1968	68-1044	Accord commercial
2011	2011-301	Coopération dans le domaine de la défense
2015	2015-105	Coopération culturelle, scientifique et technique
2016	2016-654	Encouragement et protection réciproques des investissements

Iran		
Année	*Numéro de la loi*	*Objet de la loi*
1965	65-942	Convention d'extradition
1969	69-424	Convention d'établissement et navigation
1974	74-1010	Eviter les doubles impositions et prévenir l'évasion fiscale en matière d'impôts sur le revenu
2004	2004-498	Encouragement et protection réciproques des investissements

Irlande		
Année	*Numéro de la loi*	*Objet de la loi*
1969	69-971	Eviter les doubles impositions et prévenir l'évasion fiscale en matière d'impôts sur le revenu

Islande		
Année	*Numéro de la loi*	*Objet de la loi*
1982	82-481	Eviter la double imposition en matière de transport aérien
1991	91-1395	Eviter les doubles impositions et prévenir l'évasion fiscale en matière d'impôts sur le revenu

Israël		
Année	*Numéro de la loi*	*Objet de la loi*
1961	61-1385	Service militaire des doubles nationaux
1964	64-708	Eviter les doubles impositions Etablir des règles d'assistance administrative en matière d'impôts sur le revenu
1966	66-494	Sécurité sociale
1971	71-903	Convention d'extradition
1984	84-550	Encouragement et protection réciproques des investissements
1996	96-503	Eviter les doubles impositions et prévenir l'évasion et la fraude fiscales en matière d'impôts sur le revenu et sur la fortune

Italie		
Année	*Numéro de la loi*	*Objet de la loi*
1962	62-632	Aménagement hydro-électrique du Mont Cenis
1966	66-966	Eviter les doubles impositions en matière d'impôts directs sur les revenus et la fortune
1967	67-1188	Accord sur les questions douanières et fiscales relatives à l'exploitation du tunnel routier du Mont Blanc
1969	69-425	Tracé de la frontière franco-italienne (Clavières)
1969	69-426	Alimentation en eau de la commune de Menton
1971	71-432	Ligne ferroviaire Coni-Breil-Vintimille
1972	72-600	Sépultures de guerre
1972	72-627	Tunnel routier du Fréjus
1977	77-1405	Régime fiscal des libéralités à des fins d'assistance, d'éducation et d'instruction
1984	84-546	Entretien des bornes et de la frontière
1987	87-992	Délimitation des frontières maritimes dans la région des Bouches de Bonifacio
1990	90-456	Eviter les doubles impositions en matière d'impôts sur le revenu et sur la fortune et prévenir l'évasion et la fraude fiscales
1991	91-1398	Eviter les doubles impositions en matière d'impôts sur les successions et sur les donations et de prévenir l'évasion et la fraude fiscales
1999	99-472	Réadmission des personnes en situation irrégulière
1999	99-994	Coopération transfrontalière en matière policière et douanière
2002	2002-290	Contrôle de la circulation dans les tunnels du Mont-Blanc et du Fréjus
2002	2002-291	Réalisation d'une nouvelle ligne ferroviaire Lyon-Turin
2003	2003-1211	Coopération transfrontalière en matière policière et douanière

2003	2003-1223	Coopération sur l'observation de la Terre
2005	2005-107	Avenant à la convention du 29 janvier 1951 relative aux gares internationales de Modane et de Vintimille et aux sections de chemins de fer comprises entre ces gares et les frontières d'Italie et de France
2006	2006-613	Complément à la liste des établissements culturels et d'enseignement auxquels s'appliquent les dispositions de la convention culturelle du 4 novembre 2009
2007	2007-1485	Tunnel routier de Tende
2008	2008-575	Tunnel routier sous le Mont-Blanc
2009	2009-1187	Coopération transfrontalière en matière policière et douanière
2010	2010-612	Mise en place d'un service de ferroutage
2011	2011-857	Restauration du patrimoine de la ville de L'Aquila
2013	2013-1089	Réalisation et exploitation d'une nouvelle ligne Lyon-Turin
2015	2015-1706	Tunnel routier du Mont-Blanc (protocole additionnel)
2017	2017-116	Travaux définitifs de la section transfrontalière de la nouvelle ligne ferroviaire Lyon-Turin

Jamaïque		
Année	*Numéro de la loi*	*Objet de la loi*
1994	94-537	Encouragement et protection réciproques des investissements
1998	98-119	Eviter les doubles impositions et prévenir l'évasion et la fraude fiscales en matière d'impôts sur le revenu

Japon		
Année	*Numéro de la loi*	*Objet de la loi*
1963	63-1252	Accord commercial
1965	65-545	Eviter les doubles investissements
1981	81-746	Eviter les doubles impositions en matière d'impôts sur le revenu
1995	95-1404	Eviter les doubles impositions et prévenir l'évasion fiscale en matière d'impôts sur le revenu
2007	2007-307	Sécurité sociale
2007	2007-1484	Eviter les doubles impositions et prévenir l'évasion et la fraude fiscales en matière d'impôts sur le revenu
2016	2016-1033	Transfert d'équipements et de technologie de défense

Jordanie		
Année	*Numéro de la loi*	*Objet de la loi*
1979	79-364	Encouragement et protection réciproques des investissements
1985	85-12	Eviter les doubles impositions et prévenir l'évasion fiscale en matière d'impôts sur le revenu
2015	2015-274	Convention d'extradition
2015	2015-291	Entraide judiciaire en matière pénale
2017	2017-1477	Statut des forces

Kazakhstan		
Année	*Numéro de la loi*	*Objet de la loi*
1994	94-540	Amitié, entente et coopération
2000	2000-330	Encouragement et protection réciproques des investissements
2000	2000-335	Eviter les doubles impositions et prévenir l'évasion et la fraude fiscales en matière d'impôts sur le revenu et la fortune
2011	2011-692	Coopération militaire
2012	2012-917	Coopération en matière de lutte contre la criminalité
2012	2012-919	Coopération dans le domaine de la protection civile, de la prévention et de l'élimination des situations d'urgence
2012	2012-1472	Coopération dans le domaine de l'exploration et de l'utilisation de l'espace extra-atmosphérique à des fins pacifiques

Kenya		
Année	*Numéro de la loi*	*Objet de la loi*
1998	98-121	Eviter les doubles impositions en matière de transport aérien en trafic international
2009	2009-412	Encouragement et protection réciproques des investissements
2010	2010-840	Eviter les doubles impositions et prévenir l'évasion et la fraude fiscales en matière d'impôts sur le revenu

Kirghizstan		
Année	*Numéro de la loi*	*Objet de la loi*
1995	95-1223	Entente, amitié et coopération
1995	95-1227	Encouragement et protection réciproques des investissements

Kosovo		
Année	*Numéro de la loi*	*Objet de la loi*
2014	2014-771	Réadmission des personnes en séjour irrégulier

Koweït		
Année	*Numéro de la loi*	*Objet de la loi*
1982	82-1094	Eviter les doubles impositions et prévenir l'évasion fiscale en matière d'impôts sur le revenu et sur les successions
1990	90-576	Encouragement et protection réciproques des investissements
1990	90-578	Eviter les doubles impositions en matière d'impôts sur le revenu et sur les successions
1994	94-880	Avenant à la convention approuvée en 1990 (90-578)

Laos		
Année	*Numéro de la loi*	*Objet de la loi*
1990	90-565	Coopération scientifique et culturelle
1990	90-1145	Encouragement et protection réciproques des investissements

Lettonie		
Année	*Numéro de la loi*	*Objet de la loi*
1994	94-538	Encouragement et protection réciproques des investissements
1994	94-1075	Entente, amitié et coopération
2001	2001-87	Eviter les doubles impositions et prévenir l'évasion et la fraude fiscales en matière d'impôts sur le revenu et sur la fortune
2003	2003-210	Statut de l'immeuble de la légation de Lettonie

Liban		
Année	*Numéro de la loi*	*Objet de la loi*
1963	63-813	Eviter les doubles impositions Assistance administrative réciproque pour : – les impôts sur les revenus – l'impôt sur les successions
1999	99-345	Encouragement et protection réciproques des investissements
2011	2011-8	Coopération dans le domaine de défense
2012	2012-316	Entraide judiciaire en matière pénale
2013	2013-243	Mobilité des jeunes
2014	2014-874	Coopération en matière de sécurité intérieure, de sécurité civile et d'administration

Libéria		
Année	*Numéro de la loi*	*Objet de la loi*
1981	81-750	Encouragement et protection réciproques des investissements
2011	2011-1286	Echange de renseignements en matière fiscale

Libye		
Année	*Numéro de la loi*	*Objet de la loi*
1978	78-669	Accord maritime
2005	2005-1331	Encouragement et protection réciproques des investissements
2007	2007-1814	Eviter les doubles impositions en matière d'impôts sur le revenu et de prévenir l'évasion fiscale
2010	2010-159	Coopération en matière de sécurité et de lutte contre la criminalité organisée

Liechtenstein		
Année	*Numéro de la loi*	*Objet de la loi*
2010	2010-848	Echange de renseignements en matière fiscale

Lituanie		
Année	*Numéro de la loi*	*Objet de la loi*
1993	93-843	Entente, amitié et coopération
2003	2003-211	Statut de l'immeuble de la légation de Lituanie
2016	2016-910	Coopération dans le domaine de la défense et de la sécurité

Luxembourg		
Année	*Numéro de la loi*	*Objet de la loi*
1965	65-514	Rectification de la frontière franco-luxembourgeoise
1971	71-447	Eviter les doubles impositions et établir des règles d'assistance mutuelle administrative en matière d'impôts sur le revenu et sur la fortune
1976	76-579	Frontières
1986	86-1294	Réalisation et exploitation de certaines implantations industrielles sur la Moselle
1990	90-355	Rectification de la frontière franco-luxembourgeoise
2002	2002-169	Rectification de la frontière franco-luxembourgeoise
2004	2004-70	Raccordement du Luxembourg au TGV Est-européen
2007	2007-273	Rectification de la frontière
2007	2007-1815	Eviter les doubles impositions et établir des règles d'assistance administrative réciproque en matière d'impôts sur le revenu et sur la fortune
2008	2008-472	Sécurité sociale
2010	2010-1197	Avenant à la convention fiscale approuvée en 2007
2014	2014-776	Développement de la coopération et de l'entraide administrative en matière de sécurité sociale
2014	2014-778	Coopération policière et douanière dans les zones frontalières
2015	2015-1715	Eviter les doubles impositions et établir des règles d'assistance administrative réciproque en matière d'impôts sur le revenu et sur la fortune
2017	2017-1478	Assistance et coopération dans le domaine de la protection et de la sécurité civiles

Macédoine		
Année	*Numéro de la loi*	*Objet de la loi*
1999	99-997	Encouragement et protection réciproques des investissements
2000	2000-184	Assistance administrative mutuelle pour la prévention, la recherche, la constatation et la sanction des infractions douanières
2004	2004-55	Eviter les doubles impositions et prévenir l'évasion et la fraude fiscales en matière d'impôts sur le revenu et sur la fortune
2005	2005-1330	Coopération en matière de sécurité intérieure

Madagascar		
Année	*Numéro de la loi*	*Objet de la loi*
1960	60-568	Accords particuliers
1960	60-569	Accords particuliers
1960	60-681	Accords particuliers
1960	60-683	Cour d'arbitrage Droits fondamentaux
1963	63-816	Eliminer les doubles impositions et établir une assistance mutuelle administrative en matière fiscale
1972	72-1148	Eliminer les doubles impositions et établir des règles d'assistance mutuelle administrative en matière fiscale
1974	74-1077	Affaires judiciaires franco-malgaches
1974	74-1079	Assistance technique
1984	84-556	Eviter les doubles impositions et prévenir l'évasion fiscale et établir des règles d'assistance administrative en matière fiscale
1990	90-1148	Assistance administrative mutuelle en matière douanière
2005	2005-110	Encouragement et protection réciproques des investissements
2008	2008-662	Services de transport aérien

Malaisie		
Année	*Numéro de la loi*	*Objet de la loi*
1973	73-1115	Coopération culturelle et technique
1976	76-464	Eviter les doubles impositions et prévenir l'évasion fiscale en matière d'impôts sur le revenu
1976	76-465	Garantie des investissements
1976	76-467	Service militaire des double-nationaux
1991	91-1394	Eviter les doubles impositions et prévenir l'évasion fiscale en matière d'impôts sur le revenu
2010	2010-1194	Eviter les doubles impositions et prévenir l'évasion et la fraude fiscales en matière d'impôts sur le revenu

Mali		
Année	*Numéro de la loi*	*Objet de la loi*
1960	60-682	Accords particuliers
1960	60-683	Cour d'arbitrage Droits fondamentaux
1963	63-812	Accords de coopération technique, culturelle, judiciaire, économique, financière et consulaire
1966	66-418	Sécurité sociale
1973	73-1114	Convention fiscale
1979	79-543	Coopération technique militaire (formation)
1980	80-1043	- Convention d'établissement – Circulation des personnes
1981	81-753	Sécurité sociale
1987	87-933	Coopération militaire technique
1991	91-417	Assistance administrative mutuelle pour la prévention, la recherche et la répression des fraudes douanières
1995	95-1402	Convention d'établissement
1995	95-1403	Circulation et séjour des personnes
2016	2016-913	Coopération en matière de défense

Malte		
Année	*Numéro de la loi*	*Objet de la loi*
1977	77-709	Encouragement et protection réciproques des investissements
1979	79-552	Eviter les doubles impositions et prévenir l'évasion fiscale
1996	96-505	Eviter les doubles impositions et prévenir l'évasion fiscale en matière d'impôts sur le revenu
2004	2004-1125	Prévention, recherche, constatation et sanction des infractions douanières
2010	2010-207	Eviter les doubles impositions et prévenir l'évasion fiscale en matière d'impôts sur le revenu et sur la fortune

Maroc		
Année	*Numéro de la loi*	*Objet de la loi*
1961	61-1311	Accord tarifaire
1966	66-416	Sécurité sociale
1971	71-369	Eliminer les doubles impositions et établir des règles d'assistance mutuelle administrative en matière fiscale
1974	74-1013	Sécurité sociale
1974	74-1014	Sécurité sociale (complément)
1976	76-581	Protection, encouragement et garantie réciproques des investissements
1976	76-1200	Sécurité sociale
1980	80-1006	Sécurité sociale (avenant)
1982	82-477	Assistance aux personnes détenues et transfèrement des condamnés
1982	82-484	Coopération judiciaire en matière civile
1985	85-3	Coopération en matière de marine marchande
1990	90-353	Eliminer les doubles impositions et établir des règles d'assistance mutuelle administrative en matière fiscale
1990	90-354	Accord budgétaire
1990	90-1147	Assistance administrative mutuelle en vue de prévenir, rechercher et de réprimer les infractions douanières
1997	97-745	Encouragement et protection réciproques des investissements
2007	2007-1202	Statut des forces françaises et marocaines
2008	2008-473	Partenariat pour la coopération culturelle et le développement
2010	2010-609	Entraide judiciaire en matière pénale
2010	2010-610	Convention d'extradition
2011	2011-9	Sécurité sociale
2012	2012-226	Assistance aux personnes détenues et transfèrement des condamnés
2015	2015-905	Entraide judiciaire en matière pénale

Maurice		
Année	*Numéro de la loi*	*Objet de la loi*
1973	73-1144	Protection des investissements
1980	80-1050	Coopération militaire
1982	82-483	Eviter les doubles impositions en matière d'impôts sur le revenu et sur la fortune
1991	91-1286	Assistance administrative mutuelle internationale en vue de prévenir, rechercher et réprimer les infractions douanières
2010	2010-381	Coopération en matière de sécurité intérieure
2010	2010-383	Séjour et migration circulaire de professionnel
2012	2012-320	Eviter les doubles impositions en matière d'impôts sur le revenu

Mauritanie		
Année	*Numéro de la loi*	*Objet de la loi*
1961	61-848	Traité et accord de coopération
1965	65-513	Convention consulaire
1966	66-414	Sécurité sociale
1968	68-1174	Convention fiscale
1980	80-456	Sécurité sociale
1983	83-492	Formation militaire
1987	87-932	Coopération militaire technique
1994	94-534	Circulation et séjour des personnes

Mexique		
Année	*Numéro de la loi*	*Objet de la loi*
1984	84-1145	Prévention, recherche et répression des fraudes douanières par les administrations douanières de la France et du Mexique
1992	92-578	Eviter les doubles impositions et prévenir l'évasion fiscale en matière d'impôts sur le revenu
1994	94-1077	Entraide judiciaire en matière pénale
1994	94-1079	Convention d'extradition
2000	2000-334	Encouragement et protection réciproques des investissements
2007	2007-1152	Lutter contre l'usage et le trafic illicites de stupéfiants et de substances psychotropes
2007	2007-1153	Echanges d'informations relatives à des opérations financières en vue de prévenir et de combattre les opérations provenant d'activités illicites ou de blanchiment d'argent
2007	2007-1204	Mécanisme de développement propre dans le cadre du protocole de Kyoto

Moldavie		
Année	*Numéro de la loi*	*Objet de la loi*
1994	94-1074	Entente, amitié et coopération
1999	99-346	Encouragement et protection réciproques des investissements

Monaco		
Année	*Numéro de la loi*	*Objet de la loi*
1963	63-817	Convention fiscale
1967	67-1183	Situation des actionnaires de sociétés monégasques domiciliés en France
1976	76-1198	Privilèges et immunités de l'Organisation hydrographique internationale
1976	76-1199	Rattachement des médecins monégasques aux régimes de retraites des médecins français
1980	80-454	Exécution réciproque des peines d'amende et de confiscation
1982	82-350	Sécurité sociale
1985	85-672	Délimitation maritime
1986	86-799	Privilèges et immunités diplomatiques (Agence internationale à l'énergie atomique)
1991	91-1287	Construction du tunnel destiné à relier le réseau routier monégasque à la route nationale
1993	93-881	Convention d'extradition
1999	99-988	Aménagement de la convention de voisinage (titre I)
1999	99-989	Aménagement de la convention de voisinage (art. 7)
1999	99-995	Avenant à la convention du 28 février 1952 sur la sécurité sociale
2003	2003-207	Attribution et utilisation par Télé Monte-Carlo de fréquences hertziennes
2005	2005-227	Avenant à la convention fiscale du 18 mai 1963
2005	2005-1271	Adaptation et confirmation des rapports d'amitié et de coopération
2008	2008-471	Mise à disposition de personnels de la police nationale française à l'occasion d'évènements particuliers
2008	2008-571	Entraide judiciaire pénale
2008	2008-572	Adaptation et approfondissement de la coopération administrative
2009	2009-714	Garantie des investisseurs
2012	2012-227	Approvisionnement en électricité
2013	2013-580	Prise en charge sur le territoire français des déchets radioactifs monégasques
2016	2016-653	Avenant à la convention du 28 février 1952 sur la sécurité sociale

Mongolie		
Année	*Numéro de la loi*	*Objet de la loi*
1993	93-882	Encouragement et protection réciproques des investissements
1993	93-883	Entraide judiciaire, reconnaissance et exécution des décisions en matière civile
1998	98-471	Eviter les doubles impositions et prévenir l'évasion et la fraude fiscales en matière d'impôts sur le revenu et sur la fortune
2008	2008-1075	Transports aériens

Monténégro		
Année	*Numéro de la loi*	*Objet de la loi*
2013	2013-242	Mobilité des jeunes

Mozambique		
Année	*Numéro de la loi*	*Objet de la loi*
1983	83-317	Accord général de coopération
2004	2004-1116	Encouragement et protection réciproques des investissements

Namibie		
Année	*Numéro de la loi*	*Objet de la loi*
1998	98-1144	Eviter les doubles impositions et prévenir l'évasion et la fraude fiscales en matière d'impôts sur le revenu et sur la fortune
1998	98-1145	Coopération culturelle, scientifique et technique
1999	99-999	Encouragement et protection réciproques des investissements

Népal		
Année	*Numéro de la loi*	*Objet de la loi*
1984	84-555	Encouragement et protection réciproques des investissements
1985	85-1474	Coopération culturelle, scientifique et technique

Nicaragua		
Année	*Numéro de la loi*	*Objet de la loi*
1999	99-996	Encouragement et protection réciproques des investissements

Niger		
Année	*Numéro de la loi*	*Objet de la loi*
1960	60-735	Accords particuliers
1961	61-769	Accord de défense
1961	61-770	Traité et accord de coopération
1966	66-398	Convention fiscale
1974	74-633	Sécurité sociale
1979	79-544	Coopération judiciaire
1979	79-545	Coopération militaire et technique
1979	79-546	Coopération économique et financière
1979	79-547	Coopération en matière de personnel
1979	79-1141	Circulation des personnes
1979	79-1142	Sécurité sociale (avenant)
1980	80-1047	Coopération en matière d'enseignement, de sciences et de culture
1997	97-742	Circulation et séjour des personnes

Nigeria		
Année	*Numéro de la loi*	*Objet de la loi*
1990	90-1149	Eviter les doubles impositions et prévenir l'évasion fiscale en matière d'impôts sur le revenu et sur les gains en capital
1991	91-492	Encouragement et protection réciproques des investissements
1991	91-1397	Coopération culturelle, éducative, scientifique et technique
2012	2012-1167	Entraide judiciaire en matière pénale

Norvège		
Année	*Numéro de la loi*	*Objet de la loi*
1981	81-744	- Eviter les doubles impositions et prévenir l'évasion fiscale – Etablir des règles d'assistance administrative réciproque en matière d'impôts sur le revenu et sur la fortune
1985	85-678	Eviter les doubles impositions, prévenir l'évasion fiscale et établir des règles d'assistance administrative réciproque en matière d'impôts sur le revenu et sur la fortune
1996	96-427	Transport par gazoduc de gaz du plateau continental norvégien
1996	96-506	Eviter les doubles impositions, de prévenir l'évasion fiscale et établir des règles d'assistance administrative réciproque en matière d'impôts sur le revenu et sur la fortune
2002	2002-1033	Eviter les doubles impositions, prévenir l'évasion fiscale, établir des règles d'assistance administrative réciproque en matière d'impôts sur le revenu et sur la fortune
2013	2013-581	Enseignement dispensé en France aux élèves norvégiens et fonctionnement des sections norvégiennes établies dans les académies de Rouen, Caen et Lyon

Nouvelle-Zélande		
Année	*Numéro de la loi*	*Objet de la loi*
1980	80-1011	Eviter les doubles impositions et prévenir l'évasion fiscale en matière d'impôts sur le revenu
2004	2004-1111	Emploi des personnes à charge des membres des missions officielles d'un État dans l'autre
2016	2016-912	Statut des forces en visite et coopération en matière de défense

Oman		
Année	*Numéro de la loi*	*Objet de la loi*
1990	90-332	Eviter les doubles impositions
1996	96-275	Encouragement et protection réciproques des investissements
2003	2003-1143	Eviter les doubles impositions
2013	2013-155	Eviter les doubles impositions

Ouganda		
Année	*Numéro de la loi*	*Objet de la loi*
2004	2004-1115	Encouragement et protection réciproques des investissements

Ouzbékistan		
Année	*Numéro de la loi*	*Objet de la loi*
1996	96-64	Amitié et coopération
1996	96-65	Liberté de circulation
1996	96-129	Encouragement et protection réciproques des investissements
2003	2003-626	Eviter les doubles impositions et prévenir l'évasion et la fraude fiscales en matière d'impôts sur le revenu et la fortune

Pakistan		
Année	*Numéro de la loi*	*Objet de la loi*
1967	67-1187	Eviter la double imposition et l'évasion fiscale en matière d'impôts sur le revenu
1984	84-551	Encouragement et protection réciproques des investissements
1996	96-504	Eviter les doubles impositions et prévenir l'évasion et la fraude fiscales en matière d'impôts sur le revenu

Panama		
Année	*Numéro de la loi*	*Objet de la loi*
1967	67-1178	Exemptions fiscales
1983	83-1072	Traitement et protection des investissements
1996	96-569	Accord fiscal
2011	2011-2013	Eviter les doubles impositions et prévenir l'évasion et la fraude fiscales en matière d'impôts sur le revenu
2016	2016-1975	Services aériens

Paraguay		
Année	*Numéro de la loi*	*Objet de la loi*
1980	80-458	Encouragement et protection réciproques des investissements
1998	98-233	Coopération culturelle, scientifique et technique
2002	2002-1044	Transfèrement des personnes condamnées
2002	2002-1045	Convention d'extradition
2002	2002-1046	Entraide judiciaire en matière pénale

Pays-Bas		
Année	*Numéro de la loi*	*Objet de la loi*
1973	73-1145	Eviter les doubles impositions et prévenir l'évasion fiscale en matière d'impôts sur le revenu et sur la fortune
1995	95-854	Contrôle des personnes sur les aéroports de Saint-Martin
1997	97-1099	Protection de l'Escaut
1997	97-1100	Protection de la Meuse
2005	2005-500	Eviter les doubles impositions et prévenir l'évasion fiscale en matière d'impôts sur le revenu et sur la fortune
2007	2007-167	Fiscalité des revenus de l'épargne
2009	2009-1793	Coopération administrative pour la lutte contre le travail illégal et le respect du droit social en cas de circulation transfrontalière de travailleurs et de services
2010	2010-1199	Assistance mutuelle et coopération entre administrations douanières dans la région des Caraïbes et notamment sur l'île de Saint-Martin
2011	2011-1280	Echange de renseignements en matière fiscale concernant les Antilles néerlandaises
2013	2013-154	Echange de renseignements en matière fiscale concernant l'île d'Aruba
2015	2015-471	Coopération insulaire policière pour Saint-Martin

Pérou		
Année	*Numéro de la loi*	*Objet de la loi*
1972	72-1222	Accord culturel et de coopération scientifique et technique
1996	96-242	Encouragement et protection réciproques des investissements
2015	2015-277	Traité d'extradition
2016	2016-338	Entraide judiciaire en matière pénale

Philippines		
Année	*Numéro de la loi*	*Objet de la loi*
1978	78-555	Eviter les doubles impositions et prévenir l'évasion fiscale en matière d'impôts sur le revenu
1992	92-594	Sécurité sociale
1996	96-276	Encouragement et protection réciproques des investissements
1998	98-117	Avenant à la convention approuvée en 1978
2012	2012-1321	Eviter les doubles impositions et prévenir l'évasion fiscale en matière d'impôts sur le revenu
2017	2017-1213	Services aériens

Pologne		
Année	*Numéro de la loi*	*Objet de la loi*
1968	68-453	Droit de la famille : loi applicable, compétence et exequatur
1976	76-580	Eviter les doubles impositions en matière d'impôts sur le revenu et sur la fortune
1976	76-1184	Convention consulaire
1984	84-991	Instituts français en Pologne et instituts polonais en France
1989	89-872	Encouragement et protection réciproques des investissements
1992	92-575	Traité d'amitié et de solidarité
1998	98-473	Assistance administrative mutuelle en matière douanière

Portugal		
Année	*Numéro de la loi*	*Objet de la loi*
1972	72-534	Eviter les doubles impositions et établir des règles d'assistance administrative réciproque en matière d'impôts sur le revenu
1972	72-1135	Sécurité sociale
1977	77-1437	Utilisation par la France de certaines facilités des Açores
1978	78-1041	Sécurité sociale (avenant)
1980	80-1036	Sécurité sociale (avenant)
1983	83-1105	Sécurité sociale
1984	84-543	Coopération judiciaire
1994	94-1007	Impôts sur les successions et les donations
2017	2017-1479	Eviter les doubles impositions et établir des règles d'assistance administrative réciproque en matière d'impôts sur le revenu
2017	2017-1478	Assistance et coopération dans le domaine de la protection et de la sécurité civiles

Qatar		
Année	*Numéro de la loi*	*Objet de la loi*
1991	91-1392	Eviter les doubles impositions
1993	93-322	Interprétation de la convention fiscale (ratifiée en 1991)
1999	99-981	Encouragement et protection réciproques des investissements
2009	2009-228	Eviter les doubles impositions

République Tchèque		
Année	*Numéro de la loi*	*Objet de la loi*
1991	91-641	Encouragement et protection réciproques des investissements
1998	98-118	Assistance mutuelle administrative pour la prévention, la recherche et la poursuite des fraudes douanières
2005	2005-226	Eviter les doubles impositions et prévenir l'évasion et la fraude fiscales en matière d'impôts sur le revenu et sur la fortune
2011	2011-4	Coopération en matière de cotisations et de lutte contre la fraude aux prestations de sécurité sociale
2016	2016-365	Coopération dans le domaine de la protection civile, de la prévention et de la gestion des situations d'urgence
2017	2017-1214	Coopération dans le domaine de l'exploration et de l'utilisation de l'espace extra-atmosphérique à des fins pacifiques

Roumanie		
Année	*Numéro de la loi*	*Objet de la loi*
1970	70-501	Convention consulaire
1975	75-562	Entraide judiciaire en matière pénale et à l'extradition
1975	75-563	Entraide judiciaire en matière civile et commerciale
1975	75-584	Eviter les doubles impositions en matière d'impôts sur le revenu et la fortune
1977	77-1222	Sécurité sociale
1978	78-575	Encouragement, protection et garantie réciproques des investissements
1992	92-465	Statut et modalités de fonctionnement des centres culturels
1992	92-592	Entente amicale et coopération
1996	96-279	Encouragement et protection réciproques des investissements
2004	2004-110	Coopération dans le domaine de la défense
2005	2005-290	Emploi salarié des personnes à charge des membres des missions officielles
2009	2009-1292	Enseignement bilingue
2011	2011-3	Assistance et coopération en matière de protection et de sécurité civiles dans les situations d'urgence

Royaume-Uni		
Année	*Numéro de la loi*	*Objet de la loi*
1964	64-562	Eviter les doubles impositions (impôts successions)
1969	69-972	Eviter les doubles impositions et prévenir l'évasion fiscale en matière d'impôts sur le revenu
1974	74-1103	Construction et exploitation du tunnel ferroviaire sous la Manche
1986	86-1297	Eviter les doubles impositions et prévenir l'évasion fiscale en matière d'impôt sur les revenus
1987	87-383	Construction et exploitation par des sociétés privées concessionnaires d'une liaison fixe trans-Manche
1987	87-384	Concession relative à la conception, le financement, la construction et l'exploitation d'une liaison fixe trans-Manche
1987	87-1049	Eviter les doubles impositions et prévenir l'évasion fiscale en matière d'impôts sur les revenus
1993	93-803	Contrôles frontaliers et police, coopération judiciaire en matière pénale et sécurité civile et assistance mutuelle relatifs à la liaison fixe trans-Manche
1994	94-103	Prolongation de la durée de concession initialement prévue par l'accord de 1986 (87-384)
1994	94-403	Circulation des trains (liaison trans-Manche)
1999	99-589	Avenant à la convention du 16 mars 1986 approuvée en 1987 (87-383)

2001	2001-409	Création de bureaux chargés du contrôle des personnes empruntant la liaison ferroviaire reliant la France au Royaume-Uni
2003	2003-231	Etablissement d'une ligne de délimitation maritime entre la France et **Jersey**
2003	2003-232	Pêche dans la baie de Granville
2003	2003-1368	Mise en œuvre de contrôles frontaliers dans les ports maritimes de la Manche et de la mer du Nord
2007	2007-167	Fiscalité des revenus de l'épargne
2009	2009-1470	Eviter les doubles impositions et prévenir l'évasion et la fraude fiscales en matière d'impôts sur le revenu et sur les gains en capital
2010	2010-841	Echange de renseignements en matière fiscale et imposition des pensions (**Jersey**)
2010	2010-844	Echange de renseignements en matière fiscale (**Bermudes**)
2010	2010-843	Echange de renseignements en matière fiscale (**Iles Turques et Caïques**)
2010	2010-845	Echange de renseignements en matière fiscale (**Iles Caïmans**)
2010	2010-846	Echange de renseignements en matière fiscale (**Gibraltar**)
2010	2010-850	Echange de renseignements en matière fiscale (**Guernesey**)
2010	2010-851	Echange de renseignements en matière fiscale (**Ile de Man**)
2010	2010-852	Echange de renseignements en matière fiscale (**Iles Vierges Britanniques**)
2011	2011-589	Installations radiographiques et hydrodynamiques
2011	2011-1279	Eviter la double imposition des entreprises exploitant, en trafic international, des navires et des aéronefs (**Ile de Man**)
2011	2011-1287	Echange de renseignements en matière fiscale (**Anguilla**)
2016	2016-702	Transfert de la compétence de régulation économique ferroviaire et établissement de principe de coopération
2016	2016-1324	Conception franco-britannique de missiles militaires

Russie		
Année	*Numéro de la loi*	*Objet de la loi*
1992	92-1317	Coopération militaire, institutionnelle, économique et culturelle
1994	94-374	Création et modalités de fonctionnement des centres culturels
1997	97-1160	Règlement définitif des créances réciproques antérieures au 9 mai 1945
1998	98-541	Coopération dans le domaine de l'exploration et de l'utilisation de l'espace à des fins pacifiques
1998	98-1146	Eviter les doubles impositions et prévenir l'évasion et la fraude fiscales en matière d'impôts sur le revenu et sur la fortune
2000	2000-179	Assistance administrative mutuelle pour la prévention, la recherche et la poursuite des fraudes douanières
2001	2001-1212	Coopération dans le domaine de l'exploitation et de l'utilisation de l'espace à des fins pacifiques
2003	2003-79	Responsabilité civile au titre des dommages nucléaires du fait de fournitures en provenance de la France destinées à des installations nucléaires russes
2004	2004-1117	Coopération en matière de sécurité intérieure et de lutte contre la criminalité
2005	2005-108	Transfèrement des personnes condamnées à une peine privative de liberté
2006	2006-70	Questions immobilières
2007	2007-304	Coopération en matière de destruction des stocks d'armes chimiques
2013	2013-1158	Coopération dans le domaine de l'adoption
2015	2015-1254	Obligations complémentaires de coopération dans le domaine de la construction de bâtiments de projection et de commandement

Saint-Christophe-et-Niévès		
Année	*Numéro de la loi*	*Objet de la loi*
2010	2010-1387	Echange de renseignements en matière fiscale

Sainte-Lucie		
Année	*Numéro de la loi*	*Objet de la loi*
2010	2010-1385	Echange de renseignements en matière fiscale
2018	2018-582	Entraide judiciaire en matière pénale Extradition

Saint-Marin		
Année	*Numéro de la loi*	*Objet de la loi*
1968	68-1036	Aide mutuelle en matière civile, commerciale et pénale. Exequatur des jugements
2010	2010-847	Echange de renseignements en matière fiscale

Saint-Vincent-et-les-FGrenadines		
Année	*Numéro de la loi*	*Objet de la loi*
2010	2010-1386	Echange de renseignements en matière fiscale

Salvador		
Année	*Numéro de la loi*	*Objet de la loi*
1980	80-457	Encouragement et protection réciproques des investissements

Sao Tomé-et-Principe		
Année	*Numéro de la loi*	*Objet de la loi*
1978	78-689	Coopération culturelle, scientifique, technique et économique

Sénégal		
Année	*Numéro de la loi*	*Objet de la loi*
1964	64-1066	Coopération judiciaire
1964	64-1232	Convention consulaire
1966	66-959	Convention fiscale
1975	75-1176	Coopération militaire
1975	75-1180	Convention consulaire
1975	75-1181	Convention fiscale
1975	75-1182	Convention judiciaire
1975	75-1183	Coopération en matière d'enseignement supérieur
1975	75-1184	Sécurité sociale
1975	75-1185	Coopération technique (concours en personnel)
1975	75-1186	Circulation des personnes
1975	75-1187	Convention d'établissement
1976	76-1185	Pêches maritimes
1981	81-1139	Formation en vue du retour et de l'insertion des travailleurs ayant émigrés temporairement en France
1985	85-639	Eviter les doubles impositions et établir les règles d'assistance réciproque en matière fiscale
1991	91-1393	Eviter les doubles impositions et à établir des règles d'assistance réciproque en matière d'impôts sur le revenu, d'impôts sur les successions, de droits d'enregistrement et de droits de timbre

1993	93-1304	Sécurité sociale (avenant à la convention)
1997	97-744	Circulation et séjour des personnes
2003	2003-4	Convention d'établissement
2009	2009-585	Gestion concertée des flux migratoires
2010	2010-203	Promotion et protection réciproques des investissements
2013	2013-1228	Partenariat en matière de coopération militaire

Serbie		
Année	*Numéro de la loi*	*Objet de la loi*
2013	2013-241	Mobilité des jeunes
2013	2013-326	Coopération policière
2014	2014-770	Coopération dans le domaine de la défense et statut des forces
2014	2014-772	Réadmission des personnes en séjour irrégulier

Seychelles		
Année	*Numéro de la loi*	*Objet de la loi*
1978	78-670	Coopération culturelle, scientifique, technique et économique et concours en personnel
2010	2010-205	Promotion et protection réciproques des investissements

Singapour		
Année	*Numéro de la loi*	*Objet de la loi*
1975	75-459	Eviter les doubles impositions et prévenir l'évasion fiscale
1976	76-623	Encouragement et protection des investissements
2002	2002-269	Coopération de défense et statut des forces
2010	2010-1193	Eviter les doubles impositions et prévenir l'évasion et la fraude fiscales en matière d'impôts sur les revenus
2016	2016-233	Eviter les doubles impositions et prévenir l'évasion et la fraude fiscales en matière d'impôts sur le revenu

Slovaquie		
Année	*Numéro de la loi*	*Objet de la loi*
2000	2000-182	Assistance administrative mutuelle pour la prévention, la recherche et la poursuite des fraudes douanières
2005	2005-151	Coopération en matière d'affaires intérieures
2011	2011-735	Coopération dans le domaine de la défense
2012	2012-338	Coopération en matière administrative

Slovénie		
Année	*Numéro de la loi*	*Objet de la loi*
2000	2000-329	Encouragement et protection réciproques des investissements
2004	2004-426	Statut et fonctionnement des centres culturels
2006	2006-1249	Eviter les doubles impositions en matière d'impôts sur le revenu et sur la fortune et prévenir l'évasion et la fraude fiscales
2009	2009-1792	Coopération en matière de sécurité intérieure

Soudan		
Année	*Numéro de la loi*	*Objet de la loi*
1979	79-47	Encouragement et protection réciproques des investissements

Sri Lanka		
Année	*Numéro de la loi*	*Objet de la loi*
1981	81-1141	Encouragement et protection réciproques des investissements
1982	82-479	Eviter les doubles impositions et prévenir l'évasion fiscale en matière d'impôts sur le revenu

Suède		
Année	*Numéro de la loi*	*Objet de la loi*
1964	64-561	Eviter les doubles impositions et assistance en matière d'impôts sur les successions
1971	71-1033	Eviter les doubles impositions et établir des règles d'assistance mutuelle administrative en matière d'impôts indirects
1978	78-1157	Exonération réciproque des impositions sur les salaires dues par des établissements culturels des deux pays
1981	81-351	Sécurité sociale
1984	84-554	Eviter les doubles impositions et établir des règles d'assistance administrative réciproque en matière d'impôts directs
1985	85-6	Assistance administrative mutuelle en matière douanière
1991	91-1291	Eviter les doubles impositions et prévenir l'évasion fiscale en matière d'impôts sur le revenu et sur la fortune
1995	95-1141	Eviter les doubles impositions et prévenir l'évasion et la fraude fiscales en matière d'impôts sur les successions et les donations

Suisse		
Année	*Numéro de la loi*	*Objet de la loi*
1961	61-1310	Allocations familiales des exploitants suisses de terres françaises
1964	64-700	Rectification de la frontière franco-suisse Aménagement hydro-électrique d'Emosson
1966	66-995	Eviter les doubles impositions en matière d'impôts sur le revenu et sur la fortune
1966	66-1047	Frontière (abornement et entretien)
1969	69-1065	Station d'épuration des eaux usées (région de Bâle et de Saint-Louis-Huningue)
1970	70-590	Eviter les doubles impositions en matière d'impôts sur le revenu et sur la fortune
1970	70-618	Financement des travaux d'aménagement du Rhin
1972	72-523	Protection des eaux du lac Léman contre la pollution
1974	74-921	Rectification de la frontière entre la Haute-Savoie et le canton de Genève
1976	76-533	Sécurité sociale
1979	79-367	Echange de notes
1981	81-1078	Traitement fiscal des libéralités faites dans des buts désintéressés
1982	82-349	Pêche dans le lac Léman
1985	85-1338	Imposition des rémunérations des travailleurs frontaliers
1985	85-1484	Raccordement d'autoroutes
1988	88-1255	Assistance mutuelle en cas de catastrophe ou d'accident grave
1988	88-1256	Reconnaissance réciproque des poinçons officiels apposés sur les ouvrages en métaux
1993	93-805	Exercice de la pêche et protection des milieux aquatiques dans la partie du Doubs frontalière
1997	97-99	Service militaire des doubles nationaux
1998	98-474	Avenants aux conventions fiscales approuvées en 1966 et 1970
1999	99-982	Réadmission des personnes en situation irrégulière
1999	99-984	Accord en vue de compléter la convention européenne d'entraide judiciaire en matière pénale
1999	99-991	Rectification de la frontière franco-suisse entre le département du Doubs et le canton de Vaud
1999	99-992	Rectification de la frontière franco-suisse entre le département de Haute-Savoie et le canton de Genève
2000	2000-536	Coopération transfrontalière en matière judiciaire, policière et douanière
2001	2001-1211	Interprétation de la convention relative au service militaire des doubles nationaux

2003	2003-80	Raccordement de la Suisse au réseau ferré français, notamment aux liaisons à grande vitesse
2004	2004-111	Rectifications de la frontière entre les départements de l'Ain, de la Haute-Savoie et du canton de Genève
2005	2005-1275	Procédure simplifiée d'extradition
2006	2006-1408	Raccordement de l'autoroute A 35 à la route nationale N 2 entre Bâle et Saint-Louis
2008	2008-1431	Création de bureaux à contrôles nationaux juxtaposés en gares de Pontarlier et de Vallorbe
2009	2009-435	Coopération transfrontalière en matière judiciaire, policière et douanière
2010	2010-1198	Eviter les doubles impositions en matière d'impôts sur le revenu et sur la fortune
2012	2012-916	Interprétation de la convention relative au service militaire des double-nationaux signée le 16 novembre 1995 (approuvée par la France en 1997)
2016	2016-232	Modification du protocole additionnel à la convention fiscale du 9 septembre 1966
2017	2017-224	Travaux et cofinancement par la Suisse de l'opération de réactivation du trafic ferroviaire sur la ligne Belfort-Delle et l'exploitation de la ligne Belfort-Delle-Delémont
2017	2017-1742	Fiscalité applicable dans l'enceinte de l'aéroport de Bâle-Mulhouse

Suriname		
Année	*Numéro de la loi*	*Objet de la loi*
2004	2004-1112	Prévention, recherche, constatation et sanction des infractions douanières
2008	2008-73	Coopération transfrontalière en matière policière

Syrie		
Année	*Numéro de la loi*	*Objet de la loi*
1973	73-1199	Eviter la double imposition des revenus provenant des transports internationaux aériens
1978	78-1189	Encouragement et protection réciproques des investissements
2009	2009-226	Eviter les doubles impositions et prévenir l'évasion et la fraude fiscales en matière d'impôts sur le revenu

Tadjikistan		
Année	*Numéro de la loi*	*Objet de la loi*
2004	2004-496	Encouragement et protection réciproques des investissements
2005	2002-150	Coopération en matière de sécurité intérieure
2016	2016-1976	Construction d'une tour de contrôle sur l'aéroport de Douchanbé

Tchad		
Année	*Numéro de la loi*	*Objet de la loi*
1960	60-733	Accords particuliers
1960	60-1225	Accords particuliers
1965	65-512	Concours en personnel de la France Coopération culturelle Assistance militaire technique
1972	72-545	Coopération judicaire
1977	77-1224	Coopération militaire
1977	77-1225	Assistance administrative mutuelle en matière de douane
1977	77-1226	Coopération technique
1977	77-1227	Coopération judiciaire

Tchécoslovaquie		
Année	*Numéro de la loi*	*Objet de la loi*
1969	69-993	Sécurité sociale
1970	70-962	Convention consulaire
1974	74-1081	Eliminer les doubles impositions et établir des règles d'assistance administrative en matière fiscale
1985	85-4	Entraide judiciaire, reconnaissance et exécution des décisions en matière civile, familiale et commerciale
1992	92-466	Création et modalités de fonctionnement des centres culturels
1992	92-593	Entente et amitié

Thaïlande		
Année	*Numéro de la loi*	*Objet de la loi*
1975	75-576	Eviter les doubles impositions et prévenir l'évasion fiscale en matière d'impôts sur les revenus
2000	2000-181	Entraide judiciaire en matière pénale

Togo		
Année	*Numéro de la loi*	*Objet de la loi*
1963	63-1253	Divers accords et conventions
1972	72-1206	Convention fiscale
1978	78-693	Coopération technique
1978	78-695	Coopération en matière d'information
1978	78-696	Coopération militaire
1978	78-697	Coopération maritime
1998	98-237	Circulation et séjour des personnes
2001	2001-76	Convention d'établissement
2011	2011-424	Partenariat de défense

Trinité-et-Tobago		
Année	*Numéro de la loi*	*Objet de la loi*
1988	88-804	Eviter les doubles impositions et prévenir l'évasion fiscale en matière d'impôt sur les revenus et encourager le commerce et les investissements internationaux
1996	96-66	Encouragement et protection réciproques des investissements

Tunisie		
Année	*Numéro de la loi*	*Objet de la loi*
1965	65-544	Relations économiques et protection des investissements
1966	66-415	Sécurité sociale
1968	68-1002	Régime douanier
1971	71-1032	Sécurité sociale
1973	73-464	Entraide judiciaire en matière civile et commerciale et exécution des décisions judiciaires
1973	73-465	Entraide judiciaire en matière pénale et extradition
1973	73-512	Convention consulaire
1974	74-1080	Eliminer les doubles impositions et établir des règles d'assistance administrative en matière fiscale
1976	76-1201	Sécurité sociale
1976	76-1202	Sécurité sociale
1980	80-453	Sécurité sociale
1982	82-521	Sécurité sociale (avenant)
1983	83-318	Service national pour les double-nationaux
1983	83-319	Entraide judiciaire en matière de droit de garde des enfants
1984	84-553	Transports internationaux de marchandises par route
1984	84-557	Formation professionnelle et promotion de l'emploi

1984	84-1144	Patrimoine immobilier français construit ou acquis en Tunisie avant 1956
1998	98-1147	Encouragement et protection réciproques des investissements
2002	2002-1304	Avenant à l'accord du 17 mars 1988
2005	2005-1273	Convention de sécurité sociale du 23 juin 2003
2007	2007-10	Obligations de service national en cas de double nationalité
2009	2009-586	Gestion concertée des migrations

Turkménistan		
Année	*Numéro de la loi*	*Objet de la loi*
1995	95-1222	Entente, amitié et coopération
1995	95-1226	Encouragement et protection réciproques des investissements
2015	2015-736	Services aériens

Turquie		
Année	*Numéro de la loi*	*Objet de la loi*
1972	72-1134	Sécurité sociale
1988	88-6	Eviter les doubles impositions en matière d'impôt sur les revenus
1992	92-596	Sécurité sociale
2008	2008-142	Encouragement et protection réciproques des investissements

Ukraine		
Année	*Numéro de la loi*	*Objet de la loi*
1995	95-1228	Encouragement et protection réciproques des investissements
1996	96-128	Entente et coopération
1998	98-236	Assistance administrative mutuelle pour la prévention, la recherche et la poursuite des fraudes douanières
1999	99-388	Eviter les doubles impositions et prévenir l'évasion et la fraude fiscales en matière d'impôts sur le revenu et sur la fortune
2004	2004-424	Coopération policière

Union des républiques socialistes soviétiques (U.R.S.S.)		
Année	*Numéro de la loi*	*Objet de la loi*
1967	67-1189	Régime fiscal des brevets
1969	69-423	Convention consulaire
1971	71-295	Eviter les doubles impositions dans le domaine des transports aériens et maritimes
1971	71-406	Convention d'extradition
1986	86-1295	Eviter la double imposition des revenus
1990	90-564	Coopération pour la formation des hommes dans le domaine économique

Uruguay		
Année	*Numéro de la loi*	*Objet de la loi*
1992	92-1314	Entraide judiciaire en matière civile et commerciale
1996	96-426	Encouragement et protection réciproques des investissements
2000	2000-532	Entraide judiciaire en matière pénale
2000	2000-533	Convention d'extradition
2009	2009-583	Emploi salarié des personnes à charge des membres des missions officielles
2010	2010-1381	Echange de renseignement en matière fiscale
2014	2014-306	Sécurité sociale

Vanuatu		
Année	*Numéro de la loi*	*Objet de la loi*
1982	82-891	Coopération culturelle, scientifique et technique
1993	93-840	Accord en matière domaniale
2010	2010-1382	Echange de renseignements en matière fiscale

Venezuela		
Année	*Numéro de la loi*	*Objet de la loi*
1975	75-1135	Coopération culturelle, scientifique et technique
1980	80-392	Eviter la double imposition en matière de transport maritime et aérien
1988	88-1000	Eviter la double imposition en matière de transport maritime et aérien
1993	93-841	Eviter les doubles impositions et prévenir l'évasion et la fraude fiscales en matière d'impôts sur le revenu
2011	2011-422	Emploi des personnes à charge des membres des missions officielles
2011	2011-691	Statut des forces armées dans le cadre de la coopération militaire
2015	2015-277	Convention d'extradition

Viêt Nam		
Année	*Numéro de la loi*	*Objet de la loi*
1983	83-404	Convention consulaire
1994	94-323	Eviter les doubles impositions et prévenir l'évasion et la fraude fiscales en matière d'impôts sur le revenu et sur la fortune
1994	94-426	Encouragement et protection réciproques des investissements
2000	2000-586	Coopération en matière d'adoption d'enfants
2001	2001-77	Entraide judiciaire en matière civile
2004	2004-1110	Accord maritime
2011	2011-1979	Coopération en matière de sécurité intérieure
2012	2012-1475	Création et développement de l'Université des sciences et des technologies de Hanoi
2013	2013-614	Centres culturels

Yémen		
Année	*Numéro de la loi*	*Objet de la loi*
1978	78-656	Coopération culturelle, scientifique, technique et économique
1986	86-1293	Encouragement et protection des investissements
1993	93-842	Coopération culturelle, scientifique et technique

Yougoslavie		
Année	*Numéro de la loi*	*Objet de la loi*
1966	66-1045	Sécurité sociale étudiante Allocations familiales
1970	70-491	Sécurité sociale Droits à l'indemnisation pour maladies professionnelles
1970	70-592	Entraide judiciaire en matière pénale
1972	72-605	Déterminer la loi applicable et la compétence en matière de droit des personnes et de la famille
1973	73-1116	Sécurité sociale
1975	75-420	Eviter les doubles impositions en matière d'impôts sur les revenus
1975	75-1178	Sécurité sociale
1980	80-1053	Privilèges et immunités diplomatiques

Zaïre		
Année	*Numéro de la loi*	*Objet de la loi*
1973	73-1146	Protection des investissements
1978	78-1112	Coopération militaire
1990	90-334	Eviter la double imposition en matière de transport aérien en trafic international

Zambie		
Année	*Numéro de la loi*	*Objet de la loi*
2004	2004-1114	Encouragement et protection réciproques des investissements

Zimbabwe		
Année	*Numéro de la loi*	*Objet de la loi*
1995	95-1224	Eviter les doubles impositions en matière d'impôts sur le revenu, sur les gains en capital et sur la fortune

Index thématique des engagements multilatéraux signés par les Communautés européennes ou de l'Union européenne et ayant nécessité une loi de ratification ou d'approbation de la France

AVIATION

- Espace aérien commun : accord multilatéral (2008-661).
- Coopération pour la sécurité de la navigation aérienne « Eurocontrol » : adhésion à la convention internationale (2004-1108).

BANQUES

- Association internationale de développement[125] : accord (78-1113).
- Banque européenne pour la reconstruction et le développement : amendement à l'accord constitutif (2012-322).
- Système européen des banques centrales et banque centrale européenne : décision du Conseil (2004-351).

BREVETS

- Brevet européen sur le marché commun : convention (77-681).
- Brevets communautaires : accord (91-1288).

CONTRATS

- Loi applicable aux obligations contractuelles (convention de Rome du 19 juin 1980) : adhésion de l'Espagne et du Portugal (95-90), adhésion de l'Autriche, de la Finlande et de la Suède (2000-332), adhésion des dix nouveaux États membres de l'Union (2008-705).

CRIMINALITE

- Lutte contre la corruption impliquant des fonctionnaires des Communautés européennes ou des fonctionnaires des États membres de l'Union européenne : convention (99-423).
- Blanchiment de revenus dans la convention sur l'emploi de l'informatique dans le domaine des douanes et inclusion du numéro d'immatriculation du moyen de transport dans la convention : protocole (2000-530).
- Office européen de police (Europol) : convention (97-1089), interprétation par la Cour de Justice des communautés européennes (C.J.C.E.) de la convention instituant l'Office européen de police (97-1090), protocole relatif aux privilèges et immunités d'Europol (99-387),

---

[125] Créée en 1960, il s'agit de l'une des trois entités reliées à la Banque mondiale. Elle a pour fonction d'octroyer des prêts aux pays les plus pauvres.

protocole modifiant la convention portant création d'Europol et protocole sur les privilèges et immunités (2005-496), protocole modifiant la convention (2006-1406).
- Terrorisme : ratification par les Communautés européennes de la convention du Conseil de l'Europe portant sur la répression du terrorisme (87-543).

DEFENSE

- Armée : statut du personnel militaire et civil détaché auprès des institutions de l'Union européenne, des quartiers généraux et des forces pouvant être mis à la disposition de l'Union (2005-111).
- Centre satellitaire de l'Union européenne : privilèges et immunités (2003-234).
- Institut d'études de sécurité de l'Union européenne : privilèges et immunités (2003-234).
- Nucléaire : accord entre la Communauté européenne à l'énergie atomique (C.E.E.A.) et la France relatif à l'application de garanties dans le cadre du traité visant l'interdiction des armes nucléaires en Amérique latine et dans les Caraïbes (2004-340), protocole additionnel (2016-113).

DOUANES

- Emploi de l'informatique dans le domaine des douanes : accord relatif à l'application provisoire de la convention (2000-535), convention (2000-537).
- Fichier d'identification des dossiers d'enquêtes douanières et emploi de l'informatique dans le domaine des douanes : protocole (2006-69).
- Assistance mutuelle et coopération entre les administrations douanières : convention (2000-531).
- Tarif douanier : accord (61-747).

ELECTIONS

- Election des représentants de l'Assemblée des communautés européennes : décision du Conseil (77-680).
- Election des représentants au Parlement européen : décision du Conseil (94-105), décision du Conseil (2003-984), protocole (2011-563).

FINANCES PUBLIQUES

- Budget :
  - Dispositions budgétaires des traités : modification (70-584).
  - Financement du budget rectificatif et supplémentaire des Communautés : accord (85-1).

  - Financement et gestion des aides de la Communauté économique européenne : accord interne (82-351).
  - Mécanisme ATHENA de financement par l'Union européenne des opérations ayant des implications militaires ou dans le domaine de la défense : décision du Conseil (2006-69).
  - Remplacement des contributions financières des États par des ressources propres aux Communautés : décision du Conseil (70-583).
  - Système des ressources propres des communautés : décision du Conseil (85-1335), décision du Conseil (88-1253), décision du Conseil (94-1205), décision du Conseil (2001-1249), décision du Conseil (2008-570), décision du Conseil (2015-1672).
  - Versement à la Communauté d'avances non remboursables pour 1985 : accord du Conseil (85-1336), accord du Conseil (88-1254).
- Protections des intérêts financiers des Communautés européennes : convention (99-419), protocole n° 1 (99-420), compétence de la Cour de Justice des Communautés européennes pour interpréter, à titre préjudiciel le protocole n°1 (99-421), protocole n°2 (99-422).
- Tarif douanier : accord (61-747).
- Voir aussi à : ZONE EURO.

FISCALITE

- Elimination des doubles impositions en cas de correction des bénéfices d'entreprises associées : convention (91-1391).
- Fiscalité de l'épargne et coopération administrative dans le domaine de la fiscalité relatif à Saint-Barthélemy : accord (2015-1236).
- Tarif douanier : accord (61-747).

FRONTIERES

- Accord de Schengen[126] : adhésion de l'Autriche (97-966), adhésion de la Grèce (97-967), adhésion de l'Islande et de la Norvège (99-403), adhésion du Danemark (99-404), adhésion de la Finlande (99-405), adhésion de la Suède (99-406).
- Agence européenne pour la gestion opérationnelle des systèmes d'information à grande échelle au sein de l'espace de liberté, de sécurité et de justice : accord relatif au site de Strasbourg (2016-784).

---

[126] Depuis le traité d'Amsterdam, l'accord de Schengen du 14 juin 1985 et la convention d'application de Schengen du 19 juin 1990 relèvent de l'U.E. Ainsi, toute modification apportée à ces engagements internationaux ou toute adhésion d'un État à ceux-ci s'opèrent via une convention de l'U.E. (Voir : MASSON (P.), « L'intégration de Schengen dans l'Union européenne », rapport d'information n° 53 au nom de la délégation pour l'Union européenne, *Sénat*, 28 octobre 1997.)

- Asile : détermination de l'État responsable de l'examen d'une demande d'asile présentée dans l'un des États membres des Communautés européennes (94-107).
- Coopération transfrontalière des collectivités ou autorités territoriales : protocole additionnel (99-384), protocole additionnel n° 2 (2007-298), protocole additionnel n° 3 (2012-1471).
- Douanes :
  - Assistance mutuelle et coopération entre les administrations douanières : convention (2000-531).
  - Emploi de l'informatique dans le domaine des douanes : accord relatif à l'application provisoire de la convention (2000-535), convention (2000-537).
  - Fichier d'identification des dossiers d'enquêtes douanières et emploi de l'informatique dans le domaine des douanes : protocole (2006-69).
  - Tarif douanier : accord (61-747).

INSTITUTIONS COMMUNAUTAIRES ET EUROPEENNES

- Adhésions à la Communauté européenne de l'énergie atomique (C.E.E.A) : Danemark, Irlande, Norvège et Royaume-Uni (72-339), Grèce (79-1112), adhésion de l'Espagne et du Portugal (85-1334).
- Adhésions à la Communauté économique européenne (C.E.E.) : Danemark, Irlande, Norvège et Royaume-Uni (72-339), Grèce (79-1112), adhésion de l'Espagne et du Portugal (85-1334).
- Adhésion à l'Union européenne (U.E.) : Autriche, Finlande, Norvège[127] et Suède (94-1099), Chypre, Estonie, Hongrie, Lettonie, Lituanie, Malte, Pologne, République tchèque, Slovaquie et Slovénie (2003-1210), Bulgarie et Roumanie (2006-1254), Croatie (2013-99).
- Communauté du charbon et de l'acier (C.E.C.A.) : protocole additionnel (71-1038), accord avec les pays et territoires d'outre-mer (72-603).
- Commission : création d'une Commission unique aux trois communautés, privilèges et immunités (65-506), traité portant modification de certaines dispositions (76-1196).
- Conseil : création d'un Conseil unique aux trois communautés, privilèges et immunités (65-506), traité portant modification de certaines dispositions (76-1196).
- Parlement européen : élection des représentants (77-680).
- Traités fondateurs :
  - Traité instituant la Communauté économique européenne (traité de Rome) : application du régime spécial d'association, défini dans la quatrième partie du traité, aux Antilles néerlandaises (63-1249).

[127] Si le traité sur l'Union européenne (traité de Maastricht) a été signé par la Norvège, celui-ci n'a jamais été ratifié puisque les Norvégiens ont refusé par référendum l'adhésion de leur pays à l'Union européenne.

- Traités instituant les Communautés européennes : modifications de certaines dispositions financières (76-1196), modification concernant le Groenland (84-1213).
- Acte unique européen : (86-1275).
- Traité sur l'Union européenne (traité de Maastricht) : (92-1017).
- Traité d'Amsterdam : (99-229).
- Traité de Nice : (2001-603).
- Traite de Lisbonne : (2008-125).

JUSTICE

- Application du principe *ne bis in idem* : convention entre États membres des Communautés européennes (91-1116).
- Cour de Justice des Communautés européennes / de l'Union européenne : sa compétence pour :
  - Interprétation de la convention relative à la compétence judiciaire et l'exécution des décisions en matière civile et commerciale : protocole (2000-333).
  - Interprétation de la convention relative à la compétence, la reconnaissance et l'exécution des décisions en matière matrimoniale : protocole (2000-210).
  - Interprétation de la convention sur l'emploi de l'informatique dans le domaine des douanes : protocole (2000-529).
  - Interprétation de la convention de Rome relative aux obligations contractuelles : protocole (95-89), protocole (2008-705).
  - Interprétation de la convention instituant l'Office européen de police : protocole (97-1090).
  - Interprétation du protocole n° 1 de la convention relative à la protection des intérêts financiers des Communautés européennes (99-421).
- Compétence judiciaire et l'exécution des décisions en matière civile et commerciale : convention (2000-333).
- Compétence, reconnaissance et exécution des décisions en matière matrimoniale : convention (2000-209).
- Entraide judiciaire en matière pénale entre les États membres de l'Union européenne : convention (2005-287), protocole portant sur la convention précédente (2005-288).
- Extradition :
  - Procédure d'extradition entre les États membres de l'Union européenne : convention (2004-1345).
  - Procédure simplifiée d'extradition entre les États membres de l'Union européenne : convention (2004-1344).
- Transmission des procédures répressives entre les États membres des communautés européennes : accord (91-1115).

LIBERTE DE CIRCULATION

- Agence européenne pour la gestion opérationnelle des systèmes d'information à grande échelle au sein de l'espace de liberté, de sécurité et de justice : accord relatif au site de Strasbourg (2016-784).

NUCLEAIRE

- Agence internationale de l'énergie atomique (A.I.E.A.) : accord portant sur l'application de garanties en France (81-743).

PENSION

- Transferts de droits à pension : accord de la Communauté avec la France (94-427).

POLLUTION ATMOSPHERIQUE

- Système d'échange de quotas d'émission de gaz à effet de serre dans l'Union européenne :
  - Désignation de plates-formes communes d'enchères de quotas : accord (2011-2014).
  - Désignation d'une Instance de surveillance des enchères : accord (2011-2015).

ZONE EURO

- Maintien de l'Euro à Saint-Barthélemy (2011-1980).
- Mécanisme européen de stabilité (M.E.S.) : traité (2012-324).
- Mécanisme de stabilité pour les États membres dont la monnaie est l'Euro (2012-323).
- Traité sur la stabilité, la coordination et la gouvernance au sein de l'Union économique et monétaire (2012-1171).

INDEX DES ÉTATS NON MEMBRES AYANT SIGNÉ UN ENGAGEMENT BILATÉRAL AVEC LES COMMUNAUTÉS EUROPÉENNES OU DE L'UNION EUROPÉENNE ET AYANT NÉCESSITÉ LA RATIFICATION OU L'APPROBATION DE LA FRANCE

du Benelux et accord relatif au financement et à la gestion des aides de la Communauté (63-1251), convention d'association, accord relatif aux produits relevant de la C.E.C.A. et accord relatif au financement et à la gestion des aides de la Communauté (69-1130), adhésion de l'Ile Maurice à la convention et accord modifiant celui de 1969 relatif au financement et à la gestion des aides de la Communauté (72-604).

- États d'Afrique, des Caraïbes et du Pacifique (A.C.P.)[128] : convention de Lomé du 28 février 1975 dite convention A.C.P.-C.E., accord pour l'application de la convention et accord interne relatif au financement et la gestion des aides de la Communauté économique européenne (75-1223), convention et deux protocoles (80-462), modification de la convention (98-76), protocole à la convention suite à l'adhésion de l'Autriche, de la Finlande et de la Suède (98-77), financement et gestion des aides de la Communauté (98-78), financement et gestion des aides de la Communauté dans le cadre de l'accord de Cotonou (2002-288), accord de partenariat (2002-289), modification du partenariat (2007-1645), financement par l'Union européenne des aides pour la période 2008-2013 (2007-1646), financement par l'Union européenne des aides pour la période 2014-2018 (2014-1755).
- États d'Amérique centrale[129] : accord établissant une association (2014-1754).
- États du Cariforum[130] : accord de partenariat économique (2012-1474).
- États-Unis d'Amérique : accord de transport aérien (2008-325), protocole modifiant l'accord de transport aérien (2014-1349).

G

- Géorgie : accord de partenariat et de coopération (99-399), création d'un espace aérien commun (2014-1350), accord d'association avec l'Union européenne (U.E.) et aussi avec la Communauté européenne de l'énergie atomique (C.E.E.A.) (2015-1448).
- Grèce : accord créant une association (61-1436), protocole financier (61-1437), protocole financier (77-1136).
- Guatemala : accord de dialogue politique et de coopération (2007-1157).

---

[128] Il s'agit de 49 États d'Afrique (ensemble des États de l'Afrique subsaharienne à l'exception du Soudan du Sud), de 16 États des Caraïbes (Antigua-et-Barbuda, Bahamas, Barbade, Belize, Cuba, Dominique, République dominicaine, Grenade, Guyana, Haïti, Jamaïque, Saint-Christophe-et-Niévès, Sainte Lucie, Saint-Vincent-et-les-Grenadines, Suriname et Trinité-et-Tobago) et de 15 États du Pacifique (Fidji, Iles Cook, Iles Marshall, Kiribati, Micronésie, Nauru, Niue, Palaos, Papouasie-Nouvelle-Guinée, Salomon, Samoa, Timor oriental, Tonga, Tuvalu et Vanuatu).

[129] Il s'agit du Costa Rica, du Salvador, du Guatemala, du Honduras, du Nicaragua et du Panama.

[130] Les États du Cariforum constituent un sous-groupe du groupe États d'Afrique, des Caraïbes et du Pacifique (A.C.P.). Ce sous-groupe réunit seulement les États des Caraïbes (sauf Cuba).

H

- Honduras : accord de dialogue politique et de coopération (2007-1157).
- Hongrie : accord européen d'association (93-1181).

I

- Ile Maurice : accession à la convention d'association entre la Communauté économique européenne (C.E.E.) et les États africains et malgache (72-604).
- Indonésie : accord-cadre global de partenariat et de coopération (2013-710).
- Irak : accord de partenariat et de coopération (2015-106).
- Islande : accord de transport aérien (2018-181).
- Israël : protocole additionnel à l'accord du 11 mai 1975 et protocole relatif à la coopération financière (77-1427), accord euro-méditerranéen d'association (2000-122), accord euro-méditerranéen relatif aux services aériens (2018-182).

J

- Jordanie : accord de coopération (77-1432), accord euro-méditerranéen d'association (2001-589), accord euro-méditerranéen relatif aux services aériens (2014-1351).

K

- Kazakhstan : accord de partenariat et de coopération (97-55), accord de partenariat et de coopération renforcé (2018-150).
- Kenya : accord d'association (69-1174).
- Kirghizstan : accord de partenariat et de coopération (97-51).

L

- Lettonie : accord européen d'association (97-1093).
- Liban : accord de coopération (77-1433), accord euro-méditerranéen (2003-1146).
- Lituanie : accord européen d'association (97-1092).

M

- Macédoine : accord de stabilisation et d'association (2003-212).
- Malte : protocole financier (77-1429), accord euro-méditerranéen relatif aux services aériens (2007-306).
- Maroc : accord de coopération (77-1430), accord euro-méditerranéen d'association (97-743).

- Mexique : accord de partenariat économique, de coordination politique et de coopération (99-389).
- Moldavie : accord de partenariat et de coopération (97-54), accord d'association avec l'Union européenne (U.E.) et aussi avec la Communauté européenne de l'énergie atomique (C.E.E.A) (2015-472), création d'un espace aérien commun (2016-945).
- Mongolie : accord-cadre de partenariat et de coopération (2016-1322).
- Monténégro : accord de stabilisation et d'association (2007-713).

N

- Nicaragua : accord de dialogue politique et de coopération (2007-1157).
- Norvège : accord de transport aérien (2018-181).

O

- Ouganda : accord d'association (69-1174).
- Ouzbékistan : accord de partenariat et de coopération (99-399).

P

- Panama : accord de dialogue politique et de coopération (2007-1157).
- Pérou : accord de dialogue politique et de coopération (2007-1159), accord commercial (2015-1777).
- Philippines : accord cadre-partenariat et de coopération (2016-370).
- Pologne : accord européen d'association (93-1180).
- Portugal : protocole additionnel à l'accord du 22 juillet 1972 et protocole financier (77-1428).

R

- République tchèque : accord européen d'association (94-579).
- Roumanie : accord européen d'association (94-402).
- Russie : accord de partenariat et de coopération (97-53).

S

- Saint-Martin : accord de coopération et d'union douanière (96-132).
- Salvador : accord de dialogue politique et de coopération (2007-1157).
- Serbie : accord de stabilisation et d'association (2011-1710).
- Slovaquie : accord européen d'association (94-581).
- Slovénie : accord européen d'association (97-1091).
- Suisse : accord sur la libre circulation des personnes (2001-1117), lutte contre la fraude et toute autre activité illégale portant atteinte aux intérêts financiers de l'Union européenne et de ses États membres (2007-166).
- Syrie : accord de coopération (77-1431).

T

- Tadjikistan : accord de partenariat et de coopération (2008-1434).
- Tanzanie : accord d'association (69-1174).
- Tunisie : accord de coopération (77-1435), accord euro-méditerranéen d'association (96-598).
- Turkménistan : accord de partenariat et de coopération (2015-735).
- Turquie : accord créant une association (63-1247), protocole financier (63-1248).

U

- Ukraine : accord de partenariat et de coopération (97-52), accord d'association avec l'Union européenne (U.E.) et aussi avec la Communauté européenne de l'énergie atomique (C.E.E.A) (2015-823).

V

- Venezuela : accord de dialogue politique et de coopération (2007-1159).
- Viêt Nam : accord-cadre global de partenariat et de coopération (2016-371).

Y

- Yougoslavie : 1° accord de coopération avec les États membres de la Communauté économique européenne (C.E.E.) et la Communauté européenne du charbon et de l'acier (C.E.C.A.), et, 2° accord avec la C.E.C.A. (80-1010).

Z

- Zimbabwe : accord relatif aux produits relevant de la Communauté européenne du charbon et de l'acier (C.E.C.A.) et financement et gestion des aides (82-351).

BIBLIOGRAPHIE

Ouvrages et thèses

ANTOINE (M.), BERTHOD (M.), BLOCH (J.-P.), BONNELLE (T.), DUPAS (A.), HENNEKINNE (N.), LEVY-HEISBOURG (E.), MAINVIALLE (M.), MARTIN (C.), OLTRA (S.), ORIZET (I.), *L'Assemblée nationale et les relations internationales*, éd. Assemblée nationale, coll. Connaissance de l'Assemblée, 1998.

AVRIL (P.) et GICQUEL (J.), *Droit parlementaire*, éd. LGDJ (5e éd.), 2014.

BAGUENARD (J.), *Le Sénat*, éd. P.U.F., Coll. Que sais-je ?, 1997.

BARANGER (D.), *Le droit constitutionnel*, éd. P.U.F., Coll. Que sais-je ?, 2017.

BARTHÉLÉMY (J.), *Démocratie et politique étrangère*, éd. Alcan, 1917.

BARTHÉLÉMY (J.) et DUEZ (P.), *Traité de droit constitutionnel*, éd. Économica, 1985.

BERGÉ (J.-S.), *L'application du droit national, international et européen*, éd. Dalloz, 2013.

BIRNBAUM (P.), HAMON (F.) et TROPER (M.), *Réinventer le Parlement*, éd. Flammarion, 1991.

BLANC (D.), *Les Parlements européen et français face à la fonction législative communautaire : aspects du déficit démocratique*, éd. L'Harmattan, 2004.

BONNET (B.), *Le juge administratif et l'article 55 de la Constitution du 4 octobre 1958*, thèse de doctorat, Université Jean Monnet (Saint-Étienne), 2004.

CHARILLON (F.), *La politique étrangère de la France*, éd. La Documentation Française, 2011.

CLARENC (N.), *La suspension des engagements internationaux*, éd. Dalloz, coll. Nouvelle Bibliothèque de Thèses, vol. 162, 2017.

COMBACAU (J.) et SUR (S.), *Droit international public*, éd. Montchrestien (12e éd.), 2016.

CONSEIL D'ÉTAT, *La norme internationale en droit français*, éd. La Documentation française, coll. Les études du Conseil d'État, 2000.

CORTEN (O.) et KLEIN (P.), *Les conventions de Vienne sur le droit des traités*, éd. Bruylant, 2007.

DEBBASCH (C.), BOURDON (J.), PONTIER (J.-M.) et RICCI (J.-C.), *Droit constitutionnel et institutions politiques*, éd. Économica, 1990.

FAVOREU (L.), GAÏA (P.), GHEVONTIAN (R.), MESTRE (J.-L.), PFERSMANN (O.), ROUX (A.) et SCOFFONI (G.), *Droit constitutionnel*, éd. Dalloz (20e éd.), 2017.

FUCHS-CESSOT (A.), *Le Parlement à l'épreuve de l'Europe et de la Ve République*, éd. L.G.D.J. / Montchrestien, 2004.

GAÏA (P.), *Le Conseil constitutionnel et l'insertion des engagements internationaux dans l'ordre juridique interne*, éd. Économica, 1991.

GAÏA (P.), GHEVONTIAN (R.), MÉLIN-SOUCRAMANIEN (F), ROUX (A.) et OLIVA (É), *Les grandes décisions du Conseil constitutionnel*, éd. Dalloz (18e éd.), 2017.

GAUDEMET (J.), *Église et Cité – Histoire du droit canonique*, éd. Montchrestien, 1994, à propos du traité de Quierzy créant les États pontificaux, p. 250.

GICQUEL (J.) et GICQUEL (J.-E.), *Droit constitutionnel et institutions politiques*, éd. Montchrestien (31e éd.), 2017.

GOESEL LE BIHAN (V.), *La répartition des compétences en matière de conclusion des accords internationaux sous la Ve République*, éd. Pedone, 1995.

GOHIN (O.), *Droit constitutionnel*, éd. LexisNexis (3e éd.), 2016.

GUILHAUDIS (J.-F.) et BALMOND (L.), *Relations internationales contemporaines*, éd. LexisNexis, 2017.

HAMON (F.) et TROPER (M.), *Droit constitutionnel*, éd. L.G.D.J. (38e éd.), 2017.

HOURQUEBIE (F.), *Les organes spécialisés dans les affaires communautaires des Parlements nationaux : les cas français et allemand*, éd. L'Harmattan, 1999.

JAMOT (D.), *Le Parlement et les relations internationales*, Université Aix-Marseille, thèse de doctorat, 2012.

JAN (P.), *Les assemblées parlementaires françaises*, éd. La Documentation française, 2010.

LAUVAUX (P.),

– *Les grandes démocraties contemporaines*, éd. P.U.F., Coll. Droit fondamental, 2015.

– *Théorie et pratique du référendum*, éd. Société de législation comparée, Coll. Colloques, 2012.

LAVROFF (D.-G.), *Le droit constitutionnel de la Ve République*, éd. Dalloz, 1995.

LONG (M.), WEIL (P.), BRAIBANT (G.), DELVOLVÉ (P) et GENEVOIS (B.), *Les grands arrêts de la jurisprudence administrative*, Dalloz (21e éd.), 2017.

MAGNON (X.), *La question prioritaire de constitutionnalité*, éd. LexisNexis, 2013.

MAUS (D.), *Le Parlement sous la Ve République*, éd. P.U.F., Coll. Que sais-je ?, 1998, n° 2217.
MAUS (D) et ROUX (A.), *30 ans de saisine parlementaire du Conseil constitutionnel*, éd. Economica, 2006.
PANCRACIO (J.-P.),
– *Droit et institutions diplomatiques*, éd. Pedone, 2006 ;
– *Dictionnaire de la diplomatie*, éd. Dalloz-Sirey, 2006.
PRÉVOST-GELLA (J.), *Le juge administratif français et les conflits de traités internationaux*, éd. Dalloz, coll. Nouvelle Bibliothèque de Thèses, vol. 177, 2018.
RASPAIL (H.), *Le conflit entre droit interne et obligations internationales de l'État*, éd. Dalloz, coll. Nouvelle Bibliothèque de Thèses, 2009.
RÉMY (J.-P.), *Trésors et secrets du Quai d'Orsay*, éd. J.-C. Lattès, 2002.
RENOUX (T.), de VILLIERS (M.) et MAGNON (X.), *Code constitutionnel*, éd. LexisNexis, 2017.
REUTER (P.), *L'application du Droit international par le juge français*, éd. Armand Colin, 1972.
ROUSSEAU (D.), *La question prioritaire de constitutionnalité*, éd. Lextenso éditions, 2012.
SAIDJ (L.), *Le Parlement et les traités*, Thèse de doctorat, Paris, 1979.
SUR (S.), *Relations internationales*, éd. Montchrestien (6ème éd.), 2011.
VERPEAUX (M.), DE MONTALIVET (P.) et ROBLOT-TROIZIER (A.), *Droit constitutionnel – Les grandes décisions de la jurisprudence*, éd. P.U.F. (2e éd.), 2017.
VIRET (J.), *La pratique française relative à l'approbation des accords non soumis à ratification visés à l'article 53 de la Constitution*, Annales de la Faculté de droit et de sciences politiques de Clermont-Ferrand, 1976.
ZOLLER (E.), *Droit des relations extérieures*, éd. P.U.F., 1992.

Articles doctrinaux

ALLAND (D.), « Le droit international « sous » la Constitution de la Ve République », *R.D.P.*, 1998, pp. 1649-1670.
AUBIN (E.), « Les parlementaires français face à l'application des accords de Schengen », *L.P.A.*, 28 juin 1996, n° 78, pp. 4-9.
BACHELIER (G.), « Le contrôle des conditions d'introduction en droit interne d'une convention internationale », *R.F.D.A.*, mars-avril 1999, pp. 315-331.
BARBERIS (J.), « Le concept de « traité international » et ses limites », *A.F.D.I.*, 1984, pp. 239-270.
BÉQUAIN (G.), « Le juge administratif, juge de la régularité de l'insertion des traités : l'inconstitutionnalité des traités n'est pas impensable », *L.P.A.*, 23 mai 2000, n° 102, pp. 6-15.

BLAIZOT-HAZARD (C.), « Les contradictions des articles 54 et 55 de la Constitution face à la hiérarchie des normes », *R.D.P.*, 1992, pp. 1293-1319.

BON (P.), « Le Traité d'Amsterdam devant le Conseil constitutionnel », *L.P.A.*, 19 juin 1998, n° 73, pp. 17-33.

BONNET (B.), « Le Conseil d'État, la Constitution et la norme internationale », *R.F.D.A.*, 2005, pp. 56-69.

CAYLA (O.), « Le contrôle des mesures d'exécution des traités : réduction ou négation de la théorie des actes de gouvernement », *R.F.D.A.*, 1994, p. 1.

CHALTIEL (F.),

– « La ratification du traité de Lisbonne par la France », *R.M.C.U.E.*, n° 518, mai 2008, pp. 277-297 ;

– « L'article 88-5, une nouvelle illustration de la souveraineté nationale », *L.P.A.*, 19 décembre 2008, n° 254, pp. 134-136 ;

– « Le traité CETA devant le juge constitutionnel (à propos de la décision du 31 juillet 2017) », *L.P.A.*, 11 avril 2018, pp. 6-23.

CHEVALIER (P.), « De nouveaux horizons pour le contrôle de conventionnalité à la Cour de cassation ? », *Constitutions*, juillet-octobre 2014, pp. 350-358.

CHIROUX (R.), « Un démarrage prématuré de la campagne référendaire sur la constitution européenne », *Revue administrative*, n° 342, 2004, pp. 659-664.

COULÉE (F.), « Les engagements internationaux de la France et le jeu des institutions de la Ve République », *Droits*, n° 44, 2006, pp. 9-23.

DHOMMEAUX (J.),

– « Dix-sept ans de pratique française de conclusion des engagements internationaux », *A.F.D.I.*, 1975, pp. 815-858 ;

– « Le rôle du Parlement dans l'élaboration des engagements internationaux : continuité et changement », *R.D.P.*, 1987, pp. 1449-1488 ;

– « Les engagements souscrits par la France », *L.P.A.*, 25 mai 2000, n° 104, pp. 3-15.

DRAGO (G.), « Le Parlement et les traités internationaux », dans *Constitutions et pouvoirs : Mélanges en l'honneur de Jean Gicquel*, éd. Montchrestien, 2008, pp. 157-174.

DUTHEILLET DE LA MOTHE (L.) et ODINET (G.), « Contrôle de conventionnalité : *in concreto veritas* ? », *A.J.D.A.*, 2016, p. 1398.

FATIN-ROUGE (M.), « La non-application de la clause de réciprocité aux conventions de droit humanitaire », *A.I.J.C.*, Chroniques : France, 1999, p. 598.

FAVOREU (L.), « Le Conseil constitutionnel et le droit international », *A.F.D.I.*, 1977, pp. 95-125.

FAVOREU (L.) et GAÏA (P.), « Les décisions du Conseil constitutionnel relatives au traité sur l'Union européenne », *R.F.D.C.*, n° 11, 1992, pp. 389-412.

GAÏA (P.), « Louis Favoreu et les internationalistes – Autour de la jurisprudence constitutionnelle internationale », dans *Constitution et droit international* sous la direction d'Olivier DUPÉRÉ, éd. Institut Universitaire Varenne, Coll. Colloques et Essais, 2016, pp. 307-346.

GAUTIER (M.), « L'appréciation de la réciprocité d'application », *D.A.*, n° 10, 2010, comm. 131.

GENEVOIS (B), « L'application du droit communautaire par le Conseil d'État », *R.F.D.A.*, 2009, p. 201.

GREWE (C.), « La révision constitutionnelle en vue de la ratification du traité de Maastricht », *R.F.D.C.*, n° 11, 1992, pp. 413-438.

GUERRINI (M.), « L'utilisation du contrôle de conventionnalité par la Cour de cassation ou le paradoxe de l'acceptation », *R.D.L.F.*, 2017, chron. n° 21.

HAGUENAU-MOIZARD (C.), « Pour la reconnaissance d'un effet direct horizontal aux directives », *R.M.C.U.E.*, n° 550, 2011, pp. 454-460.

JACQUÉ (J.-P.), « La négociation de l'accord international », *R.D.P.*, 2016, pp. 1663-1678.

LE BŒUF (R.), « La double nature de la ratification des traités : procédures constitutionnelles et internationales », n° 106, 2016, pp. 601-632.

LESAGE (M.), « Les procédures de conclusion des accords internationaux sous la Ve République », *A.F.D.I.*, 1962, pp. 873-905.

MAESTRE (J.-C.), « L'indivisibilité de la République française et l'exercice du droit à l'autodétermination », *R.D.P.*, 1976, pp. 431-461.

MARCHI (J.-F.), « La date pertinente pour l'entrée en vigueur, en France, d'une convention internationale », *R.F.D.C.*, n° 54, 2003, pp. 401-424.

MAUS (D.), « L'Assemblée nationale et les lois autorisant la ratification des traités », *R.D.P.*, 1978, pp. 1075-1088.

MELLERAY (F.), « Le contrôle juridictionnel des actes de droit souple », *R.F.D.A.*, 2016, p. 679.

MIRKINE-GUETZÉVITCH (B.), « La technique parlementaire des relations internationales », *R.C.A.D.I.*, 1936-II, pp. 219-297.

NEFRAMI (E.), « La compétence de l'Union européenne pour conclure un accord international », *R.D.P.*, 2016, pp. 1639-1662.

QUOC DINH (N.), « La Constitution de 1958 et le droit international », *R.D.P.*, 1959, pp. 515-564.

RAMBAUD (P.), « Le Parlement et les engagements internationaux de la France sous la Ve République », *R.G.D.I.P.*, 1977, pp. 617-666.

RAPOPORT (C.), « Typologie des accords externes de l'Union européenne », *R.D.P.*, 2016, pp. 1695-1710.

REGOURDS (S.), « L'article 55 de la Constitution et les juges : de la vanité de la clause de réciprocité », *R.G.D.I.P.*, 1983, p. 780.

ROBLOT-TROIZIER (A.), « Contrôle de réciprocité et de constitutionnalité des conventions internationales », *C.C.C.*, 2011, p. 206.

ROUAULT (M.-C.), « L'État doit réparer les préjudices dus à l'application d'une loi contraire à la Convention européenne des droits de l'homme », *J.C.P.*, 2007. II, p. 1047.

ROUX (A.), « Révisions constitutionnelles et traités européens », *A.I.J.C.*, Table ronde : constitutions nationales et Constitution européenne, 2005, pp. 135-143 ;

ROUX (J.), « Le Conseil constitutionnel et le contrôle de constitutionnalité du Traité de Lisbonne : *bis repetita* ? », *Revue trimestrielle de droit européen*, janv.-mars 2008, pp. 5-27.

SANTULLI (C.),

– « Traités (réciprocité) et coutume » dans Chronique de droit administratif et de droit international, *R.F.D.A.*, janvier-février 2011, pp. 173-178.

– « Traités internationaux et Constitution », dans Chronique de droit administratif et de droit international, *R.F.D.A.*, mars-avril 2017, pp. 335-339.

STAHL (J.-H.), « Le contrôle, par voie d'exception, de la ratification ou de l'approbation d'un traité ou d'un accord international », *R.F.D.A.*, novembre-décembre 2003, pp. 1214-1220.

SUDRE (F.), « La notion de traité international engageant les finances de l'État dans la Constitution de la Ve République », *R.D.P.*, 1976, pp. 163-193.

TABEAU (T.), « Le Conseil d'État et le contrôle de constitutionnalité des engagements internationaux », *R.F.D.C.*, n° 108, 2016, pp. 939-964.

TÜRK (P.), « L'encadrement jurisprudentiel du droit d'amendement parlementaire en matière d'élaboration des lois visées par l'article 53 de la Constitution », *L.P.A.*, 2003, n° 175, pp. 6-13.

TABLE DES MATIÈRES

DROIT INTERNATIONAL
AUX ÉDITIONS L'HARMATTAN

Dernières parutions

LE GÉNOCIDE DES LARIS AU CONGO

Dominique Kounkou

Dans toute l'histoire politique du Congo, les Lari ont connu persécutions, crimes et génocide. Quelle idéologie de la haine a justifié la programmation de leur extermination ? L'auteur, au moyen d'une enquête en continu, découvre que l'impunité de Sassou Nguesso, de son fils Christel et de tous les exécuteurs d'ordres les pousse à commettre des crimes de sang et des crimes économiques. En outre, les présidents français et les réseaux financés par l'argent des Congolais, détourné par Sassou et son fils ne seraient-ils pas les complices de ce vaste génocide des Laris?

(120 p., 14 euros)

ISBN : 978-2-343-15760-3, EAN EBOOK : 9782140100512

DROIT DU CONTENTIEUX INTERNATIONAL AFRICAIN
Jurisprudences et théorie générale des différends africains

Saidou Nourou Tall

Préface de Ahadzi Nonou Koffi - Avant-propos de Mamadou Badji

Cet ouvrage de référence, très documenté, mêle à la fois la théorie générale du droit des contentieux et l'originalité et/ou spécificités des juridictions et justiciables africains. Il est une remarquable contribution à la compréhension et à la complexité des contentieux internationaux et de leur règlement sous le prisme du Droit.

(562 p., 50 euros)

ISBN : 978-2-343-15555-5, EAN EBOOK : 9782140097843

LE DROIT MARITIME DANS LA ZONE CEMAC

Eric Dibas-Franck

Volontairement limité au Droit maritime dans la communauté économique et monétaire de l'Afrique centrale (CEMAC), cet ouvrage a pour ambition de faire le point sur la construction du droit maritime dans cette zone en scrutant le Code communautaire de la marine marchande. Les grands problèmes contemporains du Droit maritime comparé ou international y trouvent des réponses précises. Le livre est également enrichi d'une jurisprudence inédite.

(Coll. Affaires maritimes et Transports, 258 p., 26 euros)

ISBN : 978-2-343-14948-6, EAN EBOOK : 9782140096082

L'AMÉNAGEMENT CONVENTIONNEL DE LA SOCIÉTÉ COMMERCIALE EN DROIT FRANÇAIS ET EN DROIT OHADA

Wendkouni Judicaël Djiguemdé

Préface de Bernard Saintourens

Toute législation en matière économique se doit d'être souple et adaptée à l'évolution du monde des affaires. Le droit des sociétés OHADA n'échappe pas à ce principe.Cette étude participe de l'élaboration d'un régime juridique adapté, permettant de sécuriser les aménagements conventionnels, signe d'une contractualisation du droit des sociétés.

(Coll. Le Droit aujourd'hui, 458 p., 42 euros)

ISBN : 978-2-343-14563-1, EAN EBOOK : 9782140096013

L'OCTROI DE MER

L'ultime réforme

Fred Le Breton

Survivance du passé colonial, l'octroi de mer est un impôt qui touche les Régions Ultra Périphériques (RUP) de Guadeloupe, Guyane, Martinique, Mayotte et La Réunion. La Communauté européenne ne voulant pas de restriction à la libre-circulation des marchandises, beaucoup prédisent la disparition prochaine de cet impôt. Cet ouvrage présente la lente mais inéluctable évolution de cette question qui, depuis des siècles, a toujours été au centre de la vie politique et économique dont seule une réponse juridique et fiscale de taille est attendue.

(352 p., 33 euros)

ISBN : 978-2-343-13752-0, EAN EBOOK : 9782140074141

LA COUR PÉNALE INTERNATIONALE

Entre nécessité de justice et impératif de paix

Dindio Konaté

Préface de Francis Dacko - Postface de Gaelle Carayon

La Cour pénale internationale (CPI), avancée notable en ce XXIè siècle, apparaît sous les feux des projecteurs. Au-delà des critiques dont elle fait l'objet, se posent la question de la justice et de la paix, deux notions que la Cour doit s'efforcer de conjuguer. L'avènement de la CPI a suscité beaucoup d'espoirs, mais pour que celle-ci joue pleinement son rôle, elle doit effectuer sa mue et se débarrasser des limites tant textuelles qu'opérationnelles qui minent son action. Certes, imparfaite, la CPI n'en demeure pas moins à ce jour le modèle le plus achevé d'une juridiction internationale pénale.

(Coll. Harmattan Côte-d'Ivoire, 226 p., 23 euros)

ISBN : 978-2-343-13616-5, EAN EBOOK : 9782140057724

DROIT DE L'INTÉGRATION AFRICAINE

Organisations communautaires en Afrique de l'Ouest, rapports entre les organisations sous-régionales, l'Union africaine et l'Organisation des Nations unies, défis prioritaires de l'intégration en Afrique

Kémoko Diakité

Préface de Abdoulaye Sakho

Cet ouvrage se veut une contribution à la réflexion sur les organisations d'intégration en Afrique, notamment ouest-africaine telles que la CEDEAO, l'UEMOA et l'OHADA. Il met en exergue le régime juridique des actes de la CEDEAO, de l'UEMOA et de l'OHADA, fait une analyse actualisée du droit communautaire matériel et évoque les réformes institutionnelles récentes des différentes organisations.

(192 p., 20 euros)

ISBN : 978-2-343-10024-1, EAN EBOOK : 9782140046858

LA PROBLÉMATIQUE DE LA RÉPRESSION DES CRIMES DE GUERRE ET DES CRIMES DE GÉNOCIDE EN AFRIQUE

Taïcha Maïga

La répression des crimes internationaux, dont les crimes de guerre et de génocide, constitue une préoccupation majeure pour la communauté internationale. Mais la mise en oeuvre d'une stratégie pénale commune est devenue problématique. La détermination de l'Union africaine et des États africains dans la voie de l'africanisation de la répression des crimes internationaux les a conduits à créer la Cour africaine de justice, des droits de l'homme et des peuples (CAJDHP) et les Chambres africaines extraordinaires (CAE). Cette africanisation de la répression des crimes internationaux permettra-t-elle cependant la fin de l'impunité en Afrique ?

(Coll. Harmattan Sénégal, 376 p., 37,5 euros)

ISBN : 978-2-343-12934-1, EAN EBOOK : 9782140048401

JUSTICE SOCIALE ET PAIX EN AFRIQUE

Réflexions sur les voies du droit

Halidou Yacouba

Face au malaise et à la crise endémique que traverse le processus démocratique africain, il importe de jeter un regard analytique et réflexif sur la problématique de la paix en Afrique. Cet ouvrage montre que la construction d'une paix civile et politique laisse entrevoir que sa condition première, originelle et fondamentale, c'est la justice entendue à la fois comme pratique du bien et application du droit.

(Coll. Études africaines, 296 p., 31 euros)

ISBN : 978-2-343-13042-2, EAN EBOOK : 9782140047138

LA DIFFUSION DU DROIT INTERNATIONAL PÉNAL DANS LES ORDRES JURIDIQUES AFRICAINS

Herman Blaise Ngameni

Préface de Franck Latty

L'Afrique est le terrain de prédilection du pluralisme juridique qui favorise la juxtaposition de l'ordre juridique moderne et l'ordre juridique traditionnel. L'articulation du droit international pénal avec les ordres juridiques africains est une condition de sa diffusion. Il importe pour les États africains de favoriser une coopération effective avec les juridictions pénales internationales qui ne sera possible qu'au sein de régimes politiques démocratiques. Ceci est nécessaire pour un véritable universalisme du droit international pénal.

(Coll. Études africaines, 682 p., 49 euros)

ISBN : 978-2-343-12855-9, EAN EBOOK : 9782140046162

CONSTITUTIONNALISME ET MÉTISSAGE CULTUREL AU-DELÀ DES DROITS DE L'HOMME

Salvatore Bonfiglio

Les sociétés multiculturelles demandent une réinterprétation des principes constitutionnels, capable de favoriser la cohésion sociale, notamment par l'extension des droits fondamentaux aux « non-citoyens ». Il s'agit de reconnaître à l'individu en tant que tel un statut de droits fondamentaux, pour affirmer ainsi le caractère à la fois moral et juridique de la dignité de la personne.

(Coll. Harmattan Italia, 208 p., 26 euros)

ISBN : 978-2-336-31233-0, EAN EBOOK : 9782140103193

LA PROCÉDURE

Sous la direction de Joanna Genovese et Giovanna Debernardi

La procédure est souvent perçue par les parties comme une source de difficultés supplémentaires dans la résolution d'un conflit. Elle est en réalité protectrice des droits des individus. Il n'existe pas qu'une procédure mais une pluralité. Il est question de procédure civile, de procédure collective, de procédure pénale... La procédure s'adapte en fonction des contraintes et besoins tant par la dématérialisation que la déjudiciarisation.

(Coll. Droit privé et sciences criminelles, 138 p., 16,5 euros)

ISBN : 978-2-343-15460-2, EAN EBOOK : 9782140102769

LE RECOURS AUX MODES ALTERNATIFS DE RÈGLEMENT DES LITIGES EN MATIÈRE DE PROPRIÉTÉ INTELLECTUELLE

Jean Tankeu

Préface de Joseph Fometeu

La mondialisation et le développement des échanges économiques posent de nouveaux défis en matière d'application des droits de propriété intellectuelle. Plus le commerce et les affaires s'intensifient au niveau international, plus la question des effets des droits de propriété intellectuelle et de leur application au-delà des frontières nationales devient pertinente. D'où le développement du contentieux non juridictionnel international de la propriété intellectuelle auquel l'auteur consacre cet ouvrage.

(326 p., 33 euros)

ISBN : 978-2-343-15648-4, EAN EBOOK : 9782140102653

MÉTHODOLOGIES DE LA SÉCURITÉ URBAINE

François Dieu, Bruno Domingo

Quelles sont les méthodologies de la sécurité urbaine ? Comment réaliser un diagnostic local de sécurité ? Quelles sont les précautions à prendre avec les chiffres de la délinquance ? Comment mesurer le sentiment d'insécurité et la victimisation ? Quelles sont les modalités de diffusion de l'information au sein des dispositifs de prévention ? Comment mettre en place un observatoire local de la délinquance ? En bref, comment impulser une réflexion objective et un partenariat dynamique pour une politique de sécurité efficace ?

(Coll. République et sécurité, 276 p., 28,5 euros)

ISBN : 978-2-343-15718-4, EAN EBOOK : 9782140102295

DROIT DES ENTREPRISES INDIVIDUELLES

Commerçant / Entreprenant / Bail à usage professionnel / Fonds de commerce / Vente commerciale / Commerce électronique

Cheikh Abdou Wakhab Ndiaye

L'entreprise est une notion moderne et polysémique qui n'a fait son apparition que très récemment dans le droit sénégalais. L'entreprise individuelle concerne le commerçant, personne physique, et l'entreprenant. Son droit est un véritable droit du développement. Il matérialise une volonté de promouvoir l'initiative privée par, d'une part, la facilitation des conditions d'accès au monde des affaires et, d'autre part, la mise en place d'un climat favorables aux investissements. Il est ainsi un creuset où les droits OHADA, UEMOA et sénégalais sont conjugués pour la réalisation de cette ambition.

(Coll. Harmattan Sénégal, 404 p., 40 euros)

ISBN : 978-2-343-15882-2, EAN EBOOK : 9782140102196

LES FINANCES PUBLIQUES DU GABON

Droit budgétaire et droit de la comptabilité publique

Fidèle Mengue Me Engouang

Considéré comme un pays riche, grâce à ses ressources naturelles, le Gabon demeure pourtant un Etat pauvre. L'une des raisons de ce paradoxe est la mauvaise gestion des moyens financiers dont dispose l'Etat. L'assainissement de la gestion des finances publiques constitue donc un des défis majeurs que doivent relever le gouvernement et l'administration. Ce qui exige une parfaite maîtrise des normes juridiques applicables en la matière, en plus d'une grande probité morale. Cet ouvrage veut contribuer au renforcement des capacités des personnes. Il traite des règles et des procédures d'élaboration, d'adoption, d'exécution et de contrôle du budget de l'Etat.

(Coll. Finances publiques, 386 p., 38 euros)

ISBN : 978-2-343-15534-0, EAN EBOOK : 9782140101335

L'INCOHÉRENCE DES LOIS DE CIRCONSTANCES EN MATIÈRE PÉNALE

Paul Laurent

Pour adapter le droit pénal à la criminalité, le Législateur adopte des lois pour des motifs qui échappent à la stricte nécessité juridique, au profit de l'opportunité. Ces lois en réponse à des faits divers sont des lois de circonstances. Leur développement est indéniable. Ce mouvement s'opère aux dépens de la politique pénale de réflexion et des règles de forme classiques. Cette adaptation du droit aux évolutions de la criminalité mérite analyse et débat.

(Coll. Bibliothèques de droit, 272 p., 27 euros)

ISBN : 978-2-343-15317-9, EAN EBOOK : 9782140101625

Structures éditoriales du groupe L'Harmattan

L'Harmattan Italie
Via degli Artisti, 15
10124 Torino
harmattan.italia@gmail.com

L'Harmattan Hongrie
Kossuth l. u. 14-16.
1053 Budapest
harmattan@harmattan.hu

L'Harmattan Sénégal
10 VDN en face Mermoz
BP 45034 Dakar-Fann
senharmattan@gmail.com

L'Harmattan Cameroun
TSINGA/FECAFOOT
BP 11486 Yaoundé
inkoukam@gmail.com

L'Harmattan Burkina Faso
Achille Somé – tengnule@hotmail.fr

L'Harmattan Guinée
Almamya, rue KA 028 OKB Agency
BP 3470 Conakry
harmattanguinee@yahoo.fr

L'Harmattan RDC
185, avenue Nyangwe
Commune de Lingwala – Kinshasa
matangilamusadila@yahoo.fr

L'Harmattan Congo
67, boulevard Denis-Sassou-N'Guesso
BP 2874 Brazzaville
harmattan.congo@yahoo.fr

L'Harmattan Mali
Sirakoro-Meguetana V31
Bamako
syllaka@yahoo.fr

L'Harmattan Togo
Djidjole – Lomé
Maison Amela
face EPP BATOME
ddamela@aol.com

L'Harmattan Côte d'Ivoire
Résidence Karl – Cité des Arts
Abidjan-Cocody
03 BP 1588 Abidjan
espace_harmattan.ci@hotmail.fr

L'Harmattan Algérie
22, rue Moulay-Mohamed
31000 Oran
info2@harmattan-algerie.com

L'Harmattan Maroc
5, rue Ferrane-Kouicha, Talaâ-Elkbira
Chrableyine, Fès-Médine
30000 Fès
harmattan.maroc@gmail.com

Nos librairies en France

Librairie internationale
16, rue des Écoles – 75005 Paris
librairie.internationale@harmattan.fr
01 40 46 79 11
www.librairieharmattan.com

Librairie l'Espace Harmattan
21 bis, rue des Écoles – 75005 Paris
librairie.espace@harmattan.fr
01 43 29 49 42

Lib. sciences humaines & histoire
21, rue des Écoles – 75005 Paris
librairie.sh@harmattan.fr
01 46 34 13 71
www.librairieharmattansh.com

Lib. Méditerranée & Moyen-Orient
7, rue des Carmes – 75005 Paris
librairie.mediterranee@harmattan.fr
01 43 29 71 15

Librairie Le Lucernaire
53, rue Notre-Dame-des-Champs – 75006 Paris
librairie@lucernaire.fr
01 42 22 67 13

www.ingramcontent.com/pod-product-compliance
Lightning Source LLC
LaVergne TN
LVHW021152061026
849535LV00002B/435
* 9 7 8 2 3 4 3 1 6 2 3 7 9 *